Raymond Jean

Ein Portrait des Marquis de Sade

Aus dem Französischen von
Nicolaus Bornhorn

Schneekluth

CIP-Titelaufnahme der Deutschen Bibliothek

Jean, Raymond:
Ein Portrait des Marquis de Sade / Raymond Jean.
Aus d. Franz. von Nicolaus Bornhorn. – 1.–2. Aufl. –
München: Schneekluth, 1990
Einheitssacht.: Un portrait de Sade ⟨dt.⟩
ISBN 3-7951-1150-1

Die französische Originalausgabe erschien unter dem Titel
UN PORTRAIT DE SADE
Mitarbeit an der Übersetzung: Hinrich Schmidt-Henkel

ISBN 3-7951-1150-1

© 1989 Actes Sud
© 1990 für die deutsche Ausgabe
by Franz Schneekluth Verlag, München
Satz: IBV, Berlin
Gesetzt aus der Walbaum von Linotype
Druck und Bindung: Hieronymus Mühlberger, Gersthofen
Printed in Germany 1990

PROLOG

Ein junger Mann und ein Greis begegnen einander zum Herbstende des Jahres 1814 in den Fluren des Hospizes von Charenton. Bei dem Greis handelt es sich um den Marquis D.A.F. de Sade, eine schwerfällige, ein wenig gebeugte Gestalt. Der junge Mann, Dr. Ramon, ist zu jenem Zeitpunkt Assistenzarzt, er durchläuft die praktische Ausbildung.

Später schreibt er in seinen Erinnerungen: »Wenn ich ihm begegnete, grüßte ich ihn, und er erwiderte meinen Gruß mit jener kühlen Höflichkeit, die jeden Gedanken an ein Gespräch fernhält... Nichts deutete darauf hin, daß er der Autor der *Justine* oder *Juliette* sein könne; der einzige Eindruck, den er bei mir hinterließ, war der eines alten, hochmütigen und mürrischen Edelmannes.«

Am 2. Dezember wird Dr. Ramon zum Bett dieses alten Edelmannes gerufen. Seit einiger Zeit schon ist dessen Gesundheit angegriffen. Mehrere Störungen machen ihm zu schaffen: Leiden im Unterleib und an den Hoden, die ihm heftige Schmerzen bereiten und ihn zwingen, ein Suspensorium und Bandagen zu tragen, sowie eine »Lungenstauung asthmatischen Charakters«, die ihm das Atmen erschwert. Dennoch arbeitet er nicht weniger als zuvor und macht sich auch weiterhin Sorgen um sein Hab und Gut, soweit ihm davon verblieben ist. Verblieben ist ihm zumindest das Besitztum in Saumane, mit seinen Holzeinschlägen und den fälligen Instandsetzungen der Gebäude. All dies beunruhigt D.A.F. und ist auch Thema seines letzten Briefes: ein letzter Blick in Richtung Provence, in Richtung Vaucluse, und ein letztes Wiederaufgreifen der notariellen Litaneien über Verkauf, Güter und Geld.

Er erhält noch Damenbesuch: von Delphine de Talaru, seiner Cousine, die entschieden an ihm hängt und ihm, entgegen der im Hospiz geltenden Vorschriften, alten Wein mitbringt. Von Madeleine Leclerc, einer sechzehnjährigen Wäscherin, die ihn bis zum Schluß in seinem Zimmer aufsucht, zum letzten Mal fünf Tage vor seinem Tod. Marie-Constance Quesnet, seine letzte Gefährtin, ist auch da, stellt ihm immer wieder die Entlassung in Aussicht, sichert ihm diese fast zu für das folgende Frühjahr. Und Sade, der alte Zahlenmagier, bestätigt diese Vorhersagen mit seltsamen Berechnungen.

Er wird das Frühjahr nicht erleben. An diesem zweiten Dezember geht sein Leben zu Ende. Sein Sohn Donatien-Claude-Armand hat ihn nachmittags besucht, und er ist es auch, der Dr. Ramon gebeten hat, nach seinem Vater zu sehen, bei ihm Nachtwache zu halten. Zuvor ist ein Priester erschienen, der Abbé

6

und Anstaltsgeistliche Geoffroy, der »zufrieden« von seinem Besuch zurückkehrt. Danach ist der Arzt eingetroffen. Er hat einen Trank verordnet, eine »geräuschvolle, mühsame Atmung« verzeichnet und hat dann, überrascht von der plötzlichen Stille und näher hinsehend, festgestellt, daß der Marquis de Sade tot war.

Er hatte sein Testament am 30. Januar des Jahres 1806 aufgesetzt. Bei der Eröffnung stieß man auf sehr präzise, sorgfältig aufgelistete Verfügungen, darunter zwei Legate an Marie-Constance Quesnet, deren Treue und Hingabe er belohnen wollte. Aber seine Geschäfte und Güter waren so heruntergekommen, daß diese Legate illusorisch waren. Nichtsdestotrotz bekam Marie-Constance einen Großteil seiner »Papiere« ausgehändigt. Eine weitere Anordnung: sein Leib durfte nicht geöffnet werden, unter welchem Vorwand auch immer – ein letzter Wille, der vom Sohn Donatien-Claude-Armand geachtet wurde. Ansonsten war dieser eher auf die Wahrung eigener Interessen bedacht, zögerte die Begleichung der vom Hospiz geforderten Pensionsrückstände hinaus und erklärte sich schnell bereit, bestimmte Manuskripte in seinem Beisein von der Polizei verbrennen zu lassen, darunter die berühmten (und unbekannt gebliebenen) *Journées de Florbelle*.
Blieb schließlich eine Verfügung, die die Bestattung selbst betraf. Ihr konnte jedoch nicht entsprochen

werden, denn die Umstände wollten, daß der Marquis auf dem Friedhof des Hauses in Charenton kirchlich beigesetzt wurde. Vorgesehen und erbeten hatte er dagegen etwas völlig anderes. Ausgehend von dem Gedanken, daß sein Leib in ein Waldstück seines Landguts in Malmaison geschafft werden könne (welches ihm zum Zeitpunkt seines Todes schon nicht mehr gehörte), hatte er den Wunsch ausgesprochen, seine Überreste möchten »ohne jegliche Zeremonie im dichten Unterholz« beigesetzt werden, und hinzugefügt: »Ist die im Unterholz ausgehobene Gruft einmal zugeschüttet, möge man Eicheln darauf säen, damit – ist der Boden besagter Grabstelle erneut bewachsen und das Unterholz so dicht als zuvor – die Spuren meines Grabes von der Erdoberfläche verschwinden, wie ich mir auch schmeichle, daß mein Andenken im Gedächtnis der Menschen verblassen wird, mit Ausnahme jener, denen es gegeben war, mich bis zum letzten Augenblick zu lieben, und deren sanftes Andenken ich mit ins Grab nehmen werde…«

1

EIN »BLONDER BAMBINO«

Vierundsiebzig Jahre zuvor hatte er das Licht der
Welt erblickt. Hatten sich schon im Mutterleib
seine mehr als eigentümlichen Anlagen herausge-
bildet?

In *Justine* ist zu lesen: »Im Mutterschoß entstehen
die Organe, die uns empfänglich machen für diese
oder jene Eigenwilligkeit; die ersten sich darbieten-
den Objekte, die ersten vernommenen Worte bestimmen die Triebkräfte; so sehr die Erziehung sich
auch müht, sie wird nichts mehr daran ändern.«
Und eine noch entschiedenere Variante: »Die ersten
dargebotenen Objekte, die ersten vernommenen
Gespräche bestimmen die Triebkräfte schon endgültig: die Neigungen bilden sich heraus, und nichts
mehr vermag sie zu zerstören.«

Unnötig zu betonen, daß Sade dem Wort *Neigungen*
große Bedeutung beimißt. Diese Aussage ist oft her-
angezogen worden, wenn es darum ging, in ihm einen Vorläufer aller Theorien sexueller Vorherbe-
stimmtheit und der Freudschen Erforschung kind-
licher Sexualität zu sehen. Wir wollen seinen Satz

eher wörtlich nehmen und über den Mutterschoß nachsinnen, der ihn ausgetragen hat.

Dieser nahm im Lauf des Frühjahrs 1740 wohl beträchtlich an Rundung zu, denn am zweiten Juni fand die Geburt statt, und zwar in dem prunkvollen Dekor des Hôtel de Condé, wo Marie-Eléonore de Maillé de Carman, die Gräfin de Sade, bei der Prinzessin de Condé das Amt einer Hausdame innehatte. In dieser Eigenschaft kümmerte sie sich auch um den jungen Prinzen. Sie selbst hatte schon ein erstes Kind, eine Tochter, zur Welt gebracht, die jedoch im Alter von zwei Jahren gestorben war.

Der Neuankömmling betrat also die irdische Bühne unter den Täfelungen eines der schönsten herrschaftlichen Privathäuser des damaligen Paris – ein weitläufiger Gebäudekomplex, der den gesamten Bereich einnahm, der heute von den Straßen de Condé, de Vaugirard, Monsieur-le-Prince und der Kreuzung beim Odéon eingefaßt wird. Nicht weit davon sollte vierzig Jahre später der neue Saal des Théâtre Français erbaut werden, des späteren Théâtre de l'Odéon: eine verheißungsvolle Nachbarschaft, wenn man bedenkt, daß Sade das Theater immer leidenschaftlich geliebt hat, daß er in ihm seine eigentliche Berufung sah und daß er in vielen seiner Verhaltensweisen und Reden ein vollendeter Schauspieler war.

Stellen wir uns die Taufszene vor: Man verläßt den mit Gemälden und Tapisserien reich bestückten Saal, in dem die junge Comtesse residiert – der

Comte de Sade weilt gerade im Ausland, beim Kur-
fürsten von Köln, wo er als mit allen Vollmachten
ausgestatteter Minister Ludwigs XV. im diplomati-
schen Dienst steht –, und begibt sich in feierlichem,
würdevollem Zug zur benachbarten Kirche Saint-
Sulpice. Zwei Domestiken, die den Taufpaten, den
Großvater väterlicherseits, und die Patin, die Großmutter mütterlicherseits, ersetzen, halten das Neu-
geborene übers Taufbecken. Soweit sich dies schon
entscheiden läßt, ist das Kind von blonder Haar-
farbe, ein Umstand, der eher beruhigt und rührt,
auch wenn er strenggenommen den Schluß auf eine
engelhafte Natur nicht zuläßt. Die beiden Domestiken haben den Auftrag, den Namen und die Vornamen des Neugeborenen eintragen zu lassen.

Hier muß auf die verwickelte Geschichte des Namens Sade eingegangen werden. Verwickelt gerade
deshalb, weil allein das Aussprechen dieses Namens
über lange Zeit hinweg genügt hat, und vielleicht
heute noch genügt, um mit dem Klang seiner Silben, mit seiner Stofflichkeit selbst, sogleich gewisse
Vorstellungen zu verbinden.
Als Zeuge läßt sich Gilbert Lély anführen, der beste
Kenner von Leben und Person des Marquis, der die
Zaghaftigkeit der Kommentatoren beklagt: »Hätten
die verfluchten Silben des Autorennamens die aka-
demische Kritik nicht abgebracht von dem Roman
Aline und Valcour, gehörte dieses Werk schon seit
langem zu ihrem Repertoire...«

11

Die verfluchten Silben! Das ist mehr als zutreffend. Eine abschreckende, gar einschüchternde Wirkung war lange Zeit eingeschrieben in die eigentümliche Musik dieses (Familien-)Namens. Schon im Jahre 1799 tat ein Artikel im *L'Ami des Lois* kund: »Man behauptet, Sade sei tot. Allein schon der Name dieses ruchlosen Schriftstellers strömt Leichengestank aus…« Schon der Name allein! Deutlicher kann man es nicht sagen.

Jules Janin schreibt im Jahr 1834: »Hier haben wir es zu tun mit einem Namen, den alle Welt kennt und den doch niemand erwähnt: die Hand zittert, schreibt sie ihn nieder, und wird er ausgesprochen, so saust es in den Ohren vom schauerlichen Klange…«

Hört man jedoch genauer hin, hat dieser Name eher weichen Klang. Vielleicht entstammt er dem Dorf Saze, in der Nähe Avignons, an der Route de Nîmes – im 12. Jahrhundert tauchen in verschiedenen (Rechts-)Titeln die Namen *Sado, Sadone, Sazo, Sauza* auf –, und wie könnte man vergessen, daß wir es hier mit dem Homonym des alten französischen Adjektivs *sade* zu tun haben, das als Bedeutungen hatte: sanft, liebreich, freundlich, anmutig, und von dem sich die Verbform *sadaier* (streicheln, küssen, schmeicheln), das Substantiv *sadaiement* (Zärtlichkeit, Kuß), das Adverb *saidaiement* (sanft, anmutig), vor allem aber der Diminutiv *sadinet* ableiteten, der vorherbestimmt schien für die Sprache der Erotik, bezeichnete er doch ein sanftes, weiches, samtenes

12

Ding, wie das weibliche Geschlecht eines ist, und genauer noch den Venushügel, der es überragt: es ist bekannt, daß Villon in seinen Balladen gern jenes *sadinet* besungen hat.

Welch erstaunlicher Kontrast zu allem, was sich im Namen de Sades abgelagert hat! Keine phono-linguistische Verschiebung hätte den Übergang von sanfter zu grausamer Erotik besser darstellen können. Und sicher ist das in diesem Zusammenhang größte Mißgeschick, das de Sade zugestoßen ist, daß sein Name das Wort ›Sadismus‹ hervorgebracht hat. Wohl kaum ein Wort der französischen Sprache hat belastendere Konnotationen. Wie maßlos die Exzesse der grausamen Sadeschen Phantasie auch gewesen sein mögen – es ist unmöglich, sie auf die triste und furchtbare rechtsmedizinische Gegebenheit zu reduzieren, zu der sich dieser Ausdruck nach und nach bedeutungsmäßig verengt hat.

Der Begriff ›Sadismus‹ taucht zum ersten Mal auf im Jahre 1834, in der achten Ausgabe des *Dictionnaire universel* von Boiste, und sofort erhält er eine pathologische Bedeutung: »Abscheuliche Verirrung der sexuellen Ausschweifung; monströses und gesellschaftsfeindliches Verhalten, das die Natur verhöhnt.« Um anschließend eindeutig klinische Dimension zu erhalten: »Sexuelle Perversion, bei der eine Person nur dadurch zum Orgasmus gelangt, daß sie dem Objekt ihres Begehrens (physische oder moralische) Leiden zufügt.«

13

Heutzutage geben die psychiatrischen Handbücher an: »Der Sadismus macht den erotischen Lustgewinn abhängig vom Leiden des andern... Für die Psychoanalytiker taucht im Verlauf der kindlichen Sexualentwicklung der sadistische Trieb auf als Verbindung genitaler Lust mit einer Bestrafung der verbotenen Handlung, wobei die Bestrafung auf den Partner übertragen wird.«

Die Definitionen ließen sich vervielfachen und verfeinern. Fest steht, daß alle Bedeutungen, die der Begriff ›Sadismus‹ mit sich führt, belastender, quälender Natur sind.

Die Betonung und Nuancierung des Technischen wird noch aufdringlicher bei den Ableitungen und Zusammensetzungen auf *sado-*, das regelrecht Vorsilbencharakter erhält: das auffälligste Beispiel ist natürlich ›sadomasochistisch‹. Die unaufhörliche Wiederholung dieser Begriffe hat schließlich in der Tiefe der Sprache ein Klima um den Namen Sade entstehen lassen, das betroffen macht (ohne daß man im übrigen ähnlich klingende Begriffe vergessen sollte, wie etwa das Adjektiv ›sardonisch‹, das ein grausames, irres, von einer auf Sardinien wachsenden Pflanze hervorgerufenes Lachen bezeichnet, das aber in manchen Ohren auch andere Assoziationen erzeugen kann). Dies trifft heutzutage, mit der Entfaltung des psychiatrischen Vokabulars, besonders zu. Aber schon zu Zeiten Flauberts war es so. Als Sainte-Beuve dessen Roman *Salammbô* »einen Anflug sad(isti)scher Einbildungskraft« be-

14

scheinigt, erregt sich Flaubert stark, betrachtet es als Entehrung und beschwert sich beim Meister: »...ich muß Ihnen offen gestehen, verehrter Meister, daß ›der Anflug sad(isti)scher Einbildungskraft‹ mich ein wenig verletzt hat... ein solches Wort von Ihnen kommt, erscheint es im Druck, fast einer Entehrung gleich... seien Sie dann nicht verwundert, wenn Sie in nächster Zeit in einer jener kleinen, diffamierenden Zeitungen lesen, M.G. Flaubert sei ein Schüler de Sades.«

Und was läßt sich über die heutige Banalisierung dieses Ausdrucks sagen? Vor allem eines: offensichtlich ist, daß Sade sich diesseits oder völlig jenseits des ›Sadismus‹ ansiedelt.

Was die Vornamen betrifft, ist das eine eigene Geschichte: D.A.F. – Donatien-Alphonse-François. Wie es scheint, hatte die Mutter sich gewünscht: Louis-Aldonse-Donatien; die beiden Domestiken jedoch, die das Kind übers Taufbecken hielten und damit beauftragt waren, die Vornamen des Täuflings eintragen zu lassen, hatten sich wahrscheinlich geirrt; insbesondere hatten sie die alte, ihnen nicht geläufige provençalische Form ›Aldonse‹ mißverstanden. Dieses ›Aldonse‹ war eine Huldigung an die okzitanische Erde, und der Marquis verzichtete später nicht darauf (er unterzeichnete Verträge und Verfügungen mit Louis Aldonze Donatien François de Sade); er fand ihn auch wieder in anderen romanhaften Vornamen seiner Zeit, eigenartigen Anagrammen wie etwa ›Alzonde‹ (ein *Alzonde et Kora-*

din betiteltes Werk erscheint ihm einmal als unerträgliche Fälschung eines seiner eigenen Bücher).

Auch auf den Vornamen ›Louis‹ verzichtete er nicht und bezeichnete sich in der Revolutionszeit – als es wichtig, ja überlebenswichtig war für einen loyalen *citoyen*, den eigenen Namen so plebejisch wie möglich zu gestalten – bisweilen als Louis Sade. Man muß jedoch anmerken, daß ihm diese Namenswechsel gerade während der französischen Revolution nicht immer zum Vorteil gereichten, wovon die unglaublichen bürokratischen Schikanen zeugen, denen er ausgesetzt war, als sein Name irrtümlich auf die Liste der Emigranten geraten war und es ihm nicht gelang, ihn daraus streichen zu lassen. Hierzu gibt es ein Dokument, das zu zitieren sich lohnt, denn nur wenige Texte belegen so deutlich die Problematik des Eigennamens, der menschlichen Identität, die an den Personenstand gebunden ist – und wie sich diese Problematik in Ausnahmezeiten zuspitzen kann. Es handelt sich um den Bericht eines vom Direktorium geschaffenen ›Revisionsamtes‹, das im Jahr 1799 das von Sade eingereichte Ersuchen, ihn endgültig von der Liste der Emigranten zu streichen, abschlägig beantwortet. In den ›Beweggründen‹ heißt es u. a.: »...in Anbetracht dessen, daß der Angeklagte, der laut Geburtsurkunde *Donatien-Alphonse-François de Sade* heißt, in seiner Aufenthaltsbescheinigung als *Aldonze-François Sadde* bezeichnet wird, in den Erlassen des Distriktes Apt und des Departements Bouches-du-

Rhône vom 23. bzw. 26. Mai des Jahres 1793 hingegen als *Louis Sade*; daß unbegreiflich bleibt, wie jene Administratoren den Angeklagten haben streichen können, gaben sie ihm doch einen von dem seinigen völlig abweichenden Vornamen, und warum er gegen solch augenfällige Ungenauigkeit nicht Einspruch erhoben hat; daß noch unbegreiflicher ist, wie diese Person in Unkenntnis ihrer wirklichen Vornamen hat verharren können, in einem Maße, daß sie sich in einer von ihr unterzeichneten Petition die Vornamen *Louis Aldonze Donatien François* gab, wo doch ihre Geburtsurkunde, deren Inhalt ihr bekannt sein mußte, ihr ausdrücklich die Vornamen *Donatien-Alphonse-François* zuweist; daß eine so beachtliche Unvereinbarkeit nicht ohne weiteres aufgeklärt werden kann und Anlaß gibt zur Befürchtung, daß es keine vollständige Identität gibt; und daß die Streichung einer Person nicht durchgeführt werden kann auf Grund von Beweisstücken, die auf eine andere ausgestellt wurden...«

Keine vollständige Identität! Ob kafkasche Bürokratie oder romanhafte Montage: besser hätte man es nicht ausdrücken können.

Auf jeden Fall ist das auf den Namen Donatien-Alphonse-François de Sade getaufte Kind von echter adliger Abstammung. Der Stammbaum des Hauses de Sade läßt daran keinen Zweifel. Dieser reicht von einem Hugues de Sade (Ugo de Sauza), dessen Namen und Taten seit dem Jahre 1175 bezeugt sind, bis hin zum Grafen Jean-Baptiste-Joseph François de Sade, dem Herrn von Saumane und Lacoste und Mitherrn von Mazan, der der Vater des Schriftstellers war und ihm seine Titel übertrug. Im Wappen führte dieses glanzvolle Geschlecht den doppelköpfigen schwarzen Kaiseradler mit ausgebreiteten Flügeln; Schnabel und Diadem waren rot. Nebenbei sei bemerkt, daß der Adler, und erst recht der Doppeladler, ein Emblem ist, das sehr gut zum Marquis paßt.

In der langen Liste der Vorfahren väterlicherseits stößt man erfreut auf den Namen Hugues II. de Sade, genannt ›Le Vieux‹, der sich 1325 in erster Ehe mit der berühmten, von Petrarca geliebten und gepriesenen Laura de Noves vermählte. Der Marquis, der bisweilen gern ›petrarkisierte‹, sann oft über sie nach, war sie doch provençalische Nachbarin aus der Grafschaft Venaissin, aber auch, weil ihr Bild ihm in den beschwerlichsten Augenblicken seines Lebens Hilfe und Linderung brachte.

In der Nacht vom 16. auf den 17. Februar 1779 – den dunkelsten Momenten seiner Haft in Vincennes – berichtet er seiner Frau von einem wahrhaft nervalschen* Traum; dieser Bericht lohnt das Zuhören, denn er widerspricht völlig den gängigen Klischees, die über Sade im Umlauf sind. Er lautet wie folgt:

---

* Gérard de Nerval, franz. Dichter (1808–1855), befaßte sich mit Okkultismus. Die Berichte seiner Visionen in Anfällen der Umnachtung beschäftigten die moderne Psychologie

»Mein einziger Trost hier ist Petrarca*. Ich lese ihn mit einem Vergnügen, einer Gier, die nicht ihresgleichen hat. Aber mir ergeht es damit wie Mme de Sévigné mit den Briefen ihrer Tochter: Ich lese ihn äußerst langsam, aus Furcht, ihn gelesen zu haben. Wie gut dieses Werk ausgeführt ist!... Laura verdreht mir den Kopf; ich werde dabei zum Kinde; den ganzen Tag lese ich über sie, und nachts träume ich von ihr. Hör, welchen Traum ich gestern von ihr hatte, während alle Welt sich vergnügte.

Es war um Mitternacht. Ich war gerade eingeschlafen, mit ihren Memoiren in der Hand. Plötzlich erschien sie mir... Ich sah sie! Das Grauen des Grabes hatte ihren Zauber in keiner Weise gemindert, und in ihren Augen brannte noch das gleiche Feuer, das Petrarca besungen hatte. Ein schwarzer Schleier umhüllte sie ganz, und darüber floß ungebändigt ihr schönes blondes Haar. Es war, als wollte die Liebe sie noch schöner machen, um die düstere Pracht, in der sie sich meinen Augen darbot, zu mildern. ›Warum jammerst du auf Erden?‹ sagte sie zu mir. ›Schließ dich mir an. Kein Leid mehr, kein Kummer, keine Schmerzen in dem unermeßlichen Raum, den ich bewohne. Sei mutig und folge mir dorthin.‹ Bei diesen Worten warf ich mich ihr zu Füßen und antwortete: ›Oh, Mutter!‹, und Schluchzen erstickte meine Stimme. Sie reichte mir ihre Hand, die ich mit Tränen bedeckte; und auch sie vergoß

* Sade bezieht sich auf das Werk seines Onkels, des Abbé de Sade, *Das Leben Petrarcas*

19

Tränen. ›Ich fand Vergnügen daran‹, fügte sie hinzu, ›meinen Blick in die Zukunft zu richten, als ich noch diese von dir verabscheute Welt bewohnte; ich vervielfachte meine Nachkommenschaft bis hin zu dir, und so unglücklich sah ich dich nicht.‹ Fast von Sinnen vor Verzweiflung und Zärtlichkeit, warf ich da meine Arme um ihren Hals, um sie zurückzuhalten oder ihr zu folgen, um sie mit meinen Tränen zu benetzen, aber das Phantom verschwand. Mir blieb nur der Schmerz.«

O voi che travagliate, ecco il cammino,
Venite a me se'l passo altri no serra.
Petrarca, 59. Sonett

Später, während der Revolution, äußert er in einem Brief an den Notar Gaufridy folgenden Gedanken (er bezieht sich dabei auf antireligiöse Kundgebungen und die Gefahr einer Zerstörung der Kirche der Célestins d'Avignon): »Zweifellos wird man die Célestins d'Avignon dem Erdboden gleichmachen oder sie jedenfalls beschlagnahmen. Die Asche Lauras ruht in dieser Kirche, in einer Kapelle unseres Hauses. Wäre es nicht schicklich, dieser berühmten Frau eine unantastbare Heimstatt zu gewähren, zum Beispiel in einer Gemeinde auf meinen Besitztümern? Aber würde dieses Vorhaben, das in meinen Augen rein philosophischen Charakter hat, von den Patrioten nicht als aristokratisch angesehen?«

20

Der Schatten Lauras im Zentrum einer heiklen Debatte, aber immer gegenwärtig.

Eine andere Gestalt dieser Art, jedoch um vieles heidnischer und provozierender, ist Charlotte de Beaune, eine Tochter von Gabrielle de Sade, die im 16. Jahrhundert den alltäglichen Hausdienst bei Catherine de Médicis, deren Favoritin sie war, nackt verrichtete und sich bereitwillig den Launen und erotischen Phantasien der Herrscherin hingab.

Wie wir sehen, mangelt es im Stammbaum des Marquis nicht an Liebesgestalten, und ihre Vielfalt, vom Mystischen bis zum Profanen, ist außerordentlich.

Wenden wir uns dem Vater de Sades zu. Wir sehen einen Offizier des Regiments Condé, dem sehr bald eine glänzende diplomatische Karriere gelingt, zuerst am russischen Hof, dann in England und später, wie schon erwähnt, in Deutschland – zu dem Zeitpunkt, als sein Sohn geboren wird. Dazwischen liegen Feldzüge als Adjutant des Marschalls de Villars, eine Stellung als Generalleutnant der Provinzen Bresse, Bugey, Valromey und Gex sowie die Bestätigung der Gutsherrschaft über Lacoste, Saumane und Mazan. Der Comte de Sade ist das vollendete Beispiel einer Figur aus dem Hochadel, die Karriere macht als Mann des Schwertes, aber zugleich und vor allem als hoher Staatsbeamter für auswärtige Angelegenheiten wirkt, als Unterhändler im Dienst des Königs und des Staates – ein recht klassisches Schema. Daneben dilettiert er als Mann der Feder, schreibt Gedichte und höfische Theaterstücke. Ein bewegtes und ausgefülltes Leben also. Wenig Zeit bleibt da wohl, sich um den Sohn zu kümmern. Aber da war – wie oft in solchen Fällen – die Verwandtschaft, die sich des Kindes annahm: die Brüder und Schwestern des Comte, neun insgesamt, und die Großmutter väterlicherseits scheinen bei der Erziehung des jungen Sade eine bedeutendere Rolle gespielt zu haben als die Eltern, die oft im Ausland waren. Wichtig erscheint uns dabei, daß einer der Brüder Abbé gewesen ist und vier der Schwestern ebenfalls im Dienst der Kirche standen: als Äbtissinnen von Saint-Laurent d'Avignon bzw. Saint-Laurent de Cavaillon und als Nonnen in Saint-Bernard de Cavaillon bzw. in Avignon. In der provençalischen Kindheit des Marquis spielten diese Frauen eine beachtliche Rolle; sie nahmen ihn abwechselnd bei sich auf, stolz darauf, den einzigen männlichen Abkömmling einer so großen Familie verhätscheln zu dürfen. Vielleicht hat man nicht genügend Nachdruck gelegt auf diese weibliche Umgebung der allerersten Jahre de Sades, insbesondere auf die religiöse Umgebung, die all diese Gott geweihten Tanten darstellten. Da die Reden de Sades sehr häufig Ausdruck einer systematischen, auf die Spitze getriebenen Gottlosigkeit sind, die herkömmliche, gottesfürchtige Rede also gänzlich auf den Kopf stellen und der Gewalt einer negativen Rhetorik unterwerfen, kann man die Hypothese wagen, daß sein provozierender Atheismus und seine Rebellion nicht nur bestimmten Ideen seiner Zeit

entspringen, sondern auch der religiösen Übersätti-
gung seiner Kindheit.

Eine Ausnahme bildet jedoch sein Onkel, der Abbé;
er hatte keinerlei Anteil an dem von den Tanten geschaffenen geistigen Klima. Tatsächlich war der auf
dem Schloß von Mazan geborene Abbé de Sade, der
das Nutzungsrecht des Schlosses von Saumane besaß und Verwalter der Abtei von Ebreuil in der Diözese Limoges geworden war, alles andere als ein
Heiliger. Seine ausschweifende Lebensweise war
offenbar auch seinem Freund Voltaire bekannt, der
ihm galante Verse übersandte:

> ...Vous aimerez et vous plairez:
> Voilà votre vrai ministère.
> Vous aimerez et vous plairez,
> Et toujours vous réussirez
> Et dans l'Eglise et dans Cythère

(...Sie werden lieben und gefallen / Dies ist Ihr eigentliches Amt / Sie werden lieben und gefallen /
Und immer werden Sie Erfolg haben / In der Kirche
ebenso wie auf Cythère*)

Ein äußerst weltlicher Kirchenmann also, der in
Prostitutionsaffären verwickelt war, der die Lie-
beschroniken seiner Epoche mit Material versorgte
und eine Zeitlang in seltsamer Gemeinschaft mit

* Die griech. Insel Kythera, Symbol der Liebe

zwei spanischen Frauen, Mutter und Tochter, lebte, woran ihn der Neffe auch schonungslos erinnerte, wenn der Abbé zu sehr den Moralisten herauskehrte. Im übrigen besaß er Raffinesse, war belesen, Humanist und Verfasser des Werkes *Das Leben Petrarcas*, das ja auch zur Lektüre seines Neffen gehörte, als dieser in Vincennes einsaß. Man neigt zu der Annahme, daß er es gewesen ist, der dem Marquis, physiologisch und intellektuell gesehen, am meisten ›vererbt‹ hat, sei es auf ›natürlichem‹ Wege oder über die Erziehung, zu welcher der Abbé unbestreitbar beigetragen hat, da sein junger Neffe oft bei ihm lebte.

Wie soll man sich nun die Kindheit Sades vorstellen? Ist die Idee der Kindheit selbst, als realer und imaginativer Bereich, überhaupt vereinbar mit dem Bild, das wir vom Marquis haben? Zunächst begnügen wir uns mit der Binsenweisheit, er sei ein Kind gewesen wie alle anderen auch, und erlaubt ist sicherlich, ihn während der ersten Lebensjahre mit den Zügen jenes ›blonden bambino‹ auszustatten, von dem Maurice Heine gesprochen hat, sein großer Entdecker und einer seiner intuitivsten Interpreten.

Sades Korrespondenz ist durchsetzt mit Bemerkungen, die seine Spiele, seine Gefährten, seine Jugend wachrufen. Dem Notar Gaufridy aus Apt, mit dem er bis zu seinem Lebensende in geschäftlichem und freundschaftlichem Briefwechsel steht, schreibt er im Jahre 1806, dem Jahr seines Testaments: »Und

Sie, mein lieber Advokat, Sie, der Zeitgenosse meines Lebens, der Gefährte meiner Kindheit, sind Sie wohlauf...?« Ebenso einige Jahre zuvor, nach dem Tod seiner Kusine Mme de Raousset: »Ich trauere um meine geliebte Kusine und gäbe viel darum, sie ins Leben zurückrufen zu können; sie war unsere Kindheitsgefährtin, mon cher avocat. Sie nannte sich damals Pauline und spielte mit Ihnen im unteren Empfangszimmer meiner Großmutter.«

Man kann noch weiter gehen. In seiner *Anthologie des schwarzen Humors* betont André Breton sehr zu Recht die Rolle, die die »Phantasmagorien und Schrecken der Kindheit« in Sades Darstellungen menschlicher Ungerechtigkeiten und Perversionen spielen. Und alle, die sein Werk gelesen haben, wissen, daß man es betrachten kann als die bis zum Äußersten getriebene Entwicklung einer finsteren Zauberwelt, die oft in den Kindermärchen mit ihren Menschenfressern, Riesen, Räubern, Ungeheuern, Gewalttätigkeiten, Vergröberungen und Übertreibungen aller Art Gestalt annimmt. (Mit seinen präzisen, kühlen Schematisierungen und analoger Thematik stellt übrigens der Comic ein packendes neuzeitliches Modell dafür dar.) Ganz zu schweigen von der einfachen grausamen Geste, zu der die kindliche »Unschuld« fähig ist, eine Geste, die – wie bestimmte Kommentatoren, darunter Annie Lebrun, herausstrichen – klar, direkt, freudig und ohne Bedauern ausgeführt wird.

Sade besitzt diese »Unschuld« in höchstem Maße;

es ist seine Art, in der Kindheit zu bleiben. Einsamkeit, Absonderung von der realen Welt haben bei ihm oft das gleiche Ergebnis zur Folge: »Und wer bin ich, heilige Rousset, wer bin ich, wenn nicht ein Kind?« schrieb er aus der Tiefe seines Kerkers in Vincennes an Mlle de Rousset, eine seiner geistreichsten Freundinnen und Briefpartnerinnen.

Er hat nicht darauf verzichtet, selbst eine Skizze des Kindes und jungen Mannes anzufertigen, der er einmal war. Auf den ersten Seiten des Romans *Aline und Valcour* gibt er den Äußerungen Valcours eine offensichtlich autobiographische Wendung:

»Durch meine Mutter mit allem, was das Königreich an Großem besaß, verbunden; durch meines Vaters Einfluß allem zugeneigt, was die Provinz Languedoc an Vorzüglichem zu bieten hatte; geboren in Paris, im Schoße des Luxus und des Überflusses, glaubte ich, sobald ich vernünftigen Denkens fähig war, daß Natur und Glück sich vereinigt hätten, um mich mit ihren Gaben zu überhäufen; ich glaubte daran, weil man die Dummheit beging, es mir zu sagen, und dieses lächerliche Vorurteil ließ mich hochmütig, despotisch und zornig werden; alles schien mir weichen, das gesamte Universum meinen Launen schmeicheln zu müssen, und nur mir selbst schien es überlassen, sowohl sie auszubilden, als auch sie zu befriedigen. Ich brauche Ihnen nur eine charakteristische Begebenheit aus meiner Kindheit zu erzählen, um Sie von der Gefährlichkeit der Prinzipien zu überzeugen, die man mit so viel

Torheit in mir entstehen ließ.« Daraufhin berichtet
der Erzähler von einem Streit, den er in seiner Kindheit mit einem »erlauchten Prinzen… gleichaltrig
ungefähr«, einem Spielgefährten, gehabt hatte
(zweifellos Louis-Joseph de Bourbon, der Prinz de
Condé), der mit einem heftigen Faustkampf endete.

Sicher war Sade schon als Kind fähig, allen Formen
der Macht zu widerstehen, so wie er es sein ganzes
Leben lang getan hat – aber nur deshalb, um sich
immer wieder der eigenen, als unbegrenzt empfun-
denen Macht zu versichern. Der obige Text ist, was
die Selbstanalyse betrifft, erstaunlich aufschlußreich: »Alles schien mir weichen, das gesamte Universum meinen Launen schmeicheln zu müssen,
und nur mir selbst schien es überlassen, sowohl sie
auszubilden, als auch sie zu befriedigen.« Eine ver-
blüffende Hellsichtigkeit.

Die Studien werden diesem ungeduldigen und ungestümen jungen Mann jedoch Schliff geben, und
zwar auf sehr traditionelle Weise. Seine erste Ausbildung erfährt er in Ebreuil und Saumane, bei seinem Onkel, dem Abbé. Im Alter von zehn Jahren
kehrt er nach Paris zurück, um seine Unterweisung
am Collège Louis-le-Grand, dem ehemaligen Collège de Clermont in der Rue Saint-Jacques, fortzu-
setzen. Er bekommt einen eigenen Erzieher, den
Geistlichen Jacques-François Amblet, auch er ein
Abbé. In *Aline und Valcour* heißt es: »Ich kehrte
nach Paris zurück und studierte dort unter der An-

27

leitung eines unerschütterlichen und geistreichen Mannes, der zweifellos gut geeignet war, meine Jugend zu formen, den ich aber, zu meinem Leidwesen, nicht lange genug behielt.« Ihm brachte er auch später große Anhänglichkeit und kindliches Vertrauen entgegen, insbesondere in den kritischsten Augenblicken seines Lebens – Gefühle, die der Abbé Amblet erwiderte: Er kam zu Hilfe in den Zeiten von Sades Gefangenschaft und machte sich auch die Mühe, die Theaterstücke, die Sade ihm unterbreitete, genau zu prüfen und zu beurteilen. Ihm verdankt Sade sicherlich die Neigung zum Schreiben und zur Gelehrsamkeit, während die Jesuiten des Collège Louis-le-Grand mit Hilfe ihres disziplinierten Unterrichts seine Bildung vervollkommneten, seinen Sinn für Literatur verfeinerten und unerbittlich seinen eigentümlichen Geist formten.

2

EIN ZEITGENOSSE MOZARTS

Fast übergangslos wechselt D.A.F. vom Collège zur Armee hinüber. Seine Studienzeit hat nicht länger als vier Jahre gedauert. Im Jahr 1754 wird er im Alter von vierzehn Jahren in die ›Ecole préparatoire de cavalerie‹* im Regiment der Chevaulégers der Königsgarde aufgenommen, die in Versailles stationiert ist. Im folgenden Jahr tritt er dem Infanterieregiment des Königs als Leutnant bei. Weißer Überrock mit gelben Knöpfen und blauen Ärmelaufschlägen, die Jacke aus rotem Leinen, blaue Kniehosen, eine mit gelben Tressen verzierte Kopfbedeckung. Viel Eleganz und Anmut. Ein erstaunlicher Leutnant von gerade fünfzehn Jahren.

Dennoch hält Donatien den Übergang vom schulischen zum Militärleben für etwas überstürzt. Wiederum in *Aline und Valcour* heißt es, verborgen hinter der Maske der Fiktion: »Der Krieg brach aus: man hatte nichts Eiligeres zu tun, als mich einzuberufen, beendete meine Ausbildung nicht, und ich

* Vorbereitende Schule der Kavallerie

brach auf ins Regiment, in einem Alter, in dem man sonst der Akademie beitritt. Wenn man doch endlich über das Hauptübel unserer modernen Prinzipien nachdächte! Wenn man doch endlich einsähe, daß das wichtigste Anliegen nicht sein kann, junge Soldaten zu haben, sondern gute Soldaten, und daß man… es dieser so nützlichen Klasse von *citoyens* unmöglich macht, sich jemals zu vervollkommnen, solange es nur darum geht, möglichst jung dem Militär beizutreten, ohne zu wissen, ob die Anwärter befähigt sind, und ohne zu begreifen, daß sie die notwendigen Tugenden nur dann besitzen können, wenn sie diese im Verlauf einer langen und vollständigen Erziehung erworben haben.«

Unbestreitbar ist jedoch, daß dieser schnelle Eintritt in den Dienst des Königs und die militärische Karriere (zu einem Zeitpunkt, da ein langer Krieg gegen Preußen bevorsteht), ein Privileg darstellt, das Sade, wie er selbst weiß, seinem Stand verdankt. Um der Kavallerieschule beitreten zu können, hat er sich von einem anerkannten Genealogen ein Adelszertifikat ausstellen lassen müssen.

Sein ganzes Leben lang wird er sich seines Standes bewußt bleiben, auf sehr natürliche und anmaßende Weise. Beim Vater zeigte sich – wie einige Dokumente bezeugen – der Adel in Verhalten und Umgangsformen: Distanz, steife Zurückhaltung, Pomp. Beim Sohn dagegen ist er instinktiv, ein innerer Schwung, der allerdings Grenzen hat: Auf dem blutigen Höhepunkt der Revolution, als es ratsam schien, die eigene Herkunft vergessen zu machen, zögerte er keinen Augenblick und verleugnete sie in einer perfekten Mischung aus Lüge und Schamlosigkeit.

Hier äußert sich übrigens ein Zug des Sadeschen Charakters, den man immer wieder hervorheben sollte: seine erstaunliche Fähigkeit – je nach Interessenlage – sämtliche Rollen zu spielen.

Zur Zeit des Terrors, als es zuallererst darum ging, den eigenen Kopf zu retten, war er natürlich nicht der einzige, der so handelte. Nichtsdestoweniger ist es amüsant, die Lügengeschichten zu lesen, die er 1794 in einem Bericht an das ›Comité de Sûreté Générale‹ anhäuft: »Man bezichtigt mich, dem Adel anzugehören, was nicht der Wahrheit entspricht; erwirbt eine Familie ein adliges Gut, so bringt dies noch nicht den Adelstitel mit sich; dennoch haben einige Sklaven des Ancien Régime daran Gefallen gefunden, meinem Namen gegen meinen Willen, nur weil ich jenes Gut besitze, einen Titel anzuhängen, das ist nicht meine Schuld... jenes Gut erwarb mein Großvater, um vergessen zu lassen, daß er Nachkomme von Bediensteten war. Ich habe es nie geduldet, daß man mich mit diesem Titel ansprach, nie habe ich ihn zum Unterzeichnen benutzt. Meine Vorfahren haben fast alle den ehrbaren Beruf des Landwirts ausgeübt; mein Vater war Literat, wie auch ich es wurde nach sechs oder sieben Jahren Militärdienst in meiner Jugend. Seit sechsundzwanzig Jahren lebe ich zurückgezogen, habe niemals den Königshof aufgesucht und habe von dort weder Gunstbezeigungen noch Pension, weder Auszeichnungen noch sonstige Vergünstigungen erhalten. Kurz: ich wette, daß mir kein Titel nachgewiesen, kein einziger Beweis dafür erbracht werden kann, daß ich dem Adel angehöre; und ich erkläre hiermit, daß eine solche Zugehörigkeit auch nie bestanden hat.«

Vor einer Volkskommission kann man nie exakt genug, nie vollständig genug antworten.

Eine andere Variation desselben Themas, immer noch vor derselben Instanz – diesmal bezieht sich Sade auf seine Jugend und auf die Militärkarriere, die ihm seines Adels wegen offenstand: »Ich habe am Krieg von Hannover als Kavallerist teilgenommen, aber da ich mich schon in jungen Jahren zur Literatur hingezogen fühlte, habe ich den Dienst zugunsten des Studierzimmers quittiert, zur Zeit bin ich Schriftsteller; in meiner Sektion bin ich eingetragen als Obrist der Kavallerie, weil dies mein (letzter) Dienstgrad war. Wir entstammen einer Kleinstadt in der vormaligen Grafschaft Avignon, wo meine Vorfahren abwechselnd Bauern oder Händler waren. Ich habe niemals dem Adel angehört, dies kann ich jederzeit beweisen.«

Es entbehrt nicht der Würze, wie de Sade sich zum Nachkommen von Landwirten und Händlern macht oder gar, völlig schamlos, von Domestiken und öffentlich erklärt, nichts weiter zu sein als ein *homme de lettres*, ebenso wie der Vater. Feder und

Pflugschar werden hier demokratisch versöhnt, die einzigen ›ehrenhaften‹ Berufe angesichts der ›Besudelung‹ durch den Makel des Adels. Daß Sade wohl das Gegenteil denkt und empfindet, ist nicht von Belang; wenn es darum geht, bestimmte Klassenargumente vorzubringen – hier natürlich im Sinne der revolutionären Logik –, sind seine Einsicht in die Gesellschaft und sein Sinn für Politik unübertrefflich. An einer Stelle allerdings lügt er nicht: Zum Königshof hat er Abstand gehalten, hat offenbar immer eine wirkliche Abneigung gegen ihn und diese Welt der Vergünstigungen, Auszeichnungen und Pensionen empfunden. Statt am Hof in Gunst zu stehen, ist er dort beständig in Ungnade gefallen.

Wie auch immer seine späteren Beteuerungen aussehen mögen – in seiner Jugend ist das Gefühl dafür, was es bedeutet, der Adelskaste anzugehören, sicherlich sehr ausgeprägt, und er nimmt bereitwillig deren augenfälligste Charakterzüge für sich in Anspruch, vor allem den Mut, insbesondere den militärischen Mut. In *Aline und Valcour* heißt es: »Die Feldzüge begannen, und ich wage zu behaupten, daß ich meine Sache gut machte. Das angeborene Ungestüm meines Charakters, die feurige Seele, die die Natur mir mitgegeben hatte, haben jener grimmigen Tugend, die gemeinhin Mut genannt wird und die man – sicherlich zu Unrecht – als die einzige für unseren Stand notwendige erachtet, noch größere Kraft und Wirksamkeit verliehen.«

Denen, die sich hinsichtlich der Festigkeit Sadescher Überzeugungen Illusionen machen, sei gleich gesagt, daß, was den Mut betrifft, dieselben Kehrtwendungen, dieselben Umstürze (im wahrsten Sinne des Wortes) stattfinden werden wie auf anderen Gebieten. Wie bewundernswert der Mut auch sein mag, wie eng verbunden mit dem Adelsstand, der Herkunft – wenn das Sadesche »System« es verlangt, wird auch er, wie alle anderen Tugenden, verwüstet, zugrunde gerichtet, mit Füßen getreten.

Ein offenkundiges und burleskes Beispiel dafür bietet die Beschreibung des Herzogs von Blangis auf den ersten Seiten der *Hundertzwanzig Tage von Sodom.* Er wird eingeführt als der grausamste und giftigste der Libertins, jedoch ist er von stattlichem Aussehen, hat ein »männliches, stolzes Gesicht«, »sehr große, schwarze Augen, schöne dunkle Brauen... regelmäßige Zähne«, »breite, aber wohlgeformte Schultern« und verfügt über ungeheure Körperkräfte, vermag er doch beispielsweise »zwischen seinen Schenkeln ein Pferd zu erdrosseln«.

Man ist versucht zu glauben, daß dieses erstaunliche erotische Raubtier, dessen geschlechtliche Heldentaten menschliche Maße übersteigen, auch ein Unmaß an Selbstvertrauen und Mut bewiese. Aber nein, keineswegs! Am Ende seines Portraits läßt uns Sade folgende Information zukommen: »Und bei all dem – wer wäre auf so einen Gedanken verfallen, auch wenn es wahr ist, daß die Seele den leiblichen Anlagen oft nicht entspricht? – bei all dem hätte ein entschlossenes Kind diesen Koloß in Schrecken ver-

34

setzt. Sobald er List oder Verrat nicht mehr anwen-
den konnte, um sich eines Feindes zu entledigen,
wurde er furchtsam und feige, und der Gedanke an
einen noch so ungefährlichen Kampf mit einem
gleich starken Gegner hätte ihn zur Flucht bis ans
Ende der Welt veranlaßt. Und doch hatte er, wie es
der Brauch will, ein oder zwei Feldzüge mitge-
macht, sich dabei aber soviel Schande eingehandelt,
daß er den Dienst auf der Stelle hatte quittieren
müssen. Er verteidigte seine Schändlichkeit ebenso
geistreich wie dreist, indem er laut von sich gab, daß
seine Feigheit nichts anderes sei als Selbsterhal-
tungstrieb und daß verständige Leute sie deshalb
unmöglich als Makel verwerfen könnten.«
Eine bemerkenswerte Passage. Da das System de
Sades weniger darin bestand, irgendwelche Freiheiten zu verteidigen, als vielmehr darin, sämtliche
Niederträchtigkeiten zu rechtfertigen, war es nur
normal, daß ›Verrat‹ oder ›Feigheit‹ ihren Platz in
der Galerie fanden. Es ist ihm daher der Mühe wert,
den Tiger Blangis paradoxerweise in ein »furchtsa-
mes und feiges« Wesen zu verwandeln und den Adligen Blangis in ein Individuum, das fähig ist, im
höchsten Grade ehrlos zu handeln.
Ähnlich verhält es sich mit dem grausamen Noirceuil, der nicht zögert, seine Frau inmitten eines
Kreises von Libertins zu quälen, aber erschrocken
zurückweicht, als diese eine aufsässige, aggressive
Anwandlung hat.
Wohlverstanden: Hier handelt es sich um ein fikti-

ves Paradox. Sade scheut sich nicht, die Niedertracht seiner Helden bis zur äußersten, ironischen
Grenze zu treiben.

Kehren wir zum Marquis zurück, zu seiner Zeit bei
der Armee.
Marquis ist er in der Tat, hat ihn doch sein Vater au-
torisiert, diesen höfischen Titel zu tragen; zugleich
bleibt er, wie letzterer auch, Comte de Sade (häufig
bezeichnet er sich so und zeichnet als solcher). Und
sicher besitzt er die Herrschsucht, Launenhaftigkeit
und Ungezwungenheit eines jungen Adligen; die
verschiedenen Uniformen, die er zwischen 1754
und 1759 anlegt, heben diese Eigenschaften zweifellos noch hervor.
Auf die Chevaulégers und das königliche Regiment
folgt das Karabinier-Regiment des Comte de Provence, wo er Fähnrich ist, als die Feindseligkeiten
mit Preußen, insbesondere mit Hannover, ausbre-
chen. Im Anschluß daran wird er dem Kavallerieregiment der Bourgogne zugeteilt und befördert. Statt
der »Uniform aus blauem Tuch à la française« trägt
er nun die »Uniform à la polonaise«, ebenfalls »aus
blauem Tuch«, wobei in beiden Fällen »Rock und
Kniehose aus Gemsleder« sind und »die Mütze be-
setzt ist mit weißen Tressen«.
Gern sähe man ein Bild dieses noch sehr jungen Offiziers, dem es an Haltung und Auftreten sicher
nicht mangelt und dessen Äußeres gewiß besticht.
Einer seiner Waffengefährten schreibt an Sades Va-

ter: »Dem lieben Sohn geht es ausgezeichnet, er ist liebenswert, gelehrig, amüsant...«, und er fügt hinzu: »Sein kleines Herz oder vielmehr sein *Leib* ist schrecklich entzündbar; die deutschen Damen werden sich in acht nehmen müssen!«

D.A.F. selbst schreibt an den Vater: »Ich steige sehr häufig aufs Pferd, um die Stellungen des Gegners und die unsrigen in Augenschein zu nehmen. Wenn wir auch nur drei Tage im selben Lager sind, kenne ich es bis zur kleinsten Rinne... Bitte hören Sie auf, mich aus vorgeschobenen Gründen zu hassen, geben Sie mir Ihre Zärtlichkeit zurück, um sie mir nie wieder zu entziehen, und seien Sie überzeugt, daß ich nicht nachlassen werde in dem Bemühen, sie mir zu erhalten.«

Diese letzten Worte bedürfen einer Erklärung. Der Comte de Sade hatte keinerlei Gründe, seinen Sohn zu hassen, ernsthafte jedoch, sich seines Verhaltens wegen Sorgen zu machen.

Offenbar war die Ursache dafür nicht in Deutschland zu suchen, sondern in Paris, in Pariser Urlaubsaufenthalten. In einem Brief an seinen Erzieher, den Abbé Amblet, rechtfertigt sich der Schuldige; dieser Brief ist das erste wichtige Dokument, das die frühreife Neigung des Marquis zu anstößigem Lebenswandel belegt: »Die Anzahl meiner Vergehen während meines Aufenthaltes, die Art, wie ich mich gegenüber dem zärtlichsten Vater der Welt verhalten habe, lassen ihn Reue empfinden, mich gezeugt zu haben. Aber die Gewissensbisse, weil ich ihn enttäuscht habe, und die Furcht, seine Freundschaft auf immer zu verlieren, sind Strafe genug! Von den Freuden, die ich für wirklich hielt, ist nichts geblieben, nun empfinde ich nur noch bitteren Schmerz darüber, den zärtlichsten aller Väter erzürnt zu haben. Jeden Morgen stand ich auf, um das Vergnügen zu suchen; dieser Gedanke ließ mich alles andere vergessen. Ich hielt mich für glücklich, sobald ich es gefunden glaubte, aber dieses vorgebliche Glück erlosch gleichzeitig mit dem Begehren, und zurück blieb nur die Reue. Abends war ich verzweifelt – ich sah, daß ich unrecht tat, bemerkte dies jedoch erst am Abend –, aber am nächsten Morgen lebten meine Begierden wieder auf, trieben mich erneut den Vergnügungen zu.«

Später wird er genauer, spricht von Ausflügen, die man ihm vorschlägt, von Mädchen, die er aufsucht. Recht banale Zerstreuungen also, die – berücksichtigt man das zarte Alter des jungen Mannes – den Vater verständlicherweise beunruhigen und verdrießen, auch weil das Gerede darüber zunimmt. Sie sind geprägt sowohl von der Epoche, in der unser Held lebt, als auch von seinem Stand.

Vergegenwärtigen wir uns noch einmal den täglichen Rhythmus dieses libidinösen Treibens, den Sade mit einer seltsamen Mischung aus Hellsichtigkeit und Naivität beschreibt: diese *Begierden*, die morgens wach werden, die ihn *treiben*; die *Verzweiflung*, die sich abends einstellt, und vor allem diese immer von neuem gesuchten *Vergnügungen*.

Aline und Valcour gibt uns eine Bestätigung dieser Seelenzustände, die natürlich vor allem Verfassungen des Herzens und des Körpers sind. Valcour, der Erzähler, erinnert sich an die Zeit, da er das zwanzigste Jahr überschritt und sein Leben zwischen Feldzügen und Parisaufenthalten teilte, und er sagt mit einer hübschen Wendung: »Zwei Jahre gingen so ins Land, gesponnen für mich von den Händen der Freuden...«

Wir wollen hier einen Moment innehalten und mit der Idee spielen, daß dieser Sade, diese junge, im Werden begriffene Persönlichkeit, ein Zeitgenosse Mozarts ist, denn Mozart kommt in Salzburg gerade zu dem Zeitpunkt zur Welt, als Sade seine Kriegs- und Liebeskarriere aufnimmt, und das Werk des Komponisten entsteht in einer Periode, in der Sade die wichtigsten Momente seines Schicksals durchlebt. Das ist nicht nur eine zufällige zeitliche Übereinstimmung, sondern die Grundlage für eine bestimmte Einschätzung Sades zu dieser Zeit: Er ist keineswegs das kleine heranwachsende Ungeheuer, das man sich mit Vorliebe ausgemalt hat, sondern ähnelt eher einem jungen Pagen oder dem zukünftigen Don Juan. Er ist blond, gut gebaut, geschnürt in seine blaue Uniform mit den weißen Tressen; er ist heiter, liebenswert, amüsant, feurig bei Vergnügen und Abenteuer, provozierend, anmaßend. Es ist sicher richtiger, ihn so zu sehen, und die nahe Zukunft wird das bestätigen, auch wenn seine Jugendlichkeit den Hang zur Libertinage nicht verschleiern kann, seine Unbefangenheit nicht die Verzweiflung.

Diese Libertinage betrachtet der Marquis schon in jungen Jahren als Klassenprivileg, und daran wird sich auch später nichts ändern. Zwar hat er dies nie in einer veritablen Theorie zum Ausdruck gebracht, und es fehlt auch nicht an bemerkenswerten Ausnahmen von dieser Regel (so z. B. der junge Gärtner Augustin in der *Philosophie im Boudoir*, der vorzüglich geeignet ist für sexuelle Großtaten. Doch auch er wird manipuliert – im wahrsten Sinne des Wortes – von Leuten aus dem Adelsstand), aber er hat die fraglose Gewißheit, daß man sich den Risiken und Herausforderungen, welche die libertinen Praktiken mit sich bringen, nur im Schutze seines Standes aussetzen kann.

In der Einleitung zu den *Hundertzwanzig Tagen* schreibt er: »Ich habe nur die Gesetze gegen mich, doch ich trotze ihnen; mein Geld und mein Ansehen stellen mich über diese gemeinen Geißeln, die allein das Volk treffen dürfen.« Die dann folgenden Zeilen nuancieren diese brutale Aussage auf bemerkenswerte Weise: »Gab man dem Herzog zu bedenken, daß bei allen Menschen Vorstellungen von Recht und Unrecht bestünden, die nur der Natur selbst entstammen könnten, treffe man sie doch bei allen Völkern an, selbst den nicht zivilisierten, so antwortete er darauf mit Bestimmtheit, daß diese Vorstellungen immer nur relativ seien, daß der Stärkere immer als äußerst gerecht ansehe, was der Schwächere als Unrecht empfinde, und tauschten die beiden ihre Rollen, so würden sie zugleich auch ihre Denkweisen vertauschen.«

Wie man sieht, findet der Sadesche Zynismus hier eine Grundlage in einer ›prämarxistischen‹ Analyse der Gesellschaft.

In der Phase des Lebens de Sades, die uns hier beschäftigt, erscheint der Zynismus noch recht milde, und das Bild eines hedonistischen, lebhaften Don Giovanni trägt eindeutig den Sieg davon über jenes des ›bösen Grandseigneur‹. Tatsächlich besteht das Unrecht Donatiens vor allem darin, sich »dem Spiel hinzugeben«, »verschwenderisch und ausschweifend« zu leben und unablässig die »Theaterkulissen und Bordells« aufzusuchen – laut Aussage seines Regimentsmajors –, und dies ist es, was den Comte de Sade bedrückt. Aber die gleichen Eigenschaften verstärken auch den Charme des jungen Marquis; diese Art, sich spontan zu Hause zu fühlen in der Welt des Spiels, der Schauspielerinnen, Tänzerinnen und Prostituierten und das Geld verschwenderisch als bloßes Mittel für seine Spiele zu betrachten. Respektlos war er wohl, aber noch auf unschuldige Art, und unabhängig: auf Solidarität oder Komplizenschaft legte er keinen Wert. Außer vielleicht bei seinen Dienern. Dieser Punkt soll gleich hervorgehoben werden, denn er ist im Leben de Sades oft zu beobachten. Sei es der Kopist und Sekretär La Jeunesse, der zahlreiche Manuskripte des Marquis ab-

41

schreiben wird (und Sade wird eines schönen Tages sagen: »Hör zu, du Dummkopf, die Orthographie ist die Wissenschaft der Diener!«); sei es La Grange, der ihn bei seinen ersten Ausschweifungen begleitet; Langlois, der bei ihm ist zum Zeitpunkt der Affäre von Arcueil; oder Latour, der ihm während der Affäre von Marseille ›zur Hand geht‹ – immer ist in seiner Nähe ein Leporello oder Sganarelle, der ihm beisteht: ein abgeschwächtes, possenhaftes Spiegelbild des Marquis (mit Latour kommt es sogar zum Rollentausch). Diese Angewohnheit entspricht zweifellos den Sitten der Zeit, aber im Leben des Marquis tritt sie besonders früh auf und gibt seinem ausgelassenen Verhalten einen eigentümlich theatralischen, opernhaften Charakter.

Der Weg schien vorgezeichnet. Vergnügungen gehörten dazu, aber auch das, was sie eines Tages zähmen würde: die Heirat. Die väterliche Unruhe konnte, nach gutem alten Brauch, kein besseres Heilmittel finden. Man verfolgt also Pläne, den jungen Marquis zu verheiraten. Die ausersehene Braut ist eine gewisse Renée-Pélagie de Montreuil, Tochter von Marie-Madeleine de Plissay und Claude-René Codier de Launay, dem Präsidenten der ›Cour des Aides‹* in Paris, Baron von Echauffour und Herrn über Montreuil-Largillé.

* Eigenständiger Gerichtshof seit dem 15. Jh.; entschied (in letzter Instanz) u.a. Streitsachen, die die Steuern betrafen; wurde 1790 aufgehoben

Bei der Heirat bleibt man unter sich.

Um ein Haar hätte sie – ein Gegenstand von Familienverhandlungen, bei denen Interessen und Vernunft ausschlaggebend waren – aus Gründen der Liebe nicht stattgefunden: D.A.F. schien sein Herz anderweitig vergeben zu haben. So lebhaft auch seine frühreife Libertinage gewesen sein mag, er war doch – und dies ergänzt liebenswürdig sein Portrait – empfänglich für romantische Leidenschaft. Wir wissen, daß es eine gewisse Mlle de L. war, Laure-Victoire-Adeline de Lauris, die ihm Herz und Kopf gehörig verdrehte, noch am Vorabend seiner Hochzeit.

Vielleicht weil sie, geboren in Avignon, Provençalin war und ihres Namens und Vornamens wegen Erinnerungen an Laura wachrief. Sie war die junge Schloßherrin von Vacqueyras, einem vauclusischen Dorf in der Nähe der Sadeschen Ländereien, also gewissermaßen die Nachbarin. Gilbert Lély, der ihre Existenz und ihren Platz im Liebesleben des Marquis entdeckte, hat mit Recht hervorgehoben, daß dieser sich in Art und Tonfall eines provençalischen Troubadours an sie wandte.

Diesen Charakterzug des ›provençalischen Troubadours‹ hat de Sade paradoxerweise immer besessen – man muß nur seine Schwänke und Versdichtungen lesen, um sich davon zu überzeugen –, und in seiner Jugend waren ihm verfeinerte und lyrische Formen der Liebeserklärung sicher nicht fremd. Jedenfalls finden wir sie in einer seiner allerersten

43

Schriften, dem *Chanson für Mlle de L.* Hier die erste
Strophe daraus:

Jusque dans la moindre chose
Je la vois soir et matin.
Si j'aperçois une rose
Elle a l'éclat de son teint;
Si cette fleure m'intéresse
C'est qu'elle naît sous ses pas:
Partout je vois ma maîtresse
Et tout me peint ses appas…

(Auch im allerkleinsten Ding / Erblick' ich sie bei
Tag und Nacht / Wenn ich eine Rose seh' / Hat sie
den Schimmer ihrer Haut / Wenn diese Blume mich
anzieht / ist es, weil sie aufblüht unter ihrem Schritt /
Meine Geliebte erblick' ich allüberall / und alles
bringt zum Ausdruck ihren Reiz…)

Diese blumige Rhetorik schließt jedoch handfestere
Beziehungen keineswegs aus. Ein in anderem Ton
geschriebener Brief bezichtigt die Demoiselle des
Eidbruchs, bezeichnet sie als undankbar, arglistig
und treulos – dies alles mit äußerster Heftigkeit –
und überhäuft sie gleichzeitig mit Beteuerungen
von Leidenschaft und Liebe. Der Brief trägt das Datum 6. April 1763, zu Avignon, und alles deutet darauf hin, daß die Empfängerin zu diesem Zeitpunkt –
d. h. einen Monat vor seiner Heirat – die ent-
flammte Geliebte des Marquis ist und daß er sie
nicht verlieren möchte.

Es ist die Zeit, da sein Waffendienst zu Ende geht, der Siebenjährige Krieg mit Preußen vorüber ist und der Marquis als Rittmeister nach Frankreich zurückkehrt, wo er in Lacoste mit allen seinem Stand gebührenden Ehren und in festlicher Atmosphäre empfangen wird. Die Dorfbewohner seiner Ländereien heißen ihn auf der Straße nach Ménerbes willkommen, erweisen dem Sohn ihres Herrn wahrhaft die Ehre wie Untertanen, präsentieren sich in einem Reiteraufzug, einer »Pastorale«: mit Bändern geschmückte Schäferinnen sitzen hinter Kokarden tragenden Reitern auf den Pferden oder rund um ein Maskottchen, ein gleichfalls mit Bändern geschmücktes Lamm, auf den Wagen; und schließlich findet ein großer Tanz statt.

Eine der Tanten des Marquis, die einzige, die nicht Äbtissin oder Nonne geworden ist, hat all das organisiert, und die neunzehnjährige Marie-Dorothée de Rousset, schon jetzt ein guter Engel des Schlosses, hat sich bei der Vorbereitung des Festes viel Mühe gegeben. Sie ist es, die von den Einzelheiten berichtet, und sie ist es auch, die fünfzehn Jahre später, in einem ihrer zahlreichen Briefe an den Marquis, seufzend die Erinnerung an das Fest heraufbeschwört. Dieser Einzug ins Schloß von Lacoste unter dem Jubel des Landvolks und in bukolischer Atmosphäre läßt wieder einmal an Don Giovanni denken: der junge Herr inmitten seiner Bauern und Bäuerinnen. Aber wahrscheinlich gelten Donatiens

Gedanken vor allem Mlle de Lauris. Nie ist er ihr so nahe gewesen, nie hat er sie so sehr geliebt wie jetzt, und dennoch sagt er ihr Adieu (»Lieb mich immerdar, bleib mir treu, willst Du mich nicht vor Schmerzen sterben sehn. Adieu, mein schönes Kind, ich bete Dich an und liebe Dich tausendmal mehr als mein Leben...«) und schickt sich an, eine andere zu heiraten.

Aber noch bis zum letzten Augenblick zögerte und zweifelte er. Der Marquis glaubte, Laura überzeugen zu können, bei ihm zu bleiben, glaubte, den Vater von seinem Standpunkt abbringen zu können – einem sehr entschiedenen väterlichen Standpunkt, der sich weitgehend auf finanzielle Interessen und Anteile gründete, die nicht aufs Spiel gesetzt werden durften. Doch der Vater blieb fest.

Man darf davon ausgehen, daß Donatien Avignon tiefbekümmert, aber nicht mit leerem Magen verließ: Er erzählt nämlich, daß er bei seiner Abreise gerade noch Zeit hatte, ein paar Artischocken und Thunfischpastete einzustecken, bevor er auf die Postkutsche sprang (das ist eines dieser wunderlichen ›haushälterischen‹ Details im Leben Sades, über die wir oft informiert werden und die Roland Barthes so überraschten und entzückten).

Donatien kehrte nach Paris zurück, wo er sich am 17. Mai 1763 in der Kirche Saint-Roch mit Renée-Pélagie de Montreuil vermählte.

War es wirklich ein endgültiger Abschied? Genaugenommen nicht so ganz: Die Erinnerung an die junge Dame von Vacqueyras hielt sich noch lange im Herzen des Marquis; gewisse Anhaltspunkte belegen dies, insbesondere ein Brief, den er eines Tages ihrem Vater zukommen ließ und in dem er den Wunsch äußerte, zu einem Ball geladen zu werden, wo er sie wiederzusehen hoffte. Unleugbar ist er, der später mit solch wildem Hohn und kalter Wut die Dinge der Liebe mit Füßen tritt, ihr Geliebter gewesen, und ein ›Verliebter‹ obendrein.

Nun ist der junge Offizier also verheiratet. Vom vergnügungssüchtigen Leben zum Eheleben: ein sicher etwas schroffer Übergang, aber durchaus üblich, insbesondere in der Gesellschaft, von der hier die Rede ist. Madame de Sade wird sich einen Begriff von Donatiens Problemen mit diesem »Übergang« zu machen haben, und sie wird dies mit klarsichtiger, intelligenter, aber nicht unbegrenzter Geduld tun.

Vorerst aber befinden wir uns, trotz oben erwähnter Umstände, in der Zeit gegenseitiger Zuneigung. Der Marquis verkündet, daß er »untröstlich« wäre, falls er seiner Gattin, auf welche Weise auch immer, mißfiele, und nur im geheimen läßt er verlauten, daß er sie als »zu kalt und zu fromm« empfinde und deshalb gezwungen sei, anderen Frauen seine Aufmerksamkeit zu schenken. So einleuchtend ist dies in seinem Fall, daß es geradezu lächerlich wäre, das besonders hervorzuheben; außerdem hat Sade selbst über die Forderungen des Temperaments und der Natur alles gesagt, bis hin zum schwindelerregenden Wahn. Es wäre also wenig sinnvoll, beiläufig etwas abzuhandeln, was er in endlosen Argumentationen dargelegt hat.

Viel amüsanter ist dagegen die Feststellung, daß der junge Ehemann vor allem seine Schwiegermutter beglückt, die Präsidentin von Montreuil – diejenige, die ihn später am schärfsten verfolgen und die er deshalb am meisten verabscheuen wird. Aber noch ist sie ihrem Schwiegersohn gegenüber voller Enthusiasmus und erstaunlicher Aufgeschlossenheit. Ihre Lobreden nehmen kein Ende. Am Vorabend der Hochzeit schreibt sie dem Abbé de Sade in Hinblick auf die von beiden Familien – zu ihrer vollen Zufriedenheit, wie sie sagt – eingegangene Verbindung: »Werter Herr, man könnte sich keinen liebenswerteren Schwiegersohn wünschen als Ihren Neffen, seiner Vernunft, Sanftmut und vor allem guten Erziehung wegen, die er dank Ihrer Fürsorge erhalten hat...« Wenig später, in einem anderen Brief an den Abbé, gerät sie regelrecht in Wallung: »Ah, dies seltsame Kind! So nenne ich ihn, meinen Schwiegersohn. Manchmal nehme ich mir die Freiheit, ihn zu schelten; wir überwerfen uns, und gleich danach vertragen wir uns wieder; es ist nie sehr ernst und dauert nie lange... Unbesonnen ist er, ja, aber die Ehe wird ihn schon vernünftig machen.«

Offensichtlich hat Donatien es verstanden, seine Schwiegermutter zu bestricken; bis zu welchem Grad, sei dahingestellt; jedenfalls erfreut er sich der

amüsierten und zärtlichen Nachsicht der Präsidentin; und der Comte de Sade, der mit seinem Sohn
wegen seines Benehmens und der finanziellen Probleme ständig im Streit liegt, zögert nicht zu sagen,
daß er ihr »den Kopf verdreht« habe, und ist der Ansicht, daß sie ein wenig zu oft seine Verteidigung er-
greife.
Noch sind wir weit entfernt von den Verwünschungen, die der Marquis gegen die Sippschaft der Montreuils ausstoßen wird, die er später für jedes Unglück in seinem Leben verantwortlich macht. Aber
die spätere – keineswegs eingebildete – Verfolgung
durch die Präsidentin findet zweifellos eine Erklärung in deren enttäuschtem Enthusiasmus; diesen
Punkt sollte man nicht aus den Augen verlieren.
Vorerst jedoch wird Donatien ganz und gar in Anspruch genommen von den Pflichten der neuen Existenz; er ist der »kleine Schwiegersohn« und frisch-
gebackene Ehemann. Ein junger Adliger von natürlicher Anmut und eleganter Erscheinung: »...unge-
fähr fünf Fuß zwei Zoll groß*, dunkelblondes, im
Taftbeutel getragenes Haar, weißer, leicht blatter-
narbiger Teint, gekleidet in einen Übermantel aus
blauem Tuch mit rotem Kragen und roten Ärmelaufschlägen, die besetzt sind mit silbernen Knöpfen...«

* Etwa 1,68 Meter

3

ERSTER VERSTOSS:
Eine Arbeiterin aus einer Fächerwerkstatt

Leider handelt es sich bei diesem Portrait um einen
Steckbrief! Es ist ein Auszug aus einer Zeugenaussage, die schonungslos, unbarmherzig und kompro-
mißlos den dreiundzwanzigjährigen Marquis nicht
als ›gewöhnlichen‹, sondern als *exzessiven* Libertin
schildert. Ein grundlegender Unterschied, der zur
damaligen Zeit die Sittenaffäre oder simple Polizei-
angelegenheit vom schwerwiegenden Verbrechen
trennte, das mit dem Tod bestraft werden konnte.
Ein Unterschied, der mit einem Schlag die Person,
die darzustellen wir uns bemühten, aus einem Universum in ein anderes fallen läßt: aus dem der lau-
nischen, liederlichen Lebensführung in das der
beunruhigenden Gewalt, der Perversion und der bewußten Provokation. Diesen Eindruck muß jeder
Zeuge gewinnen, also auch jeder Leser des folgenden Berichts:

Sie heißt Jeanne Testard, ist zwanzigeinhalb Jahre
alt und Arbeiterin in einer Fächerwerkstatt. Dies zumindest gibt sie zu Protokoll, aber wahrscheinlich

geht sie noch anderen Beschäftigungen nach: ab und zu macht sie »Partien«. Sie legt ihre Aussage am 19. Oktober 1763 vor Hubert Mutel ab, einem Anwalt beim Parlament*, Berater des Königs und Beauftragten am Châtelet in Paris; anwesend ist auch Jean-Baptiste Zullot, ein Angestellter und Gehilfe des Polizeiinspektors Louis Marais.

Drei Wochen zuvor, so erzählt sie, habe sie die Bekanntschaft einer gewissen Du Rameau gemacht, einer »Dame von Welt«, die in der Rue Montmartre wohne und ihr vor kurzem eine »Partie« mit einem ihr unbekannten »Privatmann« vorgeschlagen habe, gegen eine Summe von zwei Louis d'Or. Der »Privatmann« entpuppt sich als die Person mit dunkelblondem Haar und blatternarbigem Teint (Sade selbst erwähnt 1780 in einem Brief an seine Frau diese Kinderkrankheit). Am Abend des 18. Oktober heißt er sie eine Kutsche besteigen, in der sich schon sein Domestik La Grange befindet, und fährt mit ihr an die Grenze des Faubourg Saint-Marceau, in die Nähe der Rue Mouffetard, zu einem »kleinen Haus mit gelbgestrichenem Torbogen und Eisenspitzen darauf«. Dort bringt er sie in ein Zimmer im ersten Stock, das er, nachdem er den Diener ins Erdgeschoß geschickt hat, abschließt.

Nun beginnt eine seltsame Zeremonie, die sich laut Jeanne Testard wie folgt abspielt:

* Institution der Rechtsprechung in Frankreich bis 1790. Außer dem Parlament in Paris (oberstes Hofgericht) gab es Parlamente in mehreren Städten

1. Der Unbekannte fragt sie, ob sie religiös sei, ob sie an Gott, Jesus Christus und an die Jungfrau glaube; auf ihre bejahende Antwort hin und auf ihre Bestätigung, daß sie, so gut sie es vermöge, die christliche Religion befolge, mit der sie aufgewachsen sei, ergeht er sich in Beschimpfungen und fürchterlichen Gotteslästerungen, verkündet, daß Gott nicht existiere, schmäht Christus und die Jungfrau und führt dann aus – und dies läßt die Dinge in anderem Licht erscheinen, läßt sie auf alle Fälle über die rein verbale Blasphemie hinausgehen –, daß er »in einer Kapelle, die ihm zwei Stunden lang zur Verfügung stand, bis zum Samenerguß in einen Kelch onaniert« habe. Und als sei das noch nicht genug, fügt er sogleich hinzu, daß er eines Tages mit einem Mädchen verkehrt habe, das von ihm vorher zur Kommunion geleitet worden sei; anschließend habe er die beiden Hostien in das Geschlecht des Mädchens eingeführt und es fleischlich besessen mit den Worten: »Wenn es dich wirklich gibt, Gott, dann räche dich.«

2. Danach kündigt der Mann der entsetzten Jeanne an, daß er ihr, in einem der Nebenzimmer, etwas »Außergewöhnliches« zeigen werde (sie sagt daraufhin, sie sei schwanger und wolle keine furchterregenden Dinge sehen. – Sie könne ganz beruhigt sein, lautet die Antwort). Er führt sie also ins andere Zimmer, und dort sieht sie ein bizarres Dekor, bestehend aus vier Handvoll Ruten und fünf Klopfpeitschen unterschiedlicher Art, die an der Wand

befestigt sind, sowie zwei gekreuzigten Christusfiguren aus Elfenbein; dazu religiöse Stiche und
erotische Stiche »von größter Anstößigkeit«. Er befiehlt ihr, sich die Dinge genau anzusehen.

3. Nach den Worten und der Inszenierung folgen
die Handlungen; zumindest Vorschläge dazu. Der
befremdliche Herr fordert Jeanne auf, ihn mit einer
Klopfpeitsche zu schlagen – mit der aus Eisendräh-
ten, die sie vorher im Feuer zur Rotglut bringen
solle –, im Anschluß daran werde er sie schlagen,
mit einer Peitsche seiner Wahl, mit der aus Stricken
zum Beispiel. Die (vor dem Anwalt) »Erschienene«
weigert sich, trotz des beharrlichen Drängens, dem
sie ausgesetzt ist, auf diese Vorschläge einzugehen.

4. Zurück zur vorherigen Stufe. Aber diesmal begnügt sich der Unbekannte nicht mehr mit Worten.
Er nimmt die beiden Christusfiguren von der Wand,
tritt eine davon mit Füßen, während er »sich der andern bedient bis zum Samenerguß«. Jeanne ist voller Grauen; dennoch wird sie aufgefordert, an den
frevelhaften Handlungen teilzunehmen. Er bedroht
sie mit zwei auf dem Tisch liegenden Pistolen und
einem Schwert, bereit, es zu ziehen und ihr durch
den Leib zu bohren, und zwingt sie so, gleichfalls
eines der Kruzifixe mit Füßen zu treten. Starr vor
Schrecken führt sie seine Anordnung aus und wird
auch gezwungen, gleichzeitig Gotteslästerungen
auszustoßen.

5. Eine Stufe weiter: Der Peiniger sei so weit gegangen, von seinem Opfer zu verlangen, »sie solle

einen Einlauf vornehmen und diesen über der Christusfigur ausgießen, was ihrer Weigerung wegen nicht stattgefunden habe«.

6. Zurück zu ruhigeren Praktiken. In der folgenden Nacht, in der Jeanne weder Nahrung zu sich nimmt noch schläft, liest ihr der »Privatmann« Stücke in Versen vor – »voller Gottlosigkeit und gänzlich im Widerspruch zur Religion« – die, wie er sagt, ein Freund ihm gegeben habe, der genauso gottlos und ausschweifend sei wie er selbst.

7. Der »Privatmann« schlägt der »Erschienenen« anschließend vor, »mit ihr auf eine widernatürliche Weise zu verkehren«. Aus der Aussage geht nicht hervor, ob dies stattgefunden hat oder nicht.

8. Als sich der Mann von Jeanne trennt, nimmt er ihr das Versprechen ab, ihn am folgenden Sonntag in dem kleinen Haus, wo sie sich befinden, wieder aufzusuchen, damit sie sich gemeinsam zur Kommunion begäben in der Gemeinde Saint-Medard; dort würden sie zwei Hostien entgegennehmen, eine davon verbrennen und von der andern denselben Gebrauch machen, wie er es mit dem von ihm erwähnten Mädchen getan hat. Jeanne verspricht alles, um freizukommen, und muß eine »auf einem weißen Blatt Papier« niedergelegte Verpflichtung unterzeichnen, nichts von dem, was geschehen ist und gesagt wurde, zu enthüllen. Um neun Uhr morgens verläßt sie das Haus der Du Rameau, die übrigens gekommen ist, um sie abzuholen.

Trotz ihrer Furcht hat Jeanne Testard es vorgezo-

54

gen, das gegebene Versprechen nicht zu halten, und hat sich zu dem Amtssitz des Generalleutnants der Polizei begeben, anschließend zum Inspektor Marais und seinem Gehilfen Zullot. Sie sagt alles.

Sie sagt alles, abgesehen vom Namen des »Privatmannes«, den sie nicht kennt. Gilbert Lély war es, der nach der Entdeckung der Aussage durch den Bibliophilen Jean Pomarède bewiesen hat – mit Hilfe überzeugender Überschneidungen –, daß es sich zweifelsohne um den Marquis de Sade handelte. Dies ist die erste Affäre, die in seiner Existenz schwerwiegende Spuren hinterläßt.
Liest man aufmerksam den Anfang der Aussage, wird klar, daß wir uns in der Welt der »Partien« und der Prostitution befinden, die sich auch im Werk des Marquis widerspiegelt. Nichts fehlt, weder das »kleine Haus« noch die eifrige, diskrete Kupplerin – wobei die Du Rameau ein gutes Beispiel abgibt und den Vergleich aushielte mit der Serie von Frauen desselben Typs – der Duvergier, Duclos, Martaine, Desgranges, Bercueil etc. –, die so oft im Werk de Sades auftreten. Zweifellos ist dieses Werk – wie sehr es auch Fiktion und Literatur sein mag – ein wirklichkeitsgetreues Dokument, das belegt, wie käufliche Liebe im Paris jener Zeit organisiert war. Daß Jeanne Testard der Schicht der »Arbeiterinnen« angehört, unterstreicht den Zusammenhang zwischen sozialer Erniedrigung und Prostitution und erinnert uns daran, daß die aristokratische Li-

bertinage ihre Objekte bevorzugt aus den benachteiligten und entfremdeten Schichten holte.

Betrachten wir nun die in dieser Aussage erwähnten Verhaltensweisen. Mag sein, daß sie ungenau oder übertrieben dargestellt sind, das ändert jedoch wenig an ihrer provozierenden Unmäßigkeit. Man fragt sich, wie und warum der junge, gut erzogene Marquis, der brillante Offizier, der liebenswerte Jungverheiratete sich urplötzlich in diesen gotteslästerlichen Libertin verwandelt, der getrieben wird von kalter Entschlossenheit und Wut zugleich.

Eine essentielle Frage. Genau an diesem Punkt geschieht es nämlich, daß etwas entgleist, widernatürlich wird. Eine Frage, die sich auf individueller Ebene schwerlich beantworten läßt, denn auf den ersten Blick entdeckt man in der Kindheit und Jugend de Sades keine Beispiele oder Modelle (sicher nicht sein Vater, und auch nicht sein Onkel, der Abbé de Sade) für dieses Verhalten. Man müßte also zur Erklärung das Augenmerk eher auf die Epoche, eine bestimmte Atmosphäre, gewisse Sitten richten.

So gesehen läßt sich der junge Sade auf die größten Provokationen und die größten Gefahren seiner Zeit ein. Wir sollten nicht vergessen, daß man noch im Jahrhundert zuvor Libertins, die ostentativer gotteslästerlicher Handlungen überführt worden waren, verbrannte – wie etwa Vanini im Jahre 1619 in Toulouse (auf den Sade sich ausdrücklich bezieht; in *Juliette* heißt es: »Nähre dich ohn' Unterlaß von

56

den Grundsätzen Spinozas, Vaninis...«) – und daß 1766, drei Jahre nach den von uns erwähnten Szenen, der Chevalier de la Barre, dessen Sache und Gedenken von Voltaire verteidigt wurden, in Abbeville im Alter von neunzehn Jahren hingerichtet wurde, weil er ein Kruzifix geschmäht und entstellt hatte.

Bedeutet dies, daß Sade sich bewußt diesen Gefahren aussetzt? Welchen Sinn hat dieser Ausbruch? Kann das Gewicht der religiösen Praktiken und Zwänge und das damit verbundene Gefühl der Unterdrückung – in einer Zeit rasant zunehmender Ungläubigkeit – die Erklärung sein für eine derartige Gegen-Gewalt? Tatsächlich hat die französische Revolution eklatante Belege für diese These geliefert. Und sie veranschaulicht auch – und gerade in ihren Exzessen – die Explosivkraft gewisser Situationen, wenn sie unerträglich werden für diejenigen, die sie aus alter Gewohnheit oder Resignation zu ertragen schienen.

Sicher ist jedenfalls, daß die ersten spektakulären Manifestationen der Sadeschen Libertinage die Form der *Übertretung* der prägnantesten Gebote seiner Zeit annehmen, jener nämlich, die mit der Religion zu tun haben. Ihre bewußte Verletzung, in den Formen der Gotteslästerung, des Frevels und der Entweihung, scheint dem Temperament des jungen Sade am meisten zu entsprechen. So sehr, daß man sich fragt, ob das die sexuellen Aspekte nicht aussticht.

57

Gewiß, in den Vorschlägen, die er Jeanne Testard macht, ist die Rede von aktiver und passiver Auspeitschung, und wir kennen die Bedeutung dieser Praktiken im späteren Verhalten des Marquis und in seinem Werk. Da Jeanne sich aber weigert, werden diese Handlungen nicht vollzogen, und so behalten die frevelhaften bei weitem die Oberhand über die eigentlich erotischen. Der »Sadismus«, falls davon die Rede sein kann, tritt vor allem in der Art und Weise zutage, wie der Ausführende sein Opfer zwingt, Gesten zu verrichten oder Worte auszusprechen, die es mit Grauen und Schrecken erfüllen, kurz: in der Art, wie er es unter Drohungen (sogar unter Waffengewalt) in das Ritual der Übertretung miteinbezieht; es ist die Haltung des Don Juan, der von einem Armen verlangt »zu schwören«, hier aber tausendfach potenziert.

An einer bestimmten Stelle in Jeannes Bericht ist die Rede von einer »widernatürlichen« Beziehung, aber es fällt auf, daß sie sich wohl hütet zu sagen, ob diese Beziehung eingegangen worden ist. Sehr wahrscheinlich wußte Jeanne, welcher Gefahr sie sich, rein juristisch betrachtet, mit dieser sexuellen Praxis aussetzte: dem Tod. Man kann daraus folgern, daß für den Marquis der Analverkehr eher wegen der *Übertretung* als wegen der sexuellen Aspekte von Interesse ist, zumindest in diesem Stadium seiner libertinen Karriere (denn später wird er die damit verbundenen Freuden preisen und bis in alle Einzelheiten beschreiben). Tatsächlich gehört das Wort

Sodomie* zu denen, die nach Scheiterhaufen riechen, und die damit bezeichnete Praxis stellt sich – immer im Kontext der Epoche – zuerst einmal als äußerst schwerwiegende Provokation dar. Und aus eben diesem Grunde findet Sade Gefallen daran. Er wird stets besonders intensive Befriedigung darin finden, auf bestimmte Handlungen die größtmögliche Anzahl von Tabuverletzungen zu konzentrieren, und oft findet man in seinen Schriften Stellen, die diese Art von Leistungen hinausposaunen: »Um Inzucht, Ehebruch, Sodomie und Gotteslästerung in einem Akt zu vereinigen, fickt er, nach vorherigem Einführen einer Hostie, seine eigene Tochter in den Arsch« oder »alles wird in vollkommenem Durcheinander ausgeführt: Inzucht, Ehebruch, Sodomie« *(Die Hundertzwanzig Tage von Sodom).* Häufig kommt dies bei Sade mit einer gewissen Puerilität daher: es geht wirklich darum, bei sich selbst und beim Leser durch Anhäufung von Übertretungen massiven Schauder zu erregen.

Diese sich beständig überbietenden Abscheulichkeiten treten wohlgemerkt zuerst einmal in der Form sich überbietender sprachlicher Ausdrücke auf. Die Worte machen angst, und deshalb muß man ihnen trotzen. Roland Barthes bemerkt in diesem Zusammenhang mit Recht, daß die von Sade gerade während der Begegnung mit Jeanne Testard beschworene grauenhafte und skandalöse Hand-

---

* Im 18./19. Jahrhundert hat Sodomie immer die Bedeutung von Analverkehr

lung sich für einen unempfindlichen und indifferenten Atheisten reduzieren ließe auf: »Hier führen ein Mann und eine Frau Geschlechtsverkehr *a tergo* aus, wobei sie im Verlauf des Aktes ein wenig Weizenteig benutzen.« Genauso ist es, in der Tat. Aber daß Frevel und Sodomie bewußt in Worte gefaßt werden, ändert alles. Das Wort ist weitaus schrecklicher als das Ding. Deshalb hütet sich Jeanne auch, es auszusprechen. Sade dagegen scheut sich nicht, die Dinge beim Namen zu nennen (dies beweist, nebenbei gesagt, daß er ein echter Schriftsteller ist).

Daneben lassen sich in seinem Werk natürlich auch rein weltliche Lästerungen finden, die bisweilen einer gewissen Komik nicht entbehren. So gerät Saint-Fond (in *Juliette*) in eine Raserei, die vornehmsten Embleme des Adels und seines Standes zu besudeln: »Er verlangte von mir, daß ich auf sein Saint-Esprit* scheiße und mir den Arsch mit seinem Cordon bleu** abwische.«

Zusammenfassend gilt, daß der Marquis in seiner jugendlichen Aggressivität sich für die verabscheuungswürdigsten Formen des Frevels entscheidet und sie gegen jene Objekte richtet, die als die heiligsten angesehen werden. Wir wollen vorläufig absehen von jener Vorliebe Sades, die sich in den oben zitierten Obszönitäten äußert – es ist bekannt, daß die Delirien der Koprophagie*** nicht zu den ge-

---

* Band vom Orden des Saint-Esprit
** Hugenottenkreuz
*** Von kopros (griech.) = Kot

ringsten seiner Genüsse zählten. Beachten wir statt dessen, daß diese Rage, zu onanieren »bis zum Samenerguß in einen Kelch«, genau jene Handlung ist, die für unsere Vorstellung die bei weitem gröbste Gotteslästerung darstellt – den besten »Angriffspunkt« also für die größtmögliche Überschreitung. Es ist derselbe »Angriffspunkt«, den auch Bataille, auf seine Art, in der *Histoire de l'oeil* (Geschichte des Auges) inszeniert hat, d. h. in einer fiktiven Erzählung. Hier stehen wir aber mitten im Leben, haben es mit einer Aussage vor Gericht zu tun, und dies zu einer Zeit, da derartige Frevel noch vor dem Zorn Gottes den Zorn der Tribunale auf sich zogen. Sade, der dies wußte, hat Jeanne Testard (vergebens) ein Schweigegelöbnis abgenommen.

Zum Schluß noch ein Hinweis auf die sonderbare Geschichte, daß Sade dem Mädchen einige »Stücke in Versen« vorlas, auch sie im Geiste militanter Gottlosigkeit. Eignet sich die Versform am besten, das Ideengut eines frevelhaften Atheismus zu verbreiten? Jedenfalls: Sade schreibt die von ihm vorgetragenen Gedichte einem Freund zu, der ein ebenso großer Libertin sei wie er selbst. (Man kann sich ausmalen, wie Jeanne in dem Zimmer, in das man sie eingeschlossen hat, den Versen dieses Freundes zuhört, versteinert, erschreckt, zitternd, und es nicht wagt, sich zu bewegen oder aufs Bett zu setzen.) Aber dieser Freund, könnte es sich dabei nicht um Sade selbst handeln? Einige Jahre später wird er genau diese Form, die des Gedichts, wählen, um das auszudrücken, was er für die Wahrheit hält. Der Text – wahrscheinlich im Jahr 1787, zur Zeit seiner Festungshaft in der Bastille verfaßt – trägt den schlichten, sehr direkten Titel: *Die Wahrheit*. Was Sade als solche bezeichnet, ist eine Welt ohne Gott, so wie er sie sieht, oder besser: zu sehen wünscht. Eine Beschreibung sollte dieser Text sein, in Wahrheit jedoch ist er eine Forderung – und eine schreckliche Verwünschung:

> Quelle est cette chimère impuissante et stérile,
> Cette divinité que prêche à l'imbécile
> Un ramas odieux de prêtres et d'imposteurs?
> Veulent-ils me placer parmi leurs sectateurs?
> Ah! Jamais, je le jure, et je tiendrai parole,
> Jamais cette bizarre et dégoûtante idole,
> Cet enfant de délire et de dérision
> Ne fera sur mon coeur la moindre impression.
> Content et glorieux de mon épicurisme,
> Je prétends expirer au sein de l'athéisme
> Et que l'infâme Dieu dont on veut m'alarmer
> Ne soit conçu par moi que pour le blasphémer.
> Oui, vaine illusion, mon âme te déteste,
> Et pour mieux t'en convaincre ici je le proteste
> Je voudrais qu'un moment tu puisses exister
> Pour jouir du plaisir de te mieux insulter.

(Was für ein Trugbild ist dies, ohnmächtig und steril / Die Gottheit, die dem Schwachsinnigen verkündet / Ein hassenswertes Sammelsurium von Pfaffen und Betrügern? / Wolln sie mich einreihn in den

Kreis der Ihren? / Nein, niemals! ich schwör's und halte Wort / Niemals dies wunderlich, empörend Götzenbild / Dies Kind von Wahn und Hohn / Wird meinem Herzen Eindruck hinterlassen. / Stolz, zufrieden als ein Jünger Epikurs / Streb ich danach, im Schoß des Atheismus auszuhauchen / Und daß der schändlich Gott, der mich in Unruh soll versetzen / Von mir begriffen werd allein, um ihm zu spotten. / Ja, nichtig Illusion, nur Abscheu meine Seele dir entgegenbringt / Und um dich besser noch davon zu überzeugen, erklär ich hier / Daß ich schon wollt, du könntest einen Augenblick nur existieren / Der Freude wegen, die ich fände, dich zu schmähen.)

Das ist viel Mühe, um einen Gott zu brandmarken, dessen Existenz man verneint, eine »nichtig Illusion«, die man verwirft. Der innere Widerspruch ist so groß, daß verständlich wird, warum Kommentatoren wie Klossowski zu dem Schluß kamen, daß einer, der so besessen mit Gott abrechnet, in gewissem Sinne an ihn glauben müsse. Aber erinnern wir uns, daß das eigentliche Thema Sades der Exzeß ist, in diesem Fall die exzessive Schmähung. So wundern wir uns nicht, daß wir ein wenig später, wenn das Gedicht die »Genüsse« und »Begierden« anspricht, zu lesen bekommen:

Quel que soit le désordre où leur organe entraîne,
Nous devons leur céder sans remords et sans
    peine,

Et, sans scruter nos lois ni consulter nos moeurs,
Nous livrer ardemment à toutes les erreurs
Que toujours par leurs mains nous dicta la nature.
Ne respectons jamais que son divin murmure...
...Ces douces actions que vous nommez des
  crimes,
Ces excès que les sots croyent illégitimes,
Ne sont que des écarts qui plaisent à ses yeux,
Les vices, les penchants qui la délectent mieux...

(Wie auch das Durcheinander mag beschaffen
sein, in welches ihre Stimme uns entführt / Wir
müssen ihnen folgen, ohn Bedauern, ohne Kummer / Und, ohne das Gesetz zu konsultieren noch
die Sitten / Uns ihrem Irren gänzlich und voll Eifer
stellen / So gab's uns die Natur schon immer ein
mit ihrer Hände Hilfe / Befolgen sollten wir nichts
als ihr göttliches Gemurmel... / ...Dies sanfte
Handeln, welches ihr Verbrechen nennt / Dies
Übermaß, das dumme Geister ungesetzlich wäh-
nen / Sind Seitensprünge nur, die Gnade finden
unter ihren Augen / Laster und Neigungen, die sie
zutiefst erfreun...)

Die Sadesche Theorie, getragen vom klaren, ver-
einfachenden Rhythmus der Alexandriner, ist hier
schon ausformuliert, zumindest ihre erste Phase;
denn später geht es ihm darum, die Natur zu »verhöhnen«. Vorläufig vertraut er sich noch ihrem
»göttlichen Gemurmel« an. Glaubt Sade allen Ern-

stes, als er sich mit Jeanne Testard in das Zimmer des gelben Hauses zurückzieht, diesem Gebot zu folgen? Unmöglich ist es nicht; in einem letzten Gedankenflug, am Schluß des Gedichts, sagt er nämlich, daß alles »der Natur genehm« sei:

Tout plaît à la nature: il lui faut des délits
Nous la servons de même en commettant le crime;
Plus notre main l'étend et plus elle l'estime.
Usons des droits puissants qu'elle exerce sur nous
En nous livrant sans cesse aux plus monstrueux
   goûts:
Aucun n'est défendu par ses lois homicides,
Et l'inceste, et le viol, le vol, les parricides,
Les plaisirs de Sodome et les jeux de Sapho
Tout ce qui nuit à l'homme ou le plonge au
   tombeau,
N'est, soyons en certains, qu'un moyen de lui
   plaire...

(Alles ist der Natur genehm: denn sie benötigt die Vergehn / Auch im Verbrechen noch sind wir zu Diensten ihr / Je weiter unsre Hand ihr Reich ausdehnt, je höher schätzt sie uns. / So machen wir Gebrauch vom mächt'gen Recht, das sie ausübt über uns / Indem wir unablässig frönen der ungeheursten Neigung noch: / Und keinen schützt ihr mörderisch Gesetz / Inzucht, Notzucht, Vatermord und Raub / Die Freuden Sodoms und die Spiele Sapphos / All das, was schädlich ist dem Menschen oder ihn ins

Grab stürzt / Ist nur ein Mittel, seien wir versichert,
ihr zu gefallen…)

Das Gedicht endet mit dem unmißverständlichen
Appell, die »Niederträchtigkeiten« zu vervielfachen,
die »Schändlichkeiten zu variieren«. Sade vom besten. Man kann annehmen, daß diese Verse zum
Ausdruck bringen, was der junge Marquis schon im
Jahr 1763 gedacht hat, ohne es damals klar erfaßt
oder in Worte gefaßt zu haben (die Episoden im
Faubourg Saint-Marceau, später die in Arceuil und
in Marseille, zeigen, daß bei ihm auf diesem Gebiet
zweifellos die Praxis der Theorie vorausgeht).
Es ist also deutlich geworden, daß seine Libertinage
in der bewußten Schmähung der Religion wurzelt,
in Entweihung und Gotteslästerung. Und sicher
geht sie einher mit dem Taumel des Unbegrenzten,
ja des Unendlichen – das wird sichtbar an der Gewalt, der furiosen Trunkenheit, mit der er Hindernisse und Barrieren niederreißt; und ohne Frage
sind auch komplexe psycho-sexuelle Elemente dabei im Spiel (die Jeanne vorgeschlagenen Handlungen finden sich wortwörtlich wieder im abschlie-
ßenden Programm der *Hundertzwanzig Tage*). Aber
in ihrem ersten Schwung, ihrer ersten Regung ist die
Sadesche Libertinage weniger auf Genuß aus als
auf Übertretung. Eine Zeile aus dem oben zitierten
Gedicht *Die Wahrheit* ist übrigens in ihrer Naivität
sehr aufschlußreich: dem Sadeschen Libertin geht
es darum, all das zu tun, »was schädlich ist dem

66

Menschen«, und nicht das, was ihm gefällt oder angenehm ist.

Die Reaktion von Polizei und Staatsgewalt ist verständlich: Man will verhindern, daß er weiteren
Schaden anrichtet. Der Inspektor Marais (der für
Sade nach und nach das werden wird, was dem Val-
jean sein Javert ist*) und sein Adlatus Zullot trauen
ihren Ohren nicht. Als ausgezeichnete Polizisten,
die sie sind, haben sie Jeanne aufgefordert, so genau
wie möglich alle Einzelheiten zu schildern. Wahrscheinlich haben sie auch noch andere, analoge Tatsachen über den Marquis in Erfahrung gebracht.
Die Affäre der Arbeiterin aus der Fächerwerkstatt
ist die spektakulärste, aber die einzige wird sie wohl
nicht sein.
Sade wird identifiziert, verhaftet und nach Fontainebleau gebracht, vor M. de Saint-Florentin, Minister am Königshaus, der den Herrscher in Kenntnis setzt und erklärt, seiner Meinung nach müßten
solche Exzesse mit letzter Schärfe verfolgt werden,
insbesondere wenn sie von einem Edelmann begangen würden. Im Gewahrsam von Inspektor Marais,
der ihn schon nach Fontainebleau begleitet hat,
wird der Angeklagte auf Anordnung des Königs
nach Vincennes gebracht, wo man ihn im Bergfried
einkerkert.
Hier beginnt die lange Serie der Gefangenschaften

* Figuren aus Victor Hugos ›Die Elenden‹

de Sades. Für diese Inhaftierungen, die sich bisweilen als willkürliche Verfolgungen darstellen oder hingestellt werden, liegen zumindest in dieser ersten Phase präzise polizeiliche Gründe vor; und umgeben sind sie natürlich vom starken Parfum des Skandals.

Das Wort ›Skandal‹ bezeichnet auch am besten die Wirkung, die D.A.F. in der eigenen Familie hervorruft: Aufregung, Unbehagen, Scham, Bestürzung, Furcht. Schnell macht die Nachricht von dem leichtfertigen Verhalten des jungen Mannes, von dem man sich anderes erwartet hatte, die Runde im familiären Kreis; und der unglückliche Comte de Sade übertreibt keineswegs, wenn er in einem Brief an seinen Bruder, den Abt, in kaum verhüllten Worten von »schrecklicher Gottlosigkeit« und »maßloser Ausschweifung« spricht. Und das alles im ersten Ehejahr, kaum sechs Monate nach der Hochzeit! Man kann die Verstörung der Schwiegermutter wohl begreifen.

Und doch ist sie die Adressatin der Briefe, als der im Bergfried eingeschlossene Donatien sich entschließt zu schreiben. Er fleht sie an, bittet sie um Hilfe bei dem Bemühen, Vergebung und einen Besuch seiner Frau zu erlangen: »Seien Sie so sanftmütig, mich auszusöhnen mit einer Person, die mir teuer ist und der ich, in einer schwachen Stunde, so schwere Kränkung zufügte...« Und auf äußerst pathetische Weise verkündet er, daß sie allein fähig sei, »einen Unglücklichen, der unermeßliche Verzweiflung darüber empfindet, vom rechten Weg abgekommen zu sein, wieder dorthin zurückzuführen«!

Erstaunlicher Mensch, dieser Sade, der so schnell und perfekt von Schrecken und Wahnsinn übergeht zu Verzweiflung und Trauer! In diesem Augenblick ist er nur noch ein junger, verirrter Sohn aus gutem Hause, der seine Entgleisungen gern als bedauerliche Unfälle sehen möchte. In diesem Sinne schreibt er auch andere Briefe, z. B. an den Kommandanten des Bergfrieds, M. Guyonnet, vor allem aber an den Polizeipräsidenten, M. de Sartine. Er bittet »um Gnade und tausendfach um Verzeihung«, bittet inständig darum, daß seine Verhaftung nicht an die Öffentlichkeit gelange, da dies seine Karriere und sein Leben ruinieren würde.

Den ganzen November hindurch findet eine Serie von Eingaben statt, sowohl seitens der Familie, die versucht, die Affäre zu vertuschen oder zumindest das Aufsehen zu dämpfen, als auch seitens Donatiens, der seine Reue unter Beweis stellen will. In einem zweiten Brief an Sartine bittet er sogar um den Besuch eines Priesters, eines Beichtvaters, gibt den Ernst seiner Vergehen zu und fügt hinzu, daß sie zwar nur eine Woche gewährt hätten, »dies aber ausreiche, das Höchste Wesen aufzubringen«. Seine größte Sorge scheint jedoch zu sein, daß die Familie, insbesondere seine Frau, Einzelheiten des Geschehens erfahren könnten. Und man ahnt seine Panik in der Gefangenschaft. Er muß um jeden Preis freikommen.

M. de Saint-Florentin läßt Sartine wissen, daß er zögert. Das Geschehene ist zu ernst, zu schwerwiegend, als daß der Marquis die Vergünstigung einer »besonderen Behandlung« verdiente. Als äußerstes Entgegenkommen gewährt man ihm in seiner Zelle einen Bediensteten, aber – Vorsicht ist geboten! – nicht den seinen. Man hält sich zurück, macht Ausflüchte.

Der Vater ist es schließlich, der mit seinem Einschreiten die Freilassung bewirkt (er hat, widerwillig und auf jeden Sou achtend, die Reise nach Fontainebleau unternommen). Der König gibt den Befehl, den Gefangenen freizulassen, mit der Auflage jedoch, daß ihm ein sicherer Aufenthaltsort zugewiesen werde. Man entscheidet sich für das Schloß von Echauffour, den Wohnsitz der angeheirateten Familie. Der Inspektor Marais begleitet de Sade dorthin.

In Echauffour wird Donatien sich darum bemühen, wieder zu Kräften zu kommen, und vor allem darum, seine tristen Heldentaten vergessen zu lassen. Er ist krank, liegt im Bett, hat Fieber – dies ist »die Strafe für seine Vergehen«. Seine Frau ist schwanger, sie könnten glücklich sein, aber das Kind bleibt nicht am Leben. »Der Himmel hat nicht gewollt, daß ich die Freuden der Vaterschaft lange genieße...«

Nein, der Himmel ist wahrlich nicht wohlgesonnen! D.A.F. versucht ihn mit allerlei gutgemeinten Übungen zu besänftigen. Literatur und Kunst stellen zweifellos die beste Zuflucht dar. Im Kreis der Familie liest man den schönen *Petrarca* des Onkels. Man spielt Theater – das wird immer die Therapie des Marquis in schwierigen Phasen sein. Es ist mehr als Liebhaberei, es wird zur Leidenschaft. In einem Salontheater in Evry bringt er *Die unerwartete Rückkehr* von Regnard, *Der Advokat Patelin* von Brueys und Palaprat sowie *Der Böse* von Gresset zur Aufführung. Er verkörpert selbst Rollen, mit Anmut und Talent, er deklamiert, singt, verfaßt Liebeslieder, spinnt zarte Achtsilber vom Typ: »Il n'est qu'un pas du mal au bien« (Es ist nur ein Schritt vom Bösen zum Guten).

Und alle Welt fällt ein im Chor, jeder ist gerührt. Im Mai des Jahres 1764 ist der junge Marquis dann wieder soweit, daß er ein präsentables Bild seiner selbst vorzeigen kann. Man schickt ihn nach Dijon, wo er als Generalleutnant des Königs für die Provinzen Bresse, Bugey, Valromey und Gex in das Parlament der Bourgogne aufgenommen werden soll – das väterliche Amt wird zu dem seinen. Seine Antrittsrede beginnt mit den Worten: »Mit welchem Wohlgefallen, meine Herren, sehe ich den Anbruch des schönsten Tages in meinem Leben...«

4

SCHAUSPIELERINNEN UND TÄNZERINNEN

Von nun an wird sich der Marquis sozusagen im Visier des Inspektors Marais befinden. Dieser ist wahrhaftig der Chef der Sittenbrigade seiner Zeit, und zu seinen Aufgaben gehört insbesondere, die Welt der Schauspielerinnen, Tänzerinnen und Sängerinnen aus nächster Nähe zu beobachten, eine Welt, die nur zu oft mit jener der Kurtisanen verschmilzt. Donatien wendet sich nun diesem Luxus, diesem Raffinement zu. Vielleicht will er sein Interesse an den weniger eleganten Formen der Prostitution vergessen lassen, vielleicht entspricht es – für vermögende junge Männer seines Standes, diese Amateure der Lustbarkeiten – einfach den Gepflogenheiten der Epoche.

Zuerst einmal gibt es da eine Demoiselle Colet oder Colette. Marais hat sie niemals aus den Augen verloren, er hat ganze Akten angelegt über sie. Unter anderem hat er vermerkt, daß diese Tochter eines Weinhändlers – die schon mit siebzehn Jahren der Comédie Italienne beigetreten ist und dank ihres Talents, ihres hübschen Gesichts und ihres Auftretens (er beschreibt sie als »groß, gutaussehend«) erfolgreich wurde – ihre Liebesabenteuer vervielfachte: von M. de Bréan über den Herzog de la Ferté, den Vicomte de Sabran bis hin zum Marquis de Lignerac hatte sie ein Gefolge reicher Liebhaber und betrog regelmäßig den einen mit dem anderen.

Marais macht Beobachtungen und Notizen. Als Sade auf die Liste kommt, ist der Inspektor nicht gerade überrascht. Höchstens die Tatsache, daß Sade »sich damit vergnügt«, dieser Person, die zu jener Zeit mit Lignerac zusammenlebt, »im Monat fünfundzwanzig Louis« aus seiner Erbschaft zukommen zu lassen, verblüfft ihn ein wenig. Marais zufolge scheint Lignerac an ihrer Liaison mit Sade wenig auszusetzen zu haben.

Das Fräulein Colet hat eine entschiedene Vorliebe für Edelmänner. Vor allem aber liebt sie das Geld, liebt Annehmlichkeiten und Komfort, und sie hat eine ganz eigene Art, ihren Charme zur Geltung zu bringen. Marais, der bisweilen unnachahmliche Skizzen entwirft, beschreibt, wie sie beim Verlassen der Comédie auf ihre Begleiter herabblickt, ihre Leute herbeiruft und zu ihnen auf lustlose, gleichgültige Art – »die spüren läßt, wie sehr die Verpflichtung zu sprechen sie ermattet« – sagt: »Nun lassen Sie schon meine Kutsche vorfahren.«

Offenbar im Juli des Jahres 1764 ist Donatien der jungen Frau, die es gewohnt war, Komplimente und Geschenke zu erhalten, nach einer Vorstellung in der Comédie Italienne zum ersten Mal begegnet. Seitdem spielt er ihr eine seltsame Komödie vor, bei der er alle Register der Liebe und des Verdrusses zieht.

Es beginnt mit einem Brief im Kavaliersstil: »Es fällt schwer, Sie anzusehen und nicht zu lieben, und schwerer noch, Sie zu lieben, ohne es Ihnen zu sagen…«

Dann folgt – da die Colet so direkte Avancen nicht zu schätzen scheint – in einem anderen Brief: »Oh, ihr Götter! Könnte ich doch baldigst zu Ihren Füßen, Mademoiselle, die Beleidigung wiedergutmachen, derer Ihr mich zeiht!… Seien Sie so gütig, mir Vergebung zu gewähren; um sie zu erhalten, werfe ich mich Ihnen zu Füßen… Meine Tränen und meine Seufzer, meine Beharrlichkeit, mein Gehorsam, meine Reue und mein Respekt: sie sind der Preis eines Herzens wie des Ihren, des einzigen, das meinem Leben das Glück bringen kann.«

Und da es gilt, das Tempo ein wenig zu beschleunigen, heißt es in einer weiteren handschriftlichen Notiz: »Wie grausam von Ihnen, den Augenblick meines Glücks so hinauszuzögern. Ich lebe nicht, existiere nicht mehr. Ich bitte Sie inständig: gegen vier Uhr, noch heutigentags…«

Wie man sieht, kennt der Marquis in jener Phase seines Lebens nur zu genau die Sprache der Verwirrungen von Herz und Geist; im Schwunge einer Liebeslyrik in der Tradition von Crébillon und Diderot zeigt er sich fähig, entsprechend dem Code sei-

74

ner Zeit zu lieben und von der Liebe zu sprechen. Wer diese Sprache zu sprechen weiß, beherrscht natürlich auch andere. Wer sich in diesem Code wohl fühlt, kann ihn auch auf den Kopf stellen, ihn radikal umkehren und sich dabei noch wohler fühlen.

Die Plastizität der Sprache Sades – vielleicht sein eigentliches Genie – entspricht der Plastizität seines Verhaltens. Im Augenblick geht es ihm darum, Mlle Colet zu besitzen, und er nimmt die dafür geeignete Pose ein.

Er hat Erfolg, wie Inspektor Marais feststellt, der ein wenig verwundert ist zu sehen, wie dieser unverbesserliche Sohn aus gutem Hause seine Kräfte und Einkünfte verschwendet, vielleicht auch seiner Gesundheit schadet, denn die junge Schauspielerin hat sich von einem ihrer Verehrer eine Geschlechtskrankheit eingehandelt, die medizinische Behandlung erfordert. Marais nimmt an, daß Donatien sehr bald bemerken wird, in welcher Klemme er steckt; zugleich möchte er keineswegs, daß Sade seiner Geliebten den Rücken kehrt, um dann vielleicht die Bordelle aufzusuchen – z. B. das Freudenhaus der Brissault an der Barrière-Blanche – und seine gefährlichen Irrwege wiederaufzunehmen.

Der Inspektor kennt die beiden Welten genau, die der ausgehaltenen Schauspielerinnen und die der öffentlichen Häuser. Er beschreibt sie in seinen unzähligen Berichten, die im reichhaltigen und gepfefferten *Journal der Inspektoren des M. de Sartine* Eingang finden werden, und der eifrige Minister de Sartine selbst, immer darauf bedacht, seinem Herrscher beflissen zu dienen, läßt dem König zu dessen Vergnügen regelmäßig geheime Informationen über das libertine Paris seiner Zeit zukommen; dies wurde dann zum Futter für die Archive.

Aber welcher Variante sollte man hier den Vorzug geben? Einer bestellten Geliebten oder den Praktiken der mondänen Prostitution?

D.A.F. gibt unbestreitbar der Liebe den Vorzug. Er hält sie sogar für die große Liebe – zumindest eine Zeitlang, denn der Bruch läßt nicht lange auf sich warten. Die Colet ist launisch, unbeständig, untreu. Schließlich verläßt der Marquis sie, nicht ohne Groll. Er verlangt von ihr seine glühenden Briefe zurück, und der letzte, den er ihr schreibt, ist von bitterer Rachsucht: »...Ich gehe meiner Wege, und Sie zu verlassen bereitet mir heute ebensoviel Vergnügen wie ehemals die Annäherung.«

Und doch ist das sinnliche Glück groß, die Verbindung intensiv gewesen.

Marais entging kein Detail; am Vorabend der Trennung schrieb er in sein Notizbuch: »M. de Sade hat noch dreimal mit ihr verkehrt.« Das war im Dezember des Jahres 1764.

Knapp zwei Jahre später verkündeten die *Spectacles de Paris:* »Der Tod Mlle Colets, einer der fähigsten Schauspielerinnen des Théâtre-Italien, ist das einzige Ereignis des Jahres 1766, das für die Theaterwelt von Interesse ist.« Sie war dreiundzwanzig Jahre alt geworden.

Auf die Colet folgt die Beaupré, eine andere Schau-spielerin vom selben Theater. Marais liegt auf der Lauer, notiert: »Der Marquis hat zweimal mit ihr verkehrt.«

Nach der Beaupré die Beauvoisin, ebenfalls eine Schauspielerin. Marais beschreibt sie folgenderma-ßen: »Sie wohnt in der Rue Courteauvilain, ihre Wohnung ist sehr elegant eingerichtet, und es gibt wenige Frauen, die eine so gut bestückte Garderobe und so viele Spitzen besitzen. Zu Hause kleidet sie sich immer auf reinlichste Art, trägt verführerische Negligés, und keine versteht es besser, ihre Figur zur Geltung zu bringen. Sie gilt als eine unserer hübschesten Frauen; man sagt ihr sogar leidliche Treue gegenüber ihren Liebhabern nach. Ich bin mir jedoch sicher, daß sie ihrem lebhaften Tempe-rament nichts abschlägt, selbst wenn sie eine ge-wisse Reserviertheit ausstrahlt; der Marquis de Lou-vois ist am letzten Mittwoch in sein Regiment aufge-brochen, und noch in derselben Nacht hat sie mit dem Chevalier de la Tour verkehrt, der bei all diesen Schönen als wahrer Zuchthengst gilt.«

Sie hat schon sehr früh »debütiert«, als Bedienstete bei einem Chirurgen, dann setzte ihre schnelle und brillante Doppelkarriere am Theater und in der Liebe ein.

Als Sade ihr im Jahr 1765 begegnet, ist sie zweiund-zwanzig Jahre alt. Neue Liebesglut seinerseits. Er faßt den Entschluß, sie in die Provence mitzuneh-men, wohin er aus geschäftlichen Gründen aufbrechen muß, und sie der Einfachheit halber als seine Frau auszugeben.

Der letzte Punkt ist umstritten, auch wenn der Augenschein für sich spricht. Donatien hat Paris am 9. Mai verlassen, um zweieinhalb Monate in Lacoste zu verbringen, und zwar in Begleitung einer jungen Dame, die ausreichend Pariser Eleganz, Charme und Gewandtheit besitzt, um bei den Leuten im Dorf als seine Gattin zu gelten. Bis dahin war er nur unverheiratet aufs Schloß gekommen, zu einem kleinen festlichen Empfang. Diesmal aber kehrt er als Ehegatte zurück und bleibt einen ganzen Sommer.

Alle können sich über diesen Besuch freuen, alle, außer zwei Personen: der Vater, der sich zur Genesung in den Bädern von Plombières aufhält und der der kostspieligen Reise nach Lacoste keinen Reiz abgewinnen kann (die immer wiederkehrenden finanziellen Ängste des Comte de Sade: begründete Sorge oder Knauserei?), zumal da seine Schwiegertochter ferngehalten wird; und die Präsidentin von Montreuil, die sich bei dieser Gelegenheit ebenso kriminalistisch verhält wie Marais. Sie erfährt, daß ihr »kleiner Schwiegersohn« sich allein (ganz allein?) in die Provence begeben wird, und stellt sich die Frage nach der Bedeutung dieser Reise und ob sie wirklich »unerläßlich« sei. Sie schreibt an den Abbé de Sade, der ihr gerade den *Petrarca* geschickt hat – ein Buch, das aber auch allen zu gefallen scheint –, und legt ihm nahe, wachsam zu sein; in jedem Fall ist sie davon überzeugt, »daß Ihre Nähe ihm zugute käme« und daß Donatien dank der Ratschläge des Oheims »an Beständigkeit gewänne«. Der Abbé möge doch aufmerksam sein und sie auf dem laufenden halten!

Donatien aber hält sie alle zum Narren. Über Avignon, Ménerbes, Apt und Bonnieux erreicht er mit der Beauvoisin zusammen Lacoste, läßt sich mit ihr dort nieder und schwört später nach guter alter Gewohnheit, daß er niemals erlaubt oder geduldet habe, »daß man die Person, die bei mir ist, als meine Frau ansieht«.

Und doch deutet alles darauf hin, daß die Schauspielerin empfangen wird, als sei sie die Dame des Hauses. Henri Fauville erwähnt in seinem Werk *Sade en Provence* zwei heitere okzitanische Hirtenlieder, die von den Einwohnern Lacostes zum Empfang ihres Herrn verfaßt worden sind. Das erste trägt den Titel: *Cansoun en formo de pastouralo cantado a moussu lou marquis de Sade din soun casteou de La Coste lou jour que l'y fa soun intrado* (Gesang in Pastoralform, gesungen zu Ehren des Herrn Marquis de Sade in seinem Schlosse La Coste am Tage, da er dort seinen Einzug hielt), und das zweite: *Cansoun su l'aribado de moussu lou marquis de Sade et su lou restabllissamen de la santa de moussu lou comte* (Gesang aus Anlaß der Ankunft des Herrn Marquis de Sade und der Gesundung des Herrn Grafen); letzteres enthält folgende Strophe:

O la nouvelo hurouso
que venoun d'anounssa
derida
nuosto marquis espouso
uno jouino Beouto
couci couça
veleissa!

(O frohe Nachricht / die man uns kündet / derida /
unser Marquis nimmt zur Frau / eine junge Schöne /
couci couça / la voilà)

Da ist sie also, die Beauvoisin, herausgeputzt, mit
Schmuck behangen, charmant, ein wenig manie-
riert und bereit, sich den Freuden der Bälle, der
Soupers und des Theaters hinzugeben. Die Vergnügungen werden auf freigebigste Weise gewährt, den
Ausgaben und sich anhäufenden Schulden nach zu
urteilen. Man lädt adlige Freunde und Bekannte
aus der Umgegend ein. Der Marquis macht, wie wir
inzwischen wissen, keine halben Sachen.
Dieser beim jungen Sade sehr ausgeprägte Sinn für
Festlichkeiten unterstreicht jene Seite seiner Persönlichkeit, die wir ›mozartisch‹ nennen könnten,
und die Feste in Lacoste, bei denen sich Adel und
Dorfbevölkerung vermischen, erinnern unweigerlich an das Ende des ersten Aktes im *Don Giovanni*,
wo der Wein die Köpfe erhitzt, wo alle mit Schokolade, Kaffee, Dragées und Eis freigehalten werden,
wo man das Menuett, die Gaillarde oder die Alle-

mande tanzt und wo Bauern und Junker sich beim Gesang »Vive la liberté!« gemeinsam das Herz erwärmen. Es ist die Art von Freiheit, die Donatien entzückt, und das Theater ist für ihn vielleicht deren gelungenste Ausdrucksform. Auf der Bühne ist alles Erfindung, Einbildung, Verstellung. Da mag auch die Beauvoisin einige Tage lang als Gattin verkleidet sein. Sie ist ja selbst Komödiantin, und was wäre natürlicher, als ihr zu Ehren Stücke aufzuführen.

Zu dieser Zeit wird auch ein Theatersaal eingerichtet, im ersten Stock, am nördlichen Ende der Galerie. Später wird man einen weitaus größeren Saal bauen lassen und den Sommer über auch Vorstellungen in einem der beiden Innenhöfe geben. Man könnte sagen, daß das Schloß in Lacoste, bevor es zu einem »Labor des Sadismus« wurde – wie der heutige Besitzer, M. André Bouër, nahelegt –, für Sade »theatralische Versuchsstätte« war, ein Ort, an dem er seinem Talent als Regisseur, Schauspieler, Conférencier und Autor freien Lauf ließ.

Zur Erheiterung sei erwähnt, daß der Abbé de Sade, der Nachbar aus Saumane, sich nicht lange bitten läßt, an den Festen teilzunehmen, die ganz nach seinem Geschmack sind. Die Präsidentin, die ihm vertraut und zugetraut hatte, den Marquis zur Vernunft zu bringen, kam sicher nicht auf den Gedanken, daß er sich so freudig den für eine Pseudomarquise organisierten Vergnügungen anschließen würde. Doch der Abbé ist nicht weniger Schauspieler als

81

sein Neffe; er weist den Vorwurf, das Spiel mitzuma-
chen, weit von sich und schreibt an Mme de Montreuil, daß er Donatiens »extravaganter Unschick-
lichkeit«, wie sie es nenne, in keiner Weise als Ga-
rant gedient habe: Er habe nicht, wie sie glaube, mit
seiner Anwesenheit die gute Gesellschaft beruhigt,
die ansonsten das Schloß und die Feierlichkeiten im
Stich gelassen hätte, nein, auch er sei, wie alle, getäuscht und respektlos hinters Licht geführt worden.
Dieser Neffe solle ihm nicht mehr unter die Augen
kommen; er sei »sehr zornig darüber, daß jemand
sich so schlecht benehme«.
Wie man sieht, ein neuer Skandal, wenn auch nicht
von derselben Größenordnung wie der vorige. Aber
man munkelt in der Familie, und es ist nötig, Donatien wieder einen Verweis zu erteilen. Die Präsidentin, die sich dieser Aufgabe nicht gewachsen fühlt,
überträgt sie dem Abt. Dieser wiederum gibt sie weiter an seine Schwester, Nonne in Saint-Benoît de
Cavaillon, die wohl fromme Frau genug ist, um die
Stimme des Guten und der Moral zu erheben, und
sei es mit schonungslosen Worten.
Doch ach, es fällt auf sie zurück! Der Marquis bietet
den Angriffen der Familie die Stirn und antwortet
dem Absender der Vorwürfe postwendend und mit
jener Unverschämtheit, die einen Teil seines Char-
mes ausmacht: »Ihre Vorwürfe sind nicht sehr rücksichtsvoll, liebe Tante«, schreibt er. »Um ehrlich zu
sein, hatte ich nicht erwartet, aus dem Munde einer
frommen Ordensfrau solch derbe Worte zu verneh-

men. Weder erlaube noch dulde ich, daß man die Person, die bei mir ist, als meine Frau ansieht; ich habe alle Welt das Gegenteil wissen lassen. Geben Sie sie nie als solche aus, hat mir der Abbé geraten, aber lassen Sie die Leute reden, auch wenn sie von Ihnen das Gegenteil erfuhren.« Und nicht ohne Heimtücke fügt er, in Hinblick auf eine andere Tante, Henriette-Victoire de Villeneuve-Martignan hinzu – diejenige, die nicht Nonne geworden war: »Als eine Ihrer Schwestern, verheiratet wie ich, hier öffentlich mit ihrem Liebhaber lebte, haben Sie da La Coste schon als einen verfluchten Ort betrachtet?« Und zum Schluß schießt er den giftigsten Pfeil ab, gerichtet gegen den Onkel, den unglückseligen Abbé de Sade selbst, der natürlich davon in Kenntnis gesetzt wurde: »Was nun den betrifft, von dem Sie Ihr Wissen haben, so hat er, obwohl doch Priester, immer ein Hurenpärchen bei sich zu Hause – Sie entschuldigen, daß ich mich desselben Ausdrucks bediene wie Sie. Ist sein Schloß also ein Serail? Nein, ich glaube, es handelt sich eher um ein B...« Und die alles krönenden Worte: »Entschuldigen Sie meine Verschrobenheiten, der Familiengeist färbt ab; und wenn ich mir etwas vorzuwerfen habe, so den Umstand, im Schoße dieser Familie geboren zu sein. Daß Gott mich vor den Lächerlichkeiten und Lastern bewahre, von denen es darin nur so wimmelt! Ich könnte mich fast für tugendhaft halten, wenn Gott mir den Gefallen erwiese, nur einen Teil davon annehmen zu müssen.«

Dieser Sprachgebrauch ist äußerst charakteristisch für den Humor Sades, sobald er angegriffen wird oder man ihm eine Lektion erteilen zu müssen glaubt. Er hat einen ausgeprägten Sinn für den schnellen Gegenstoß, schneidend, verletzend. Und wie man sieht, ist er zur eigenen Familie genauso liebenswürdig wie zu der seiner Frau. Später wird er vorgeben, seine Äußerungen zu bedauern, wird der Beauvoisin die Schuld geben an seiner Heftigkeit: der Brief sei gewissermaßen »von jener Sirene diktiert worden, die mir den Kopf verdrehte«.

In Wahrheit jedoch führte die Beauvoisin sich eher tugendhaft auf. Als sie wieder in Paris waren, trug sie großzügig zur Regelung der bei diesem provençalischen Unternehmen entstandenen Schulden bei. Sie verkaufte Schmuck und zahlte im Beisein eines Notars die Summe von zehntausend Pfund an ihren Geliebten; als Gegenleistung sollte sie eine ständige Rente von fünfhundert Pfund im Jahr bekommen. Ein Darlehen mit gestaffelter Ratenzahlung also; nur ist es allem Anschein nach nie zurückgezahlt worden.

Was die Liebesfreuden betrifft – die hatte sie im Verlauf dieses in Pracht und Freiheit verbrachten Sommers sicherlich im Übermaß ausgeteilt. Donatien konnte darüber nur glücklich sein, die Präsidentin wohl weniger. Sie intrigiert, ist unerträglich (eifersüchtig?), dehnt das brieflich gesponnene Überwachungsnetz aus und wartet darauf, daß das neue Liebesabenteuer zu Ende geht und die Beauvoisin nach Paris zurückkehrt; eine Verbindung Donatiens mit irgendeiner Frau aus der Provence wäre ihr fast lieber gewesen, denn die Mädchen dieser Region sind »ungefährlicher als die ausgehaltenen«. So schreibt sie dem Abbé, ihrem falschen Komplizen, und sie rühmt sich, daß es ihr im Jahr zuvor gelungen sei, ihren Schwiegersohn und die Colette »auseinanderzubringen«, und schwört, auch den Augenblick zu erleben, da er die Beauvoisin verlasse, ihrer »überdrüssig« werde, im Gefolge von »Trübungen und Streitigkeiten«, die unweigerlich zwischen ihnen auftreten würden.

Sie kundschaftet alles aus und bittet ihren Briefpartner, ihre Beobachtungen einzusetzen, um schneller eine Trennung herbeizuführen, sie versucht, den Grad an Leidenschaft, an »Verrücktheit« zu messen, den der junge Mann für seine aufeinanderfolgenden Geliebten empfand, um die Chancen abschätzen zu können, wann er der neuen überdrüssig sein würde; sie bespitzelt, intrigiert, führt einen rastlosen Stellungskrieg. Es ist wichtig hervorzuheben – als Beitrag zur Sittengeschichte jener Zeit –, wie unermüdlich diese Frau war, wie besessen sie das Familienkomplott schmiedete, um die Entgleisungen ihres Schwiegersohns einzuschränken, welch ›bürgerliches Drama‹ – und das in einer so aristokratischen Familie! – sie in Gang setzte mit ihren Briefen, Gesprächen, Handlungen. Wie schuldig auch immer Sade gewesen sein mag – man kann gut verstehen, daß er bald die Beherrschung verlor.

Zurück in Paris, geniert er sich nicht, weiterhin so zu leben, wie es ihm gefällt. Unvermeidlich findet der Bruch mit der Beauvoisin statt, begleitet von den üblichen theatralischen Unmutsäußerungen (»Du bist entlarvt, du Ungeheuer! Deine Bosheit hat ihr Höchstmaß erreicht…«). Trotzdem versöhnen sie sich wieder. In der Zwischenzeit hat er eine andere Liaison angefangen, mit Mlle Le Clair, einer blonden, freizügigen Tänzerin, Aspirantin an der Oper, der man nachsagte, daß sie wundervoll mit der Peitsche umgehen konnte; eine weitere Liaison zeichnet sich ab mit der Tänzerin Mlle Le Roy, Dublette an der Königlichen Musikakademie, noch eine andere mit Mlle D…, ebenfalls eine Tänzerin (Gilbert Lély stellt amüsiert fest, daß es in diesem Jahr 1766 zehn Tänzerinnen an der Oper gab, deren Name mit dem Buchstaben D beginnt); mit Mlle Rivière, auch sie Tänzerin, geht der Reigen weiter.

Im Januar des Jahres 1767 stirbt der Comte de Sade in Montreuil, im Alter von fünfundsechzig Jahren – waren es die Ausschweifungen seines Sohnes, die ihn vorzeitig ins Grab brachten?

In Wirklichkeit ist Donatien kein schlechter Sohn. Er liebt und respektiert seinen Vater, selbst wenn er dessen Besitz vergeudet und an sich selbst keinen seiner Züge wiedererkennen will. Er macht dem Namen seines Vaters sogar Ehre, als er im April 1767, anläßlich seiner Beförderung zum befehlshabenden Rittmeister im Kavallerieregiment der Bourgogne, den Dienst an der Waffe wiederaufnimmt. Und nach dem Tod des Vaters wacht er über das Schicksal der Mutter und sorgt dafür, daß ihr eine Pension ausgezahlt wird, so daß sie sich ins Karmeliterkloster zurückziehen kann. Schließlich wird er selbst Vater, was dazu beitragen könnte, seinen Familiensinn zu stärken. Sein erstes Kind, Louis-Marie, ein Junge, wird im August 1767 geboren.

Die Schwangerschaft der Marquise fällt zusammen mit der Phase, in der sich Donatien besonders hemmungslos auslebt, sehr zum Leidwesen der Mme de Montreuil. Aber was soll sie machen? So ist er nun einmal. Man kann ihn nicht ändern. Sein eigenes Leben ist ihm wichtiger als alles andere; er reist erneut nach Lacoste, mietet immer neue Häuser oder Wohnungen, neue Wagen oder Cabriolets – Annehmlichkeiten, die zum galanten Leben jener Epoche gehören. Dieses Leben dominiert alles andere; man muß sich damit abfinden.

Und das tun die Beobachter dann auch, insbesondere der Abbé, der seiner nimmermüden Briefpartnerin, der Präsidentin, schreibt: »Er muß sich die Hörner abstoßen; zur Zeit lebt er im Feuer der Leidenschaften... es wäre gefährlich, ihn gegen den Strich zu kämmen, wie sein Vater es tat; er wäre dann der gröbsten Verfehlungen fähig... Ich habe ihm gegenüber viel von seiner Frau gesprochen, wie Sie sich gewiß vorstellen können; er kennt ihre Tugenden und hält mir größte Lobreden darauf; er hegt Freundschaft für sie und großen Respekt und wäre untröstlich, sollte er ihr Mißfallen erregen, doch empfindet er sie als zu kühl und zu fromm, und darum sucht er seine Vergnügungen anderswo. Ist die Zeit brodelnder Leidenschaft einmal vorbei, wird er den Wert der Frau zu schätzen wissen, die Sie ihm gegeben haben; diese Zeit gilt es zu überbrücken, und sie wird länger dauern, als es uns gefällt...« Die prophetische Gabe des Abbés, der selbst nicht weiß, wie wahr er spricht, ist bewundernswert. Die Zeit der Leidenschaft wird im Leben Sades niemals aufhören.

Vorerst jedoch ist er, in gewissem Sinne, ein guter Ehemann, trotz aller Exzesse. Der Kontrast zwischen seinen sexuellen Begierden (die von jetzt an wohl keine Grenzen mehr kennen, ver-rückt sind) und dem Familienstand des jungen Gatten ist ein Konflikt, den er bis zum äußersten durchlebt. Dieser Konflikt ist relativ ›normal‹, wie auch immer die besonderen sexuellen Neigungen des Marquis aussehen mögen. Seine Antwort darauf kann nur die *Verausgabung* sein, die *Verschwendung* (in der Bedeutung, die Bataille diesen Worten gab). Daß er sich dafür alle verfügbaren Mittel verschafft, ist im Kontext der französischen Gesellschaft jener Zeit und seiner privilegierten Situation einleuchtend. Und man kann das Gewicht der Unterdrückung, der Isolation ermessen, das in der Zeit seiner Haftstrafen auf ihm lastet, die ihm von all denen auferlegt wurden, die sich – zu Recht oder Unrecht – gegen seine Freiheit verschworen haben; allen voran Inspektor Marais und die Präsidentin.

Der Inspektor ahnt, daß es bald soweit sein wird. Am Ende dieses Jahres 1767 notiert er, in bezug auf die Händel, in die Sade mit seiner neuesten Tänzerin oder auch mit der Kupplerin Brissault verwickelt ist: »Man wird nur zu bald von den Schandtaten des M. de Sade hören...«

5

ZWEITER VERSTOSS:
Die Auspeitschung einer Bettlerin

Es ist noch kühl an diesem Ostersonntag, dem 3. April des Jahres 1768, um neun Uhr morgens. Aber Monsieur de Sade gehört zu denen, die früh aufstehen, und er hat sich warm angezogen: ein eleganter grauer Gehrock, ein bequemer weißer Muff, dazu ein Spazierstock, und am Gürtel vielleicht ein Schwert oder ein Dolch. Ungezwungen, aber aufmerksam lehnt er an dem Gitter, das an der Place des Victoires in Paris das Standbild Ludwig XIV. umgibt. (Dreißig Jahre später wird man dieses Standbild umwerfen.) Etwas in der Haltung des Marquis nimmt den Mephisto im *Faust* von Gounod vorweg: »Das Schwert zur Seite, die Feder am Hut, die Geldkatze gefüllt, kurz... ein wahrer Edelmann.«

Wenige Schritte von ihm entfernt bettelt eine bedauernswerte Frau die Passanten um Almosen an. Sie ist sechsunddreißig Jahre alt, eine reife Frau, noch schön, trotz des Elends. Sie ist ein typisches Beispiel für die sich zunehmend verschlechternde Situation der Arbeiter: als Witwe eines Konditorgesellen wurde sie Baumwollspinnerin, war dann arbeitslos und endete als Bettlerin. Als Bettlerin, nicht als Prostituierte. Aber sie steht auf der Straße, und das weckt in manchen Männern gewisse Vorstellungen.

D.A.F. betrachtet sie an diesem kühlen Morgen mit den Augen dessen, der sehr früh zur Jagd aufgebrochen ist. Er spricht sie an, macht ein offenes Angebot: einen Taler, wenn sie einwilligt, ihm zu folgen. Sie weist das Angebot zurück: sie sei eine ehrenwerte Frau. Dem Akzent nach ist sie Deutsche oder Elsässerin; sie heißt Rose Keller. Monsieur de Sade will sie beruhigen und erklärt, daß er nur ihre Dienste als Zimmermädchen benötige. Sie entschließt sich, ihm zu folgen. Zuerst nimmt er sie mit in eine Wohnung im Quartier der ›Halle neuve‹, wo sie auf seinen Wunsch längere Zeit auf ihn wartet. Als er zurückkommt, hat er eine Pferdedroschke dabei, die sie, wie er sagt, in sein Landhaus bringen soll, denn das sei der Ort, an dem er ihre Hilfe brauche.

Das Landhaus liegt in Arcueil. Es ist eine *petite maison*, wie man es damals nannte – ein Ausdruck voll charmanter Zweideutigkeit, oder vielmehr völlig eindeutig. Schon 1766 hatte der Marquis das in der Rue de Lardenay gelegene Haus zuerst als Untermieter, später als Mieter bezogen, und es war gewissen Aussagen zufolge allgemein bekannt, daß er Mädchen dorthin bestellte, ihnen das Diner servieren ließ, mit ihnen feierte, daß er jedenfalls »Tag und Nacht Personen beiderlei Geschlechts empfange, mit denen er ausschweifende Beziehungen unterhalte«, kurz: in Arcueil machte das Haus von sich reden, provozierte Skandale – aber zweckmäßig war es allemal.

In der Droschke herrscht Schweigen, die Läden aus Holz sind zugezogen. Der Mann und die Frau wechseln kein einziges Wort. Bis zum Ortsausgang von Paris, an einer Schranke, die den schicksalsträchtigen Namen ›Höllenschranke‹ trägt: Dort sagt der Marquis zu Rose, daß sie sich nicht sorgen oder fürchten solle, man werde sie gut behandeln. Daraufhin schläft er in der schaukelnden Kutsche, die über Ödland und Wiesen rollt, ein oder gibt vor zu schlafen.

Die ersten Häuser Arcueils tauchen auf. Es ist halb eins. Die beiden steigen aus und legen den kurzen Weg bis zur Rue de Lardenay zu Fuß zurück. Rose wartet vor dem Haus, während D.A.F. vorausgeht, um ihr von innen die kleine grüne Tür zu öffnen. Er heißt sie einen kleinen Hof überqueren, fordert sie dann auf, in den ersten Stock hinaufzusteigen, es sich bequem zu machen in einem Zimmer mit geschlossenen Läden und zwei Baldachinbetten. Er läßt sie einen Augenblick allein, gibt als Grund an, daß er zu essen und zu trinken holen wolle, dreht den Schlüssel zweimal im Schloß. Eine Stunde später ist er zurück, mit einer Kerze in der Hand und auf den Lippen das erstaunliche Wort: »Aber gehen Sie doch hinunter, meine Liebe!«

Rose traut dem Frieden nicht. Sie hat Geräusche

von Schritten gehört, Leute, die hin und her gingen (der Diener Langlois, andere Frauen?), und während dieser einstündigen Wartezeit sind sicherlich Befürchtungen in ihr aufgestiegen. Sie ist verschreckt. D.A.F. führt sie in einen Verschlag im Erdgeschoß und fordert sie auf, sich zu entkleiden. Sie fragt – nicht ohne Naivität – warum und erhält zuerst als Antwort, daß es sich um eine Vergnügung handle. Dann droht er ihr, daß sie getötet und im Garten begraben werde, wenn sie seine Anordnungen nicht befolge. Er läßt sie eine Weile allein, gibt ihr Zeit zum Nachdenken. Bei seiner Rückkehr hat sie bis auf ein Hemd alles abgelegt. Er besteht darauf, daß sie auch dieses auszieht. Eher den Tod, antwortet sie, da reißt er es ihr selbst vom Leib.

Er zieht Rose in ein angrenzendes Zimmer, wo sich ein rotweißes indisches Kanapee befindet, auf das er sie bäuchlings wirft, ihre Arme und Beine mit Hanfstricken anbindet und ihren Nacken mit einem Kissen oder einem Muff aus Luchsfell bedeckt. Der Marquis zieht Hemd und Jacke aus, streift eine ärmellose Weste über, wickelt sich ein Taschentuch um den Kopf und fängt an, in diesem merkwürdigen Aufzug Rose Keller auszupeitschen. Dazu bedient er sich abwechselnd einer Rute und einer Klopfpeitsche mit an den Enden verknoteten Stricken. Als sie schreit, hält er ihr den Dolch unter die Nase und kündigt an, er werde, wenn sie nicht still sei, seine Todesdrohung in die Tat umsetzen und sie im Garten begraben. Rose unterdrückt ihre Schreie.

Die Auspeitschung wird fünf- oder sechsmal vorgenommen, mit kurzen Pausen dazwischen, in denen er Roses Haut mit einer Salbe einreibt; die Reprise ist dann um so heftiger. Rose bekommt es jetzt wirklich mit der Angst zu tun, fleht ihren Peiniger um Gnade an und schreit, daß sie nicht sterben wolle an diesem Tag, ohne die Kommunion empfangen zu haben. Die sublime Antwort des Marquis: Das lasse sich arrangieren, er werde ihr selbst die Beichte abnehmen. Seine Schläge werden immer heftiger und gewalttätiger, bis er nach Aussage des Opfers »sehr hohe, schreckliche« Schreie ausstößt: Höhepunkt, Orgasmus. Die Sitzung ist beendet.

Rose wird losgebunden und in das angrenzende Zimmer geschickt, wo sie sich waschen, verbinden und ankleiden soll. D.A.F. bringt ihr eine Waschschüssel, einen Krug mit Wasser und ein Handtuch. Er befiehlt ihr, die blutbefleckten Laken zu waschen, und gibt ihr Branntwein für ihre Wunden – einfache Kratzer, wie er sagt, die schnell heilen würden. Da sie aber recht schmerzhaft seien, bietet er Rose eine Mahlzeit an, damit sie wieder zu Kräften käme: Brot, einen Teller mit gekochtem Rind und eine Flasche Wein. Dann bringt er sie – vorläufig – zurück in den ersten Stock und schließt sie wieder in dem Zimmer ein, in das er sie bei der Ankunft gesteckt hat. Er befiehlt ihr, über das Vorgefallene zu schweigen, und verspricht, sie bald gehen zu lassen. Aber nicht zu spät, bittet sie, sie möchte sich nicht des Nachts ohne Geld auf der Straße wiederfinden.

Er beruhigt sie, doch nicht ausreichend, wie es scheint, denn kaum ist sie allein, faßt sie den Entschluß zu einer recht kühnen Flucht. Sie zerrt zwei Decken vom Bett, verknotet sie; es gelingt ihr, sie am Querbalken des Fensters festzubinden und sich daran hinabgleiten zu lassen bis in den Garten. Diese Flucht beweist, daß sie trotz der erlittenen Behandlung noch bei Kräften ist, beweist aber vor allem, daß sie keinesfalls beschwichtigt ist, sondern wohl eine Fortsetzung befürchtet. Sie durchquert den Garten im Laufschritt, klettert an einem Weingitter die Begrenzungsmauer hinauf, fällt hinunter auf Brachland, läuft wieder, erreicht die Straße, läuft weiter. Der Diener Langlois holt sie ein, will ihr Geld geben von seinem Herrn, zeigt ihr die Börse, fordert sie auf, zurückzukommen. Sie weigert sich und stürzt Hals über Kopf davon; eine Hand ist verletzt, zwischen den Beinen hängt das Hemd in Fetzen.

Als sie Marguerite Sixdeniers, einer Frau aus dem Dorf, begegnet, muß sie einen seltsamen Anblick geboten haben. Rose erzählt ihr Mißgeschick, zeigt die Wunden vor. Zwei andere Frauen aus dem Dorf kommen dazu, die Frauen Pontier und Bajou. Man kann sich vorstellen, wie schnell und aufgeregt der Klatsch die Runde macht. Rose sagt, sie habe es mit einem Ungeheuer, einem Dämon zu tun gehabt, und fügt Einzelheiten hinzu, übertreibt, spricht von dem Dolch, von Schnittwunden. Man bringt sie in einen Innenhof, um sie genauer zu untersuchen.

Die Frauen begleiten sie zum Finanzbevollmächtig-
ten, dieser schickt sie weiter zum Notar Charles
Lambert. Dessen Frau, Marie-Louise Jouette, will
ganz genau informiert werden und bittet dann Rose,
ihren Bericht noch einmal zu wiederholen; später
wird sie angeben, daß dieser sie so schockiert habe,
daß sie ihn nicht bis zu Ende habe anhören können.
Danach läßt man, da kein Richter zur Hand ist, den
Gendarmeriebrigadier kommen, der die Aussage
des Opfers zu Protokoll nimmt, und einen Arzt für
die Tatbestandsaufnahme.
Von diesem Augenblick an setzt eine Verkettung von
Umständen ein, die Sade zum Verhängnis werden
muß. Er kehrt zwar, nachdem er sich vom Gärtner
verabschiedet und wahrscheinlich die *petite maison*
verschlossen hat, Arcueil eiligst den Rücken und
fährt nach Paris, aber vergebens: die Gerüchte verbreiten sich und verfolgen ihn. Eines Tages wird
ihm Mirabeau, sein Mitgefangener in Vincennes,
ins Gesicht schleudern, er vergifte und seziere
Frauen, und lange Zeit herrschte in der Öffentlichkeit die Meinung, daß der Marquis sich an weiblichen Leibern auf grausigste Weise verginge. Wie
könnte es auch anders sein, wenn der Kreislauf des
Tratsches sich erst einmal dieser Affären bemäch-
tigt? Nicht, daß wir sie hier verniedlichen wollen –
aber letztlich handelt es sich bei der Affäre von Arcueil um eine Geschichte, in der mit einer Klopfpeitsche und auf recht rohe Weise ein Hintern bearbeitet wird; keinesfalls haben wir es mit einer Szene aus

einem Horrorfilm zu tun. Zweifellos hat Rose Keller Augenblicke größten Schreckens durchlebt, aber ebenso gewiß ist, daß die Aufblähung der Fakten, die da von Mund zu Mund gingen – von Rose zu den anderen Frauen und weiter zur Frau des Notars und zum Gendarm – mit großem Tempo zunahm. Wir haben hier eine jener Situationen vor uns, bei denen der Bericht zur Wirklichkeit wird, und damit beginnt genaugenommen jene orale Tradition, die im Schicksal de Sades eine große Rolle spielen wird (und in gewissem Sinne auch ganz dem Wesen seines Werkes entspricht). In Arcueil geht er das Risiko ein, ein ganzes Dorf in Aufruhr zu versetzen; am Ende dieser Kette von Gerüchten aber stehen natürlich die Präsidentin von Montreuil, sein Onkel, der Abbé, die Tanten, kurz: die familiäre Macht, und schließlich die Macht an sich.

Am 3. April 1768, gegen Ende des Nachmittags, war es zu spät, um darüber nachzudenken. Nach dem Brigadier nimmt der Richter, den man endlich aufgetrieben hat, die Aussage Roses zu Protokoll. Marie-Louise Jouette, die die Unglückliche zuerst zu einer Nachbarin schickt zum Schlafen (diese bietet ihr eine Matratze im Kuhstall an), empfängt sie am nächsten Morgen in ihrem Château, um sich dort in angenehmer und ruhiger Umgebung noch einmal von den Schrecknissen berichten zu lassen. Am 6. April lädt der Untersuchungsrichter von Arcueil sechs Zeugen zur Vernehmung vor. Am 7. April weiß man in Paris von der Affäre. Madame de Sade bittet den Abbé Amblet, den ehemaligen Erzieher ihres Gatten, sowie einen Freund, einen Bevollmächtigten am Hofe, in die Wohnung ihrer Eltern in der Rue Neuve-du-Luxembourg. Von der bestürzten Präsidentin von Montreuil erfahren sie, daß in Arceuil ein Verfahren gegen den Marquis eingeleitet worden sei, und zwar auf die Klage eines »leichten Mädchens« hin. Die Präsidentin bittet die beiden Herren, sich vor Ort zu begeben, um das Mädchen zu fragen, ob es bereit sei, seine Klage gegen eine Entschädigung zurückzuziehen. Wie man sieht, denkt die Präsidentin eher politisch als moralistisch; am meisten fürchtet sie einen neuen Skandal.

Aber kann dieser Skandal vermieden werden?

Der Abbé Amblet und der Bevollmächtigte fahren nach Arceuil und setzen sich mit dem Notar in Verbindung, in der Hoffnung, daß zwischen Personen derselben Schicht Einigung erzielt und die Sache auf ihr wahres Maß zurückgeführt werden könne. Dieser gibt ihnen die Erlaubnis, Rose Keller zu besuchen, die bei ihm zu Hause im Bett liegt und von Marie-Louise verwöhnt wird.

Sie liegt, wie nicht anders zu erwarten, mit dem Bauch nach unten und erklärt, daß sie keine andere Stellung einnehmen könne; vor allem aber erklärt sie, daß sie »außer Betrieb« sei (man beachte die unfreiwillige Komik). In Wahrheit aber sind ihre Worte nicht so ungeschickt oder unschuldig, wie man glauben könnte: Rose, die zweifellos beraten worden ist, zielt auf eine Art Erpressung ab, die durchaus aussichtsreich ist, denn man möchte eine »Verzichtserklärung« von ihr, und sie kann die Preise hochtreiben. Sie ist – um mit heutigen Begriffen zu sprechen – in der Situation der ›Erwerbsunfähigkeit‹, deren Dauer geschätzt werden muß. Sie verlangt tausend Taler.

Benommenheit bei den Abgesandten der Präsidentin, die beratschlagen, diskutieren, sogar nach Paris zurückfahren, um das Ergebnis der Verhandlungen mitzuteilen. Ein langwieriges Feilschen beginnt. Man weist Rose darauf hin, daß ihre Forderung übertrieben sei, daß sie vor Gericht niemals eine Entschädigung in dieser Höhe erhielte. Sie läßt sich bitten, geht aber schließlich mit dem Preis herunter. Die Präsidentin, erneut befragt, weist ihre Abgesandten an, zuzustimmen.

Als sie zum letzten Mal nach Arcueil kommen, finden sie die Klägerin aufrecht im Bett vor, im Gespräch mit den Frauen, die an ihren Lippen hängen. Sie zahlen ihr die hübsche Summe von fünfhundert Talern aus, dazu noch sieben Louis d'Or für »Verbände und Arzneien«.

Dabei hätte es bleiben können, aber am 8. April taucht der Polizeipräsident M. de Sartine wieder im Leben de Sades auf. Er teilt dem Marquis mit, daß er auf Anordnung des Königs das Schloß in Saumur aufzusuchen habe; dort werde er in Gewahrsam genommen. Die einzige Vergünstigung, die Donatien erwirken kann, besteht darin, daß der treue und ihm ergebene Abbé Amblet ihn begleiten darf und daß ihm eine Polizeieskorte erspart bleibt.

Erneut schlage das Unheil über ihm zusammen, schreibt Donatien seinem Onkel in Saumane von unterwegs: »Gewähren Sie mir, im Namen des Unglücks, das mich niederdrückt und verfolgt, Vergebung für all das Unrecht, das ich Ihnen antat, und bringen Sie mir, lieber Onkel, einen friedfertigen Geist entgegen statt des rachsüchtigen, den ich eigentlich verdient hätte. Falls die Geschichte Wellen schlägt im Land, so stellen Sie sie doch als gefälscht hin und lassen verlauten, daß ich mich bei meinem Regiment aufhalte!«

Das Unheil ist in der Tat beträchtlich, denn der juristische Rat am Pariser Parlament wird sich der Affäre annehmen. Eines der Mitglieder des Rates, zu allem Unglück Eigentümer einer Residenz in Arcueil, erstattete seinen Kollegen Bericht über »das schreckliche Verbrechen, das sich in dem kleinen Gemeinwesen ereignet hat«.

Nun kommt die gerichtliche Variante des Gerüchts in Umlauf. Der verstärkende Effekt ist hier nicht geringer als bei den Frauen in Arcueil, wie der unverhältnismäßige Umfang des eingeleiteten Verfahrens schließen läßt.

Die Kammer der ›Tournelle criminelle‹ (so genannt, weil die Richter dort der Reihe nach, ›tour à tour‹, den Vorsitz führen) wird eingeschaltet, eine Kette von Verfügungen, Kampagnen, Beschlagnahmungen und Durchsuchungen wird angeordnet, und

dies führt am 21. April zu der Anhörung von fünfzehn Zeugen vor dem Rat Jacques Chavanne, der
sich nach Arcueil begeben hat. Alle sind da, die
Klatschbasen, der Notar und seine Frau, der Fi-
nanzbevollmächtigte, der Arzt, der Gärtner, der
Stellmacher, der Diener, und wieder beginnen die
Zeugen mit ihrer Litanei. Auch Rose wiederholt die
Aussage, die sie schon vor dem Richter von Arcueil
gemacht hat, in allen Einzelheiten. Der arme Abbé
Amblet, gleichfalls als Zeuge vorgeladen, macht
sich zum Anwalt Donatiens und gibt an, daß er ihn
schon seit seiner Kindheit kenne, da er mit seiner
Erziehung betraut gewesen sei; daß D.A.F. von heftigem Temperament sei und weltlichen Freuden zugeneigt, daß er aber ein gutes Herz habe, dem die
in der Anklage aufgeführten Greuel fernstünden;
am Collège und in den verschiedenen Militärcorps,
in denen er gedient habe, sei er immer ein Liebling
seiner Kameraden gewesen, und mehr als einmal
habe er ihn wohltätig und voller Menschlichkeit
handeln sehen; und dafür führt der Abbé mehrere
Beispiele an. Dies könnte man wohl ein Sittenzeug-
nis nennen.

Währenddessen wächst die Unruhe bei den Montreuils und den Sades. Eine alte Freundin der Familie, Mme de Saint-Germain, schreibt darüber in einem an den Abbé de Sade gerichteten Brief: Sicherlich seien die Präsidentin und ihre Tochter nicht
blind gegenüber dem Marquis, aber sie hätten das
deutliche Empfinden, daß man die Affäre bewußt

101

aufbläht: »Wie soll ich Ihnen in allen Einzelheiten die Abscheulichkeiten beschreiben, mit denen das Konto dieses Unglücklichen belastet wird, der, wenn man ihm Glauben schenkt, sich nur einer verrückten Unbesonnenheit schuldig gemacht hat, um seine Wünsche zu befriedigen, und ausreichend dafür bezahlt hat?« Sie fügt hinzu, daß Donatien »ein Opfer der öffentlichen Hetze« sei, wobei sie den Personen, die der Affäre eine solche Tragweite gegeben haben, Böswilligkeit größeren Ausmaßes unterstellt. Eine Andeutung in bezug auf den Ostersonntag, diesen »auf immer unglückseligen Tag«, läßt vermuten, daß die Entscheidung des Marquis, gerade diesen Sonntag für seine lästerlichen Ausschweifungen zu wählen, seinen Fall in den Augen gottesfürchtiger Richter verschlimmert und ihn teuer zu stehen kommen kann.

Der Präsident von Montreuil bittet schließlich den solcherart unterrichteten Abbé de Sade, nach Paris zu kommen, da man seine Hilfe brauche. Und wenig später schreibt ihm die Präsidentin, zweifellos in der Absicht, ihn zu überzeugen oder zu beruhigen, daß der neue Skandal seines Neffen zwar »ein unentschuldbarer Akt des Wahns oder der Libertinage« sei, »aber bar all der Greuel, mit denen man ihn überladen habe«.

Der einzige, der bei diesem Durcheinander fehlt, ist Sade selbst; es ist, als ob ihn all dies nicht beträfe. Übrigens betrachtet man ihn tatsächlich als »in Abwesenheit begriffen«. Von Saumur aus hat man ihn in die Festung Pierre-Encise in der Nähe Lyons verlegt, wiederum auf Anordnung des Königs. Die Entrüstung höhern Orts ist beträchtlich, der Zorn offensichtlich. Der Minister, der den Befehl an den Kommandanten der Festung weitergibt, führt aus: »Absicht des Königs ist, daß er sein Zimmer unter keinen Umständen verlasse und keinen Verkehr mit anderen Gefangenen pflege.« Schon in Saumur hatten die Anordnungen ähnlich gelautet.

Dennoch sollte man die Umstände einer solchen Haft nicht dramatisieren; es handelt sich schließlich um einen Adligen: Sollte der Marquis gesundheitliche Probleme haben – und in der Tat kündigt sich eine Fistel an – könnte er einen Arzt in Lyon aufsuchen und einen Domestiken zur Pflege kommen lassen. In Saumur speist er am Tisch des Schloß-kommandanten. Auch wenn die gegen ihn vorgebrachten Anschuldigungen übertrieben sind und man ihn Maßnahmen unterwirft, die letztlich von der Willkür des Königs abhängen – nie behandelt man ihn so, wie man einen aus dem gemeinen Volk, bei gleichem Vergehen, behandeln würde.

Abgesehen von Marais vielleicht, der zunehmend brutaler wird und sich Vertraulichkeiten herausnimmt. Er ist es, der den Gefangenen von Saumur nach Pierre-Encise bringt. Die Reise kann man sich vorstellen: Sade, der versucht zu erklären, er habe doch nur ein Mädchen verhauen und bereue dies inzwischen; Marais, der vor sich hin murmelt, daß der da sich nicht mehr ändern werde, daß er »immer noch derselbe« sei. Wir schreiben das Jahr 1768, es ist Anfang Mai.

Im Juni begleitet Marais seinen Gefangenen nach Paris, in die Conciergerie* des Palastes. Sade soll vom Rat Chavanne vernommen werden und seine Aussage zu Protokoll geben: endlich also seine Version des Geschehens.

Aber leider haben die Gerüchte in der Zwischenzeit immer weitere Kreise gezogen. Die *Gazette de Hollande* zum Beispiel hat die Affäre »in den schwärzesten Farben ausgemalt« – dies schreibt verbittert die Mutter des Angeklagten, die bedauernswerte Comtesse und Witwe de Sade in einem Beschwerdebrief an M. de Sartine.

Donatien macht also seine Aussage, befindet sich aber zugleich in der merkwürdigen Lage, eine *Nichtigkeitserklärung* des Königs vom Parlament bestätigen zu lassen. Mit anderen Worten: zu dem gleichen Zeitpunkt, da er auf Anordnung des Königs eingesperrt ist, erklärt dieser sein Verbrechen für *nichtig:* eine weitere Form der Willkür. Weil Sade ein Adliger ist, tilgt man sein Vergehen, weil er aber ein lästiger Adliger ist, hält man ihn in Haft. Er muß nach Pierre-Encise zurück.

»Eine unredliche Angelegenheit«, notiert die Präsidentin, »die nicht gebilligt werden kann, hätte kein redlicheres Ende finden können.«

Die Einzelheiten der Episode von Arcueil, so wie sie

* Untersuchungsgefängnis

104

hier erzählt wurde, gehen aus den Aussagen Sades und Rose Kellers hervor. Es gibt jedoch Unterschiede zwischen den beiden Aussagen, die im wesentlichen zwei Punkte betreffen. Rose hat immer wieder versichert, daß sie getäuscht worden sei und nicht gewußt habe, in welche Art von Abenteuer man sie hineinzog (sie glaubte, daß der Mann, der sie ansprach, ihre Dienste als Zimmermädchen benötige). Der Marquis dagegen behauptete, daß sie sehr wohl verstanden habe, daß es sich um eine »libertine Partie« handele. Der zweite Streitpunkt betrifft die Art der Mißhandlungen. Rose erwähnt nicht nur die Auspeitschungen, sondern spricht auch von Schnittwunden, die ihr mit einem Dolch oder Messer zugefügt worden seien, und von rotem und weißem Wachs, das man über die Wunden gegossen habe. Der Marquis hat dies immer geleugnet und erklärt, das Wachs sei nichts anderes gewesen als Salbe, um die Striemen zu behandeln. Die Experten jener Zeit – insbesondere der Arzt Pierre-Paul Le Comte aus Arcueil, der seine Beobachtungen detailliert vor dem Gericht darlegen mußte – und, was merkwürdiger ist, die Experten der heutigen Zeit, jene zahlreichen modernen Sadologen, die sich mit der gerichtsmedizinischen Akte der Affäre beschäftigten, haben alle Aspekte der Angelegenheit genauestens untersucht und darüber diskutiert, ob es nun Verbrennungen gegeben habe oder nicht, ob man es mit Schnittwunden oder Hautabschürfungen zu tun habe. Ähnliche Debatten gab es über die Art der Instrumente, die zur Auspeitschung benutzt wurden: Ruten, Klopfpeitsche mit am Ende verknoteten Riemen oder Stöcke? Streitgespräche auch über die Häufigkeit der Auspeitschungen: sieben- oder achtmal nach Aussage des Opfers, drei- oder viermal dem Peiniger zufolge. Der letzte Punkt ist ein wenig heikler: Während der Marquis behauptet, Rose auf das Kanapee »gebettet« zu haben, ohne sie anzubinden, versichert sie, mit Stricken gefesselt worden zu sein.

Fragen, die wohl noch für lange Zeit, vielleicht für immer, offen bleiben.

Was in diesem Zusammenhang wichtig ist und wert, festgehalten zu werden, ist der Akt des Auspeitschens selbst, der, was die Praktiken Sades betrifft, zum ersten Mal öffentlich bekannt wurde. Es sei daran erinnert, daß in der Affäre Testard die gotteslästerlichen Handlungen den absoluten Vorrang hatten vor den erotischen Gewalttätigkeiten. Diesmal aber haben wir es mit nackter Gewalt zu tun, die sich offen zeigt – selbst wenn Rose nicht auf so grausame Weise gequält worden ist, wie sie angibt.

Um den Sinn dieser Handlungsweise zu verstehen, liest man am besten, was Sade selbst dazu sagt: in *Juliette* hat er mit größter Deutlichkeit zuerst die passive, dann die aktive Auspeitschung gerechtfertigt. Im zweiten Fall handelt es sich, wie wir sehen werden, um eine Darlegung, in der er völlig bewußt das Wesen des »Sadismus« erläutert. Hier nun die

Passage, die sich an einen recht heftigen Wortwechsel zwischen Juliette und der bemerkenswerten Clairwil anschließt (letztere ist es, die spricht): »Niemand zweifelt heutzutage daran, daß die passive Auspeitschung von größtem Nutzen ist für die Wiedererlangung der Lebenskraft, die abgestumpft ist durch die Exzesse der Sinnenlust. Man sollte also nicht in Staunen geraten darüber, daß all jene, die erschöpft sind von der Hingabe an die Sinne, in der schmerzhaften Maßnahme der Auspeitschung begierlich das probate Heilmittel suchen für ihre Erschöpfung, ihre Nierenschwäche, für völligen Kräfteverlust oder auch für eine kalte und mangelhafte Veranlagung. Diese Behandlung setzt die erschlafften Körperteile notwendigerweise einer heftigen Erschütterung aus, einer genußvollen Reizung, welche sie entflammt und den Samen mit unvergleichlich stärkerer Heftigkeit hinausschießen läßt: der stechende Schmerz in den geschlagenen Teilen verdünnt das Blut und läßt es in größerer Fülle dahinstürzen, zieht, indem er den Fortpflanzungsorganen übermäßige Hitze zuführt, das Bewußtsein auf sich und verschafft so dem lüsternen Wesen, das auf Genuß aus ist, die Mittel, den libertinen Akt trotz des Widerstandes der Natur auszuführen und seine schamlosen Wonnen über die Grenzen dieser stiefmütterlichen Natur hinaus zu vervielfachen. Was nun die aktive Auspeitschung betrifft: kann es für abgehärtete Wesen wie uns eine größere Wonne geben? Gibt es etwas, das besser dem Bild der Wildheit entspräche, das, mit einem Wort, jenen Hang zur Grausamkeit, den wir von der Natur empfingen, besser befriedigte?... Oh, Juliette! Uns mit dieser Erniedrigung ein junges, reizendes und sanftmütiges Ding gefügig machen, das uns, soweit als möglich, ähnelt, es unbarmherzig dieser Form der Pein aussetzen, die alles ihr Benachbarte mit dem Emblem der Wollust versieht, sich über seine Tränen lustig machen, geil werden angesichts seines Kummers, sich erregen, wenn es hochfährt, sich entflammen an seinem Aufbäumen, an diesen wollüstigen *Windungen*, die der Schmerz dem geschundenen Opfer entreißt, sein Blut, seine Tränen zum Fließen bringen, sich daran weiden, die Entstellung des hübschen Gesichts durch den Schmerz, das verzweifelte Muskelspiel genießen, die purpurnen Ergüsse ihrer Zunge auffangen, die in so glücklichem Gegensatz stehen zu seiner sanften, lilienweißen Haut, vorgeben, sich augenblicksweise zu beruhigen, um es sodann mit neuen Drohungen zu schrecken, und diese Drohungen nur wahr machen zusammen mit noch maßloseren, noch schrecklicheren Erkundungen, in diesem Zorne nichts aussparen und mit demselben Grimm auch die empfindlichsten Teile erfassen, jene, die die Natur zu Ehren der Toren geschaffen zu haben scheint, wie etwa die Kehle, das Innere der Vagina oder auch das Gesicht selbst, oh, Juliette, welche Wonnen!«

Ein langer Satz, eine mächtige Periode, die beweist, daß Sade (bisweilen auf Proustsche Weise) den »Sadismus« als Künstler betreibt, wie Breton gesagt hätte. Was Rose Keller anbelangt, so hat er sich allem Anschein nach damit begnügt, ihr Gesäß mit der Peitsche zu bearbeiten. Sobald er aber beginnt zu schreiben, wird das Ganze verwickelter, ausgefeilter, und stürzt in einen sonderbaren Exzeß, ein eigentümliches Jenseits. In gewisser Weise wird hier eine Theorie des Absoluten der Auspeitschung entwickelt, und da dieser Text außerdem ein schönes literarisches Dokument ist, kann es letztlich nur von Vorteil sein, sich darauf zu beziehen, statt die Handlungsweisen Sades unter wissenschaftlichen Gesichtspunkten abzuhandeln. Nicht, daß dies unpassend wäre – offensichtlich ist die Sadesche *Algolagnie* (sexuelle Lust im und durch den Schmerz) eine Tatsache –, aber wenn wir Sade zu sehr unter diesem Blickwinkel darstellen – dem Blickwinkel der großen deutschen und österreichischen Psychopathologen wie Schrenck-Notzing, Eugen Dühren oder Krafft-Ebbing, die sich für seinen Fall interessierten –, dann wird er eben dazu, zu einem *Fall*, und man bekommt ein Bild de Sades, das zur Zeit der Untersuchungen eines Maurice Heine vorherrschte und im wesentlichen ein Krankheitsbild ist. Vielleicht ist es heute interessanter, darüber nachzudenken, welche Beziehung besteht zwischen dem begrenzten »Sadismus« in seinem Leben und dem unbegrenzten in seinem Werk.

Wenn die Affäre von Arcueil in so kurzer Zeit derartige Ausmaße angenommen hat, dann sicherlich weniger wegen der grausamen Aspekte oder der sexuellen Anklänge, sondern deshalb, weil sie sich am Ostersonntag abgespielt hat. Diese Tatsache ist niemandem entgangen, den Dorfbewohnern von Arcueil nicht und schon gar nicht den Richtern der Strafkammer. Der erste Sturm der Entrüstung im Pariser Parlament angesichts dieses »schrecklichen Verbrechens« stammt zweifellos daher, und man muß deutlich sehen, daß Donatien, als er sich am wichtigsten Festtag des christlichen Kalenders auf der Place des Victoires auf die Jagd begab, erneut die gotteslästerliche Provokation gesucht hat. Bestätigt wird dies auch durch die – nicht ›sadistische‹, sondern zynische – Art und Weise, wie er Rose vorschlägt, ihr die Beichte abzunehmen, als sie in ihrem Schrecken erklärt, sie wolle nicht sterben, ohne vorher die Kommunion empfangen zu haben. Abgesehen davon hat man die Peitschenhiebe selbst als eine Verspottung der Geißelung Christi gedeutet. Gewisse Dinge werden nicht verziehen, und was man Sade nicht verzeiht, ist eben dies: sich über die heiligsten Dinge lustig zu machen.

Deshalb wird er auch nach Pierre-Encise zurückgebracht, wo man ihn von Juni bis November 1768 gefangenhält, obwohl er nach Billigung der in seinem Besitz befindlichen Nichtigkeitserklärung nur dazu verurteilt wurde, »der Conciergerie von Paris die Summe von hundert Pfund als milde Gabe zu überweisen, die der Ernährung der Gefangenen zugute kommen werde«. Die Präsidentin von Montreuil war nicht zu Unrecht der Ansicht, daß das Ganze ein gar nicht so schlechtes Ende genommen habe – nun könne er in der Lyoner Festung auf heilsame Weise über seine Fehler nachdenken und vor allem seine Gattin ›wiederfinden‹.

Hier beginnt in der Tat die lange Folge von verständnisvollen und aufopfernden Handlungen der Madame de Sade. Wir sollten nicht vergessen, daß sie zu diesem Zeitpunkt erst siebenundzwanzig Jahre alt ist und in ihrer Verwirrung bisher meist die Mutter hat handeln lassen, anstatt selbst einzugreifen. Nun betritt sie die Bühne mit zugleich sanfter und beharrlicher Teilnahme. Zuerst läßt sie Monsieur de Bory, den Kommandanten der Festung, bitten, ihrem Mann Spaziergänge zu gestatten, damit er »seiner Gesundheit wegen an die frische Luft komme«. Sie erhält die Erlaubnis. Als Donatien sie dann anfleht, nach Lyon zu kommen, verkauft sie ihre Diamanten, um die Reise zu finanzieren, und fährt zu ihm. Der Minister des Königshauses unterrichtet sie: »Ich schreibe an M. de Bory, Madame… daß er Ihnen gestatte, Ihren Gatten ein- oder zweimal zu besuchen im Verlauf Ihres Aufenthalts in Lyon, der länger ausfällt, als ich erwartete.« Sie läßt nicht nach und erhält eine weitere Vergünstigung: die Möglichkeit, ihren Gatten so oft zu besuchen, wie sie möchte, vorausgesetzt, daß sie sich in der Stadt Lyon nicht zu häufig blicken lasse. Am

111

16. November gelingt es ihr schließlich, auf Anordnung des Königs die Freilassung Donatiens zu erwirken; dieser erhält zugleich den Befehl, sich auf seine Ländereien in Lacoste zurückzuziehen (die Bedingung für seine Freilassung).

Sade ist also frei. Man gewährt ihm eine ›Probezeit‹.

Eine hervorragende Sache für Renée-Pélagie de Sade, denn sie wird ihren Gatten in die Provence begleiten und – dies ist ihr größter Wunsch – ihm auf dem heimatlichen Gut dabei helfen, wieder zu Kräften zu kommen und sein Leben in Ordnung zu bringen.

Eine hervorragende Sache auch für die Witwe de Sade, die vom König Zusicherungen erhält – in der Hoffnung, daß ihr Sohn sich zu bessern wisse und guten Gebrauch mache von seiner Freiheit.

Hervorragend schließlich auch für die Präsidentin von Montreuil, die mit neuem Optimismus daran glaubt, daß D.A.F. »ausreichend nachgedacht habe, um von jetzt ab seiner Frau Kummer und seiner Familie Sorgen zu ersparen«. Sie schreibt ihrem bevorzugten Briefpartner (dem Abbé, der in Lacoste über das wiedervereinigte Paar wachen wird), daß ihr Enkel, der inzwischen fünfzehn Monate alt ist, fast so hübsch sei wie ihr liebenswerter Schwiegersohn.

Auf der öffentlichen Ebene enthüllt die Affäre von Arcueil eine gewisse Besorgnis und Verhärtung der königlichen Macht angesichts solcher Geschehnisse, die der Skandalchronik ständig neuen Stoff liefern und die Sittenlosigkeit der privilegierten Schichten ans Tageslicht bringen – oder vielmehr in sehr düsterem Licht zeigen. Vom Comte de Charolais bis hin zu Mirabeau ruft der Adel allzu bereitwillig Skandale hervor und verstößt gegen die Sitten. Kann die Königsmacht dies auf unbestimmte Zeit dulden, ohne zu reagieren? Vielleicht hat sie mit Sade ein Exempel statuieren und ein Fehlverhalten strafen wollen, das besonders aufschlußreich war für eine weitverbreitete Form der Provokation, über die auch schon – die Briefe Mme du Deffands bezeugen es – allgemein geredet wurde. Hinzu kam, aller Wahrscheinlichkeit nach, die mehr oder minder verschleierte persönliche Abrechnung zwischen dem Präsidenten von Maupeou, einem Mitglied des Pariser Parlaments, und der Familie Montreuil. Was die persönliche Ebene betrifft: Es ist offensichtlich, daß diese Geschichte der Peitschenhiebe, die im Bereich des Anekdotischen bleiben könnte (›blutig‹ ist sie zwar im wahrsten Sinne des Wortes, jedoch nicht im dramatisierten oder übertragenen Sinn), eine auf die Spitze getriebene Äußerung eines Allgemeinzustandes ist, in dem sich Sade in dieser Phase seines Lebens befindet und den Maurice Heine ausgezeichnet beschrieben hat mit den Worten: »Fünfzehn Jahre lang wird er Beute einer gänzlichen Entfesselung der Sinne sein: keine der moralischen, sozialen oder religiösen Konventionen wird ihn daran hindern, und jenseits von Gut und Böse wird er eine rastlose, heißblütige, verfolgte, abwechselnd triumphierende und bemitleidenswerte Existenz führen; er wird gegen göttliche und menschliche Gesetze rebellieren, den Hochmut des gefallenen Engels mit den Ängsten des Geächteten in sich vereinen.«

Darin gleicht Sade ganz und gar Don Juan. Es scheint uns wichtig, das noch einmal zu betonen, und wir möchten auf eine sehr klare Äußerung Michel Tourniers hinweisen: »Don Juan ist nichts anderes als die mythologische Verkörperung der Erotik, die der Gesellschaft, der Ehe und der Religion trotzt und die sich heldenhaft, mit Mut und Fröhlichkeit gegen die kastrierende Ordnung behauptet. Freilich kann die Erotik des Don Juan, der Gefangener einer außerordentlich ›verriegelten‹ Gesellschaft ist – der spanischen Gesellschaft des 16. Jahrhunderts –, sich nur äußern als Meineid, Gotteslästerung und Mord.«

Die Sadesche Erotik, ihre Exzesse und Versuchungen, muß sicherlich in ähnlichem Licht betrachtet werden: Auch hier haben wir es mit einer ›verriegelten‹ Gesellschaft zu tun, und es ist der Vorabend des Tages, an dem sie ihre Ketten sprengen wird.

6

SEIGNEUR IN LACOSTE

Die guten Vorsätze halten nicht lange. Sade macht sich zwar auf den Weg zu seinen Ländereien in der Provence, aber allein. Seine Gattin trennt sich in Lyon von ihm und kehrt nach Paris zurück, um dort geschäftliche Angelegenheiten zu regeln. Der Marquis dagegen findet in seinem Schloß die Welt der Vergnügungen wieder, zumindest die der Feste, Komödien und Bälle. Mag er auch Reumütigkeit zeigen oder seine Verfehlungen bedauern – er ist nicht der Mann, der sich in Gewissensbissen und Buße vergräbt. Zwar hat man ihn angewiesen, auf Lacoste zu bleiben; vor Langeweile umkommen wird er dort aber nicht. Wo Komödien sind, da sind auch Schauspielerinnen, und zu Bällen gehören Tänzerinnen. Madame de Montreuil, die bald davon Wind bekommt, ist froh, ihre Tochter bei sich und nicht auf dem Schloß zu wissen. Und mit größter Besorgnis stellt sie fest, daß die Familienprobleme nicht geregelt werden. Donatien ist mit Schulden überhäuft, die zu zahlen er sich weigert; seine Vergnügungen haben Unsummen verschlungen, während er das

Geld, das er seiner Frau zukommen läßt, aufs peinlichste zählt. Die Gläubiger bedrängen ihn, es schert ihn wenig. Und dort unten in der Provence geht es weiter mit den Ausgaben.

Es kommt so weit, daß die Präsidentin die Rückkehr ihres Schwiegersohnes nach Paris wünscht, wo er im Mai des Jahres 1769 dann auch eintrifft. Das Exil hat nicht länger als sechs Monate gedauert. Mit Seiner Majestät, die zwar streng ist, aber dann auch wieder verständnisvoll gegenüber stürmischen Untertanen wie Sade, läßt sich immer ein Arrangement treffen.

Nun ist er also wieder in Paris. Ein Neuanfang für die Familie. Zwar hat sie noch nicht wirklich Frieden gefunden, aber sie vergrößert sich, denn zwei weitere Male wird der Marquis Vater. Nach dem kleinen Jungen, der inzwischen zwei Jahre alt ist – Louis-Marie, der jeden Abend hingebungsvoll das Portrait seines Erzeugers küßt –, kommt 1769 ein weiterer Junge zur Welt, Donatien-Claude-Armand, der »groß und stark« ist, und schließlich, im April 1771, ein Mädchen, Madeleine-Laure, offenbar nicht sehr hübsch, aber von Herzen willkommen.

Ein angenehmes Gleichgewicht in der Geschlechterverteilung dieser Nachkommenschaft, ein charmantes Familiengemälde, fast eines Greuze oder Diderot würdig. Eine Gattin, die sich nicht darüber beklagen kann, gänzlich vernachlässigt worden zu sein, eben wegen der aufeinanderfolgenden Geburten, und deren Angehörige ungeduldig darauf warten, daß ihre Sanftmut und Anmut endlich von der gesamten Verwandtschaft des Marquis, gerade auch von der provençalischen, anerkannt werden: Irgendwann muß der immer wieder verschobene Augenblick doch eintreten, da Lacoste sie empfängt, da sie endlich dem Abbé de Sade vorgestellt wird, dem Madame de Montreuil schon so lange von den Tugenden ihrer Tochter vorschwärmt.

Der Marquis läßt sie gewähren. Die Familie soll aufblühen, er will ja auch ein guter Gatte sein – wenn er nur seine Freiheit nicht verliert! Es treibt ihn um, nach allen Seiten; er ist sehr rege in dieser Zeit, in der er sich eigentlich Zurückhaltung auferlegen müßte. Er unternimmt Reisen – warum, weiß man nicht genau: Im Herbst 1769 ist er in den Niederlanden, dann in Brüssel, Antwerpen und wieder in den Niederlanden. Man sieht ihn selten am Hof, der ohnehin wenig Anziehung auf ihn ausübt und ihn auch hat wissen lassen, daß seine Anwesenheit dort unerwünscht sei. Zur Armee dagegen fühlt er sich hingezogen: er möchte den Dienst im Kavallerieregiment der Bourgogne wiederaufnehmen uns schließt sich ihm als Rittmeister in Fontenay-le-Comte im Poitou an.

Man hat es jedoch nicht gerade eilig, ihn die Pflichten seines Dienstgrades erfüllen zu lassen. Offensichtlich folgt ihm sein Ruf oder geht ihm vielmehr voraus. Er legt Beschwerde ein, wendet sich mit einem Ersuchen an das Kriegsministerium, läßt auch

seinen berühmten Verwandten, den Prinzen de
Condé, vermitteln. Da er sich aber zur gleichen Zeit
keineswegs um gute Führung bemüht, sogar seiner
Schulden wegen eine Stippvisite im Gefängnis
macht, muß er feststellen, daß die meisten Türen
sich ihm verschließen. Da ist es zweifellos besser,
sich mit einem Leben in Lacoste abzufinden. Nicht
unter Zwang, sondern aus dem freien Entschluß
heraus, dorthin zu gehen.

Im Oktober oder November 1771 ist er wieder auf
seinen Ländereien in der Provence, diesmal mit seiner Frau und seinen drei Kindern. Anne-Prospère
de Launay, die jüngere Schwester der Mme de
Sade, Stiftsdame, doch ohne Neigung, kommt ebenfalls. In Lacoste und im Leben des Marquis wird sie
eine zumindest privilegierte Rolle spielen (eine ihrer
ersten Handlungen besteht darin, dem Abbé de
Sade, dem die beiden Schwestern wohl endlich vorgestellt worden sind, für die Gabe eines kleinen,
kräftigen Pferdes zu danken – Symbol für wer weiß
welches geheime Erschauern?).

Für den Augenblick aber ist man damit beschäftigt,
sich einzurichten, sich zu organisieren, die Bedingungen für ein neues Leben zu schaffen.

Wie ausgeprägt der Charme der Provence und die
angenehmen Seiten des Wohnsitzes auch gewesen
sein mögen: nichts deutet darauf hin, daß das Leben in einem Schloß wie dem in Lacoste leicht und
bequem war, insbesondere nicht im Winter.

Vielleicht sollte man hier daran erinnern, daß dieses Schloß in Lacoste die Vorlage abgab für eine sehr charakteristische Verkörperung der lebhaftesten Phantasien de Sades: die eines von der Welt abgeschnittenen Schlosses, in dem alles möglich ist, weil es geschützt ist gegen alle Einflüsse von außen. André Bouër, der gegenwärtige Eigentümer und leidenschaftliche Restaurator der Anlage, hat aufgezeigt, daß man Lacoste als wahrscheinliches Modell für das Schloß von Silling ansehen muß, so wie es in *Die hundertzwanzig Tage von Sodom* beschrieben wird. Er findet ausreichend Einzelheiten, um behaupten zu können, daß »die Gebäude und Wohnungen identisch sind«, aber er verkennt nicht, daß Sade in der Beschreibung einige reale Gegebenheiten, insbesondere was den ersten Stock des Südflügels betrifft, verändert hat, um die erotische Organisation darzustellen, die den Schwerpunkt seiner Beschwörung bildet. (Jedenfalls scheinen gemäß dieser Beschreibung die Innenräume durchaus komfortabel eingerichtet gewesen zu sein.)

Wenn man den Standort, die Umgebung und die Außenansicht in Betracht zieht, stellen sich die Dinge jedoch etwas anders dar. Selbst wenn der Bezug zu Silling gültig bleibt, wie könnte man vergessen, daß die abgelegene Bleibe des schrecklichen Durcet zuallererst wegen ihres furchterregenden und beschwerlichen Zugangs beeindruckt. Sie liegt jenseits des Rheins, im tiefsten Schwarzwald; Klima und Landschaft entsprechen kaum jenen der Vaucluse. Vor allem nicht die steilen, abschüssigen Abhänge, die dort fast halluzinatorische Ausmaße annehmen. Man urteile selbst:* »Wenn man die Köhlerei passiert hatte, begann man einen Berg zu ersteigen, fast so hoch wie der St. Bernhard, und mit viel schwierigerem Aufstieg, denn man kann nur zu Fuß auf den Gipfel gelangen. Nicht etwa, weil die Maultiere nicht hinaufkämen, sondern weil die Abgründe von allen Seiten so nahe an den Saumpfad herantraten, daß es mit der größten Gefahr verbunden gewesen wäre, sich ihnen anzuvertrauen. Sechs der Tiere, die die Lebensmittel und die Ausrüstung transportierten, kamen um, und ebenso zwei Arbeiter, die hinaufreiten wollten. Man braucht fast fünf gute Stunden, um den Gipfel zu erreichen, welcher wieder eine andere Besonderheit aufweist, die durch die Vorsichtsmaßnahmen, die man traf, zu einer neuen Schranke wurde, zu einer so unübersteigbaren, daß nur mehr die Vögel sie passieren konnten. Diese einzigartige Laune der Natur besteht in einer mehr als dreißig Klafter langen Spalte zwischen dem nördlichen und südlichen Teil des Berggipfels, so daß man ohne künstliche Hilfe, nachdem man den Berg erklettert hat, nicht wieder hinabsteigen kann. Durcet ließ die beiden Teile, zwischen denen ein Abgrund von mehr als tausend Fuß Tiefe

* Die Übersetzung des folgenden Zitats aus *Die hundertzwanzig Tage von Sodom* stimmt im wesentlichen überein mit der Karl von Haverlands, Privatdruck, Leipzig 1909, und Harenberg Edition, Dortmund 1979

gähnte, durch eine sehr schöne Holzbrücke verbinden, die abgeschlagen wurde, sobald die letzten Ausrüstungsgegenstände angekommen waren, und von diesem Moment an gab es absolut keine Möglichkeit mehr, mit Schloß Silling in Verbindung zu treten. Stieg man nämlich den nördlichen Abhang hinab, gelangte man auf eine kleine Ebene von ungefähr vier Morgen, die rings von senkrechten, bis an die Wolken reichenden Felsen eingeschlossen ist, welche die Ebene wie eine Wand umschließen und nichts zwischen ihnen durchlassen. Diese Passage, Brückenweg genannt, ist also die einzige, auf der man hinabgelangen kann. Und ist die Brücke einmal zerstört, gibt es keinen Bewohner der Erde, er sei wer immer, der die kleine Ebene erreichen könnte. Und in der Mitte dieser kleinen, so gut umschlossenen, so trefflich verteidigten Ebene befindet sich das Schloß Durcets; es ist überdies von einer Mauer von dreißig Fuß Höhe umgeben, und jenseits der Mauer verteidigt ein sehr tiefer Wassergraben noch einen letzten Wall, der eine Rundgalerie bildet...«

Bei dieser Schilderung Sillings muß man natürlich Sades Technik der Verstärkung und Vergröberung berücksichtigen. Er verfährt in seiner Darstellung mit der Landschaft ebenso wie mit dem Sexuellen: er treibt das Wirkliche bis an die Grenze zum Unwirklichen. Der Ort, den er beschreibt, ist mit seinen Schluchten, Felsen, Gebirgen und Hindernissen, welche einzig die Vögel überqueren können, eine

121

Phantasmagorie des Grauens, klassisch für den Schauerroman. Und das Schloß ist ein Zwitter aus romantischem Stich und surrealistischem Traum.

Dennoch ist es möglich, in Sillings Mauern, dem Schloßgraben, dem Wall, in Brücke und Maultier-pfad Lacoste wiederzuerkennen. Der Zugang stellte damals vor größere Probleme, als man sich das heute vorstellen kann, und die schroffe, abweisende Ausstrahlung des auf einem Ausläufer des Lubéron gelegenen Schlosses war sicher viel ausgeprägter als jetzt. Man kann sich ausmalen, was den ungewöhn-lichen Reiz des Schlosses in Lacoste ausmachte: der Kontrast zwischen einem geschickt eingerichteten Inneren und einem rauhen, wehrhaften Äußeren, in dem das ursprüngliche *castrum* noch spürbar ist. Übrigens findet man in einem anderen Text Sades, der Erzählung *Faxelange* (in *Die Verbrechen der Liebe*), die Beschreibung einer ähnlichen Szenerie, in diesem Fall im Vivarais angesiedelt, die gleicher-maßen zeigt, wie besessen Sade von der Idee des ›Sich-Verschanzens‹ ist. Die Heldin, Mlle de Faxe-lange, wird gegen ihren Willen von dem schändli-chen Franlo verschleppt, der ihr, um sie zur Heirat zu überreden, eine wundervolle Reise nach Amerika versprochen hat, sie statt dessen aber auf ein beäng-stigendes Landgut auf der »Westseite der Rhône, am Fuße des Vivarais-Gebirges« mitnimmt.

Der Zugang zum Gut wird folgendermaßen be-schrieben: »Am nächsten Morgen brachte man Franlo ein Pferd, das er mit seiner Frau zusammen

122

bestieg; zwei Maultiere trugen das Gepäck, vier bewaffnete Männer bildeten die Eskorte. Sie durch-
querten das Gebirge und drangen auf unzugängli-
chen Wegen ins Landesinnere vor. Gegen Ende des
zweiten Tages erreichten unsere Reisenden eine
kleine, allseits von unwegsamen Bergen umschlos-
sene Ebene, in die man nur auf dem von Franlo be-
nutzten Pfad gelangen konnte. An der engsten
Stelle dieses Pfades hielten zehn Schurken Wache,
die dreimal die Woche abgelöst wurden und dort
Tag und Nacht Posten standen. Hatte man einmal
die Ebene erreicht, stieß man auf einen üblen
Marktflecken, gebildet aus annähernd hundert
nach Art der Wilden angeordnete Hütten; an ihrer
Spitze befand sich ein zweistöckiges, hinlänglich
reines Haus, das allseits von hohen Mauern umge-
ben war und dem Anführer gehörte. Dies war sein
Wohnsitz und zugleich die Festung am Platze...«
Hier also wird die bedauernswerte Demoiselle de
Faxelange residieren. Die Merkmale sind immer
dieselben: hohe Mauern, Pfade, Maultiere, Berge,
die die Ebene umschließen. Die Einbildungskraft
Sades schlägt sehr entschieden diese Richtung ein,
dennoch bleibt wohl das Schloß in Lacoste, bei aller
Übertreibung, Vorlage dieser Visionen.
Die Gegend, wie sie sich heute darbietet, hat keine
Ähnlichkeit mit den Schilderungen Sades, und das
»Gebirge des Lubéron« ist auch kein richtiges Ge-
birge, besonders gegen die Cèdres oder die Roque
Haute jenseits von Lacoste zu. Ebensowenig erin-

nert das heutige Dorf mit seinen renovierten Häusern, den eleganten Wohnsitzen von Malern und anderen Künstlern, an den rauhen Marktflecken am Fuß des Felsens von einst. Und auch der Zugang ist natürlich kein Maultierpfad mehr.

Wenn man heute über die D 108 nach Lacoste fährt, ob von Apt oder von Cavaillon aus, durchquert man weite, bebaute Flächen, kommt an Winzergenossenschaften, Landgasthäusern und Töpferwerkstätten vorbei, im Sommer auch an Verkaufsständen mit Obst und Honig aus der Region. Hat man dann den Pont Julien überquert, eine römische, im 3. Jahrhundert vor Christus über den Calavon geschlagene Brücke – der malerische Bach ist inzwischen völlig verschmutzt und mit Schaum bedeckt –, so gerät allmählich das Schloß ins Blickfeld, eine große, zerklüftete Masse, die geisterhaft an Größe zunimmt.

Man glaubt sich in jene andere Zeit zurückversetzt. Die vor allem an der Nordwestseite zerstörte Fassade strahlt weniger Ruinenromantik als eine Art unbestimmter Grausamkeit aus. Die scharfen Kanten eines dunklen Alptraums. Und doch – und vor allem: Erhabenheit, Majestät, stolze Kraft.

André Bouër steht neben einem riesigen Fenster, das die Nordfassade der Ruine durchbricht und den Blick freigibt auf die Ebene der Vaucluse. Er erzählt mir die Geschichte eines Steinbruchbesitzers, der vor nicht allzu langer Zeit, aber bevor die Restaurierung des Schlosses in Angriff genommen wurde, die

Gewohnheit hatte, an diesem Ort herumzustreifen und die weite Landschaft zu betrachten. Als man ihn nach dem Warum dieser einsamen Betrachtung fragte, antwortete er, daß er seine Bauern bei der Arbeit beobachten wolle.

Der Traum von der Herrschaft. So enthüllend. Die immense Weite der Ländereien, die sich von den Fenstern dieses hoch gelegenen Schlosses dem Blick darbietet, die Grenzenlosigkeit des ›Panoramas‹ (im etymologischen Sinne des Wortes: ›Allschau‹) verführen wahrscheinlich zu Träumen, wenn nicht gar zu Wahnvorstellungen der Allmacht. Es ist wohl kaum zu gewagt zu behaupten, daß dies eine wichtige Komponente der Sadeschen Geisteshaltung ist. (Das Bild des Adlerhorstes drängt sich an diesem Ort auf, und ein berühmter Brief de Sades beginnt ja auch mit den Worten: »Der Adler, Mademoiselle, sieht sich manchmal gezwungen, die siebte Region der Lüfte zu verlassen...«).

Aber es gibt noch eine andere Art, zum Schloß zu gelangen. Wenn man es an der Nordwestflanke umgeht – die Seite, die heute am eifrigsten restauriert wird, wo hinter Baugerüsten die Mauern und Fenster mit gewissenhafter Genauigkeit wiederhergestellt werden –, erreicht man die weitläufige Esplanade, wo sich einst der Schloßpark befand. Hier ist nichts Schroffes mehr. Man befindet sich auf dem ausgedehnten Plateau, das Lacoste beherrscht.

Es fällt schwer, sich vorzustellen, wie der Park ausgesehen hat; der Ort ist von Brombeergestrüpp und

125

Zwergeichen überwuchert, mit Steinen und Felsblöcken übersät, und zwischen dem Buschwerk schlagen bisweilen belgische oder deutsche Touristen ihr Zelt auf. Aber man kann umhergehen und darüber nachsinnen: Zur damaligen Zeit befanden sich hier schnurgerade Alleen, Laubengänge, ein grünes Labyrinth. Der Marquis hatte Oliven-, Mandel- und Obstbäume anpflanzen lassen. Der Park war ihm ans Herz gewachsen. Nach den Plünderungen der Revolution trauert er ihm in einem seiner Briefe nach: »Und mein bedauernswerter Park, kann man noch etwas von mir darin wiedererkennen?«

Ja, man kann ihn mit halbgeschlossenen Augen durchstreifen, immer weiter eindringen ins Gelände, bis hin zu dem tiefen Steinbruch, der heute das Terrain begrenzt. Ein oder zwei kleine Häuser, eine aufgegebene Mühle. Und dann diese Stufen, Absätze, natürlichen Höhlen, diese gewaltigen Katakomben aus weißem Stein, hart und pulvrig zugleich, von Schluchten durchzogen. Eine danteske Landschaft, die zur Zeit des Marquis noch nicht existierte, die seiner Einbildungskraft aber willkommen gewesen wären.

Doch alles erhält menschlichere Dimensionen durch die Anwesenheit regelrechter Bildhauerwerkstätten, die sich, unter freiem Himmel, inmitten dieser Ausschachtungen, dieser gigantischen Steinquader, dieser unerschöpflichen Rohstoffvorkommen befinden (im Sommer sieht man manchmal halbnackte amerikanische Studentinnen den Stein behauen; von oben betrachtet ähneln sie antiken Sklavinnen: ein Schauspiel, das zu Sadeschen Phantasmagorien anregt). Auch ein Festsaal, überraschend in diesen unterirdischen Räumen, ist eingerichtet worden; auf Anschlägen am Eingang hat man schon die Ankündigung von Händels *Acis und Galatea* oder Purcells *Dido und Aeneas* lesen können. Warum auch nicht? Vergangene Jahrhunderte kehren wieder, und auch die Feste kehren wieder. Jedenfalls sind diese Orte voller Fremdheit und Geheimnis heutzutage alles andere als wild; Zivilisation und Kultur sind jeden Moment gegenwärtig. Zurück zum Schloß. Vorbei an den Überresten der herrschaftlichen Ölmühle an der Südseite des Schlosses, über den Wassergraben, dessen Brücke in der mittelalterlichen *pont torneis* (Drehbrücke) endet, mit der einst dieser Zugang verschlossen wurde; und dann steht man wieder vor der eindrucksvollen, auf Erde und Fels erbauten Masse. In den Sommermonaten trifft man hier auf zahlreiche Besucher. Wenn man sie beobachtet, wie sie zögernd, bisweilen flüsternd, den Eingang des Schlosses suchen, hat man den Eindruck, daß dieser Ort eine verwirrende Unruhe in den Köpfen verursacht. Gelegentlich ist es auch amüsant, Gespräche aufzuschnappen, in denen es um Burgverliese und grausige Szenen geht. Die Banalisierung der Sadeschen Mythologie hat aus dem Schloß für viele so etwas wie Blaubarts Burg gemacht.

Man sollte das alles vergessen und sich vorstellen, wie wahrhaft herrschaftlich sich das Schloß von dieser Seite präsentierte. Wenn man von der Ebene kam, erreichte man es in der Tat nur auf dem Rükken der Maultiere oder zu Pferd – genauer gesagt: man ließ das Pferd beim befestigten Gehöft, der Maison Basse, zurück, dessen Standort immer noch sichtbar ist, und setzte seinen Weg auf dem Maultier oder zu Fuß fort. Über die Straße von Ménerbes aber hatten auch Kutschen Zugang zur Esplanade und zum Park. Durch das flämische Tor rollten sie ins Innere der Schloßanlage, durchfuhren dann noch ein zweites Tor, dessen Gitter das Sadesche Wappen trug, und wurden dort von ihrem Gespann getrennt und von Hand gewendet.

Stellen wir uns also vor, wie eine dieser prächtigen Kutschen in den herrschaftlichen Hof einfährt, vielleicht entsteigt ihr der Marquis...

Wir sollten versuchen, das Schloß, wie es damals war, in Gedanken zu rekonstruieren. Die Außenansicht, hatten wir gesagt, war eines, die Innenausstattung ein anderes. Wichtige Umgestaltungen, die von Sades Vater zwischen 1741 und 1743 und dann von Sade selbst zwischen 1765 und 1769 vorgenommen worden waren, hatten zweifellos nach und nach einen gewissen Komfort geschaffen, oder zumindest das, was man zur damaligen Zeit als Komfort ansehen durfte. Wenn man heute das Erdgeschoß des Schlosses besichtigt und nach oben schaut, auf die

Überreste der ersten und zweiten Etage, kann man sich schwerlich eine Vorstellung davon machen. Aber man kann sich an gewissen Merkmalen orientieren – z. B. könnte ein grüner Fleck auf einer Mauer gleich unterhalb der Decke darauf hinweisen, daß dieses hohe Zimmer einst der »kleine grüne Salon« gewesen war, eines der Prunkstücke des Gebäudes. Der Boden der Vorhalle, die wir betreten, zeigt Spuren verschiedener Beläge: zuerst die Steinplatten des alten Schlosses, dann die Fliesen aus dem 16. Jahrhundert, später die kleinen *tomettes* (typisch provençalische, aus rotem Bruchstein geformte Sechsecke) und schließlich *tomettes* von größerem Ausmaß.

Will man sich eine genauere Vorstellung machen, muß man die Urkunden und Pläne ansehen, Einzelheiten der Raumaufteilung ausfindig machen. An Auskünften fehlt es nicht; das Bild, das die Räumlichkeiten heute bieten, kann durch zahlreiche Angaben ergänzt werden, dank derer man die Abfolge der ehemals durchgeführten Arbeiten erkennen kann.

Übrigens läßt die Aufstellung der Zahlungen an die mit dem Ausbau betrauten Handwerker und Arbeiter viele Rückschlüsse zu auf Gehälter, Preise, Tarife und Arbeitsbedingungen der Bauarbeiter zur damaligen Zeit, verrät aber auch viel über die Art und Weise, wie Sade Verbindlichkeiten einging und seine Rechnungen beglich (sehr bald empörte er sich darüber, daß z. B. die Zulieferer und Händler aus Apt ihm keinen Kredit gewährten). Auch die Inventuren von 1769 und 1778 – die erste durchgeführt vom Notar Fage, die zweite vom Notar Gaufridy (ein Freund de Sades schon von Kindesbeinen an und später ein wichtiger Briefpartner; von ihm werden wir noch sprechen) – liefern relativ genaue Informationen über Form und Ausstattung der Räumlichkeiten.

Beschränken wir uns hier darauf, einige Bezeichnungen, einige Namen zu erwähnen, einfach aus Freude an ihrer Komposition, die eine Atmosphäre heraufbeschwört. Der kleine grüne Salon, das blaue und das rote Zimmer – man kann sie auch heute noch entdecken unter all den verfallenen Treppen, Vorhallen, Gesellschafts- und Diensträumen, den Küchen, Bädern und Aborten. Im ersten Stock also das »rote Zimmer« und das »grüne Boudoir«, das »Sommerzimmer«, die Terrasse, Archive, die Kapelle, der Theatersaal nebst Foyer. Besonders hervorgehoben werden soll das kontrastierende Ensemble, das gebildet wurde von dem »neuen Appartement Madames« – Büro, zwei Zimmer und Bibliothek – einerseits und dem »Winterzimmer Monsieurs«, zu dem eine Privatbibliothek und ein Arbeitskabinett gehörten, andererseits. Die Suite dieser drei Zimmer war immer abgeschlossen und ist auch nie einer Inventur unterzogen worden; der Marquis hat immer für den Komfort seiner Gattin gesorgt, aber immer auch daran gedacht, sich eine »geheime« Ecke freizuhalten. Im zweiten Stock befinden sich die Zimmer der Bediensteten – das »Zimmer des Wachhabenden« und das »Dienstmädchenzimmer« – sowie das »Fremdenzimmer«: kleine, niedrige, auch *capucines* genannte Zimmer; schließlich Dachböden, Obstkammern, Garderoben, Flure, weitere Treppen.

Eine Vielzahl und Vielfalt von Zimmern also, was aber nicht heißt, daß es große Räume waren: in diesem Schloß, das bekannt ist als eines der weitläufigsten der Region, ist die Mehrzahl der Zimmer von eher bescheidener Dimension (abgesehen von dem geräumigen Theatersaal); viele sind nicht mehr als Zellen. Das damalige Mobiliar hat diesen Eindruck der Enge sicher noch verstärkt. Man muß sich vorstellen: viele Sofas, Sessel, Nähtischchen, Spieltische, Spiegel, Baldachinbetten, Lehnsessel, Kommoden, Wandteppiche, mit Moiré ausgeschlagene Alkoven, persische Vorhänge. All das strahlt Komfort und Luxus aus – und verdeckt wichtige Probleme: die Heizung, die sanitären Anlagen und selbst einfache Haushaltseinrichtungen lassen oft zu wünschen übrig (der Marquis hat sich nicht selten über den Schmutz geäußert, der in seinen Küchen herrschte).

Andererseits muß im Schloß auch eine kulturelle Atmosphäre geherrscht haben, wie die zahlreichen Gemälde und Bücher beweisen. Unter den Gemälden waren einige recht pompöse altmodische Kompositionen, natürlich auch Familienportraits sowie Stiche, deren Hauptmerkmal darin bestand, nicht

131

erotisch zu sein (in den geheimen Gemächern des Marquis hat man indessen einige pornographisch-medizinische Merkwürdigkeiten gefunden, etwa eine Sammlung von für Einläufe bestimmten Spritzen, die seltsame Statuetten darstellten; vielleicht gab es auch andere Sammlungen oder Bilder, von denen man nichts weiß). Was die Bücher betrifft, so gibt es Bestandsaufnahmen und Studien zu den Bibliotheken des Marquis, aber die Auskünfte aus dem wichtigsten Katalog, jenem des Notars Fage aus dem Jahre 1769, scheinen doch recht unvollständig zu sein. Offenbar standen zu jener Zeit in Sades Bibliothek atheistisch und antiklerikal inspirierte philosophische Werke neben etwas freizügigen, damals weit verbreiteten Romanen, u. a. *Die gutgelaunten Jesuiten; Ankömmlinge im Kloster; Der Portier des Kartäuserklosters; Die philosophische Thérèse.* Hinzu kamen erbauliche Werke wie *Die Abhandlung von der Existenz Gottes* von Fénelon und die *Pensées* von Pascal sowie literarische Werke, die in Mode waren: *Gil Blas, Clarissa, Cleveland.* Dazu natürlich Klassiker, Wörterbücher, Reiseberichte, eine landwirtschaftliche Abhandlung. Ganz zu schweigen von den drei Bänden des *Vie de Petrarque* vom Abbé de Sade. Eine genaue Erforschung dieser Bibliothek gehört aber natürlich eher zu einem Studium der Sadeschen Gedankenwelt als zu einer Darstellung des Schloßdekors von Lacoste.

Was das betrifft: Die schönste ›Dekoration‹ des Schlosses war wahrscheinlich das Theater. Das verwundert nicht weiter, wenn man die Leidenschaft des Marquis für diese Kunst kennt. Aber man muß sich den Aufwand und die Kosten vorstellen, sowohl in Mazan – wo zahlreiche Vorstellungen in dem alten, für diese Zwecke umgerüsteten Familiengut gegeben wurden, das im Jahrhundert zuvor als Stammsitz zugunsten des Feudalschlosses aufgegeben wurde – als auch in Lacoste selbst. Der Theatersaal mit seinen sechzig Sitzplätzen, der Bühne und den nötigen Vorrichtungen – Bühnenbilder, Versatzstücke, Lampions, Kerzen, Vorhänge –, dem Foyer und der benachbarten Terrasse kostete sicher ein kleines Vermögen. Aber Donatien schreckte vor nichts zurück. Er wurde selbst gern zum Schauspieler, und es gefiel ihm, seine Angehörigen auf die Bühne zu bringen, so z. B. seine Frau und seine Schwägerin, auch Personen aus der Nachbarschaft, aber ebensogern nahm er die Dienste von Berufsschauspielern in Anspruch. So kam es, daß er den Regisseur und Komödianten Bourdais und dessen Gattin engagierte, die von Mai bis Oktober 1772 für eine prunkvolle Saison sorgen sollten. In Lacoste und in Mazan wurden, im Rhythmus von vier Stücken pro Monat, eine ganze Serie von Schauspielen aus dem Repertoire der damaligen Zeit aufgeführt, wie etwa *Die Glorreichen* oder *Der verheiratete Philosoph* von Destouche, *Die Sitten der Zeit* von Saurin, *Die unerwartete Rückkehr* Régnards, *Mélanie* von Nivelle de La Chaussée, Diderots *Der Familienvater* oder *Nanine* von Voltaire (und zweifellos, zu-

133

mindest in der Rohfassung, auch einige der ersten Stücke von Sade selbst). Es gibt Verzeichnisse, die die Vielfalt und Präzision dieser Programmgestaltung belegen – ebenso wie die beträchtlichen Kosten für Gagen, Ausrüstung, Kostüme, Perücken...

Verrücktheit? Ruinöse Verschwendungssucht? So äußern sich natürlich all jene, die die besten Plätze haben, um zu beobachten und zu urteilen, angefangen mit dem Abbé de Sade, der sozusagen in der Loge sitzt. In einem Brief an M. Fage, den Notar, hält er mit seinen Sorgen nicht hinterm Berg: »Ich denke ebenso wie Sie über die Leidenschaft meines Neffen fürs Theater, die er, wie Sie sicherlich selbst bemerkt haben, bis zum Äußersten treibt und die, dauert sie an, zu seinem baldigen Ruin führen wird. Bisher habe ich mich ihm gegenüber nicht dazu geäußert, denn ich wußte um die Sinnlosigkeit eines solchen Vorgehens; ich stelle jedoch mit Genugtuung fest, daß die Unannehmlichkeit, die Schauspieler immer wieder miteinander zu versöhnen, ihre ständigen Betrügereien, die Schwierigkeiten, Geld aufzutreiben, um die Ausgaben zu decken – daß all die Hindernisse, die sich der Befriedigung seiner Leidenschaft immer aufs neue in den Weg stellen, ihn zu entmutigen beginnen, und ich warte nur auf den günstigsten Augenblick für den großen Streich; dies wäre schon geschehen, wenn seine Gattin im Einklang mit mir handeln wollte und weniger Verständnis für die Launen ihres Mannes hätte.«

134

Aber gerade weil Mme de Sade diese Launen vermutlich anderen vorzieht, bemüht sie sich, daran teilzunehmen, sie zu fördern. Es ist nicht übertrieben zu sagen, daß die ›Theatromanie‹ Sades, die er mit einem ganzen Milieu, einer ganzen Epoche teilt, in seinem Fall Ersatz ist für die Erotomanie. Das Theater ist für ihn zugleich Gelegenheit, sich auszudrücken – durch Geste, Haltung, Stimme, Sprache ein sonst verborgenes Universum ›zur Schau zu stellen‹ –, und Möglichkeit, seine Beziehungen zu vervielfachen, Schauspielerinnen einzuladen, Feste zu veranstalten.

Feste für die Nachbarschaft zu geben ist dann auch eine seiner Hauptbeschäftigungen. Es geht nicht einfach nur darum, Adlige, Freunde oder Rivalen, neugierige oder gebildete Bourgeois anzulocken, es geht auch darum, den Kreis der potentiellen Anhänger zu erweitern. Ein Zeugnis: Am 15. Januar dieses glänzenden Jahres 1772 adressiert der Marquis an einen gewissen Sieur Girard de Lourmarin einen Brief, in dem er schreibt: »Das letzte Mal, als man Komödie bei uns spielte, Monsieur, hatte ich mehrere Herren aus La Coste und Lourmarin damit beauftragt, Ihnen die Genugtuung zu bezeugen, die Ihr Kommen mir bereitet hätte; bisher konnte ich mich noch nicht so glücklich schätzen, Sie bei uns zu haben, was ich doch aufs heftigste wünsche; darf ich mir schmeicheln, aus Anlaß einer von mir geschriebenen Komödie, die am Montag, dem 20. des laufenden Monats, aufgeführt werden soll, nun endlich

Ihre Bekanntschaft machen zu dürfen? Es liegt mir sehr an Ihrem Urteil; so aufgeklärte Zuschauer und Kritiker wie Sie, Monsieur, sind selten; ich verhehle nicht, daß Sie mir größten Kummer bereiten würden, sollten Sie meinen Bemühungen eine Absage erteilen. Wäre das schlechte Wetter nicht, hätte ich Sie persönlich aufgesucht und geladen; ich hoffe, daß die Jahreszeit, die bald weniger rauh sein wird, mich in die Lage versetzen wird, häufigeren Umgang mit Ihnen zu pflegen und mein Unrecht, den Genuß Ihrer angenehmen Gesellschaft nicht früher in Anspruch genommen zu haben, wiedergutzumachen...« Ein Meisterwerk der Courtoisie, wie man sieht, einer Art von Courtoisie, die symptomatisch ist für die Beziehungen, die sich ums Theater herum ausbilden.

Es bietet sich an, hier noch einmal den Don-Giovanni-haften Charakter dieses Verhaltens herauszustellen: das Vergnügen, andere zu bewirten, ostentative Gastfreundschaft, Geschmack an festlichen Empfängen, Umgang mit Theaterleuten, die als besonders »reizvolle« Gesellschaft gelten (es gibt ein modernes Äquivalent dazu: die – gern gesehene – Anwesenheit von Filmleuten auf den Sommerwohnsitzen derselben Region, des Lubéron). Feste und Bälle, Buffets und Imbisse – man kann sich einmal mehr die Ausgaben, den Luxus vorstellen.

Eine zusätzliche kleine Information, eine von denen, die ihres Vokabulars wegen Roland Barthes entzückt hätten; sie ist einer Aufstellung der Liefe-

rungen zu einem dieser Feste des Jahres 1772 entnommen: dort liest man von »Pomaden in Stangen
und Tiegeln, Mandeln und Mandelpaste, Raffina-
de- und Rohzucker, Pralinen und gezuckerten Aza-
rolen, Quitten, Kumquat, Gelees und Marmeladen,
Biskuit und Fadennüdelchen, Senf und weißem
Pfeffer, Lavendelwasser und Toilettenseife, Leim
und Indigosteinen...«
Dieses kostspielige Verhalten ist Teil der Lebensweise oder besser: des Lebensstils, den Sade als *Seigneur de village* in Lacoste führte – um einen Ausdruck aufzugreifen, mit dem der Historiker Michel
Vovelle den Marquis bezeichnet, wenn er dessen Beziehung zu seinen Ländereien und zu seiner Umgebung beschreibt. Ein Seigneur, ein Herr, ist Sade
zweifellos in dieser ländlichen Gesellschaft, in der
der Adel nur schwach verwurzelt ist und die Bevölkerung des umliegenden Landes aus Kleinbauern
besteht, die der oberen, das Schloß umschließenden
Gassen aus Handwerkern und die der unteren Gassen aus Verwaltern, Händlern und Bourgeois. In der
Person des Marquis sehen diese Männer und
Frauen »eher ihren Vater als ihren Herrn«, wie es in
einem Freilassungsersuchen steht, das zur Zeit der
schlimmsten Zwangslage de Sades vom Pfarrer und
den Honoratioren des Dorfes entworfen wurde.
Man kann sich diese Pächter und »Vasallen« vorstellen, wie sie den für Nichtadlige bestimmten Hof
des Schlosses betreten (der herrschaftliche Hof war
ihnen verwehrt), um dem Marquis ihre Ehrerbie-

tung zu erweisen, »ohne Gürtel und Waffen, und auf Knien«, so der alte Brauch. Aber augenscheinlicher Respekt und Zuneigung schlossen eine feindliche Gesinnung nicht aus, insbesondere gegenüber jemandem, um den so viele Gerüchte kreisten. Dies bestätigt sich im Augenblick der Revolution, als das Schloß geplündert wird.

Hinzu kommt, daß man an den Seigneur gewisse Erwartungen hatte, was die Organisation des kommunalen Lebens betraf: die Gerichtsbarkeit, die Unterstützung der Armen, der Unterhalt der Schulen, des Pfarramts und der Kirche (in diesem ländlichen Gemeinwesen, wo die Erinnerung an die Waadtländer noch wach war und die protestantische Religion dominierte). Aber Sade, viel zu sehr mit seinen eigenen Angelegenheiten beschäftigt, schenkte all dem keine Aufmerksamkeit. Sicher, er pflegt Umgang mit den Bourgeois in Lacoste, den Appy, Sambuc, Perrotet, den Paulet, die er empfängt und an seinen Aktivitäten teilnehmen läßt – der Sohn der Paulets z. B. wird ihm zuliebe am Theater debütieren und ihm bei der Anwerbung von Schauspielern helfen –; gelegentlich wacht er sogar – und das entbehrt nicht einer gewissen Würze – über Sitten und Benehmen der Dorfbewohner, runzelt die Stirn, wenn ein Wirtschafter die Tochter eines anderen Wirtschafters verführt oder wenn der Pächter Chauvin die Tochter des Ältesten aus der Familie Sambuc in Versuchung führt. Aber seine Hauptsorgen liegen anderswo: bei der Verwaltung

seiner Einkünfte, d. h. der Abgaben und Pachtge-
bühren, die ihm die Bewirtschaftung seiner Ländereien und Obstgärten durch die Pächter einbringt
(um das Jahr 1770 macht die Summe aus Ernte-
einnahmen und herrschaftlichen Ansprüchen etwa
17 500 Pfund aus). Die einander ablösenden Notare
de Sades werden diese Einnahmen verwalten, und
unweigerlich wird er in jedem Jahr mit Nachdruck –
bisweilen sind es sogar Hilferufe – das Geld einfor-
dern (»Geld, mein lieber Advokat, Geld, oder ich
komme um…«), das man ihm, wie er mit der naiven
Selbstverständlichkeit seiner Klasse annimmt,
schuldet.
So sieht also alles in allem zu dieser Zeit das Leben
des Marquis in Lacoste aus, ein zugleich mondänes
und familiäres, häusliches Leben. Wobei der Begriff
›häuslich‹ *(domestique)* auch die Dienstboten um-
faßt, denn die Beziehungen zwischen Sade und seinem Personal sind Teil jenes Lebens.
Von der Rolle der Diener konnten wir uns schon ein
Bild machen; außerdem waren da aber noch die
Haushälterinnen. Unter diesen nimmt Mlle Gothon, deren Einfluß von Jahr zu Jahr wächst, eine
Sonderstellung ein. Ihr Geburtsname ist Anne-
Marguerite Maillefert, genannt wird sie jedoch Gothon Duffé. Sie stammt aus dem Kanton Bern in der
protestantischen Schweiz, wurde im Alter von dreißig Jahren als Kammerzofe der Marquise engagiert
und stieg nach und nach zur Wirtschafterin des
Schlosses und zur Vertrauten auf. Ihren Einfluß ver-

139

dankt sie nicht zuletzt der Tatsache, daß sie, trotz ihres Schweizer Ursprungs, heiter, charmant und offenbar keineswegs prüde ist: Sade und mehrere
Freunde aus der Region haben wohl Gelegenheit
gehabt, dem »Arsch der Gothon, dem schönsten der
ganzen Schweiz«, ihre Aufwartung zu machen, und
die Geschenke ihrer zahlreichen Liebhaber trugen
zur Bereicherung und Zierde des Schlosses bei.
Auch um die Intrigen innerhalb der Dienerschaft
kümmerte sie sich sehr intensiv: der Valet Carteron
La Jeunesse, der wie sie ein Zimmer im Schloß hat,
wird ihr Herzbube, und sie hat, wie wir später noch
sehen werden, bei mancher zweifelhaften Episode
im Lacoster Leben ihre Hand im Spiel.
Für Verwalterinnen, gleich welcher Schicht, hatte
der Marquis übrigens zeit seines Lebens ein Faible:
Marie-Dorothée de Rousset, Tochter eines Notars
aus Saint-Saturnin bei Apt, eine Freundin der Familie, wird in dem Gemeinwesen ebenfalls eifrig
diesen Posten ausfüllen, aber sie – die »Heilige«,
wie Sade sie bezeichnete, wird auch Freundin sein
und vertraute Briefpartnerin.
Das Leben auf Lacoste während dieser Monate der
Jahre 1771 und 1772 ist also geprägt von Theater-
vorstellungen, Festen, Bällen und Empfängen einerseits und den kleinen, alltäglichen Begebenheiten
im Dorf, in der Familie und Dienerschaft andererseits. Zu diesen gehören auch bisweilen wunderliche Details, wie etwa die überaus häufigen Besuche
eines Arztes aus Bonnieux, des Dr. Terris, der das

140

eine Mal Monsieur behandelt (der immer noch an einer Fistel oder an Hämorrhoiden leidet), das andere Mal Madame oder die Schwester Madames, dann den Diener Monsieurs und das Zimmermädchen Madames und die Gouvernante der noch kleinen Kinder (Madeleine-Laure wird im April des Jahres 1772 ein Jahr alt). Ein regelrechtes medizinisches Ballett also – fast könnte es einem Stück Molières entnommen sein –, das beweist, welche Aufmerksamkeit diese kleine Welt ihrer Gesundheit entgegenbringt. Und das stellt bei den beträchtlichen Honoraren des Arztes eine weitere Form der *Ausgaben* dar (die *Ausgaben* und *Verausgabungen* im Umfeld Sades lassen sich wahrlich nicht eindämmen).

Es gibt schließlich auch Augenblicke der Entspannung, Spazierfahrten, Ausritte. Aber Madame de Montreuil in Paris zeigt sich ein wenig beunruhigt ob dieses »unsteten« Lebens in Lacoste. Damit bezeichnet sie das ihrer Meinung nach exzessive Hin und Her, das die Schauspiele, Einladungen, Empfänge, Ausflüge und Feste mit sich bringen müssen. Zerstreuungen aller Art, in der Tat. Aber werden sie Sade genügen?

7

DRITTER VERSTOSS:
Die Dirnen aus Marseille

Marseille, wir schreiben den 27. Juni des Jahres
1772. Die erste Hitze hat schon eingesetzt, ein Geruch nach Salzlauge liegt in der Luft. Die Stadt
scheint sich immer noch in der Phase der Genesung
zu befinden; kaum fünfzig Jahre zuvor war sie von
der schlimmsten Geißel getroffen worden, die ein
Gemeinwesen treffen kann: die Pest. Die letzte
große Pest des Abendlands. Fünfzigtausend Tote,
die Hälfte der Bevölkerung. Die ärmsten Schichten
haben den höchsten Tribut gezahlt. Die privilegierten Schichten hatten es, als der Alptraum zu Ende
war, am eiligsten, die Schrecken im Genuß zu vergessen. Fast übergangslos trat die Ausschweifung
an die Stelle des Todes.
Auf die Straßen von Marseille scheint an diesem
Morgen die Sonne herab. Schlendert man zur
Stunde, da die Fischverkäufer und -verkäuferinnen
ihre Ladentische aufbauen und mit gellender
Stimme ihre Ware anpreisen, um das Hafenbecken
herum, entlang der Befestigungsmauern des Klosters Saint-Victor, entlang der Rive-Neuve, vorbei

an der prachtvollen Fassade des Rathauses, dann scheint alles in mildes rötliches Licht getaucht.

Zu den Herumstreifenden gehört an diesem Morgen auch M. de Sade. Begleitet wird er von seinem Treiber, dem Diener Latour, der geschickt ist wie kein zweiter, die Freudenmädchen anzusprechen und ihnen seltsame Abmachungen vorzuschlagen. Latour trägt einen blau-gelb gestreiften Matrosenanzug, der ihn ein wenig possenhaft aussehen läßt. Er ist der wahrhafte Sganarelle dieses Herrn, der sich mit draufgängerischer Eleganz präsentiert: grauer Frack mit blauem Futter, Jacke und Kniehose aus gelber Seide, die Feder am Hut, das Schwert zur Seite, einen Stock mit goldenem Knauf in der Hand. Und immer noch ist das Haar blond, das Gesicht hübsch. Er ist jetzt zweiunddreißig Jahre alt. Die Zerstreuungen auf Lacoste haben ihm wohl nicht genügt. Am 22. Juni hatte man *Der verheiratete Philosoph* von Destouches sowie *Glücklicherweise* von Rochon de Chabannes aufgeführt, die am 29. in Mazan wiederholt werden sollen, und der Marquis hat diese kurze Theaterpause dazu benutzt, sich nach Marseille abzusetzen. Vorgeblich, um einen Kreditbrief auszuhandeln, in Wirklichkeit jedoch, um einige kleine Vergnügungen zu organisieren.

Wir sollten den Sadeschen Grundsatz nie aus den Augen verlieren, den die Delbène in *Juliette* folgendermaßen formuliert: »Bringen wir ein wenig Ordnung in unsere Vergnügungen; erst wenn sie festge-

143

legt sind, kommen wir zum Genuß.« Hier in Marseille, im Verlauf dieses fünftägigen Zwischenspiels, werden sie noch »festgelegter« sein als in Paris oder Arceuil.

Deshalb ist auch der Beistand Latours unbedingt notwendig. Während D.A.F. im Hôtel des Treize-Cantons abgestiegen ist und sich dann in die Rue Saint-Ferréol-le-Vieux begibt, um dort Jeanne Nicou, ein neunzehnjähriges Freudenmädchen aufzusuchen, trifft Latour eifrig verschiedene Vorbereitungen. Am Donnerstag, dem 25., nimmt er Kontakt auf mit Marianne Laverne, einer achtzehnjährigen Prostituierten, um ihr den Wunsch seines Herrn, eine »Partie« mit jungen Mädchen zu veranstalten, mitzuteilen. Für den folgenden Tag um elf Uhr abends wird ein Rendezvous vereinbart. Der Marquis ist nicht eher frei; für den Abend ist ein Souper mit Schauspielern vorgesehen. Am Tag darauf ist es dann Marianne, die sich entschuldigen läßt wegen einer Bootspartie.

Merkwürdige Überschneidungen: Sade selbst scheint kaum einen Gedanken an seine erotischen Vorhaben zu verschwenden, vergißt sie fast bei seiner Begegnung mit den Schauspielern, die er in Marseille besucht, deren Gesellschaft er liebt, gerade auch im Rahmen kleiner, ausgesuchter Soupers – und Marianne scheint eine Art Ausweichmanöver Richtung Meer auszuführen, wie die Bäuerinnen in Molières *Dom Juan.*

Wird sie das vereinbarte Rendezvous doch noch einhalten? Am 27. Juni erscheint Latour um acht Uhr morgens bei ihr in der Rue d'Aubagne und erinnert sie daran. Diesmal legt man die Begegnung genau fest: Sie soll zwei Stunden später in einem der Nachbarhäuser in derselben Straße stattfinden. Es handelt sich um das Haus von Mariette Borelly, in der Rue d'Aubagne Nr. 15bis, Ecke Rue des Capucins. Noch zwei weitere Mädchen sollen sich dort einfinden, Mariannette Laugier und Rose Coste (Jeanne Nicou hat es abgelehnt, sich der Gruppe anzuschließen).

Hier also trifft Sade um zehn Uhr morgens ein, in Begleitung Latours.

Das Haus Nr. 15bis in der Rue d'Aubagne gibt es heute noch. Schwarze Fassade, vier Stockwerke, vier Fenster pro Stockwerk. Alte schwarze Läden, fast alle geschlossen. Im Erdgeschoß eine Metzgerei, die ›Boucherie l'Oranaise‹ (auf dem Schild steht: ›Chez Elkeurti Cheikh‹). Das Viertel wird, wie zahlreiche andere in diesem Teil Marseilles, gern von maghrebinischen Einwanderern besucht, und viele von ihnen wohnen auch dort. Es ist ein kosmopolitisches Viertel: Im Laden daneben wird spanisches Brot angeboten, im anderen Nachbarhaus gibt es ein Spezialitätenrestaurant, das orientalische, vietnamesische und indische Gerichte führt. Das Gebäude liegt genau an der Ecke zur heutigen Rue Longue-des-Capucins, die, wie andere Straßen in der Nähe, zur Fußgängerzone erklärt wurde und nun überfüllt ist mit den farbenfrohen Ständen eines Marktes, der an die arabischen Suks denken läßt.

Schon zur damaligen Zeit war die Straße bevölkert, und sie hatte einen schlechten Ruf, war als ›heißes Pflaster‹ bekannt. In der Hafenstadt Marseille hatte sich im 18. Jahrhundert die Prostitution überall eingenistet, für die Armen war sie eine wichtige Einnahmequelle. Sehr junge Frauen, die oft von weither gekommen waren, strömten dort zusammen.

Mariette Borelly und Mariannette Laugier sind Provençalinnen, die eine aus Valensole, die andere aus Aix; Marianne Laverne und Jeanne Nicou kommen aus Lyon, und Rose Coste stammt aus Rouergue. Sie sind zwischen achtzehn und dreiundzwanzig Jahre alt. Sie haben vielleicht die glatte, weiche Haut, die der Marquis so liebt, aber sie sind traurige, mittel- und heimatlose Gestalten.

Wir sehen also die vier Mädchen im Haus der Mariette Borelly; Sade und Latour sind ebenfalls eingetroffen. Der Marquis holt eine Handvoll Taler aus seiner Tasche und verkündet, daß diejenige, die die Anzahl der Geldstücke errate, als erste mit ihm gehe. Es ist Marianne.

Nach den späteren Aussagen spielen sich nun folgende Szenen ab: Sade schließt sich mit seinem Diener und dem Mädchen ein, befiehlt ihnen, sich aufs Bett zu legen. Mit der einen Hand peitscht er Marianne, mit der andern erregt er Latour, den er spöttisch *Monsieur le marquis* nennt. Dann schickt er

Latour hinaus und bietet dem Mädchen mit Kantharidenpulver* bestäubte Anisdragées an, die er ihr in einer goldgerandeten Kristallbonbonnière reicht. Er fordert sie auf, kräftig zuzulangen, davon werde sie Winde bekommen. Marianne bedient sich, hört aber auf, als sie sieben oder acht der Dragées geschluckt hat. Nun verlangt Sade von ihr, sie solle sich, entweder von Latour oder von ihm selbst, *a tergo* nehmen lassen, und bietet ihr dafür Geld an. Empört weist sie die Forderung zurück – so zumindest ihre Aussage vor dem Generalleutnant der Sénéchaussée**.

Sade wechselt das Register. Er zieht aus seiner Kleidung eine Lederpeitsche mit Widerhaken, damit soll sie ihn auspeitschen. Sie gibt ihm drei Hiebe, hat dann aber weder die Kraft noch das Feuer, weiterzumachen. Er bedrängt sie, aber sie bleibt bei ihrer Weigerung. Da schlägt er ihr vor, einen Besen aus Heidekraut kommen zu lassen, der sie vielleicht weniger abschrecke. Marianne geht in die Küche und bittet die Dienerin, einen dieser Besen zu kaufen. Wenig später ist das gewünschte Objekt zur Stelle, und Marianne schlägt nun heftig zu. Aber bald kann sie nicht mehr, ihr wird übel, und sie geht hinaus, um ein Glas Wasser zu trinken.

* Getrockneter, zu Pulver zerstoßener Körper eines Weichkäfers; wurde zur Herstellung von Zugpflastern verwandt und galt als Aphrodisiakum
** Juristischer Einflußbereich eines Sénéchals (Offizier während des Ancien Régime)

147

Mariette ist an der Reihe. Sie tritt auf mit Latour, der inzwischen zurückgekehrt ist. Sade bedeutet ihr, sich auszuziehen und aufs Bett zu legen. Er schlägt sie mit dem Besen und läßt sich von ihr schlagen. Mit einem Taschenmesser ritzt er Kerben in den Kaminsims, wohl um die Anzahl der Schläge festzuhalten – später wird die Polizei die übereinander gekerbten Zahlen ablesen: 215, 179, 225, 240 (?). Dann wirft er das Mädchen herum und nimmt es; zugleich erregt er den Diener und läßt sich von ihm sodomisieren.

Rose Coste tritt an die Stelle von Mariette. Sie entkleidet sich und legt sich neben Latour aufs Bett. Dieser streichelt sie und befriedigt sich auf normale Weise an ihr. Dann peitscht Sade sie mit der Rechten, mit der anderen Hand erregt er wieder Latour. Daraufhin verlangt er von seinem Opfer, sich von Latour *a tergo* nehmen zu lassen; einen Louis werde sie dafür bekommen.

Als letzte kommt Mariannette. Der Marquis streichelt sie und will sie ebenfalls peitschen, wobei er ankündigt, daß er noch fünfundzwanzig Hiebe (Zählzwang?) zu vergeben habe. Marianette sieht auf dem Bett die blutverschmierte Klopfpeitsche, wird von Panik erfaßt und will fliehen. Sade hält sie zurück und ruft Marianne herein, die inzwischen die Auswirkung des Kantharidins spürt und sich in der Küche einen Kaffee kocht.

Der Schlüssel dreht sich im Schloß. Im Zimmer befinden sich Mariannette, Marianne, Sade und Latour, der seinen Herrn plötzlich *Lafleur* nennt. Sade holt wieder die Bonbonnière hervor und bietet Dragées an. Marianne Laverne, die schon mehr als genug davon gegessen hat, weigert sich; Mariannette bedient sich zwar, läßt sie aber zu Boden fallen (später wird die Polizei mehrere Dragées auf den Fliesen wiederfinden). Der Marquis legt Marianne bäuchlings aufs Bett, rafft ihre Röcke hoch und riecht an ihrem After. Dann peitscht er sie und befiehlt Mariannette, sich ans Kopfende des Bettes zu setzen und zuzuschauen. Er zieht sich aus und nimmt sein Opfer von hinten und läßt sich dann von Latour sodomisieren.

Mariannette empfindet dabei, wie sie später zu Protokoll gibt, solchen Abscheu, daß sie zum Fenster hinübergeht – sie kann das Zimmer ja nicht verlassen –, um nicht zuschauen zu müssen.

Nach der Sodomie die Fellatio. Mariannette Laugier wird aufgefordert, sie an Latour auszuüben. Sie weigert sich, Tränen fließen, sie läuft weg. Sade wird zornig, bedroht sie. Schließlich läßt er die Mädchen gehen, gibt jeder von ihnen einen Silbertaler im Wert von sechs Pfund und verspricht ihnen mehr Geld, wenn sie ihn noch am selben Abend bei einer Bootsfahrt begleiten.

Diese Tatsachen wurden bekannt, weil die Mädchen vor dem Generalleutnant der Sénéchaussée, der die Anhörung durchführte, Aussagen zu Protokoll gaben. Sie sind, wie alle Aussagen dieser Art, von eher trockener Natur und lassen das Geschehene wie ein mechanisches Ballett wirken. Gilbert Lély gelingt es in seiner Schilderung der Ereignisse, dem Polizeibericht – dem er bis ins Detail treu bleibt – Raffinement und Eleganz zu verleihen: durch die subtile Art, mit der er die Aussagen zu *höflichen* Aussagen macht (er begehrt, er ersucht sie, sie stellt anheim, das gewünschte Objekt, sie wird gebeten, er ordnet an). Vermutlich entsteht diese Höflichkeit aus der Sprache jenes Jahrhunderts selbst, aus dem Gebrauch von Latinismen im sexuellen Bereich (*pediquer* für sodomisieren, *irrumer* für sich fellationieren lassen) und von geomythischen Figuren (das Spiel von der *umgekehrten Venus*, Liebe *nach Art der Barbaren*). So entströmt den Handlungen des Marquis trotz aller Roheit ein anmutiges Parfum, das an den *odeur de sainteté** der christlichen Kultur denken läßt. Doch dies nur als Parenthese. Die Wirklichkeit war sicherlich trivialer.

Die weiteren Ereignisse des Nachmittags sind schnell erzählt. Latour geht noch einmal in die Rue d'Aubagne, um die beiden Mädchen, die dort wohnen, zu der Bootsfahrt zu überreden (dieses Thema des Bootsausflugs ist gewissermaßen ein Leitmotiv, und es erinnert mehr und mehr an ein Theaterdekor, an eine Außenkulisse, die wie ein Trugbild den Rahmen dieser seltsamen Szenen, die sich im Interieur abspielten, erweitert. Man ist ja auch in Marseille, es ist Sommer, das Meer gibt es wirklich, nur

* Der liebliche Duft, der dem Leib mancher Heiliger nach deren Tod entströmt sein soll

150

wenige Meter entfernt dehnt es sich blau unter der Sonne).

Doch er stößt auf Widerstand. Weil er seinen Herrn, der anderntags aufbrechen muß, nicht enttäuschen will, spricht er im Verlauf des Abends eine andere Prostituierte an, Marguerite Coste, die er vor der Tür ihrer Wohnung in der Rue Saint-Ferréol trifft: Sein Herr, ein Edelmann, werde sie in dieser Nacht aufsuchen; als Pfand läßt er ein Taschentuch zurück.

Die Begegnung mit Marguerite Coste wird der ganzen Sache eine andere Wendung geben. Sade, der einen Schneider aufgesucht und dann mit einem Schauspieler – Des Rosières – aufs feinste soupiert hat, ist voller Unternehmungslust und bereit, seinen Launen freien Lauf zu lassen. Latour führt ihn zur neuen ›Patientin‹, und wieder beginnt das Spiel mit den Kantharidendragées. Sade bringt Marguerite dazu, eine große Anzahl davon zu nehmen, zweifellos in der Absicht, sie seinem Vorschlag, »sie von hinten und noch auf andere schreckliche Weisen zu nehmen«, geneigter zu machen. Sein Vorhaben gelingt so gut, daß sie ernsthaft krank wird und eine »schwärzliche, blutige Substanz« erbricht. Sie glaubt sich vergiftet.

Hier setzt die dritte finstere Legende ein, die den Marquis – nachdem er Frauen »seziert« und »in Stücke gerissen« hat – nun als »Giftmischer« präsentiert. Die ernstlich erschrockene Marguerite hat ihre Vergiftung in der Rue Saint-Ferréol lauthals

151

verkündet, und ihre Rufe haben bei den Kolleginnen in der Rue d'Aubagne ein Echo gefunden. In den Straßen Marseilles werden die Rufe und Gerüchte lauter und lauter und machen schnell die Runde. Besser hätte »das Gerede« nicht wieder in Gang kommen können, und weder die Polizei noch die Justiz, noch die Machthaber vor Ort haben sich diese Gelegenheit entgehen lassen.

Wieder einmal geht es hier nun darum, die Dinge ins rechte Verhältnis zu setzen. Sade ist alles andere als ein Heiliger – aber auch nichts anderes als ein Mann, der zurückgreift auf die zugänglichste und vulgärste Form der Liebe: die Prostitution, die ohne weiteres für Geld zu haben ist, um – mit einem gut organisierten Programm – einige Szenarien aus seiner Einbildung in die Tat umzusetzen. Der Begriff ›Programm‹, der Theatersprache entlehnt, ist hier durchaus am Platz: Verfolgt man die Episode in der Rue d'Aubagne in allen Einzelheiten, so hat man das deutliche Empfinden, daß es sich hier um eine Inszenierung von Ballettfiguren handelt, mit wechselnden Ansichten, Tausch der Positionen, Auftritten, Abgängen, kalkulierten Ortsveränderungen; und auch die erotischen Sitzungen wirken sehr theatralisch. Natürlich zeigt sich auch hier wieder die Neigung zur Ordnung, zur »Festlegung der Vergnügungen«, von der zuvor schon die Rede war. In der Realität erfährt diese Tendenz bisweilen eine solche Präzisierung, daß man an die Bemerkung Simone de Beauvoirs denken muß: die Starrheit der

Beschreibungen in den Texten de Sades verweise
auf die mechanische Kälte der erotischen Stiche jener Zeit.

Die Idee des Theaterspiels zielt aber auf ein weitaus
komplexeres System, nämlich auf das des Rollen-
tausches. Dieser findet nicht nur im ständigen
Wechsel der Stellungen und Einstellungen statt, die
die Personen in der Rue d'Aubagne einnehmen –
von aktiven zu passiven und viceversa –, sondern vor
allem auch dadurch, daß Latour zum *Monsieur le
marquis* wird und letzterer sich von seinem Domestiken *Lafleur* nennen läßt. Eine doppelte Verwand-
lung, die nicht nur Rollentausch ist, sondern Tausch
der Identitäten; der Wunsch nach Verkleidung *(tra-
vestissement)*, wenn nicht gar nach Transvestismus,
nach dem Taumel und dem Selbstvergessen, die
darin liegen, nach der Selbstaufgabe in der Person
des anderen, dicht an der Grenze zum Schwindel im
Angesicht des Nichts. (In ihrem Essay über Sade
spricht Annie Lebrun vom »intensiven Wunsch,
nichts zu sein«.)

So groß diese Versuchungen auch sein mögen – in
der vom Marquis organisierten »Partie« läßt sich,
gerade wegen des theatralischen Aspekts, durchaus
eine spielerische Seite entdecken, die es verbietet,
diese libertinen Akte allzu tragisch zu nehmen. Sicher, was die Mädchen betrifft, so bringen die Episoden vor allem die Tristesse ihres Prostituierten-
daseins ans Licht; die Mädchen *geben sich her* für
dieses »Spiel«, in völliger Entfremdung. Für den

Marquis dagegen handelt es sich wahrscheinlich um eine Art Divertissement mit mehreren Figuren. Darauf deuten sein Auftreten und seine Kleidung hin, seine anderen Unternehmungen in Marseille – der Besuch beim Schneider, die Soupers mit den Schauspielern – und das Hintergrundmotiv der Bootsfahrt. All das tendiert dazu, die trivialen, schäbigen oder brutalen Aspekte besagter Episoden zu dämpfen.

Man kann außerdem beobachten, daß in Marseille der Aspekt der Lästerung und des Frevels aus dem Sadeschen Repertoire verschwunden ist. Es scheint, als sei Sade »weltlicher« geworden, als habe er jenseits der Blasphemie direkten Zugang zur Erotik gefunden. In gewisser Weise ist das ein Fortschritt. Eines bleibt allerdings unklar: die Bedeutung der Sodomie. Praktiziert Sade sie deshalb besonders gern, weil er wirklich Geschmack an ihr gefunden hat, oder hat er deshalb so sehr Geschmack daran, weil sie zu seiner Zeit gänzlich rechtswidrig ist und sowohl von der Kirche als auch vom Gesetz verdammt wird? Das ist keine rhetorische Frage, im Gegenteil: Was uns im nachhinein als verspieltes und nicht unbedingt skandalöses Ballett erscheinen mag, war in jener Epoche der Skandal schlechthin, war das schlimmste aller Vergehen. Die vier Mädchen sind sich dessen wohl bewußt, geben in ihren Aussagen übereinstimmend an, daß sie sich dieser Praxis des Geschlechtsverkehrs trotz fordernder und auffordernder Gesten verweigert und sich, als Sade

und Latour ihn ausführten, voller Schrecken abge-
wandt hätten. Die Sodomie ist die Überschreitung
par excellence, und möglicherweise ist es nach wie
vor so, daß Sade sie deshalb so genießt, weil sie mit
Todesgefahr verbunden ist.

Abgesehen davon: keine überzogenen Ausschweifungen, keine bewußte Grausamkeit von seiten
Sades. Da ist zwar die Klopfpeitsche mit Widerhaken, doch wird sie bald mit dem weniger aggressiven
Besen aus Heidekraut vertauscht.

Roland Barthes hat sich über dieses Instrument Gedanken gemacht. Er hat darin ein Anzeichen gesehen für eine Art »häuslichen Sadismus«: »In Marseille«, so Barthes, »verlangt Sade, daß Marianne
Laverne ihn mit einer an den Enden mit Widerhaken versehenen Lederpeitsche schlägt, die er aus
seiner Tasche zieht. Angesichts eines so ausschließlich funktionellen Objekts (das einem chirurgischen
Instrument gleicht) bringt das Mädchen es nicht
über sich, ihn auszupeitschen. Da läßt Sade die Dienerin einen Besen aus Heidekraut holen; dieses Gerät ist Marianne vertrauter, und sie zögert nicht
mehr, Sade zu schlagen.«

In der Tat: ein Besen hat etwas Beruhigendes, ist ja
das Instrument einer viel sanfteren Behandlung,
etwa der Bestrafung eines Kindes. Obwohl offenbar
auch die Klopfpeitsche benutzt worden ist – an einer
Stelle der Aussagen heißt es, sie sei »blutbefleckt«
gewesen – bleibt diese Situation weit hinter der Auspeitschung von Arcueil zurück.

155

Eine Tracht Prügel ist in jenem Jahrhundert nichts Ungewöhnliches, wie man in zahlreichen Schriften von Rousseau bis Restif nachlesen kann. Und wenn man Stiche aus den Anfängen der Französischen Revolution durchsieht, stößt man vielleicht auf das Blatt mit dem Titel: »Eine Frau aus besseren Kreisen wird verhauen, weil sie auf das Portrait des M. de Necker gespien hat.« Im Vordergrund des Bildes sieht man den üppigen Hintern einer Frau, der von drei Männern auf offener Straße versohlt wird.

Soviel, um den quasi öffentlichen Charakter dieser Praxis zu belegen. Der Einsatz von Peitsche und Klopfpeitsche als libertine Stimulanzien gehört ohnehin zu den Usancen der Epoche.

Was den Kanthariden betrifft, diesen wunderschönen Mittelmeerkäfer, der auf Blumen lebt, obwohl er ein Fleischfresser ist: von dem aus ihm gewonnenen Pulver, dem man aphrodisische Eigenschaften nachsagte, machte man damals gern Gebrauch. Es wirft ein Licht auf die Geziertheit Sades – und der Welt der Salons und Boudoirs, die nur zu oft die seine war –, daß man das Kantharidin in Form geschmackvoller Dragées in einer Bonbonnière zu reichen pflegte. Offensichtlich war der Marquis jedoch unvorsichtig bei der Dosierung. Was hatte er im Sinn? War er wirklich auf aphrodisische Wirkung aus? (In *Juliette* heißt es: »Hast du die Dragées dabei? fragte ich Clairwil leise – Natürlich, antwortete sie, ohne geht es bei mir nicht.«) War das denn überhaupt notwendig bei routinierten Liebesdienerin-

nen, wie diese Frauen es waren? Hatte die »wind-
treibende« Wirkung (wie Gilbert Lély so schön sagt)
es ihm angetan? Die Vergiftung hat er sicher nicht
gewollt. Es fällt schwer, die Kantharidendragées von
Marseille – die legendär geworden sind – als Instrumente eines wohl durchdachten »Sadismus« zu betrachten.

Ein weiterer heikler Punkt ist das Taschenmesser.
Wir sahen aber, daß es nur dazu diente, Kerben in
den Kaminsims einzuritzen. Es war eine Angewohnheit der großen Libertins jener Zeit – von Don
Juan, der die gewaltige Auflistung seiner Taten von
Leporello entrollen läßt, bis Casanova –, Buch zu
führen, zu addieren, ihre »Heldentaten« und auch
die schlichten erotischen Akte zu zählen. Da Sade
überdies für alles Zählbare einen schwindelerregenden Fetischismus entwickelt hat, sollte man angesichts dieser Einkerbungen nicht erstaunt sein.
Erstaunlich ist allerdings die Differenz zwischen
den fünfundzwanzig Hieben, die er am Schluß noch
zu »vergeben« hatte, und den recht extravaganten
Zahlen, die die Polizei abgelesen hat und die vielleicht anderes bedeuten.

Nun könnte man das Bild mit einem rein klinischen
Kommentar vervollständigen. Das hätte nur Sinn
innerhalb des bornierten rechtsmedizinischen In-
terpretationssystems, das man, wie schon erwähnt,
zu Beginn dieses Jahrhunderts auf Sade angewandt
hat und das heutzutage zweifellos entbehrlich geworden ist. Die Praktiken, von denen oben die Rede

157

war, illustrieren sicherlich – zumindest der Tendenz nach – diese oder jene Form der »Perversion«, aber abgesehen davon, daß man diesen Begriff eher für die verstiegenen Gebilde der Sadeschen Vorstellungskraft freihalten sollte als für seine realen Handlungen, ist schwer einsehbar, wie dieser Ausdruck sich in einem absoluten Sinne rechtfertigen ließe. Natürlich kann man eine Anzahl von Einstellungen und Handlungen aufzeichnen und klassifizieren, die auf bestimmte Triebe oder bestimmte Abweichungen schließen lassen, aber was hätte man damit bewiesen? Bei genauerem Hinsehen sind es die »voyeuristischen« und »exhibitionistischen« Tendenzen, die bei der Art von »Partie«, wie Sade sie sich leistet, dominieren: Es ist, als fände jeder erotische Akt nur im Spiel der Spiegel seinen Sinn, im Sehen und Gesehenwerden – oder, um genauer zu sein, in jenem Spiel von Verkleidung und Vertauschung, von dem weiter oben die Rede war. Zuerst und vor allem inszeniert der Marquis die eigenen Phantasmen (und vielleicht ist das »In-Szene-Setzen« seine eigentliche Neurose).

Nach der hervorragenden Definition von Laplanche und Pontalis handelt es sich bei einem Phantasma um »ein imaginäres Szenarium, in dem das Subjekt anwesend ist und das, mehr oder minder verzerrt von der inneren Zensur, die Erfüllung eines – letztlich unbewußten – Wunsches bildlich darstellt«.

In diesem Sinn ist Sade wahrhaft ein Meister der Phantasmen, und am deutlichsten sichtbar wird das natürlich in seinem Werk. In der Wirklichkeit spielen sich die Dinge virtuell genauso ab, bleiben aber mittelmäßig.

Erwähnenswert scheint uns in diesem Zusammenhang, daß Sade in Marseille keine Partnerinnen hat, die seiner Vorstellungswelt entstammen könnten. Keine zeichnet sich durch ein ungewöhnliches Schicksal aus – sei es krasse Deklassierung oder Zugehörigkeit zu privilegierten Schichten, sei es erlittenes Unrecht oder außerordentliches Glück –, keine durch eine bemerkenswerte »Besonderheit« wie Schönheit, Sanftmut, Unbändigkeit oder Ergebenheit; sie sind ganz einfach Prostituierte der Straße, Dirnen aus Marseille. Man sollte daraus nicht gleich schließen, daß Sade den Weg des geringsten Widerstands gegangen ist; wir haben gesehen, daß er sich, wenn ihm danach zumute war, Schauspielerinnen oder Damen von Welt nahm. Aber hier, für seine etwas eigenwilligen Praktiken, wählte er Huren, so wie er zuvor eine Arbeiterin und eine Bettlerin gewählt hatte.

Aus welchem Grund? Es wäre interessant, das zu wissen. Zu wissen, wie er sich dieser Art von Mädchen gegenüber wirklich verhielt, was er über das – von ihm so benannte – *Hurentum* dachte. Der öffentlichen Meinung, von der er zwangsläufig beeinflußt war, galten die Prostituierten damals genausowenig wie heute. Als die Präsidentin von Montreuil Einzelheiten der Marseiller Affäre erfährt, stößt sie einen Seufzer der Erleichterung aus – insbesondere

159

im Hinblick auf die vermeintliche Vergiftung – und sagt: »Welches Motiv, welches Interesse sollte ein Mann daran haben, Unbekannten Gift zu geben, wenn deren Beruf weder Liebe noch Eifersucht in ihm weckt, zumal wenn er einer Sphäre entstammt, die so verschieden ist von der ihren?« Aus der Sicht des »gesunden Menschenverstands« ist das sicher richtig, aber es läßt auch die Überzeugung durchscheinen, daß diese Frauen sich außerhalb der Liebe und sogar allgemein der menschlichen Beziehungen bewegen. Selbst ein Gilbert Lély, der doch sonst noch den unschicklichsten Dingen gegenüber Delikatesse und Noblesse beweist, nimmt an, daß die Prostituierten bereitwillig der Praxis der »verkehrten Liebe« zustimmten, obwohl sie ausdrücklich angaben, sich geweigert zu haben. Er schreibt: »Dieses vorsätzliche Nicht-Eingehen, welches beim Kunden nur ein Abkühlen der Freigebigkeit zur Folge haben konnte, erscheint uns bei Geschöpfen dieser Art unwahrscheinlich.«

Geschöpfe dieser Art! Man wird ein wenig nachdenklich dabei.

Sade selbst hätte ihnen eigentlich mit Respekt begegnen können. Das hätte seine Vorliebe für das Paradoxe und die Subversion bewiesen und wäre vor allem im Einklang gewesen mit seiner umgestülpten Ethik. In der *Philosophie im Boudoir* läßt er Mme de Saint-Ange – eine »Dame von Rang« also – im Augenblick ihrer von Dolmancé und Eugénie hervorgerufenen Ekstase ausrufen: »Ich vergehe, Gott im Himmel!... Dolmancé, wie ich es liebe, dein schönes Glied zu berühren, während es mir kommt!... Ich möchte, daß es mich mit Samen überflutet!... Wichst!... Leckt mich, Herrgott!... Ah! Ich liebe es, *Hure* zu sein, wenn mein Same so ausströmt!... Schluß, ich kann nicht mehr... Ihr habt mich überschüttet, alle beide... Ich glaube, ich habe mein Lebtag noch nicht solche Lust empfunden.« Worte einer Ver(w)irrten, denen sich folgender erhellender Dialog zwischen Eugénie, der Naiven, und Mme de Saint-Ange, ihrer »Erzieherin«, anschließt:

»EUGENIE: Wie froh bin ich, die Ursache dessen zu sein! Aber ein Wort, liebe Freundin, ein Wort ist dir entschlüpft, das ich nicht begreife. Was verstehst du unter dem Ausdruck *Hure?* Entschuldige, aber du weißt, ich bin hier, um mich zu unterrichten.

MADAME DE SAINT-ANGE: So, meine Schöne, nennt man die öffentlichen Opfer der männlichen Ausschweifung, die immer bereit sind, sich deren Launen und Wünschen hinzugeben; es sind glückliche und ehrenwerte, von der Allgemeinheit zwar gebrandmarkte, jedoch von der Wollust bekrönte Geschöpfe, welche der Gesellschaft weit mehr nützen als die Prüden: Um der Gesellschaft zu dienen, opfern sie mutig ihren guten Ruf, den eben jene Gesellschaft ihnen ungerechterweise abzusprechen wagt. Gelobt seien die Frauen, die sich durch diesen Titel geehrt fühlen! Sie sind die wirklich liebenswerten Frauen, die einzigen wahrhaft aufgeklärten.

Was mich angeht, meine Liebe, die ich mich seit zwölf Jahren mühe, diesen Titel zu verdienen, so versichere ich dir, daß es mir fernliegt, ihn übelzunehmen, vielmehr macht es mir Freude, so genannt zu werden. Mehr noch: Ich liebe es, daß man mich so nennt, während man mich fickt; diese Beleidigung versetzt mich in Wallung.

EUGENIE: Oh, das begreife ich, meine Beste; auch ich wäre nicht böse, wenn man ihn mir gäbe, am wenigsten, wenn ich ihn verdiente...«

Erstaunliche Formulierungen, die man sich merken sollte – »die öffentlichen Opfer der männlichen Ausschweifungen«, »glückliche und ehrenwerte Geschöpfe« – merkwürdig nicht nur wegen ihrer ironischen Wendung. Und wie könnte man die gelungene Mischung aus Witz und Beredsamkeit nicht goutieren, welche besagten Personen als den »einzig wahrhaft aufgeklärten« die Ehre erweist? Bei dieser Art von Übung ist Sade genial, auf seine Weise (denen zum Trotz, die ihm Mangel an Humor vorwerfen!). Jedenfalls sehen sowohl Mme de Saint-Ange als auch Eugénie den Ausdruck »Hure« als einen *Titel* an, den man sich erst verdienen muß.

Dennoch: dieser Standpunkt scheint im wesentlichen zu einer Rhetorik der Fiktion und der Provokation zu gehören; in der Realität besinnt sich Sade sehr bald auf die Reflexe des Mannes, der einer bestimmten »Sphäre« entstammt (wie Mme de Montreuil sich so trefflich ausdrückt), und zeigt sich weit weniger respekt- und verständnisvoll. Im weiteren

162

Verlauf der Affäre wird er sich unaufhörlich darüber beklagen, daß man ihm so viele Unannehmlichkeiten und Prozesse mache wegen dieser elenden Nutten, deren gesundheitliche Probleme keinen Augenblick lang mit seiner Ehre als Edelmann aufgewogen werden dürften. Hier steht er in absolutem, offenem Widerspruch zu seiner Theorie der Ehrerbietung, die man den Dirnen schuldig sei, was ihn aber, seinem anmaßenden Ton nach zu urteilen, wenig zu kümmern scheint.

Davon kann man sich auch in seiner Erzählung *Der betrogene Präsident* überzeugen, in der er mit der Justiz abrechnet, insbesondere mit den Mitgliedern des Parlaments von Aix, die ihm nachgestellt haben. Zur Frage, die uns hier beschäftigt, äußert er sich mit beißender Eindeutigkeit. Bisweilen sarkastisch: »Ich war es, gab der ridiküle Präsident zu, der im vergangenen Jahr meine geistreichen Kollegen davon überzeugte, einen Edelmann, der dem König immer treu gedient hatte, auf zehn Jahre in die Provinz zu verbannen und ihn so auf immer zu ruinieren; und all dies einer mit Freudenmädchen verbrachten Partie wegen...« Dann wieder führt Empörung die Feder: »...Erinnern Sie die Richter von Paris, vor denen Sie erscheinen müssen, vor allem an das berüchtigte Abenteuer von 1769, als ihr Herz weit höher für den ausgepeitschten Hintern einer Straßendirne schlug als für das Volk – als dessen Väter sie sich gern ausgeben und das sie doch Hungers sterben lassen – und sie dazu brachte, einen Prozeß anzuzetteln gegen einen jungen Soldaten, der seine besten Jahre im Dienste seines Prinzen geopfert hatte und bei seiner Rückkehr keine anderen Lorbeeren vorfand als die Erniedrigung durch die größten Feinde des Vaterlandes, das er verteidigt hatte...« (Dies ist natürlich eine Anspielung auf die Affäre von Arceuil, wobei die Wendung »der ausgepeitschte Hintern einer Straßendirne« charakteristisch ist für das gewählte Register). Schließlich kann er auch bissig und aggressiv werden: »Nein, nein, Madame... dieser ehrenwerte Magistrat leidet nicht immer an Koliken; man muß Verständnis dafür aufbringen, wenn er sie für einen ernsthaften Anfall hält: in Aix oder Marseille ist diese schwache Erregung der Eingeweide eine nur allzu häufige Krankheit; seitdem eine Truppe von Spitzbuben, Kollegen jenes Gesellen da, einige Nutten, die Leibschmerzen hatten, für *vergiftet* befanden, darf man nicht darob erstaunen, daß eine Kolik für provençalische Magistrate zu einer ernsthaften Angelegenheit wird.«

Man sieht also, daß Sade für die Richter des Parlaments in Aix wenig Sympathie empfindet, daß aber auch die Nutten von Marseille und anderswo nicht gerade hoch im Kurs stehen. In diesem Text schont er sie nicht und sieht sie gewiß nicht als Personen, deren Schicksal besondere Aufmerksamkeit verdiente (seiner Ansicht nach – die er auch oft genug verkündet hat – gehen sie die Risiken ein, die ihr Beruf eben mit sich bringt).

Sade verläßt Marseille am 28. Juni 1772, einem Sonntag, in der Überzeugung, daß es sich bei Marguerite Costes Unpäßlichkeit um eine simple Kolik handle. »Zum Hahnenschrei« – um Gilbert Lély noch ein letztes Mal, der Schönheit und Kürze seiner Beschreibung wegen, zu zitieren – schlägt der Marquis »in einer zweirädrigen, mit drei Pferden bespannten Kutsche den Weg nach Aix ein; sein Ziel ist Lacoste.«

Eine simple Kolik? Die Justiz wird anderer Ansicht sein. Sie schreitet ein, weil Marguerite Coste Klage erhebt. Der Bevollmächtigte des Königs in der Sénéchaussée von Marseille, M. de Mende, übernimmt die Untersuchung der Affäre und bittet den für Strafsachen zuständigen Generalleutnant Chomel, die Klägerin vorzuladen und von einem Arzt und einem Apotheker die notwendigen Expertisen anfertigen zu lassen. Die erbrochenen Substanzen werden untersucht; inzwischen erheben auch Mariette Borelly und Marianne Laverne Klage. Zwischen dem 30. Juni und dem 4. Juli erhärtet sich, gestützt auf die Aussagen der Frauen und die ärztlichen Gutachten, der Verdacht auf Vergiftung. Am 4. Juli ordnet der königliche Bevollmächtigte die Ergreifung Sades und seines Dieners Latour an.

Überflüssig zu betonen, daß zu diesem Zeitpunkt der schlechte Ruf des Marquis schon bekannt ist und ihm vorauseilt. Es gibt bereits eine »mondäne« Akte über ihn, und die Erwähnung seines Namens allein reicht aus, die Gerüchte erneut in Gang zu setzen. Immer offensichtlicher wird auch, daß wichtige Konflikte im Bereich der staatlichen Gewalt und der Parlamente auf seinem Rücken ausgetragen werden. Das erklärt auch das unverhältnismäßige Vorgehen gegen ihn, obwohl doch Gegenexpertisen von Apothekern (die übrigens recht burlesk waren; wieder wurden das Erbrochene und die Exkremente untersucht) das Fehlen eindeutig toxischer Substanzen feststellten.

Sobald Sade von den Umtrieben erfährt, ist er sich der Gefahr bewußt, die ihm droht. Und er unternimmt daraufhin eine der abenteuerlichsten und gewagtesten Aktionen seines Lebens: von Lacoste aus flieht er nach Italien, begleitet nicht nur von Latour, sondern auch von seiner Schwägerin, Anne-Prospère de Launay, der Stiftsdame. Er antwortet auf die über ihm schwebenden Drohungen mit einer verrückten, romanhaften amourösen Eskapade.

Dies ist der Übergang von »privaten« Verstößen zum großen Skandal, der die ganze Familie betrifft, von der erotischen Manie zur *amour fou*. Eine Veränderung des (schlechten) Lebenswandels auf offener Bühne. Auch hier wieder: das theatralische Genie, die Inszenierung.

Und was tut die bewundernswerte, erstaunliche Madame de Sade? Während die Ereignisse in ihr und um sie herum Unruhe auslösen – im Schloß von Lacoste sind die Kavalleristen und Brigadiere der Ma-

166

réchaussée* aufgetaucht, haben eine Hausdurchsuchung vorgenommen und die Abwesenheit des Angeklagten festgestellt –, fährt sie nach Marseille,
um weitere Informationen zu erhalten, um die Richter ihrem Gatten gegenüber günstig zu stimmen,
ihre Nachsicht zu erlangen. Doch es hilft nichts;
überall stößt sie auf äußerste Voreingenommenheit.
Man ist entschlossen, Sade zu vernichten, obwohl
Mariette und Marianne ihre Klage zurückgezogen
haben.

Der Präsident von Montreuil kommt nach Lacoste,
um seiner Tochter den Rücken zu stärken. Aber sein
Einschreiten hat schon deshalb wenig Aussicht auf
Erfolg, weil eine gewisse Anzahl der Mitglieder des
Parlaments Günstlinge Maupeous sind, eines entschiedenen Gegners der ›Cour des Aides‹, der, wie
schon erwähnt, Montreuil vorsteht. Man ist zweifellos nur allzu erfreut, ihm wegen des Schwiegersohns
eins auswischen zu können.

Die Sache wird vorangetrieben bis zum bitteren
Ende. Nachdem das ganze Dorf Lacoste in Aufruhr
versetzt worden ist bei der vergeblichen Suche nach
den Beschuldigten, die vor Gericht erscheinen müssen, findet der Prozeß in den letzten Augusttagen
statt. Man verkündet eine Reihe von Urteilen, die
den Beklagten Nichteinhaltung der Fristen und
Nichterscheinen zur Last legen und sie »der Verbrechen der Vergiftung und der Sodomie« für schuldig

* Die heutige Gendarmerie

167

befinden. Sie sollen öffentlich Abbitte leisten vor dem Portal der Kathedrale von Aix, danach werde man sie zum Platz Saint-Louis führen, »damit dort besagter Sieur de Sade auf einem Schafott geköpft und besagter Latour an einen Galgen gehängt und erdrosselt werde«; anschließend werde man »die Leiber verbrennen und ihre Asche dem Wind überlassen«.

Ein recht hoher Preis für eine Kantharidendragée-Geschichte.

Eine letzte Verordnung am Gerichtshof des provençalischen Parlaments erklärt das Urteil für rechtskräftig, vollzogen wird es allerdings nur *in effigie.* Die Verurteilten sind abwesend, auch das mag für die Härte des Urteils mitverantwortlich sein. Jedenfalls ist der Gipfel der Schande erreicht. Der Marquis kann zufrieden sein. In den *Hundertzwanzig Tagen* heißt es: »Herrgott! Endlich bin ich da, wo ich sein wollte, überhäuft mit Schimpf und Schande; laßt mich, laßt mich doch, darauf muß ich einen abspritzen!«

Diese Exekution *in effigie* auf der Place des Prêcheurs in Aix-en-Provence kann man sich lebhaft vorstellen. Am selben Ort war 150 Jahre zuvor der Abbé Louis Gaufridy – denselben Familiennamen trägt ein enger Freund Sades, sein Notar und Mann des Vertrauens in Apt – wegen Hexerei und Verkehrs mit dem Teufel bei lebendigem Leibe verbrannt worden. Damals hatte man das Urteil vollstreckt, und der Name Gaufridys kam auf die schon lange Liste der Märtyrer, deren Vergehen in nicht angepaßtem Verhalten bestand.

Jedenfalls war es in Aix, auf der Place des Prê-cheurs, daß man hängte, aufs Rad band, auf dem Scheiterhaufen verbrannte, und zwar in aller Öffentlichkeit. Auf diesem charmanten, zwischen Madeleinekirche, Justizpalast und bürgerlichen Altstadtvierteln eingezwängten Platz liefen die Menschen zusammen, rempelten einander an, kletterten die Kinder bis in die Spitzen der großen Platanen, um besser sehen zu können, öffneten die Frauen die Fenster ihrer Häuser, verließen Händler und Handwerker ihre Stände, wenn Bogenschützen und Reiter kamen.

In einem Bericht der Konsuln von Aix aus dem Jahr 1643 wird der Platz als ein Ort der Promenade und der Courtoisie beschrieben: »Er stellt die wichtigste Zierde der Stadt dar; die höchsten Herren, Barone, Marquis und selbst Prinzen, die in Aix verweilen, die Gouverneure waren oder noch sein werden, haben die Angewohnheit, sich dort zu ergehen... die wichtigsten Bürger und Einwohner haben dort ihre Wohnstatt, ihre Wege kreuzen sich täglich an diesem Ort.«

Heute ist der Platz des Prêcheurs mit seinem dreimal wöchentlich aufgebauten Markt, den Antiquitätenhändlern, den zahlreichen Touristen aus allen Ländern, mit seinen Studenten, Snobs und immigrierten Arbeitern, seinem Lärm und seinen Farben

169

ein äußerst lebendiger Ort, an dem sich die Parfums der Vergangenheit harmonisch mit den Düften der Gegenwart vermischen. In der Sonne glänzen alle möglichen Gegenstände und Produkte der modernen Welt. Aber eine alte Fassade, deren Portal gerahmt ist von zwei Galionsfiguren, über denen ein aufgerissenes, am Rande beschädigtes Maul klafft, scheint Schatten zu beherbergen, die von weither kommen. Und vor dem Justizpalast thront die Statue Mirabeaus, der gewiß nicht das Zeug zum Moralapostel hatte, aber deshalb noch lange keine Sympathien für Sade hegte, ihm vielmehr entgegenschleuderte: »Mein Name ist der eines Ehrenmannes, der niemals Frauen seziert oder vergiftet hat und der Euch dies gern mit seiner Klinge auf den Rücken schriebe, wenn man Euch nicht vorher schon gerädert hat, und dem Ihr keine andere Furcht einjagt als die, Euch nicht betrauern zu dürfen an der Grève.*«

Statt der Grève nun also der Platz des Prêcheurs. Die Hinrichtung *in effigie* war eine merkwürdige Sache; sie löste die Exekution *in figura* ab, die im Mittelalter bis zum 16. Jahrhundert praktiziert wurde, und bedeutete mehr als eine bloße Scheinhandlung. Nichtsdestoweniger fand sie zum Schein statt, und wir müssen wieder einmal feststellen, daß sich Sade zwar in großen Schwierigkeiten befindet, dank dieser symbolischen Vorkehrung aber dem

* Hinrichtungsstätte in Paris während des Ancien Régime

Gattungen und Bildern der Literatur unterwirft. Sade hat das seine immer wieder mit sehr viel Kunstfertigkeit zu gestalten gewußt. Er hat nichts ausgelassen. Zuerst einmal die Umstände der Flucht: da entzieht sich, während der beschriebene gerichtliche Mummenschanz abläuft, ein Geächteter, ein Angeklagter. Dann das besuchte Land: Norditalien in all seiner sommerlichen Pracht – das Ganze spielt sich zwischen Juni und Oktober 1772 ab –, ein Land, das Sade immer faszinieren und in das er wenige Jahre später zurückkehren wird. Schließlich die Umstände der Unternehmung: für gewisse Beobachter, angefangen bei der Familie, gleicht das Ganze einer Entführung. Und die Entführte ist eine Stiftsdame!

Anne-Prospère, genannt Mlle de Launay (ihr Name mütterlicherseits), ist das allerdings nur auf sehr formelle Weise. Sie hat kein Gelübde abgelegt, bezieht in ihrer Diözese in Clermont-Ferrand nur eine Rente, die ihre Familie für sie gekauft hat und die im Falle einer Heirat zurückgefordert werden kann. Sie befindet sich also gewissermaßen in Wartestellung, ist eigentlich frei. Aber warum ist sie im Kloster? Warum diese familiäre Vorkehrung? Mußte sie vor etwas geschützt werden? Vor ihrem eigenen Temperament? Denn Feuer scheint sie zu haben, die kleine Schwester (sie ist drei oder vier Jahre jünger als Renée-Pélagie de Sade). Und Donatien hat wohl kaum lange gebraucht, das festzustellen. Wie lange? Wann sie Gefallen aneinander fanden, Lie-

173

bende wurden, weiß man nicht. Man ist versucht anzunehmen, daß der erste vielversprechende Blickwechsel schon am ersten Tag stattfand, schon damals, als Donatien in die Familie kam, und daß dieser heimlich in die jüngere Schwester verliebt war, bevor man ihn zwang, die ältere zu heiraten – viele Kommentatoren haben sich diese Bemerkung nicht versagen können. Mit Sicherheit weiß man aber nur, daß Anne-Prospère im Herbst 1771 aufs Schloß von Lacoste kommt – einfach ein Tapetenwechsel –, zu der Zeit, da Donatien sich mit seiner Familie dort häuslich einrichtet, daß sie also seither sehr konkret zur Familie gehört. Einzelheiten deuten darauf hin, daß sie fröhlich und ausgelassen war, vor allem auch dem Onkel, dem Abbé de Sade gegenüber, der wohl entzückt war, ihre Bekanntschaft zu machen (und der ihr jenes denkwürdige »kleine, kräftige Pferd« geschenkt hat): Sie schreibt, es werde ihr große Freude bereiten, ihn in Saumane zu »necken«, wenn sie mit den Ihren dort zu Besuch komme. Das Spiel einer jungen Nichte. Aber wie weit wird diese junge Nichte, die so neckisch und provokant sein kann, gehen? Im Schloß beschäftigt sie sich auf liebenswerte Weise mit den Dingen des täglichen Lebens, vor allem mit der Kleidung. Bei einem Schuster in Ménerbes läßt sie sich Schuhe aus »rosa Seidendrogett« machen, und sie kümmert sich auch bereitwillig um Wäsche und Spitzen ihres Schwagers.

Zweifellos ist sie ihm gegenüber sehr zuvorkommend – und umgekehrt. Donatien, mit der ihm eigenen kühnen Unbefangenheit, zögert nicht, seine Frau zu bitten, sich dafür zu verwenden, daß Anne-Prospére bei ihnen auf dem Schloß bleiben darf und nicht zu schnell zurück in ihr »Kapitel« muß. Er läßt sie an den Festen teilnehmen und bei Theaterstükken mitspielen, verhält sich aufmerksam und zärtlich.

Zugleich sieht er sie sehr klar so, wie sie ist: In seinen Notizen hat man ein Portrait gefunden, das sie unter dem Namen Julie beschreibt: »Böswillige finden sie kokett, zu gefallsüchtig, aber das ist nicht ihre Schuld. Julie gefällt, ohne kokett zu sein und ohne es zu wollen. Täte sie alles, um nicht liebenswert zu sein, gefiele sie immer noch; die Koketterie, die man ihr vorwirft, ist in der Natur selbst angelegt: diese gab ihr davon mit, als sie sie schuf.« Galanter geht es kaum. Das ganze Portrait zeugt von einem unverkennbar sinnlichen Enthusiasmus: »Julie ist in dem glücklichen Alter, in dem man zu spüren beginnt, daß das Herz zum Lieben geschaffen ist. Ihre Augen künden davon mit dem Ausdruck zärtlichsten Verlangens; eine reizende Blässe ist das Abbild des Begehrens, und wenn manchmal die Liebe ihre Haut belebt, so ist es doch nur ein zartes Feuer... Julie ist groß, von biegsamem, elegantem Wuchs, ihre Haltung ist edel, ihr Gang mühelos und voller Anmut, und so ist auch alles, was sie tut...«

Diese blumige Beschreibung ist wahrscheinlich zu einer Zeit entstanden, als »Julie« noch sehr jung war. In der Zeit, die uns hier beschäftigt, sind die Versprechen des zarten Alters sicher eingelöst und verstärkt durch die eindeutigeren Reize der Reife. Das beredsamste Zeugnis dafür ist das Getändel mit dem Onkel, dem Abbé, das solche Ausmaße annimmt, daß dieser – der in Liebesdingen ja eher nachsichtig ist – sich genötigt sieht, dem Ganzen in scherzhaftem Ton ein Ende zu machen: »Hüten Sie sich, die selbstgesetzten Grenzen zu überschreiten. – *Ah, lieber Onkel, wie ich Sie liebe! Seit ich Sie kenne, sind Sie nicht aus meinem Gedächtnis geschwunden:* liebe Nichte, ist das der Stil der Freundschaft in der Auvergne?« Und an anderer Stelle seines Briefes an die junge Stiftsdame aus Clermont-Ferrand präzisiert er seine Anspielung, wenn er mit einem Anflug von Sorge schreibt: »Sie möchten, daß ein Provençale so liebt, wie man es in der Auvergne gewöhnt ist? Wenn Sie ihm vorschlagen, eine Bourrée zu tanzen, wird er bald dazu imstande sein, obwohl er den Rigaudon gewöhnt ist, denn er muß dafür dem Körper nur andere Bewegungen eingeben und einem anderen Takt folgen. Die Bewegungen der Seele aber lassen sich auf solche Weise nicht regeln; ihre Lebhaftigkeit hängt ab vom Kreislauf des Blutes, den wir nicht beherrschen können. Die Sonne peitscht das Blut des Provençalen auf, der Schnee verlangsamt das des Mannes aus der Auvergne. Daher kommt der Unterschied in der Art zu lieben, und so ist es nicht weiter erstaunlich, daß die Freundschaft eines Provençalen als Liebe angesc-

176

hen wird von einer Frau, die ihr Leben in der Auvergne verbracht hat.« Er nimmt kein Blatt vor den Mund. Und man sieht, daß Anne-Prospère recht unternehmungslustig war, sowohl als »junge Nichte« als auch als »junge Schwägerin«.

Im letzteren Fall aber hat sie Erfolg. Versuchen wir, den Rahmen ihrer Eskapade mit Donatien abzustecken. Als sie mit ihm aufbricht, kennt sie ihn da gut? Weiß sie von der gepfefferten Affäre in Marseille? Ist sie sich der Risiken bewußt, die sie eingeht? Ist sie wirklich verliebt oder nur auf ein Abenteuer aus? Ermißt sie die Auswirkungen dieser Flucht/Entführung auf die Familie? Erfaßt sie das Ausmaß an Verletzung und Kränkung, das sie ihrer Schwester zufügt (auf die sie vielleicht im geheimen eifersüchtig ist)? Vor allem: schätzt sie die heftigen Reaktionen ihrer Mutter ab, der die Dinge schon seit langem über den Kopf wachsen und für die es absolut unerträglich ist, daß ihr Schwiegersohn seinen Ausschweifungen, nun auch noch familiären Skandal und »Inzucht« hinzufügt? Sicher ist: sie handelt energisch und steht, in der Pose der großen Romanheldin, zu ihrem Tun. Wahrscheinlich wird sie mit drei Monaten wirklicher Liebe entschädigt, Donatien scheint sich ihr rückhaltlos hinzugeben, stellt sie als seine Frau vor, wie schon die Beauvoisin. Die ungetrübte Liebesillusion.

Aber ist Sade überhaupt in der Lage, sich zu verlieben? Dies ist keine der geringsten Fragen, die dieses verrückte italienische Abenteuer wieder einmal aufwirft. Wie schon die weit zurückliegende Beziehung zu Mlle de Lauris und die kaum weniger weit zurückliegenden Begegnungen mit Schauspielerinnen wie der Colet. Sade verliebt? Hören wir, was er in der *Philosophie im Boudoir* über die Liebe zu sagen hat:*

»Sie sprechen von den Banden der Liebe, Eugénie; mögen Sie sie niemals kennenlernen! Ach, möge sich ein solches Gefühl um des Glückes willen, das ich Ihnen wünsche, niemals Ihrem Herzen nähern! Was ist Liebe? Mir scheint, man kann sie nur als die Wirkung definieren, die von den Eigenschaften eines schönen Wesens auf uns ausgeht; diese Wirkungen reißen uns hin; sie entflammen uns; besitzen wir dieses Wesen, dann sind wir zufrieden; ist es unmöglich, es zu haben, geraten wir in Verzweiflung. Aber worauf gründet sich dieses Gefühl?... Auf Begehren. Was sind die Folgen dieses Gefühls?... Tollheit. Halten wir uns also an den Antrieb und schützen wir uns gegen die Auswirkungen. Der Antrieb ist, das Wesen besitzen zu wollen. Nun gut! Versuchen wir, erfolgreich zu sein, aber mit Gelassenheit; ergötzen wir uns an ihm, sobald es uns gehört; suchen wir uns im umgekehrten Fall Trost: Tausend ähnliche, oft viel bessere Wesen können uns über dessen Verlust hinwegtrösten; alle Männer, alle Frauen sind sich ähnlich: Es gibt keine Liebe, die den Ergebnissen einer gesunden Überle-

* Übernommen wird hier die Übersetzung von Rolf Busch, Merlin Verlag, Hamburg 1965

gung standhielte. Oh, welch ein Schwindel, diese Trunkenheit...!«

Und hören wir uns auch die genaueren Ratschläge an, die dann folgen: »Ich wiederhole: Amüsiert euch, aber liebt nicht; und gebt euch keine Mühe, geliebt zu werden: Nicht sich durch Klagegeschrei, sehnsuchtsvolles Schmachten, verstohlen zärtliche Blicke und Liebesbriefe aufzureiben gilt es, es gilt zu ficken, seine Ficker zu vermehren und häufig zu wechseln und vor allem zu verhindern, daß einer allein euch für sich gewinnt, denn es ist das Ziel solcher beständigen Liebe, euch an ihn zu ketten und zu verhindern, daß ihr euch einem andern hingebt: ein grausamer Egoismus, der eurer Sinnenlust bald verderblich werden würde. Die Frauen sind nicht für einen einzigen Mann gemacht: Für alle hat sie die Natur erschaffen. Mögen sie nur auf die heilige Stimme der Natur hören und sich allen hingeben, die sie begehren. Wenn sie stets Huren, niemals Liebende sind und die Liebe meiden, wenn sie einzig die Wollust anbeten, werden sie nurmehr Rosen auf der Bahn ihres Lebens finden...«

Und doch hat Anne-Prospère wohl dem Bild der Liebenden und Geliebten entsprochen, und Donatien ist von seiner Trunkenheit getäuscht worden. (Seine großartige Widersprüchlichkeit kennt man ja.) Aber als der Taumel vorüber war, muß Anne-Prospère enttäuscht gewesen sein; das Abenteuer hat einen befremdlichen Geschmack hinterlassen. Später wird sie in einem Brief an den alten Onkel –

179

immer noch ihr galanter Vertrauter – sagen: »Sie können sich glücklich schätzen, werter Onkel, in der Einsamkeit bei sich selbst zu sein; nichts wünschte ich mir mehr; Paris langweilt mich, die Welt ermattet mich, und glückliche Augenblicke sind nur die, die ich in meiner Wohnung verbringe, wohin ich mich sooft wie möglich zurückziehe, und das Studium bildet die einzige Zerstreuung in meinem kummervollen Leben.«

Kummervolles Leben? Die Zeit des Glücks ist längst vorbei. Zwischen Stiftsdame und Abbé herrscht der mystische Ton einsamer Zurückgezogenheit. Anne-Prospère stirbt im Mai 1781 vorzeitig an einer schweren Krankheit – Pocken oder Bauchfellentzündung –, während Donatien in Vincennes gefangen ist. Schon seit langem hat er nicht mehr über sie gesprochen, und von ihrem Ableben hat er vermutlich verspätet erfahren. Zur Todesstunde schreibt Milli Rousset an den Notar Gaufridy (Sade hatte die Angewohnheit, »Mademoiselle« mit »Milli« abzukürzen): »Mme de Sade läßt Ihnen, mein Herr, Krankheit und Tod von Mlle de Launay, ihrer Schwester, mitteilen, von dem sie in dieser Minute erfahren hat. Ein so plötzlicher Tod ist sehr wohl dazu angetan, die Verwirrung hervorzurufen, die sie empfindet. Sie weint und grämt sich…«

Ende des Romans.

Zur Zeit befinden wir uns noch an seinem Anfang. Auf den ersten Streich folgt eine schier unglaubliche

Serie von immer bewegteren und unvorhersehbareren Ereignissen. An die Liebesepisode schließen sich an: Verhaftung, Festungsaufenthalt und Ausbruch. Das Romaneske erhält ein anderes Gesicht, verliert aber nicht an Intensität.

Von ihrem Italienaufenthalt kehrt Anne-Prospère Anfang Oktober als erste zurück, bleibt kurze Zeit in Lacoste und fährt dann nach Nizza, wo sie sich mit Donatien trifft. Zusammen brechen sie auf nach Chambéry im damaligen Herzogtum Savoyen; Sade wird dort Unterschlupf suchen. Die Verliebten reisen jetzt inkognito, der Marquis hat sich den Namen »Comte de Mazan« zugelegt. Zwei Diener begleiten sie: Latour und La Jeunesse, die ihren Herrn in seinem ereignisreichen Vagabundenleben nicht im Stich lassen. Man steigt zuerst in dem Gasthaus ›La Pomme d'or‹ ab, dann in einem abgeschiedenen Landhaus außerhalb der Stadt. Man bleibt unter sich, es gilt, vorsichtig zu sein. Anfang November kehrt Anne-Prospère nach Lacoste zurück und wenig später vermutlich in ihr Kloster. Es folgt ein Monat relativer Ruhe für Sade, der Bergluft atmet, sich von einem Arzt behandeln läßt, sich unauffällig verhält, wartet.

Wenn er wüßte, was ihn erwartet! Mme de Montreuil hat ihren Groll nicht mehr beherrschen können, es war zuviel. Nicht nur, daß der öffentliche Skandal jedes vertretbare Maß überschritten hat; noch mehr enttäuscht und verhöhnt fühlt sie sich durch die Tatsache, daß nun auch die zweite Tochter betroffen ist. Der Rest an Zuneigung, den sie für ihren seltsamen Schwiegersohn noch empfunden haben mochte, ist damit erschöpft. Man soll D.A.F. verhaften und in einer Festung in Savoyen einsperren! Das ist ihr Ersuchen, vermittelt vom Herzog von Aiguillon, an den Botschafter des Königs von Sardinien in Paris, den Grafen Ferrero de la Marmora. Zwischen großen Herren gibt es Gefälligkeiten, die nicht verweigert werden können. Der Botschafter spricht beim Außenminister des Königs vor, dem Grafen Lascaris, und die Vorkehrungen zur Inhaftierung laufen an. Am Abend des 8. Dezember, in der Kälte des Bergwinters, umstellen der Major von der Place de Chambéry, zwei Unteroffiziere und einige Männer von der Truppe das Haus, in das sich Sade geflüchtet hat und in dem sich außer ihm nur noch Latour befindet. Man zeigt ihm den Haftbefehl des Königs von Sardinien. Man nimmt ihm die Pistolen und das Schwert ab und alle Papiere, die kompromittierend sein könnten (natürlich legt Mme de Montreuil sehr viel Wert darauf, daß alle Briefe, die den Familienskandal schwarz auf weiß bezeugen könnten, eingezogen werden). Sade wird die ganze Nacht hindurch bewacht, und am nächsten Morgen bringt man ihn, eskortiert von Kavalleristen, in die Festung Miolans. Dort wird er bis zum 30. April 1773, dem Tag seines Ausbruchs, bleiben.

Über die fünfmonatige Haft – eine weitere Episode des Gefängnisfeuilletons, das Sades Leben ausmacht und das, mehr noch als das berühmte Werk Silvio Pellicos, den Titel *Meine Gefangenschaften* verdiente – sind wir genau informiert, dank einer umfangreichen Dokumentation aus erster und zweiter Hand, gesammelt wieder einmal von Gilbert Lély. Dieses Dossier enthüllt Sades erstaunliche Fähigkeit, dem Schicksal des gewöhnlichen Gefangenen zu entgehen und selbst in einer so schwierigen Situation das *romaneske* Moment zu seinen Gunsten auszuspielen. Hier in groben Zügen die Fakten:

Die Burg von Miolans ist eine beeindruckende Festung. Ihre Türme aus dem 12. Jahrhundert erheben sich über dem Dorf Saint-Pierre-d'Albigny, das fünfundzwanzig Kilometer von Chambéry entfernt liegt; sie ist die Bastille der Herzöge von Savoyen. Von der Höhe eines sehr schroffen, felsigen Vorgebirges aus beherrscht sie das Tal der Isère. Diese furchterregende Festung läßt an einen Adlerhorst denken und beschwört, weit mehr als Lacoste, das Schloß von Silling oder das von Franlo im Vivarais herauf. Auf jeden Fall paßt sie in die Sadesche Vorstellungswelt, in seine Phantasmagorien uneinnehmbarer, kerkerähnlicher Einsamkeit, und ist sicher eine der Quellen dieser Wahnwelt. Drei Umfassungsmauern, zwei Wassergräben, ein quadratischer, fünfstöckiger Bergfried. Kerker, die so danteske Namen tragen wie *Die Hölle, Das Fegefeuer.* Doch gibt es auch den *Schatz, Das Paradies* und im vierten Stock einen Raum mit dem Namen *Die große*

183

Hoffnung; er schaut nach Süden und bietet eine unvergleichlich schöne Aussicht auf das Isèretal und die Alpenlandschaft.

Dieses Zimmer gibt man dem Marquis de Sade; wieder einmal wird er zwar mit Härte behandelt, aber nicht mißhandelt. Er hat Aussicht und frische Luft. Er hat außerdem das Vorrecht, Latour bei sich zu behalten, der freiwillig die Gefangenschaft mit ihm teilt, und er darf auch seine Speisen selbst auswählen. Der Gouverneur des Herzogtums Savoyen, der Comte Sallier de la Tour, und der Kommandant der Festung, M. de Launay, haben verfügt, daß man »die Bitterkeit seiner Haft durch Vergünstigungen mildere«. Ein eher goldener Käfig also. Klassenrücksichten, wie gehabt.

Die erste Reaktion Donatiens ist trotz allem natürlich Panik. Inständig bittet er darum, daß man ihm die Freiheit wiedergebe. Das Wissen, sich nicht mehr ungehindert bewegen zu können, ist ihm unerträglich. Zumindest seinen Diener möge man draußen kleinere Besorgungen erledigen lassen. Carteron La Jeunesse, der andere Diener, darf ihn besuchen und bringt ihm Neuigkeiten von den Seinen, wichtige und schwerwiegende Neuigkeiten. In Avignon tritt der Familienrat zusammen. Mme de Sade muß die Verantwortung für Kinder und Güter übernehmen. Mme de Montreuil gibt keinen Frieden, betont aber in den Anweisungen, die sie persönlich den Gouverneur von Savoyen zu erteilen bittet, daß ihr Schwiegersohn mit der einem Edelmann gebührenden Rücksicht behandelt werden solle (»man möge ihm alle Bequemlichkeiten schaffen, die ein Mann seines Standes sich wünschen kann«, und ihm die »für einen so lebendigen Geist wie den seinen notwendigen Objekte« zurückgeben), aber sie besteht darauf, daß ihm Briefe – hierbei denkt sie natürlich an den Briefwechsel mit Anne-Prospère – und andere Gegenstände abgenommen werden, insbesondere »eine kleine Schachtel oder ein Holz-kästchen, wahrscheinlich rot und mit Kupfer be-setzt, die ebenfalls Papiere enthält« (die Präsidentin ist gut unterrichtet).

All dies verursacht Ärger, und die Probleme des All-tags – Kleidung, Ausstattung, Gesundheit – tragen das Ihre dazu bei.

Die höhergestellten Personen in Savoyen, welche die delikate Verantwortung für den Gefangenen tra-gen, sind dennoch der Ansicht, er benehme sich wie ein »Ehrenmann«. Was in ihren Augen nicht be-deutet, daß er von einfachem Charakter ist. Hier wird ein wichtiger Zug der Sadeschen Persönlich-keit sichtbar: D.A.F. ist halsstarrig und unbequem gegenüber denen, die es an Ehrerbietung fehlen lassen oder die er für Dummköpfe hält, ausge-sucht höflich aber zu denen, die er respektiert und schätzt.

Beunruhigend für die andern scheinen vor allem seine Lebhaftigkeit und seine Phantasie zu sein. »Ich kann Ihnen versichern«, schreibt der Komman-dant de Launay an den Gouverneur von Savoyen,

185

»daß dieser Herr sehr gefährlich ist seiner Launen, Lebhaftigkeit und Unbeständigkeit wegen...« Jeder in der Festung befürchtet, daß Sade ihm Unannehmlichkeiten bereiten könnte, und am meisten befürchtet man einen möglichen Ausbruch. Zugleich macht man sich aber auch um seinen Gesundheitszustand Sorgen: Sade leidet oft an Kopfschmerzen, an Schmerzen in der Brust und an Schlaflosigkeit.

Augenscheinlich spielt der Marquis alle Karten aus, um die Aufmerksamkeit auf sich und seine nervösen Zustände zu ziehen. Er beschimpft Launay aufs heftigste, wann immer sich die Gelegenheit bietet, dann wieder greift er auf possenhafte Bestechungsmanöver zurück; läßt ihm aus den Vorräten, die man ihm geschickt hat, Wein, Kaffee, Schokolade zukommen, welche der andere umgehend zurückgibt. Ein bizarres Spiel läuft da ab in Miolans, bei dem D.A.F. alle Register der List, der Verführung und des Zornes zieht. Wenn die von ihm unter allen Umständen geforderte Höflichkeit verletzt wird, explodiert er vor Wut, selbst dann, wenn die Ursache dafür bei ihm liegt, etwa in von ihm angezettelten Intrigen, die aufgedeckt werden.

Am Tag nach einer heftigen Auseinandersetzung mit Launay kommt es zu folgender Äußerung de Sades, die kaum komischer sein könnte: »Ich bin es nicht gewöhnt, daß man mir gegenüber die Ausdrücke ›foutre‹ (zum Teufel! auch: Ficker) oder ›bougre‹ (Schuft) benutzt, und die wenig ehrenhafte

186

Art des M. de Launay hat mich dazu gebracht, ihm ein wenig temperamentvoll zu antworten.« – Aber gewiß ja, an Worte wie *foutre* und *bougre* ist der Marquis natürlich nicht gewöhnt.

Jedenfalls ist er sehr gerissen. Er sucht Verbündete unter den Wachhabenden – so lädt er etwa den Leutnant Duclos, der Schlüsselgewalt hat, unter aktiver Beihilfe des Kantinenwirts mehrmals an seinen Tisch –, auch seinen Mitgefangenen nähert er sich auf der Suche nach Gesellschaft oder nach Komplizen. Man muß dazusagen, daß diese oft aus demselben Stoff gemacht sind wie er: rebellische oder gottlose Geister, Verfasser von subversiven Schmähschriften, Fälscher, Spitzbuben, Verleumder, Verrückte, Verfolgte oder auch wirklich psychisch Kranke. Und Donatien begegnet Männern, die zu sonderbaren Gefährten werden, zum Beispiel der wunderliche Baron de l'Allée de Songy*, dessen Name allein schon extravagantes Programm ist, ein Mitgefangener, mit dem er Pharaon** spielt, sich zu Schulden und Streitereien hinreißen läßt, manchmal auch zu schier unglaublichen Ausbrüchen. Zwei auf Abwege geratene Aristokraten haben sich gefunden, sind so etwas wie Komplizen geworden, geraten sich gerade deshalb in die Haare und vertragen sich wieder, wenn es ihnen zupaß kommt (wie wir später noch sehen werden).

De Launay schaut all dem ratlos zu. Briefe und Be-

* Etwa: Allee der Träume
** Ein Kartenglücksspiel um Geld

richte häufen sich, in denen sich die Unruhe spiegelt, in die ihn dieser Gefangene versetzt. Einmal sieht er ihn als »Mann von bestem Stand, der es nicht verdient, an einem so rauhen Ort wie diesem festgehalten zu werden«, dann wieder als »hochmütigen und eitlen Charakter, der nicht die geringste Abhängigkeit verträgt«. Unter seiner Feder entsteht ein sehr schönes und treffendes Portrait de Sades. Er müsse Vorkehrungen treffen, sagt er in kluger Ahnung, »aus Furcht, daß Sade noch mehr in Wallung geriete, wenn man ihn vollkommen einschlösse«. Manchmal ist er gänzlich entmutigt und erschöpft: »Es ist immer gefährlich, einen Charakter wie M. de Sade hier zu haben, der keinesfalls in eine Festung gehört, die Staatsgefangenen vorbehalten ist.« Man spürt, daß er um die eigene Karriere bangt, daß er bei einem solchen Gefangenen das Schlimmste befürchtet und daß ihn bestimmte Umstände, wie etwa die immer deutlicher sich abzeichnende »Liaison« zwischen Sade und dem Leutnant Duclos, in wahre Angstzustände versetzen.

Als sei der Leiden des Kommandanten noch nicht genug, läßt man ihn wissen, daß gut unterrichteten Kreisen zufolge Mme de Sade vorhabe, sich nach Savoyen zu begeben, um dort den Versuch zu unternehmen, ihren Gatten zu besuchen, und daß eine solche Begegnung äußerst unerwünscht sei. Was tun?

Es ist keine Falschmeldung; Anfang März trifft die

Gattin mit dem großen Herzen per Postkutsche in Chambéry ein. Auch sie hat nun teil am *Roman:* sie kommt nämlich als Mann verkleidet. Begleitet wird sie von einem gewissen Albaret, ihrem Diener und Sekretär, der gekleidet ist wie sie; im Gasthaus haben sie sich als Brüder Dumont vorgestellt. Mit Hilfe allerlei Listen gelingt es Renée-Pelagie, dem Kommandanten der Festung durch Albaret eine Botschaft zukommen zu lassen, in der sie ihn bittet, dem Überbringer der Botschaft ein fünfzehnminütiges Gespräch unter vier Augen mit ihrem Gatten zu genehmigen. Das Ersuchen wird abgewiesen. Albaret fährt ab, ohne seinen Auftrag erfüllt zu haben. Mme de Sade läßt nicht locker, bleibt in der Region – in Montmélian –, häuft Bittschrift auf Bittschrift und erhält schließlich die Erlaubnis, ihrem Gatten einen Brief zu schicken. Daraufhin resigniert sie und reist ab.

Währenddessen findet ein erregter Austausch von Briefen und Notizen statt zwischen den Machthabern im Herzogtum, den Politikern in Savoyen, den für die Festung Verantwortlichen, Gouverneuren, Ministern, Botschaftern und Diplomaten, Kommandanten und Offizieren. Eine Aufregung, die den Gefangenen ehrt, seiner Person übermäßige Wichtigkeit verleiht. Versetzt er sie wirklich so sehr in Angst? Zweifellos ist er eine hohe Persönlichkeit, auch wenn de Launay, den man ein wenig spät über die Umstände der italienischen Eskapade unterrichtet hat, in ihm schließlich nur noch »einen star-

189

ken, sittenlosen Geist« sieht, »bereit, sich zu jeglicher Art von Gewalttätigkeit hinreißen zu lassen«.
Er ist beunruhigt, als er erfährt, daß Sade die Möglichkeit zur Korrespondenz, die man ihm einge-
räumt hat, dazu mißbraucht, Berichte, Schmähschriften und Eingaben bezüglich seiner Inhaftierung zu verschicken. Gern wäre er ihn los.
Und er wird ihn los; unter ganz besonderen Umständen, denen wieder das Romaneske anhaftet. In der
Sammlung von Heimsuchungen des bedauernswerten de Launay fehlte noch eine: der Ausbruch. Es
scheint, daß der Marquis ihn von Anfang an geplant
hat, das Projekt aber nur langsam und vorsichtig in
die Tat umsetzen konnte, denn zuerst mußte er das
»Beziehungsgeflecht« aufbauen (eine Gabe, die zu
seinen Geheimnissen und wichtigsten Trümpfen
gehört).
Das Ganze beginnt mit einer deutlichen »Veränderung von Laune und Verhalten«, wie der Gouverneur von Savoyen schreibt, wobei er sich auf einen
ihm vorliegenden Bericht beruft. Man hat festgestellt, daß M. de Sade sich nicht nur beruhigt hat,
sondern auch »zu Ostern seiner Christenpflicht
nachgekommen ist«. Was ja nur als gutes Zeichen
gewertet werden kann. Vorgewarnte Geister dürften
zwar anderer Ansicht gewesen sein, aber der Comte
de la Tour zieht es vor, in Sades neuem Verhalten,
wozu auch der Wunsch nach öffentlicher Abbitte
gehört, »eine deutliche Auswirkung der vom Sakra-
ment bewirkten Gnade« zu erblicken.

Donatien hat seinen Streich gut vorbereitet. Er ist dem Baron de l'Allée nähergekommen, hat darum gebeten, seine Mahlzeiten mit ihm zusammen einnehmen zu dürfen, und die beiden entwerfen nun eine Strategie, die sich als äußerst wirksam erweisen wird. Sie haben bemerkt, daß sich in einer kleinen, an die Kantine grenzenden Wohnung ein Abort mit gitterlosem, ausreichend großem Fenster befindet, und bitten sich das bescheidene Vorrecht aus, in der Kantine essen zu dürfen, weil ihnen die Speisen selten warm serviert würden. Eine Bitte, die seitens so hochgestellter Herrschaften nur recht und billig erscheint und der man entspricht.

Von nun an geht das Unternehmen rasch voran. Ein achtzehnjähriger Bursche, der den hübschen Namen Joseph Violon trägt und dem Marquis gelegentlich als Botschafter oder Laufjunge gedient hat, wird ihr Komplize. Auch Latour hilft kräftig mit, als die beiden Männer, nachdem sie ihr Abendessen beendet haben, durch das Fenster klettern, während das Kantinenpersonal in einem anderen Zimmer beisammensitzt.

Am Fuß der Mauer wartet Joseph Violon mit einer Leiter und führt sie dann – als echter Savoyer kennt er alle Pfade und Wege – zur französischen Grenze. Bevor Latour nachkommt, hinterläßt er auf dem Tisch im Zimmer des Marquis, zwischen brennenden Kerzen, zwei Botschaften. In der einen spricht Sade mit vollendeter Eleganz dem Kommandanten de Launay seinen Dank aus: »Wenn etwas die

191

Freude, meine Ketten zu sprengen, trübt, so ist es die Befürchtung, daß man Sie für meinen Ausbruch verantwortlich macht. Nach all Ihrer Redlichkeit und Höflichkeit will ich Ihnen nicht vorenthalten, daß dieser Gedanke mich beunruhigt…« Im zweiten schlägt er eine andere Tonart an: »Fünfzehn berittene und bewaffnete Männer warten auf mich am Fuße der Burg und… sie sind alle fest entschlossen, eher ihr Leben zu lassen, als mich wieder in Ketten zu sehen.« Was zwar nicht stimmt, aber zur Inszenierung gehört. Hinzu kommen einige Instruktionen voller Charme: man möge Mme de Sade gewisse Dinge zukommen lassen: einen blauen, ganz neuen Übermantel, die an der Wand befestigten Landkarten und sogar »zwei junge Hühnerhunde, der eine ganz schwarz, der andere weiß gefleckt«, die nicht sich selbst überlassen werden sollten. (Roland Barthes schreibt: »Sade mochte Hunde sehr, insbesondere Pudel und Hühnerhunde; in Miolans besaß er welche, und auch in Vincennes bat er darum. Welch moralisches – oder schlimmer noch: viriles – Gesetz schlösse denn aus, daß selbst der größte Umstürzler eine kleine Schwäche zeigen darf, zum Beispiel die Zuneigung zu Tieren?)
Der Alarm wird unverzüglich ausgelöst. Der Wachhabende gibt an, daß er, als er durchs Guckloch schaute, im Zimmer des Marquis Licht gesehen habe und zu Unrecht davon ausgegangen sei, er spiele mit dem Baron de l'Allée zusammen Dame. Im Morgengrauen des 1. Mai erreichen die Flüchti-

gen, nachdem sie die ganze Nacht durchmarschiert sind, das Dorf Chapareillant und schlagen dann den Weg nach Grenoble ein. Währenddessen geht es in der Festung drunter und drüber; jeder schiebt dem andern die Verantwortung zu. Der Wachhabende wird inhaftiert. Der Kommandant de Launay wird in Chambéry unter Arrest gestellt.

Sades letzte Botschaft an den Gouverneur von Savoyen, auf seinem Weg über Berg und Tal hastig auf ein Stück Papier gekritzelt: »Die Heftigkeit meines Blutes widersetzt sich Bestrafungen dieser Art; sie passen nicht zu mir, und dem Verlust der Freiheit ziehe ich den Tod vor.«

9

LIBERTIN IN LACOSTE

In der Zeit zwischen dem Ausbruch aus Miolans und dem Ende des Jahres 1774 befindet sich Sade sozusagen im Niemandsland: er wird gesucht, ist als vor Gericht nicht Erschienener aller Bürgerrechte beraubt. Er hält sich eine Weile in Bordeaux auf, dann vermutlich in Spanien, zuletzt aber entschließt er sich doch, nach Lacoste zurückzukehren, wo er sich zumindest verstecken, von seiner Kenntnis der Gegend und der Leute profitieren kann. Es ist eine schwierige Zeit für ihn, in der ihn, abgesehen von seiner Frau, fast alle im Stich lassen: Die Familie, die Angehörigen sind überfordert und mißtrauisch. Der Abbé de Sade will nichts mehr von seinem Neffen wissen und sähe ihn am liebsten hinter Schloß und Riegel. Vom Notar Fage, dem der Marquis Geld schuldet und der dessen finanzielle Probleme zur Genüge kennt, ist kaum Wohlwollen zu erwarten. Die Präsidentin in Paris legt die Waffen nicht nieder, beobachtet »mit Schrecken alle Schritte, die Rechtfertigung und Freilassung ihres Schwiegersohns zum Ziel haben«, wie ihre Tochter feststellt.

Sie unternimmt einen Versuch nach dem anderen, D.A.F. endgültig auszuschalten. Sie erbittet vom König und M. de Sartine die erneute Festsetzung in Pierre-Encise und eine Durchsuchung Lacostes, wo sich, wie sie vermutet, einige der gefährlichen Dokumente befinden müssen, die ihr nicht aus dem Sinn gehen.

Die Hausdurchsuchung findet statt, und sie wird mit erschreckender Brutalität durchgeführt. Am 6. Januar 1774 taucht ein gewisser Inspektor Goupil von der Pariser Polizei in Lacoste auf, begleitet von vier Bogenschützen und von Kavalleristen der Maréchaussée in Marseille, die sich mitten in der Nacht in Bonnieux getroffen haben. D.A.F. ist abwesend, nur seine Frau ist da. Alles wird durchsucht und verwüstet, der Schreibtisch des Marquis auf den Kopf gestellt, seine Papiere mitgenommen oder verbrannt. Goupil stößt mit Schaum vor dem Mund die schlimmsten Verwünschungen aus gegen diesen »Schuft«, den er, wenn es sein müsse, bis ins Erdinnere verfolgen werde.

Soviel steht fest: einige Gendarmen werden Sade von jetzt an nicht mehr als Grandseigneur behandeln, sich im Gegenteil hemmungslos aggressiv verhalten. In ihren Augen und Ohren ist das Maß voll; die bösen Gerüchte haben sich noch weiter verbreitet. Jedenfalls wird die Aktion im vulgärsten Stil durchgezogen.

Während dieser Zeit der Verfolgung bleibt Renée-Pélagie de Sade fest, bleibt an der Seite ihres Man-

195

nes, kommt ihm dabei näher. Sie verzichten auf den Notar Fage als Verwalter ihrer Güter und wenden sich an Gaspard-François-Xavier Gaufridy, der, wie erwähnt, schon in der Kindheit mit Sade befreundet war; er wird sich von nun an und für lange Zeit ihrer Angelegenheiten annehmen. Mit Hilfe Gaufridys leitet Mme de Sade beim Châtelet ein Verfahren gegen die eigene Mutter ein, um das Schlimmste zu verhüten. Sie fährt nach Paris, um das Klageverfahren aus nächster Nähe zu verfolgen, verausgabt sich vorbehaltlos, stellt fest, daß auch die Präsidentin »wie eine Löwin« kämpft, und tut alles, um diese davon zu überzeugen, ihr Kesseltreiben einzustellen, endlich Schluß zu machen. (»Sie stimmen sicherlich mit mir darin überein«, schreibt Sade an Gaufridy – immer ein wenig larmoyant, wenn es sein muß –, »daß die Manie der Mme de Montreuil, nichts beenden zu wollen, wirklich außergewöhnlich ist. Was zum Teufel gewinnt sie dabei? Sie verewigt diese schändliche, unselige Affäre, entehrt Tochter und Enkel, bringt Hab und Gut in schreckliche Unordnung und zwingt mich dazu, das traurigste und unglücklichste Leben zu führen.«) Renée-Pélagie will noch weiter gehen. Sie möchte die Aufhebung des Urteils von Aix-en-Provence erwirken, eine Maßnahme, die ihrer Meinung nach allen Verleumdungen ein für allemal ein Ende setzen würde. Vielleicht spürt sie, daß gewisse öffentliche Ereignisse – Ludwig XV. ist gestorben, Maupeou in Ungnade gefallen –, gewisse politische Ver-

änderungen die Voraussetzungen für einen Gesin-
nungswandel geschaffen haben.

Während sie kommt und geht und tätig ist, versteckt
Donatien sich weiterhin, erlaubt sich jedoch biswei-
len den Luxus einer kleinen Reise nach Bordeaux,
Grenoble oder Savoyen.

Am Ende des Jahres 1774 treffen er und seine Gattin in Lyon zusammen, und dort wird ihre Wieder-
vereinigung unter bizarren Vorzeichen besiegelt: sie
stellen fürs Schloß eine Dienerin namens Nanon ein
sowie fünf etwa fünfzehnjährige Mädchen und einen jungen Sekretär. Angesichts ihrer Finanzlage
eine überraschende Entscheidung. Bedeutet sie,
daß sich zu diesem Zeitpunkt die erotischen Insze-
nierungen des Marquis ändern und seine Frau, wie
ihr später vorgeworfen wird, zur »Organisatorin
seiner Vergnügungen« wird? Dieser Hypothese
werden wir noch nachgehen. Sicher ist, daß die Annäherung der beiden Gatten mit einer gewissen
Zweideutigkeit erkauft wird. Im wesentlichen werden sie zurückgezogen leben, niemanden besuchen,
niemanden empfangen, in Sicherheit vor allem und
vor allen, er meistens in seinem Arbeitszimmer, sie
bei ihren Frauen.

Aber was geht in Wirklichkeit auf dem Schloß vor?

Die Episode der »kleinen Mädchen« wird ein weiterer Skandal, der des Jahres 1774. Sade gilt ja schon
als eine Art Menschenfresser, und man hat vor den
Eltern der Angeworbenen seine wahre Identität ver-

197

bergen müssen. Gaufridy hat sich dazu bereit erklärt; er kennt sich in Verwaltungsproblemen aus und konnte die Eltern davon überzeugen, daß es mehrere Sades in der Region gibt. Sei es, daß die Familien, die das Geld bitter nötig hatten, außergewöhnlich naiv waren oder daß sie bewußt die Augen schlossen – das Geschäft wurde jedenfalls abgewikkelt. Nanon hat dabei die Rolle einer Kupplerin übernommen.

Einzelheiten dessen, was mit dieser kleinen Truppe auf dem Schloß geschah, sind nicht bekannt; einige Episoden aus dem reichen Werk des Marquis können jedoch eine Vorstellung davon geben (immer mit der Einschränkung, daß die Wirklichkeit hinter seinen Romanhandlungen zurückbleibt). Laut den Hypothesen von Paul Bourdin, Gilbert Lély und anderen haben sich in diesem Zeitraum merkwürdige Dinge abgespielt, an denen Mitglieder des Personals (die bestimmt nicht prüde Gothon etwa) oder der Familie (die Marquise höchstpersönlich) aktiv teilgenommen haben. Im ersten Stock des Südflügels, im verborgensten Teil, entsteht vermutlich das *Labor des Sadismus,* von dem André Bouër gesprochen hat. Die Gothon und Nanon führen den Tanz an, und Instrumente wie Klopfpeitsche und Taschenmesser scheinen dabei mitzuspielen. Die jungen Mädchen beklagen sich über Mißhandlungen an den Armen und anderen Körperteilen, medizinische Gutachten belegen dies; es sind Spuren, die sich nicht auf Peitschenhiebe zurückführen lassen:

198

Kratzer, Schnittwunden. Ein Geruch nach Blut liegt in der Luft, zum ersten Mal deutlich wahrnehmbar. Vielleicht beginnt hier eine neue, zugleich »häuslichere« und beunruhigendere Phase der Abweichungen des Marquis.

Die Folgen lassen nicht lange auf sich warten. Die Eltern einiger Mädchen haben Klage erhoben. In Lyon wird ein Strafverfahren eingeleitet. Ausgelöst wurde das Ganze durch die Zeugenaussage eines der Mädchen, das stark mißhandelt worden war – »beschädigt« heißt es gar – und das dem Abbé de Sade in Saumane anvertraut werden mußte (überflüssig hinzuzufügen, daß ihm die Angelegenheit äußerst lästig war und er nur widerwillig die gewünschte Gefälligkeit erwies). Sie hat also geplaudert, mehr gesagt, als sie hätte sagen dürfen, und den Marquis und auch seine Gattin in schlechtes Licht gesetzt. Wieder nimmt Renée-Pélagie die Dinge in die Hand, begibt sich nach Lyon, um die Sache ins reine zu bringen, zumindest ihre Auswirkungen einzudämmen. Doch so einfach ist das nicht, denn in der eingereichten Klage wird von Kindesentführung gesprochen, welche »ohne das Wissen der Kinder, durch Verführung« stattgefunden habe. Mme de Sade tut alles, was in ihren Kräften steht, schickt auch einen verblüffenden Brief an den Abbé, von dem man einhellig annimmt, daß er ihr von ihrem Mann diktiert worden ist. Drohungen und Nötigungen aller Art sind darin auf geschickte Weise miteinander verquickt, und man erkennt den

199

Zynismus des Libertins, der bereit ist, einen anderen Libertin zu kompromittieren. Offiziell aber spricht die Marquise:

»Monsieur,

als im vergangenen Jahr die Provence widerhallte vom Geschrei eines Mädchens, das Sie in Ihrem Zimmer auf Saumane empfingen – ein, wie man sagte, seinen Eltern geraubtes Geschöpf, deren Nachforschungen Ihr Sekretär, auf Ihren Befehl hin, mit der Pistole in der Hand Einhalt gebot –, als vor kurzem zwei Lyonerinnen mich in Lyon aufsuchten, um sich über äußerst schlechte Behandlung im Schloß von Saumane zu beklagen, habe ich sie alle beschwichtigt, zum Schweigen gebracht, und alles darangesetzt, diese widerwärtigen Verleumdungen abzustellen. Ich hoffe, Sie sind bereit, Gleiches für mich zu tun, die Aussagen dieses Mädchens zu beseitigen, sie vor allem nicht nach Vienne zurückkehren zu lassen, wie es Ihre Absicht zu sein scheint, denn dies wäre gefährlich, weil sie überall Schauermärchen erzählt. Ich bitte Sie, sie bei sich zu behalten; bei Ihnen wird sie glücklicher sein, bleibt sie doch im Besitz ihrer Freiheit, die ich ihr bei mir vorenthalten mußte aus politischen Gründen, die aus meinem Haus eine Art Gefängnis machen – also aus gänzlich anderen Gründen, als Sie zu vermuten scheinen und an denen Ihr Neffe, den zu schmähen und als verrückt zu bezeichnen Sie nicht müde werden, keinen Anteil hat...«

Im Anschluß rechtfertigt sie die Anwesenheit der

»kleinen Mädchen« auf Lacoste: »Mir scheint, daß niemand Anstoß nehmen dürfte, wenn ich mir Dienerinnen leiste; und weibliche Domestiken sind, wie mir dünkt, immer noch angebrachter im Hause einer Frau, als männliche es wären.« Ein letztes Geschütz.

Aber schon zeichnet sich neuer Ärger ab. Schnell um sich greifende Gerüchte wollen wissen, daß der Marquis sich seinen Exzessen mit »jungen Menschen beiderlei Geschlechts« hingebe, und nun tritt auch die Mutter des jungen Sekretärs – als wolle sie dies bestätigen – auf den Plan. Sie verkündet, daß man ihr Kind geraubt habe, daß sie es wiedersehen wolle, und erhebt »ein teuflisches Geschrei«. (In dieser Phase gibt es übrigens nacheinander verschiedene Sekretäre: Reillanne, Lamalatié u. a.) Renée-Pélagie muß diesmal nach Aix, um dort mit den Richtern die neue Affäre in Ordnung zu bringen.

Sade hat den Eindruck, daß man ihm von allen Seiten Fallen stellt, daß man, um ihn zugrunde zu richten, noch den geringsten Vorfall übermäßig aufbläht, daß man ihn nach Belieben verfolgt und sein Ruf allmählich zum unheilvollen Mythos wird. Im Juni 1775 schreibt er an Gaufridy: »Man hält mich hier für einen *Werwolf.* Diese armen kleinen Hühnchen mit ihren Schreckensrufen!« Und im Oktober, ebenfalls an Gaufridy: »Solange ich nicht rehabilitiert bin, wird man keine Katze in der gesamten Provinz schlagen können, ohne daß es sofort heißt: *Der*

Marquis de Sade ist's gewesen.« Sein Onkel ist nahezu überzeugt davon, daß er »wahnsinnig« ist, und die Montreuil setzt ihre Intrigen unvermindert fort. Bei der Präsidentin beginnt dann auch, sobald sie von den Ereignissen in Lacoste erfährt, eine neue Periode fieberhafter Tätigkeit. Sie befürchtet, daß das nach Saumane geflüchtete Mädchen »schwätzen« könne, daß der »Klatsch« neues Unheil über die Familie bringe, und sie scheint sich ernsthaft Sorgen zu machen um die Sicherheit ihrer Tochter, die mit solch einer Person leben muß. Sie weiß wohl selbst nicht mehr so genau, ob sie diesen Schwiegersohn vernichten oder ihm zum Trotz retten soll. Von Paris aus zieht sie die Fäden zu neuen Intrigen, schreibt unentwegt an den Notar und an den Abbé. Dieser ist schon mit der Geschichte des jungen Mädchens, das er sich nicht vom Hals schaffen kann, vollauf bedient und der hartnäckigen Aktivität der Präsidentin müde: »Diese Dame sieht uns als Marionetten an, die nach ihrem Gutdünken tanzen müssen.«

All diese Aufregung wäre von vaudevillchafter Komik, setzte der Marquis nicht – unbeirrbar in seiner Verirrung, die dem Verhängnis im tragischen Sinne nahekommt – seinen lockeren Lebenswandel fort, der ihm wohl nicht zuletzt wegen der damit verbundenen Herausforderung Befriedigung verschafft. In dem langen Brief an seine Frau, geschrieben in Vincennes im Februar 1781, wird er im Rückblick eine Bestandsaufnahme dieser Zeit vornehmen. Er erwähnt insbesondere drei junge Frauen, die er ins Schloß geladen hatte: eine Tänzerin der Comédie von Marseille namens Du Plan, die Sinn für schwarzen Humor besaß und ihm menschliche Knochen als Schmuck für sein Arbeitszimmer oder auch als Material für erotische Spiele mitgebracht hatte (er führt aus, daß diese nach Gebrauch in den Garten geworfen wurden, was Anlaß zu schwachsinnigen und makabren Verleumdungen gegeben habe); eine gewisse Rosette, die er einem Tischler aus Montpellier, welcher sie ihm »ausgeliehen« hatte, bald zurückerstattet habe; sowie eine Adelaïde, eine Gefährtin und Komplizin von Rosette. Zu diesem Trio kommt noch Marie hinzu, das einzige Mädchen aus Lyon, das nach dem Skandal in Lacoste geblieben war. Alle diese Frauen hätten sich, so der Marquis, »über seine Methoden nicht beklagen können«.

Die Öffentlichkeit ist natürlich anderer Ansicht, lauert schon auf den nächsten Skandal. Ihr Wortführer ist im Mai 1775 der Präsident des provençalischen Parlaments, Bruny d'Entrecasteaux, der weiß, daß Sade als nicht vor Gericht Erschienener eine schwache Position hat.

Es ist bekannt, was Sade von den Mitgliedern des Parlaments in Aix hält, daß er sie bereitwilligst mit Sarkasmen überhäuft und er liebend gern seine Rechnung mit ihnen begleichen würde. Was Bruny d'Entrecasteaux betrifft, ist Sade sogar ausnahmsweise im Recht, obwohl er, da ihm die Sehergabe fehlt, daraus keinen Nutzen ziehen kann: Bruny

203

d'Entrecasteaux wird zehn Jahre später seiner Frau mit einer Rasierklinge den Hals durchschneiden, und man wird sich daran erinnern, daß er schon vorher versucht hat, sie zu vergiften und – schlimmer noch – während ihrer Schwangerschaft Kirschkerne auf die Treppe gestreut hat; als Kind hatte er Tiere gequält, zum Beispiel Vögel mit Nadeln gespickt. (M. Sade, welch ein Präsident!) Auch er wird auf dem Scheiterhaufen der Place des Prêcheurs enden – *in effigie*, versteht sich.

Inzwischen sind in der Region Erinnerungen an die Marseiller Affäre wach geworden, und man vermutet, daß das Schloß selbst nun der Ort ist, an dem die Orgien des Marquis stattfinden. Zu allem Unglück wird Nanon, die als eines der verläßlichsten Mädchen gilt, schwanger (vom Marquis?); sie flieht aus dem Schloß und bringt das Kind zur Welt. Aber sie weiß zuviel, sie könnte reden. Man bezichtigt sie ungerechtfertigterweise des Diebstahls, läßt sie verfolgen, verhaften und einsperren.

Wie man sieht, ist das Verhalten des Marquis äußerst rücksichtslos, und es ließe sich noch so mancherlei sagen über seine Art, den Adligen herauszukehren und die kleinen Leute, die ihm für seine Vergnügungen zu Diensten stehen, für die von ihm verursachten Schäden aufkommen zu lassen. Zu allem Überfluß beschimpft er sie im nachhinein alle als »Spitzbuben« und »Schurken«, die für seine Unannehmlichkeiten verantwortlich seien (was natürlich auch oft der Fall ist, zwangsläufig in solchen Situationen). Aber auch sich selbst setzt er mit seinem Verhalten immer größeren Gefahren aus. Eine neue Flucht wird nötig – ein Einfall von Polizeioffizieren im Schloß, vor denen Sade sich gerade noch rechtzeitig verstecken kann, läßt ihn diese Entscheidung treffen.

Es folgt eine weitere Reise nach Italien, in Begleitung des Dieners La Jeunesse (der einen Monat später nach Frankreich zurückkehrt). Diesmal gleicht sie eher einer Studienreise; die einzelnen Etappen lassen eine wohldurchdachte Planung vermuten: Lacoste – Céreste – Sisteron – Embrun – Briançon. Überquerung der Alpen. Dann Turin, Asti, Alessandria, Piacenza, Parma, Modena, Bologna, ein längerer Aufenthalt in Florenz, Siena, Rom, ein weiterer längerer Aufenthalt in Neapel. Genug, um so manches zu sehen und sich zu bilden. Er hat es nicht eilig, die Rundreise zieht sich von Juli 1775 bis Juni 1776 hin, ein ganzes Jahr. Sade, der wieder unter dem Namen »Comte de Mazan« reist, verbindet den Zweck, sich in Vergessenheit zu bringen, mit dem Genuß und der Erweiterung seines Horizonts. Er fährt reiche Ernte an Bildern, Eindrücken und Empfindungen ein, in einem Land, das er liebt und das ihn fasziniert.

Es gäbe viel zu sagen über das Italien de Sades; er hat uns davon auch selbst berichtet in einer langen Beschreibung dieser Reise – *Italienreise oder Kritische, historische, politische und philosophische Betrachtungen zu den Städten Florenz, Rom und*

205

Neapel –, die im Jahre 1967 zum ersten Mal von Georges Daumas und Gilbert Lély veröffentlicht wurde und seinen »schicklichen« Werken zuzurechnen ist; zwar reicht sie nicht an Stendhal heran, stellt Sade aber auf gleiche Stufe mit denen, die in seinem Jahrhundert mit Intelligenz und Leidenschaft von der Halbinsel erzählten. Uns reizt jedoch mehr, sein maßloses und verstiegenes, sein eigentlich Sadesches Italienbild kennenzulernen. Das findet man im vierten Teil von *Juliette;* dort entdeckt die Heldin, von Clairwil begleitet, ein Italien voller Blut und Ausschweifung, die »Heimat des Nero und der Messalina«. Verführerische Beschreibungen kommen dort vor, in denen die Landschaften um Baia, Cuma und Pozzuoli an unseren Augen vorbeiziehen; die Inseln Capri, Procida, Ischia oder Niceta unseren Traum vom Meer nähren; ein Orangenstrauch in der Nähe einer Tempelruine unsere lyrische Aufmerksamkeit auf sich lenkt; die farbigen und lebendigen Straßen Neapels unseren Blick einfangen. Spürbar wird aber, daß Sade sich in Wirklichkeit für anderes interessiert: für ein Italien, dessen neapolitanische Luft ihn zu folgendem Dialog zwischen Juliette und der Clairwil inspiriert:

»Ich muß zugeben, antwortete Clairwil, daß ich die Besonderheit der neapolitanischen Luft nicht beschreiben könnte, aber sie macht mich trunken... sie macht mich libertiner denn je... – Sie ist erfüllt von salpeter-, schwefel- und teerhaltigen Stoffen, antwortete ich, dies reizt notwendigerweise die Nerven und versetzt die Geister in große Unruhe. Ich spüre genau wie du, daß ich in diesem Lande die schrecklichsten Dinge anstellen könnte.«

Noch bezeichnender ist die folgende Passage: »An keinem Ort Europas ist die Natur so schön, so eindrucksvoll wie in der Umgebung dieser Stadt. Es ist nicht jene triste, einförmige Schönheit der Lombardei, welche die Vorstellungskraft in einer Ruhe beläßt, die der Mattigkeit ähnelt; hier entflammt sie allerorts; das Chaos, die Vulkane dieser stets *kriminellen* Natur stürzen die Seele in eine Verwirrung, die sie großer Handlungen und stürmischer Leidenschaften befähigt.«

Dieses *kriminelle* Italien findet seinen großartigsten Ausdruck im Vesuv, den nur wenige Reisende so erotisch empfunden haben wie Sade. Der Vulkan in seiner Gewalt ist die Manifestation der Natur, die Clairwil am meisten erregt, und nachdem sie und Juliette ihre unselige Gefährtin Olympe hinabgestürzt haben, fühlen sie sich getrieben, der Intensität ihrer Lust am Rande des Kraters Ausdruck zu geben: »Teufel auch, meine Liebe, laß es uns beiden kommen, hier, ausgestreckt auf dem Wulst des Vulkans! Wir haben gerade ein Verbrechen begangen, eine jener köstlichen Taten, welche die Menschen als abscheulich bezeichnen: und wenn! sollte diese Handlung tatsächlich die Natur beleidigen, so möge sie sich rächen, sie kann es ja, möge ein Ausbruch stattfinden, jetzt, unter unseren Füßen, möge die Lava uns verschlingen...«

207

Andere Ekstasen sind mit weniger gewalttätigen Szenen verbunden, mit Szenen, die ein Virgilsches oder bukolisches Italien beschwören könnten – wenn sich das Bukolische bei Sade nicht in sein Gegenteil verkehrte und zum Ort des Furors würde: Schäfer und Fischer in ihren Hütten, ein junges Mädchen, das eine Ziege hütet, ein *cocagne** genanntes Volksfest, kalabrische Bauern – alles wird zum Vorwand für wildes, blutgieriges Verhalten. Der eigentliche Ort der Wollust aber ist der Hof der Adligen und Prinzen, der Palast, die prunkvolle Residenz. Insbesondere aber die Gärten. Ein Beispiel: »Alle Gärten waren erleuchtet: die Orangen-, Pfirsich-, Aprikosen- und Feigenbäume boten uns ihre kühlen Früchte dar, die wir von den Ästen pflückten, und wir durchstreiften die lieblichen, von diesen Bäumen gebildeten Alleen, die uns zum Tempel des Ganymed führten ... Grüne und rosa, von Myrten- und Fliedergirlanden umwundene Säulen stützten das Gebäude, so bildeten sich köstliche Blumengewinde von einer Säule zur andern.« Und hier läßt Sade es nicht an Begegnungen mit Persönlichkeiten aller Art mangeln, fiktiven und realen; sie versammeln sich zu einer der fabelhaftesten Galerien italienischer Verderbtheit, die man sich denken kann. Von der Toskana bis nach Venedig, von Rom bis nach Kampanien; die Auswahl ist groß. Man trifft den zum Papst Pius VI. ernannten Kardinal

* *Pays de cocagne:* Schlaraffenland

Braschi, dessen Glaubensbekenntnisse ihn als atheistisches, hemmungsloses und blutrünstiges Ungeheuer zeigen (»Aber sicher doch, sagte der Hl. Vater, es muß Blut fließen, damit die Orgien wirklich gut werden«), während er in Wirklichkeit ein sehr versöhnlicher, gemäßigter und großzügiger Pontifex war; man trifft Ferdinand IV. von Neapel, den Großherzog Leopold von Toskana oder die Prinzessin Paolina Borghese, die als libertine Furie dargestellt wird. (»Die hemmungslose Liebe kenne ich nicht, nur die Geilheit.«) Daneben gibt es Figuren aus dem Volk wie den schrecklichen Chigi, den Chef der römischen Polizei; Moberti, den venezianischen Räuber, Chef einer Vereinigung besonders niederträchtiger Halunken; Sbrigani, einen scheinbar angenehmen und ehrenwerten Geschäftsmann, in Wirklichkeit jedoch Zuhälter und Falschspieler; Cornaro, den venezianischen Libertin von ausgesuchter Grausamkeit; Cordelli, den neapolitanischen Händler ohne Sitten und Grundsätze; Zanetti, die schreckliche Sappho Venedigs; Vespoli, den monströsen Direktor einer Anstalt, in der die Verrückten zu Opfern seiner lüsternen Tyrannei werden. Auch Gestalten aus anderen Büchern Sades treten auf, zum Beispiel der geistreiche Benediktinermönch Severino aus *Justine*, der herkulische Wüstling und große Geist, dessen Maximen unerschütterlich sind. (»Wir kennen keine andere Gerechtigkeit als die unserer Lüste; wir lassen keine anderen Gesetze zu als die unserer Leidenschaften;

unser einziges Prinzip besteht darin, alle Prinzipien der Menschen zu verletzen; die Religion verdient nur Verachtung.«)

Aber man findet in *Juliette* auch reale Personen, die mit lobenden Worten vorgestellt werden, so etwa Giuseppe Iberti, einen römischen Gelehrten, dem Sade wirklich begegnet ist und von dem er eine ganze Dokumentation über die abwegigsten italienischen Sitten erhalten hat (von Sade kompromittiert, hätte Iberti dann beinahe die größten Unannehmlichkeiten mit dem Hl. Stuhl bekommen).

Weitere Personen, die Sade auf dieser Reise kennenlernt und die Spuren hinterlassen, sind Dr. Mesny, der Arzt des Großherzogs in Florenz, oder der Chevalier de Donis, ein florentinischer Patrizier, der in der Nachbarschaft von Lacoste ein Landgut besitzt. Er ist es, der D.A.F. rät, sich eine italienische Geliebte zu nehmen, aber es scheint, daß der Reisende in dieser Zeit eher intellektuelle als affektive Absichten hat. Am liebsten sind ihm Beziehungen von Literat zu Literat, von Gelehrtem zu Gelehrtem oder Wißbegierigem zu Wißbegierigem (was jedoch »Glücksfälle« in Gasthäusern nicht ausschließt, ebensowenig wie Zwischenfälle mit Geschäftsträgern, diensthabenden Offizieren oder französischen Diplomaten – Zwischenfälle, die unvermeidlich sind bei einem Mann, der seine wahre Identität verbirgt). Das Ergebnis ist ein ganzes Netz von gelehrten Auskünften und Korrespondenzen, so recht im Geiste der Epoche. Die *Italienreise*, ein sehr gut dokumentiertes, geplantes und gegliedertes Werk, ist geprägt davon.

Dieses Werk bezeugt auch – ebenso wie der Roman *Juliette* – eine echte und starke Zuneigung de Sades zum Italien der Künste und des Schönen. Wenn er mit den Augen Juliettes die Meisterwerke der Malerei und Skulptur in der Galerie des Großherzogs von Florenz – dem Palast der Uffizien – entdeckt und beschreibt, gelingen ihm herrliche Verschmelzungen von Erotik und Ästhetik. Und als er das Land verläßt, vergißt er nicht, Truhen voller klassischer und moderner Erinnerungsstücke mitzunehmen – genau wie Clairwil und Juliette: »Da wir viele Büsten, Mosaike, antike Marmorplastiken und Steine vom Vesuv gekauft hatten, brachten wir einen doppelten Boden in den Truhen an und versteckten unsere Schätze dazwischen; diese List war von Erfolg gekrönt.«

Die ganze Italienreise ist eine List. Ein Jahr weit entfernt von allen Aufregungen Lacostes: vielleicht das beste Mittel, die Atmosphäre lastender Ungewißheit zu reinigen. Vergessen konnte einsetzen, Überdruß sich verflüchtigen. Selbst die Präsidentin gibt auf. Sie verkündet, sie habe mit den Mißgeschicken des Schwiegersohns nichts mehr zu tun, und schreibt alle Schuld den »ewigen Rückfällen« zu, was durchaus richtig ist und der allgemeinen Stimmung entspricht. Wenn der Marquis nicht da ist, geschieht auch nichts Verdrießliches.

211

Einige Ereignisse zeigen allerdings, daß die Folgen seiner Handlungen weiterbestehen: das traurige Schicksal Nanons, die das vorzeitig geborene Kind bald wieder zu Grabe tragen muß; die Flucht des Mädchens, das zuerst in Saumane, dann in Mazan Unterschlupf gefunden hat... All dies ist höchst unerfreulich und belebt immer von neuem Klatsch und Gerüchte.

Aber die Marquise kämpft weiterhin für ihren Mann. Sie will nicht nur den neuen Gefahren, die ihm drohen, vorbeugen, sondern möchte auch die Aufhebung des Urteils von Aix erreichen, um die unheilvolle Situation ein für allemal zu beenden. Mit Unterstützung des Advokaten Reinaud macht sie unermüdlich Eingabe auf Eingabe, während ihr Gatte auf Reisen ist.

Mit seiner Rückkehr beginnt jedoch alles von neuem. Bei seiner Ankunft in Frankreich im Juni 1776 geht zwar eine Zeitlang das Gerücht um, er sei fromm geworden (ein Gerücht, das immer wieder auftaucht; vielleicht setzt er es absichtlich in Umlauf, oder es entspricht einem unbewußten Wunsch seiner Umgebung), doch die Tatsachen strafen diese Hoffnung bald Lügen. Eine neue Affäre wird ruchbar, heizt die Emotionen auf bis zum Siedepunkt: die »Affäre Trillet«.

Ein reformierter Franziskaner namens Durand, an den sich D.A.F. aus unerfindlichen Gründen gewandt hat mit dem Wunsch, eine Köchin für Lacoste zu finden, schlägt ihm ein zweiundzwanzigjähriges

212

Mädchen vor, Catherine Trillet, deren Vater als Deckenweber in Montpellier lebt (nach seiner Rückkehr war der Marquis in dieser Stadt und hat dort den Pater Durand kennengelernt). Der gute Franziskaner verbürgt sich für die Ehrbarkeit des Schloßherrn und versichert, das Schloß sei, was die Sitten angehe, »ein regelrechtes Kloster«. M. Trillet ist's zufrieden und unterschreibt den Einstellungsvertrag seiner Tochter, der gute Bezahlung vorsieht. Catherine kommt aufs Schloß, und man nennt sie dort offenbar Justine.

Die langen Nächte des Winters 1776/77 brechen an. Schwierigkeiten, Geldsorgen, Langeweile. Die Dämonen kehren zurück. Catherine ist zwar nicht direkt betroffen, aber ihr Vater wird wenig später – als er versucht, sie wegen gewisser Vorkommnisse, die ihm verdächtig sind, wieder zu sich zu nehmen – einen Bericht abfassen, in dem er folgende Ereignisse in allen Einzelheiten festhält:

– Am Vorweihnachtsabend treffen nachts im Schloß vier Personen ein, die auf Verlangen des Marquis von Pater Durand eingestellt worden sind: ein Sekretär, ein Perückenmacher, ein Zimmermädchen und eine Küchenhilfe.

– Man setzt allen Neuankömmlingen Essen vor und gibt dann jedem ein eigenes Zimmer.

– Nachts geht der Marquis zu ihnen und versucht, »sich an ihnen zu vergreifen, wobei er gleichzeitig Geld anbietet«.

– Die überraschten oder erschreckten Ankömm-

213

linge brechen, mit Ausnahme der Küchenhilfe, am
nächsten Morgen wieder nach Montpellier auf, in
Begleitung des Paters Durand und des Fuhrmanns,
der sie zum Schloß gebracht hat.

– Zurück in Montpellier setzen sie Trillet in Kenntnis, der sich natürlich Sorgen macht um seine Tochter.

Wieder einmal befinden wir uns mitten in einer Mischung aus Vaudeville und Schauerroman. Sade
streitet alles ab. In seiner Antwort auf den Bericht
Trillets sagt er, daß er »irrsinnig« sein müsse, um in
seiner Situation derartige Unvorsichtigkeiten zu begehen. (Irrsinnig? Um diese Frage kreiste wohl die
gesamte Debatte.) Er fügt hinzu, daß die Personen,
denen gegenüber er diese merkwürdigen Absichten
gehegt haben soll, »wahre Ausgeburten an Häßlichkeit« seien.

Nun wissen wir aber, daß »Ausgeburten an Häßlichkeit« Sade noch nie abgeschreckt haben; Häßlichkeit und Schmutz sind bei ihm nicht verbannt
aus dem Bereich der Erotik, im Gegenteil. Wenn es
ihm aber zupaß kommt, kann er, was die physischen
Reize betrifft, sehr kleinlich sein. Und als er sich
später Trillet, der seine Tochter aufs heftigste verteidigt, entgegenstellt, bestreitet er einen Punkt besonders lebhaft: die Behauptung des Deckenwebers,
seine Tochter sei »sehr hübsch« (wer weiß, ob diese
Behauptung auf Vaterliebe zurückzuführen ist oder
auf den Wunsch, die Preise hochzutreiben).
Jedenfalls trifft Trillet wenige Tage nach diesen

214

Vorkommnissen auf dem Schloß ein; er ist außer sich und entschlossen, Catherine-Justine mitzunehmen. Man bereitet ihm einen schlechten Empfang. Es kommt zu einem heftigen Wortwechsel zwischen ihm und dem Marquis. Catherine wirft sich ihrem Vater in die Arme, aber wohl eher, um ihn zu beruhigen. D.A.F. weist darauf hin, daß sie in seinen Diensten äußerst zufrieden sei und über nichts zu klagen habe. Er reißt sie aus Trillets Armen, zieht sie fort und schließt sie in ein Zimmer ein mit der Bemerkung, daß sie vorläufig immer noch seine Köchin und von ihm engagiert sei, und falls die Angelegenheit geregelt werden müsse, dann auf andere Art und Weise. Er beleidigt und bedroht Trillet, behandelt ihn von oben herab. Der verliert die Geduld und gibt auf Sade einen Schuß ab, verfehlt ihn aber. Er läuft ins Dorf, wiegelt die Einwohner Lacostes auf, kommt mit vier Männern zurück und gibt im Hof einen zweiten Schuß ab.

Hier ist sicher mehr Furcht als Bösartigkeit im Spiel. Aber das Blut ist in Wallung geraten, und als Sade von den Ereignissen berichtet, gibt er an, daß es sich keineswegs um einen Spaß gehandelt habe:

»...Während ich diese letzten Worte aussprach, erschien der Schurke auf der Schwelle des großen Tors und gab im selben Augenblick, ohne Warnung oder irgendein Zeichen, einen Schuß auf mich ab... aber zu meinem Glück ist nur der Zünder losgegangen. Gleich darauf hat er die Flucht ergriffen.«

Für diese zweite Phase der Auseinandersetzung gibt

215

es Zeugen, einige Männer aus Lacoste. Einer von ihnen hat Angst bekommen, läuft in die Dorfschänke und schlägt dort Lärm; man umringt ihn, hört ihm aufmerksam zu.

Einige Tage später legt er eine Aussage nieder. Der Generalbevollmächtigte in Aix wird eingeschaltet. In Lacoste finden Ermittlungen und Anhörungen statt. Sade vertritt die These, man müsse von Rechts wegen Trillet verhaftet. Aber alles wendet sich gegen ihn; nur ein Tropfen hat noch gefehlt, um das Faß zum Überlaufen zu bringen. Nun ergießt sich ein ganzer Strom von Schändlichkeiten, verstärkt durch die pathetischen, theatralischen Gesten eines verhöhnten Vaters. Der Marquis sieht in all dem nur Intrigen und Aggressionen – ein abgekartetes Spiel, um ihn zugrunde zu richten. Und die Einwohner Lacostes sind zu »Halunken« geworden, die man »aufs Rad spannen« sollte.

Trifft er aus dieser Stimmung heraus Ende Januar 1777 die Entscheidung, nach Paris aufzubrechen? Eine größere Unvorsichtigkeit hätte er nicht begehen können. Seine Frau, die ihm weiterhin wachsam zur Seite steht, folgt ihm, und zwar – die Ironie will es – in Begleitung von Justine-Catherine, die nicht nach Montpellier zurück wollte.

Das erste, was Donatien in der Hauptstadt erfährt, ist die Nachricht vom Tod seiner Mutter; die Comtesse und Witwe war drei Wochen zuvor gestorben. Irgend etwas schlägt um. Vielleicht geht die Kindheit verloren.

Der Abbé Amblet empfängt seinen ehemaligen Schüler freundlich und großmütig. Aber der Inspektor Marais liegt auf der Lauer; er hat diese Beute nicht vergessen. Er ist es, der Donatien am 13. Februar 1777 im Hôtel de Danemark in der Rue Jacob verhaftet und ihn in den Bergfried von Vincennes bringt, wo Sade noch am selben Abend auf die Liste der Gefangenen gesetzt wird. Er ist sechsunddreißig Jahre alt. Zugleich mit seiner Kindheit geht auch seine Freiheit verloren.

10

MADAME DE SADE

Einem japanischen Schriftsteller, Yukio Mishima, verdanken wir die wohl hellsichtigste und angemessenste aller Betrachtungen, zu denen Renée-Pélagie de Montreuil, Marquise de Sade, inspiriert hat. Eine rätselhafte Person. Das war es, was Mishima reizte, und er wußte, daß sein Theaterstück – ein sehr schönes, sehr tiefgründiges und harmonisches Stück –, wenn es den Titel *Madame de Sade* trug, auch die dunklen Seiten des Marquis ins wechselnde Licht der Bühne tauchen müßte: »Ich hatte den Eindruck, daß etwas zugleich sehr Wahres und sehr Unverständliches hinter dem Rätsel aufschien, und ich wollte die Person de Sades im System dieser Bezüge betrachten.« (Der Marquis selbst tritt nicht auf; das Stück enthält nur Frauenrollen, wurde aber auch schon mit ausschließlicher männlicher Besetzung aufgeführt.)
Erster Akt: Renée erscheint im Hintergrund der Bühne, gekleidet in ein langes Cape – ihre Reisekleidung –, geht auf ihre Mutter zu und sagt: »Ich hielt es dort nicht mehr aus, so bin ich unverrichteter

Dinge aufgebrochen. Kein Tag ohne Regen in La-
coste, stellen Sie sich das vor. Setzte ich den Fuß vor
die Tür, traf ich auf haßerfüllte Blicke, Flüstern.
Drinnen war ich von morgens bis abends allein.
Nachts huschten die Schatten der Fackeln über die
Mauern, Fledermäuse flogen auf, Eulen riefen...
Welch Bedürfnis, Sie zu sehen, Mutter, und Ihnen
mein Herz auszuschütten, sei's auch nur für einen
Augenblick. Wenn Sie wüßten, wie ich die Pferde
antrieb auf dem Weg nach Paris...«

Dieses Geständnis ist nur Vorspiel zu dem längeren,
das im Zentrum des ersten Aktes steht und in dem sie
sich alles von der Seele redet: »Seien Sie unbesorgt,
Mutter... Ich wollte Ihnen nur sagen: wenn mein
Gatte ein Ungeheuer des Lasters ist, muß ich zum
Ungeheuer der Treue für ihn werden. Muß ich wiederholen, daß ich von Angesicht zu Angesicht lebe
mit einem Namenlosen? Für die meisten Sterblichen
ist Donatien ein Mensch, der Verbrechen begangen
hat; für mich sind seine Verbrechen und seine Person
untrennbar, ebenso wie sein Zorn und sein Anmut,
seine Grausamkeit und seine Freundlichkeit. Die
Finger, welche die Peitsche über dem Leib der Prostituierten schwangen, sind dieselben, welche mir
die Seide meines Nachthemds von den Schultern
streiften. Auch der Körper ist überall derselbe, die edlen Lippen, das schöne blonde Haar, die vom Peitschen der Freudenmädchen blutigen Lenden.«
Diesen Gedanken präzisiert sie im zweiten Akt auf
weniger theatralische Weise und mit mehr innerer

219

Konzentration, so als sei sie allein auf der Bühne, seltsam durchleuchtet, an Ort und Stelle festgenagelt.

»Ich habe erfahren, daß das Glück auch im fernsten Winkel der Hölle aufzuleuchten vermag, wie der Goldstaub im Schlamm. Wie sieht das Glück aus für mich? In den Augen der Welt bin ich die Unglücklichste aller Unglücklichen. Ich bin immerzu betrogen worden von einem Mann, der im Gefängnis sitzt und der von allen Seiten beschimpft wird. Wenn ich in guten Verhältnissen lebte, wäre die Lage vielleicht erträglich, aber ich kann nicht einmal für die Unkosten des Schlosses in Lacoste aufkommen. Im letzten Winter ging das Holz aus, und mir blieb, um mich zu wärmen, nur das Bett. Das hatte die seltsame Folge, daß mir der schönste Frühling meines Lebens beschert wurde. Als rund um das Schloß das Gras wieder grün wurde, als Sonnenstrahlen und Vogelgesang auf dem eisigen Parkett erschienen wie große kupferne Trompeten, die durch die ovalen Fenster eingefallen waren, da schöpfte ich neue Hoffnung, und mir schien, die Sünden Donatiens und mein Unglück seien ein und dasselbe. Sind sie denn jemals unterscheidbar gewesen, was denken Sie darüber? Sünden und Unglück erschrecken die guten Leute wie die Cholera, die man sich schon bei bloßer Annäherung zuziehen kann, und sie bilden unerschöpflichen Gesprächsstoff. Innerhalb von sechs Jahren hat mein Unglück die Gipfel der Sünden Donatiens erreicht. Seitdem er im Gefängnis

ist, kann ich seine schreckliche Einsamkeit nach-
empfinden, als wäre ich an seiner Stelle. Ich habe
auch verstanden, daß er – gleichgültig, wie weit er
die Niedertracht seiner Ausschweifungen getrieben
hat – immer auf der Suche nach etwas Unmögli-
chem war; und wie groß auch die Zahl der Männer
und Frauen gewesen sein mag, die er an seinen Ex-
zessen teilhaben ließ: er war der einzige, der das Un-
mögliche auf sich nahm. Donatien hat nie jemanden
geliebt; nicht einmal Sie.«

Dieses *Sie* ist an die Schwester gerichtet, an Anne-
Prospère. Die Schauspielerin, die diese Rolle spielt,
zuckt bei Renées hoffnungslosen Worten nicht mit
der Wimper und antwortet ruhig: »Sie ebensowenig,
Schwester.«

Renée erwidert nur: »Dies ist vielleicht der Grund,
warum unsere Streitigkeiten mit einer Versöhnung
endeten.« Es ist ein Moment der Klarheit und des
Schweigens, der Reinheit, und die Stimmen, die
Mishima seinen Personen gibt, sind wirklich die der
Versöhnung.

Bis zum Ende des Aktes, an dem Mme de Montreuil
ihre Tochter in die Enge treibt und sie zwingen will,
über die eigenen Bekenntnisse hinauszugehen, indem sie grausam enthüllt, was bei der Episode mit
den »kleinen Mädchen« geschah:

»MONTREUIL: Hör mich an, bis zum Ende. Donatien
trug, im überheizten Saal, eine Cape aus schwarzem
Samt, das die weiße Haut seiner Brust freigab. Die
fünf Mädchen und der junge Bursche, alle nackt,

stürzten verzweifelt von einer Ecke in die andere im Versuch, seiner Peitsche zu entgehen, und flehten um Gnade. Aber der lange schwarze Riemen fuhr durch die Luft und knallte wie der Flug von Schwalben unterm alten Vordach des Schlosses. Und du...

RENEE: Ah!! (Sie birgt das Gesicht in den Händen) MONTREUIL: Du hingst nackt, an den Händen gefesselt, vom Kronleuchter herab. Blutstropfen schimmerten auf deiner vom Schmerz tauben Haut wie Regentropfen auf Blumenblättern. Mit der Peitsche drohend befahl der Marquis dem Burschen, den Leib der Marquise zu reinigen. Der Junge, kaum größer als ein Kind, mußte auf einen Stuhl steigen und sich an das lebende Pendel klammern. Mit der Zunge hat er dann (sie streckt die Zunge heraus) jeden Zoll deines Fleisches gesäubert. Und es war nicht nur Blut, was er leckte... (sie schweigt einen Augenblick lang) Renée... (sie nähert sich der Tochter, die zurückweicht) Renée...«

Ein bemerkenswerter Dialog, in dem Mishima, mit Hilfe der Fiktion, des Theaters, einen »Moment« im Leben Sades und seiner Frau bloßlegt und bis zum Höhepunkt treibt, einen bis dahin stummen, unbeschriebenen Moment ihrer Biographie. Vielleicht hat es ihn wirklich gegeben – Renée wird wenig später sagen, daß dieser Moment ein-malig geblieben sei: »Nur ein einziges Mal bin ich dazu gezwungen worden, ich schwöre es, und es war meine Treue als Gattin, die mir gebot, mich seinem Willen zu unterwerfen.« Der japanische Schriftsteller hat diesen Moment einer berühmten Episode aus *Justine* nachempfunden, in welcher der Comte de Gernande Genuß daraus zieht, die eigene Frau vor Zeugen zur Ader zu lassen.

Nach dieser Szene bleibt Mme de Sade nur noch eines zu sagen: »Donatien – das bin ich!« Diese Aussage wird sie in der allerletzten Replik des Stückes, während der Vorhang fällt, mit ein und derselben Bewegung bestätigen und widerrufen: als das Zimmermädchen ihr meldet, daß der Marquis, alt und müde geworden, an ihrer Tür klopfe, bittet Renée das Mädchen, ihm zu antworten: »Die Marquise de Sade wird Sie nie wiedersehen.« Ein Schlußpunkt, der weniger einen Bruch ausdrückt als das Mißlingen einer unmöglichen Identifikation.

Mishima ist in seiner Suche und Befragung so weit gegangen, wie es die Bühnenkunst erlaubte.

Eine Passage im Dialog verdient einen kurzen Rückblick. Es ist die Stelle, als Renée, bemüht, ihre große Geduld verständlich zu machen, zu Anne-Prospére sagt: »Die Beharrlichkeit der Frau vermag alle Foltern der Hölle in eine einzigartige Rose zu verwandeln.«

Die Beharrlichkeit der Frau? Dies scheint die augenfälligste, dauerhafteste, abgesichertste Eigenschaft zu sein, die man Renée-Pélagie zugesprochen hat. Beharrlichkeit oder Duldsamkeit? Die beiden Begriffe treffen sich, ohne sich zu überschneiden, und man denkt in diesem Zusammenhang an den großartigen Text von Lucette Finas mit dem Titel *Das unverwüstliche Weibliche,* der – im Rahmen eines Kommentars zu *Faxelange,* einer der Erzählungen aus *Verbrechen der Liebe* – diesen Aspekt der »Sadeschen« Frau herausstreicht.

»Über das gesamte Sadesche Werk hin«, schreibt die Autorin, »ist es die weibliche Duldsamkeit einer gewissen Zahl von Personen – von Frauen *und* Männern – die die Dauer der Erzählung oder des Romans bestimmt. Warum sollte man sie weiblich nennen, die Duldsamkeit ebenso wie die Unverwüstlichkeit, wenn nicht, um daran zu erinnern, daß es die Frau ist, die erträgt, erduldet, erleidet, und um auf den Moment hinzuweisen, da diese Schwäche sich in Stärke verwandelt. Das unverwüstliche Weibliche läßt sich auf zwei Weisen deuten: als Unzerstörbares des vom Weiblichen geprägten Textes, aber auch – auf paradoxe und parodierende Weise – als das im selben Text unzerstörbare Bild von Weiblichkeit.«

Diese Beobachtung trifft genau auf Mlle de Faxelange zu, die ein abscheulicher Gatte und Verführer von ihrer Familie weggerissen hat und die Unglück über Unglück durchmacht. Und diese Beobachtung trifft ebenso auf Renée-Pélagie zu, diese Heldin der Beharrlichkeit und der Identifikation.

Eigentlich der Inbegriff der *Gattin,* gemäß Sade. Es ist seltsam und bemerkenswert, daß hier die Realität »reiner«, »vergeistigter« ist als die Fiktion. Denn in der Sadeschen Sammlung imaginärer Situationen

224

hat die Gattin die schlechteste Position, wird am schlimmsten mißhandelt. Auch Roland Barthes hat dies hervorgehoben: »Die letzte Klasse, die Klasse der Parias, ist den Gattinnen vorbehalten.« Das macht Sade in seiner Einleitung zu den *Hundertzwanzig Tagen* eindeutig klar, wenn er über die Ehefrauen der Libertins schreibt: »Die vier Gattinnen haben keinerlei Vorzug vor den anderen Frauen; im Gegenteil, sie werden stets mit mehr Strenge und Unmenschlichkeit behandelt und sehr häufig für die schmutzigsten und anstrengendsten Arbeiten verwendet, z. B. zur Reinigung der allgemeinen Toiletten und der besonderen in der Kapelle. Die Toiletten werden nur jeden achten Tag geleert, aber immer von ihnen. Und sie werden streng bestraft, wenn sie sich weigern oder es mangelhaft durchführen.« Man kennt das System Sadescher Perversion: immer sucht er den besten Angriffspunkt für seine Übertretungen. In diesem Fall also ersetzt er Respekt, Takt und Feingefühl, die man in der bourgeoisen und aristokratischen Gesellschaft den Gattinnen schuldet, durch das genaue Gegenteil: Demütigung und Schande, die Gattinnen als die Niedrigsten und Schmutzigsten unter den Bediensteten. Damit nicht genug. Sie sind ausersehen, sexuelle Gewalt in ihrer gemeinsten, rüdesten Form zu erdulden, so als ob gerade ihr »schamhafter« Status eine radikale Umkehr herausforderte, als ob sie ihre natürliche und soziale Neigung zur Schicklichkeit teuer bezahlen müßten.

225

Ein bezeichnendes Beispiel dafür finden wir wieder in den *Hundertzwanzig Tagen:* Im Haus der Fournier stellt sich ein Mann der höheren Bourgeoisie vor und bittet die Kupplerin, Libertins aufzutreiben, »die sich mit seiner Frau und seiner Tochter vergnügen sollen, vorausgesetzt, er könne sich in einer Ecke verbergen und alles, was man ihnen antäte, mit ansehen.«

Die Stelle ist des ausführlichen Zitierens wert, weil sie exemplarisch ist für den sehr überlegten, berechneten Ton, den Sade bei der Beschreibung derartiger Szenen oft anschlägt:

»Am nächsten Tag brachte er mir seine Ware: die Gattin war etwa sechsunddreißig Jahre alt, nicht sehr hübsch, aber groß und schön gewachsen und von sehr sanfter und bescheidener Art... ›Wahrlich‹, sagte die Frau, ›Sie zwingen uns da zu Dingen...‹ — ›Es tut mir sehr leid‹, erwiderte der Wüstling, ›aber ich versichere Ihnen, daß es sein muß; finden Sie sich damit ab, denn unter keinen Umständen werde ich darauf verzichten. Und sollten Sie sich auch nur im geringsten den Vorschlägen und Handlungen widersetzen, denen wir Sie unterwerfen werden, so bringe ich Sie beide morgen auf einen abgelegenen Besitz, von dem Sie Ihr Lebtag nicht wiederkehren werden.‹ Die Frau vergoß einige Tränen, aber da der Mann, für den ich sie bestimmt hatte, bereits wartete, bat ich sie, den vorgesehenen Raum zu betreten, während ihre Tochter einstweilen in Sicherheit in einem anderen Zimmer bei meinem Mädchen warten sollte, bis die Reihe an sie käme. In diesem grausamen Augenblick flossen die Tränen der Frau heftiger, und ich sah wohl, daß es das erste Mal war, daß der brutale Mann derartiges von ihr verlangte. Unglücklicherweise würde der Anfang hart für sie sein, denn der Mann, dem ich sie auslieferte, war, abgesehen von seinen seltsamen Gelüsten, ein schroffer, gebieterischer alter Libertin, der sie nicht sehr zuvorkommend behandeln würde. ›Vorwärts, keine Tränen mehr‹, sagte ihr Mann beim Eintreten, ›vergessen Sie nicht, daß ich Sie beobachte, und wenn Sie dem ehrenwerten Herrn, dem man Sie anvertraut, nicht in allen Stükken gehorchen, so komme ich selbst, um Sie dazu zu zwingen.‹ Wir begaben uns also, der Gatte und ich, in das Nebenzimmer, von wo man alles sehen konnte. Sie können sich nicht vorstellen, in welche Wallung der alte Schurke geriet, als er mit ansah, wie seine unglückliche Gattin zum Opfer der Brutalität eines Unbekannten wurde. Er ergötzte sich an jeder Einzelheit, die von ihr verlangt wurde; die Schüchternheit und Unerfahrenheit dieser bedauernswerten Frau, welche durch die scheußlichen Methoden des genußsüchtigen Libertins gedemütigt wurde, bildeten für ihn ein köstliches Schauspiel.«

Es folgen Abscheulichkeiten, deren Einzelheiten hier unwichtig sind. Wichtig ist der präzise, genau beschriebene (und ins Extrem getriebene) Akt des ehelichen »Sadismus« (der Ausspruch Bretons:

»Sade ist Surrealist im Sadismus«, trifft auch hier zu), der die oben erwähnte kritische Betrachtungsweise des »Gattinnenstatus« verdeutlicht. Diese führt zu erschreckenden Phantasmen, ist aber doch nicht so losgelöst von der Realität, wie man glauben möchte, denn sie ist entstanden in einer Gesellschaft, in der die Tyrannei des Gatten fast die Regel ist. Man denke an die drohenden Worte des perversen Ehemanns zu seiner Frau: wenn sie und ihre Tochter nicht gehorchten, würden sie auf einen »abgelegenen Besitz« gebracht, von dem sie nicht lebend wiederkämen. Die Berichte jener Epoche sind voll von solchen Drohungen und Zwängen; man muß sich nur das von Isabelle Vissière zusammengestellte Dossier in ihrem Buch *Frauenprozesse zur Zeit der Philosophen* ansehen, um eine Idee von der prekären Situation der Gattinnen in einem Jahrhundert vermeintlicher Aufklärung zu bekommen. Die zahlreichen Affären, die in diesem Werk wiedergegeben werden, sind mehr als erhellend, und das Vorwort macht uns zu Recht aufmerksam auf den »archaischen Charakter des Frauenstatus, der mit dem emanzipatorischen Ideal der Aufklärung so wenig übereinstimmt.« Da ist man kaum überrascht, wenn Sade, entsprechend seiner konsequenten Logik, das Übel gegen das Übel wendet und aus dem Übelsten Profit schlägt, wahnhaften, phantastischen Profit.

Es ist leicht, in seinem Werk andere Episoden dieser Art zu finden. Da gibt es zum Beispiel den bereits zitierten Fall der Comtesse de Gernande, bei dem die sexuelle Aggression gegen eine Gattin, die absolut unterworfen ist, bis zum Delirium gesteigert wird. Und mehr noch: die Comtesse wird fachkundig in einem Zustand der »Verfügbarkeit« gehalten durch Pflege, »beständige Instandsetzung« und ausgewählte Nahrung, die ihr Kraft und Frische zurückgeben sollen, damit sie neuen Qualen ausgesetzt werden kann, die immer mit der härtesten enden, der des Blutabzapfens und des Aderlasses. Nachdem sie vor den Augen zweier junger Burschen, den merkwürdigen Pagen dieses demütigenden Rituals, ausgezogen, ausgestellt und auf jede erdenkliche Weise ausgeforscht worden ist, wird sie einem anderen, noch schrecklicheren Ritual unterworfen, einer lautlosen und kontrollierten Grausamkeit, einer Art Opferritual: man fügt ihr, die an den Armen von der Decke hängt, mit Riemen und Bändern gefesselt ist, Schnittwunden zu, die das Blut in Strömen fließen lassen – der einzige Strom, der den anderen hervorrufen kann, den des Spermas. Anders kann sich der Comte nicht von der »flüssigen Glut« befreien, die ihm Geist und Körper verstopft, die seine Raserei und seine Ekstase entzündet. Wahrhaftig eine »ekstatische« Szene (es leuchtet ein, daß Mishima sich darauf bezog, um das innerste Geheimnis der Komplizenschaft der Madame de Sade darzustellen), eine Szene, in der die Idee des Opfers – veranschaulicht im Bild der Gattin – an die äußerste Grenze getrieben wird. Trotz allem ist es ein Bild von düsterer

229

Schönheit. Es gibt andere Situationen im Werk Sades, in denen die Gewalt des Mannes gegenüber seiner Frau weniger extrem inszeniert wird, sich einfach in vorsätzlichen Mißhandlungen äußert, die genährt werden von einem mörderischen Feuer: in *Juliette* etwa, wenn Noirceuil, zusammen mit Saint-Fond und D'Albert, seine Gattin Mme de Noirceuil »tausend Qualen« aussetzt, die ihr keinen Ausweg lassen als den Tod. D'Alberts zynischer Kommentar angesichts ihrer Leiden, an der sich die drei Wüstlinge aufgeilen: »Madame ist viel zu vernünftig, um nicht einzusehen, daß eine Frau, die Respekt und Zartgefühl ihres Gatten verloren hat, die ihn anwidert und der er überdrüssig ist, einfach verschwinden sollte.«

Glücklicherweise stehen die Dinge zwischen Sade und seiner Gattin anders. Es deutet alles darauf hin, daß er ihr mit Respekt und Zärtlichkeit begegnet, zumindest in der Zeit, die uns hier interessiert. Das würde das loyale Verhalten der Marquise erklären, ungeachtet der Verletzungen und Demütigungen, die sie ertragen muß. Vermutlich sind dabei aber auch zweideutigere, komplexere Formen des Verständnisses im Spiel, wie Mishima sehr genau gesehen hat. Sicher ist jedoch, daß Mme de Sade niemals die Rolle der Gattin, wie Sade sie in seinem Werk darstellt, einnehmen wird. Sie ist immer geschützt, auch in den schlimmsten Situationen, und möglicherweise ist es gerade ihre »Sadesche« Intelligenz, die sie vor dieser Rolle bewahrt. Zweifellos aber auch ihre Güte, ihre Großzügigkeit und vor allem wohl das Gefühl, *Gattin* zu sein – »in guten wie in schlechten Tagen« –, Gattin eines ungewöhnlichen Mannes. Mit der Zeit wird sich die Beziehung abnutzen, durch Gewohnheit, durch die langen Gefängnisstrafen des Marquis. Doch vorerst besteht zwischen ihnen ein spannungsvolles Gleichgewicht. Ein außergewöhnliches Paar.

Lassen wir einige der bisherigen Episoden ihres gemeinsamen Lebens Revue passieren. Ein Bruch zwischen ihnen wäre nach der Affäre von Marseille, als Donatien mit seiner Schwägerin nach Italien flüchtete, am wahrscheinlichsten gewesen. Die Präsidentin von Montreuil hat diesen Familienskandal nie ganz verkraftet; Renée-Pélagie dagegen scheint damit fertig geworden zu sein, hat offenbar auch die Ressentiments, die sie gegenüber ihrer jüngeren Schwester vielleicht empfunden hat, überwunden. Das Ganze ist geschehen, aber es gehört zu den Ereignissen, die man besser »in Schweigen hüllt«. Das ist der Ausdruck, den Renée-Pélagie vor den Richtern von Aix gebraucht, die Näheres über die Umstände von Donatiens Ausbruch aus der Festung von Miolans erfahren wollen und sie auch über seine italienische Eskapade befragen. In einem Brief an Gaufridy vom Juli 1774 schreibt sie, der Richter habe die Gründe, »über diesen Punkt zu schweigen«, sofort eingesehen.

Sie wird weiterhin schweigen und erst Jahre später, als Sade in der Bastille einsitzt, in einem Brief an ihn

231

(1787) den Seufzer ausstoßen: »Das Schweigen, das ich mir auferlegt hatte, um Dir gegenüber, zärtlicher Freund, die Schwester nicht mehr zu erwähnen, war von der Vernunft diktiert...« Aber zu jenem Zeitpunkt ist Anne-Prospère schon acht Jahre tot und alles längst »verjährt«. Solange Anne-Prospère noch lebte, blieb Renée diskret, zeigte keinerlei Aggressionen.

Mme de Sade verdrängt also ihre Bitterkeit und konzentriert sich auf die Pflichten gegenüber ihrem Mann; dazu gehören auch die elementaren materiellen, häuslichen Pflichten: die Sorge für seinen Unterhalt und seine Ausstattung, während er in Miolans ist, für seine Kleidung und Wäsche. Und wir erinnern uns, daß sie sich eines Tages noch in anderer Weise mit dieser Kleidung befaßt: für ihre Reise nach Miolans.

Dieser Auftritt der als Mann verkleideten Marquise ist eine ergreifende Episode, ist mehr als ein simpler Versuch, ihn heimlich zu besuchen, das zum Scheitern verurteilte Bemühen, die Mauern zu überwinden, die sie von ihrem Gatten trennen, ist mehr als ein verrücktes Abenteuer, das sie trotz aller Warnungen und Verbote unternimmt: er ist auch ein Sinnbild der Beharrlichkeit Mme de Sades und erinnert in merkwürdiger Weise an den Auftritt der maskierten Donna Elvira im ersten Akt des *Don Giovanni*. Und wenn wir einmal mehr den Marquis mit Don Juan und in gleichem Maß Mme de Sade mit Elvira vergleichen, so ist das kaum an den Haa-

232

ren herbeigezogen: die Verkleidung, die Maske sind Inbegriff von Verfolgung und Flucht, die in ein und derselben Geste verschmelzen.

Im Gegensatz zu Elvira jedoch *plädiert* Mme de Sade statt anzuklagen. Man kann sich Gedanken machen, inwieweit sie ihren Mann wirklich »versteht« – unleugbar ist aber, daß ihr Vorgehen, zumindest ihr Verhalten in der Öffentlichkeit, einen Sinn für das Richtige, ja das Gerechte bezeugt. Zum Beispiel schreibt sie sie – am Tag nach ihrer fehlgeschlagenen Expedition nach Miolans – in einer Bittschrift an den König von Sardinien, daß ihr Mann nicht mit jenen Schurken verwechselt werden dürfe, die man aus der Welt schaffen sollte: »Eine zu lebhafte Phantasie hat, Sire, ein Vergehen geschaffen, die Voreingenommenheit hat es zum Verbrechen gemacht, die Gerechtigkeit hat ihren Donner grollen lassen: und wozu all das? Wegen einer Jugendtorheit, die weder dem Leben noch der Ehre, noch dem guten Ruf der Bürger geschadet hat...«

Mehr wäre weniger gewesen: Wahrheit und Einfachheit haben der Marquise die Feder geführt.

Daß die Präsidentin ihrer Tochter die Aufgabe nicht erleichtert hat, erwähnten wir schon. »Mimetische Rivalität«, wie René Girard sagt, bestimmt ihr Verhältnis zu Renée-Pélagie. Um ihretwillen fühlt sie sich verhöhnt – insbesondere zum Zeitpunkt der »Entführung« Anne-Prospères –, aber unbewußt nimmt sie wohl den Platz der Gattin ein. Hat Renée-

Pélagie das intuitiv erfaßt? In ihrem Brief an Gaufridy von 1774 spielt sie auf eine Person an, die ihr
gesagt hätte, die Präsidentin »liebe M. de Sade bis
zum Wahnsinn«, was sie aber nicht besonders zu beunruhigen scheint. Ihr geht es nicht darum, sich auf
diesem Gebiet mit der Mutter zu messen, sondern
darum, deren besessenen Versuchen, den Marquis
auszuschalten, Widerstand zu leisten. Darin gibt sie
nicht nach, ist vollkommen solidarisch mit ihrem
Mann. Offen widersetzt sie sich der Präsidentin,
trotzt ihr in langen Briefen, leitet im Châtelet ein
Verfahren gegen sie ein, läßt sich von ihrem Toben
nicht einschüchtern und stellt sich der gesamten Familie, die Mme de Montreuil gegen Donatien zu-
sammengeschlossen hat, entgegen. Das verlangt
Mut, und Mut hat sie. Geht ihre Solidarität noch
weiter, bis hin zu einer ambivalenten Komplizenschaft? Die Affäre der »kleinen Mädchen« läßt einen solchen Schluß zu, aber das hieße, in die kom-
plexen Mäander ihrer Seele einzudringen. Sie erlaubt niemandem, ihr intimstes Verhalten zu beurteilen. (»Welche Schauergeschichten diese Kreatur
über mich verbreitet!« schreibt sie an den Abbé de
Sade über das Mädchen, das man in seine Obhut gegeben hat.)
Auch ihm, dem Abbé, muß sie übrigens nicht selten
die Stirn bieten, da er überzeugt ist, sie werde »von
einem Verrückten beherrscht, der sie an sich gefesselt« habe.
Vor allem aber tritt sie an die Öffentlichkeit, führt

unermüdlich Feldzüge gegen »Verleumdung« und »Fälschung«, wie sie es nennt. Bei jeder neuen Affäre setzt sie sich in Bewegung, verausgabt sich, sucht Anwälte und Richter auf. Das »unverwüstliche Weibliche«, wahrhaftig. Auf juristischer Ebene handelt sie ebenso energisch wie auf der häuslichen: sie ist überall zugleich, unterstützt von Catherine-Justine oder vom Diener La Jeunesse, dem sie Botschaften anvertraut; und als sie der Meinung ist, daß er nicht gut genug gekleidet ist für einen Besuch in Aix, läßt sie ihm »einen Rock in der Farbe der Pfirsichblüte«, »einen Übermantel aus grauem Ratiné und eine schwarze Bundhose« anfertigen.

Soweit Mme de Sade. Präsent an allen Fronten, zu einer Zeit, da es um die Finanzen immer schlechter steht, da die Gläubiger ungeduldig werden, da es manchmal sogar an Holz zum Heizen mangelt und an Kleidung, um sich gegen die Kälte zu schützen. Aber sie gibt nicht auf, läßt sich von den geradezu unglaublichen Lebensumständen nicht entmutigen.

War die junge Frau von guter und »schicklicher« Erziehung auf all das vorbereitet? Jedenfalls »steht sie ihren Mann«. Die Zukunft wird ihren Charakter noch mehr auf die Probe stellen, wird die Grenzen ihrer Geduld sichtbar machen und die dieser prekären Situation innewohnenden Widersprüche aufbrechen lassen. Die Gegenwart aber zeigt sie, um den Begriff aus der Theaterwelt zu wiederholen, in außergewöhnlicher *Präsenz*.

Und der Marquis? In *Aline und Valcour* hat er – wandelbar wie immer – die Freuden der ehelichen Liebe gepriesen: »Nein, keine Frau der Welt kommt der eigenen gleich... Sie ist Gattin und Geliebte, Schwester und Göttin...«

11

HINTER SCHLOSS UND RIEGEL

Für das, was nun folgt, fehlt es der Sprache nicht an
Worten: Zuchthaus, Haft, Gefangenschaft, Einker-
kerung, Inhaftierung, Eingesperrtsein. Sie bezeichnen das künftige Schicksal des Marquis und liefern
zweifellos einen der wichtigsten Schlüssel zu seinem
Werk. Die Heftigkeit seiner Reaktion auf diese neue
Lage ist ein Symptom für das Maß der Gewalt, der
er unterworfen wird.

Nach seiner Verhaftung am 13. Februar 1777, die
auf der Grundlage eines königlichen Haftbefehls er-
folgte, wird Donatien sofort in den Bergfried von
Vincennes gebracht und dort in das Zimmer 11 gesperrt, das sich im oberen Stock des Gebäudes befindet – weit weg von allem, von den Menschen, der
Erde... Viele werden darüber so erfreut sein wie der
Onkel, der schreibt: »Der Mann ist verhaftet und in
einer Festung eingeschlossen worden. Endlich habe
ich Ruhe, und ich glaube, alle Welt wird sich darüber freuen.«

In dem Gefangenen aber bäumt sich alles auf; sein
Geist, sein ganzer Körper rebelliert. Ende Februar

schreibt er an seine Frau: »Ich spüre, daß es mir unmöglich ist, eine so grausame Lage so lange zu erdulden. Die Verzweiflung schlägt über mir zusammen. In manchen Augenblicken erkenne ich mich selbst nicht wieder. Mein Blut ist zu heiß, um einen so entsetzlichen Zwang zu ertragen. Meine Wut wird sich gegen mich selbst wenden, und wenn ich nicht in vier Tagen draußen bin, gibt es keine Garantie mehr dafür, daß ich mir nicht den Kopf an den Mauern einrenne.« Eine Woche später, am 6. März, heißt es: »Oh! liebe Freundin, wann wird diese furchtbare Situation ein Ende haben? Großer Gott, wann holt man mich hier heraus? Aus diesem Grab, das mich bei lebendigem Leibe verschlingt? Nichts ist so grauenvoll wie mein Geschick, nichts und niemand könnte meine Leiden ausmalen, könnte die Unruhe, die mich quält, und den Kummer, der mich auffrißt, wiedergeben. Alles, was ich hier habe, sind meine Tränen und meine Schreie, die niemand hört... Wo ist die Zeit, da meine geliebte Freundin sie teilte? Heute habe ich niemanden mehr, mir scheint, die ganze Natur ist mir erstorben!«
Bei aller Beredsamkeit und Rhetorik dieser Briefe: der Schrei, die Verweigerung und der empörte Protest sind echt. In einem weiteren Brief an Renée-Pélagie heißt es sehr viel konkreter: »Ich bin in einem Turm eingeschlossen, hinter neunzehn Eisentüren; das Tageslicht dringt durch zwei kleine Fenster mit jeweils zwanzig Gitterstäben zu mir.« Ins Freie läßt

man ihn äußerst selten und nur »in eine Art Friedhof von vierzig Quadratfuß, der von mehr als fünfzig
Zoll dicken Mauern eingefaßt ist«.

Im August hält er es nicht mehr aus: »Meine Verzweiflung erdrückt mich, ich weiß nicht mehr, was
ich sage und was ich tue. Mut und Kraft haben mich
vollständig verlassen. Und welchen Nutzen soll ich
aus der Lage ziehen, in die man mich gebracht hat?
Keinen, absolut keinen. Mein Blut versauert, mein
Kopf ist überreizt; gleich den Leiden und Härten,
die mich umgeben, verhärtet sich mein Charakter,
entfremdet sich mein Geist...«

Soll man diese Sätze wörtlich nehmen? *Mein Blut
versauert, mein Kopf ist überreizt.* Spürt Sade sie
wirklich, diese Erhitzung der Imagination, die er
den exzessivsten Personen seines Werks so oft zuschreibt und die wie ein unbezwingbarer Fluch des
Körpers erscheint? *Mein Charakter verhärtet sich,
mein Geist entfremdet sich.* Spürt er, wie der Wahnsinn aufsteigt in ihm? Wie der Irrsinn sich ein-
schleicht, der sich immer mehr steigern wird bis hin
zum totalen Delirium aggressiver Grausamkeit? Ist
Sade im Begriff zu durchschauen, was sich in seiner
Psyche abspielt, hellsichtig die Veränderungen – die
»Entfremdungen« – zu beobachten, die er durchmacht?

Wenn es so ist, behält er diese Ahnungen oder Erkenntnisse jedoch für sich. Nach außen hin wird er
sich zu keinem Zeitpunkt »für verrückt erklären«.
Als man ihm wenige Monate später die Möglichkeit

eröffnet, eine Aufhebung des Urteils von Aix zu erwirken, weist er die These geistiger Umnachtung,
die sein Erscheinen vor dem Parlament unnötig gemacht hätte, entschieden von sich.

Mme de Montreuil war es, die schon im Januar 1777
diese These ausgebrütet und verfochten hat. Das
verwundert nicht; verantwortliches und unverant-
wortliches Handeln liegen bei ihr dicht beieinander.
Als man Donatien gefangennimmt, beteuert sie,
nichts damit zu tun zu haben, und Renée-Pélagie
scheint ihr zu glauben: In einem Brief an Gaufridy
schreibt sie, daß dieses Mal ihre Mutter nicht »zornig und aufbrausend« gewesen sei und mit der Verhaftung nichts zu tun habe; sie sei auch »eines Verrats nicht fähig«.

Donatien ist allerdings weiterhin davon überzeugt,
daß sie die Urheberin seines Unglücks ist. (»Wenn
sie mich hier so schikanieren, dann deshalb, weil sie
die grausamen Ansichten Deiner Mutter übernommen haben.«) In Wahrheit ist die Präsidentin wohl
auf der Suche nach einem neuen Ausweg aus dem
Familienskandal, und die Hypothese einer tiefen
Gemütsverwirrung des Marquis scheint einen solchen zu bieten. Die Lage Sades gleicht der eines Un-
ruhestifters von heute, den die Familie nicht im Gefängnis, sondern in einer Heilanstalt untergebracht
sehen will. Der Abbé de Sade war ja der gleichen
Ansicht. (Er stirbt übrigens im Dezember 1777 und
hört damit auf, als Handelnder und Zeuge – er war
ein eifriger Briefeschreiber – in dieser familiären

Komödie aufzutreten. Es bleibt die Erinnerung an einen gebildeten, geistvollen Mann, der sicherlich viel Charme besaß, aber selbst von Schulden und privaten Sorgen geplagt war und daher nur bedingt zum Lehrer von Weisheit und Tugend taugte – was ihm sein Neffe auch beständig unter die Nase gerieben hat.)

Der eingekerkerte Sade spricht unterdessen ausschließlich vom Gefängnis, von unmenschlichen Käfigen (»wilden Tieren, nicht Menschen sollten solche Käfige vorbehalten sein«), von Willkür, ungerechtfertigtem Zwang und unzulässiger Härte. Alles, was ihm bleibt, sind Bitten um ein Feldbett zum Schlafen, um mehr Zeit für Ausgänge, um Mittel gegen Hämorrhoiden, um die Hilfe seiner Frau. Renée-Pélagie ist in dieser schweren Zeit nicht nur Briefpartnerin, sondern engste Vertraute und Trostspenderin. Sie ist es auch, die ihm die wenigen Neuigkeiten mitteilt, die ihm die schönen Tage in Lacoste in Erinnerung bringen. Aber auch schlechte Nachrichten: über die Gothon, die sich über ihr Alleinsein beklagt, da ihr die Männer im Schloß fehlen (vor allem ihr Geliebter La Jeunesse); über die weiteren Auswirkungen der Affäre Nanon; über die Gerüchte, die immer noch kursieren. Neuigkeiten, die für Sade wie aus einer anderen Sphäre zu kommen scheinen.

Auch aus Italien, dem Land seiner glücklichen Eskapaden, treffen Briefe ein, von dem »kleinen Doktor«, dem treuen Iberti, der über Kunstwerke, Sta-

241

tuen (die Venus Kallipygos* im Palazzo Farnese!) und Vergnügungen berichtet. Aber all dies entflieht und verschwimmt. Die Wirklichkeit des Kerkers ist unerbittlich.

Und doch wird Donatien nicht nachgeben. Er wird nicht auf geistige Umnachtung plädieren, sie nicht als Entschuldigung und Alibi benutzen, um einem persönlichen Erscheinen in Aix aus dem Weg zu gehen, wie die Präsidentin es gerne sähe; in diesem Punkt bleibt er fest.

Denn auf juristischem Gebiet sind Fortschritte zu verzeichnen. Sade erhält offiziell die Möglichkeit, gegen das Urteil des provençalischen Parlaments Berufung einzulegen. Am 14. Juni 1778 verläßt er den Bergfried von Vincennes und wird nach Aix gebracht. Inspektor Marais – wer sonst? – »begleitet« ihn auf der sechstägigen Reise. Im königlichen Gefängnis der Stadt findet der Marquis sogar Mittel und Wege, bei einer schönen Gefangenen seine Verführungskünste auszuspielen; »Dulcinea mit dem Spiegel« nennt er sie. Wie man sieht, hat er nichts von seinem Verlangen und seinem Elan eingebüßt. Läßt ihm die Luft der Freiheit schon das Herz klopfen?

Zu früh. Die Prüfung vor Gericht ist streng. Im Kloster der Jakobiner, wo das Parlament seine Sitzung abhält, muß der Verurteilte vor den Richtern niederknien und sich lange Reden über Ausschweifung,

---

* Griech.: »mit schönem Hinterteil«, Beiname der Aphrodite

Päderastie und Sodomie anhören, während draußen die Menge zusammenläuft und schimpft. Dies
ist einer von den Prozessen, bei denen man, will
man die schwerwiegendsten Anklagepunkte aus
dem Weg räumen, nicht geizen darf mit Worten,
Begriffen, physiologischen oder medizinischen
Fakten, schonungslosen Expertisen, Zeugenaussa-
gen. All das ist in die Wege geleitet worden; Ärzte
und Apotheker aus Marseille wurden mobilisiert,
auch die zwei Mädchen aus der Rue d'Aubagne, die
ihre Aussagen berichtigt haben. Der Anwalt, Maître
Joseph-Jérôme Siméon, entwickelt großes Talent,
und der Bevollmächtigte, M. d'Eymar de Montme-
yan, zeigt sich nachsichtig. Sollten sich der Zustand
der französischen Justiz und das Verhältnis zwischen Staatsmacht und Parlament tatsächlich geändert haben?

Am 14. Juli 1778 wird dem Marquis nach öffentlicher Befragung mitgeteilt, daß man nur die Anklagepunkte der Ausschweifung und der maßlosen
Libertinage aufrechterhalte (die schrecklichen, töd-
lichen Worte »Päderastie« und »Sodomie« sind zurückgezogen worden) und daß man ihm folgende
Auflage mache: »Louis-Aldonse-Donatien de Sade
wird in Anwesenheit des Generalbevollmächtigten
ermahnt, in Zukunft mehr Schicklichkeit in seinem
Verhalten an den Tag zu legen.« Freundlicher hätte
man es wohl kaum ausdrücken können. Sicher, man
verbietet ihm den Aufenthalt in Marseille für drei
Jahre, und er muß ein recht üppiges »Almosen« be-

243

zahlen. Aber das Urteil sieht vor, daß ihm »die Gefängnistore geöffnet werden«.

Doch ach, es sind nur Worte! Sade mag frei sein vor dem Gesetz, für das königliche Belieben ist er es noch lange nicht. Die *lettre de cachet*, die ihn nach Vincennes gebracht hat, ist noch nicht aufgehoben, sie gilt weiterhin.

Marais, der das wohl weiß, fängt seinen Schützling am Tor des Gefängnisses ab, setzt ihn in die Kutsche und läßt unverzüglich den Rückweg nach Vincennes einschlagen. Adieu Freiheit, adieu, ihr Träume, adieu, Dulcinea aus Aix!

Für Donatien ist das Maß voll: Wenn man ihm wieder die Freiheit nehmen will, muß er sie erzwingen, um jeden Preis, mit allen Mitteln.

Sie fahren durch Saint-Canat, Lambesc... Holprige Straßen, die Rhône, Remoulins, das Dorf Valliguières. Ein einziger Ausweg: die Flucht. Donatien hat offenbar Begabung dafür, denn auch diesmal gelingt sie.

Valliguières ist ein ruhiger Marktflecken mit einem bescheidenen Gasthaus, in dem die sonderbaren Reisenden einkehren. Donatien wird gut bewacht; nicht nur von Marais, sondern auch von dessen Bruder Antoine-Thomas. Ihre Methoden sind erprobt, trotzdem werden sie einer sehr geschickten Inszenierung auf den Leim gehen. Der Marquis gibt ein Unwohlsein vor, weigert sich, mit ihnen im Gasthaus zu essen, hat dann ein »dringendes Bedürfnis« und entwischt ihnen auf dem Gang, mit der Kerze

in der Hand, nachdem er Antoine-Thomas im Trep-
penhaus zur Seite gestoßen hat. Er erreicht den Hof
des Gasthauses, dann verschluckt ihn die Nacht.
Es ist zehn Uhr abends. Großes Durcheinander.
Pferdestall, Wagenhalle, Keller und Dachboden
werden abgesucht. Nichts. Keinerlei Anhaltspunkte. Man ruft nach der Maréchaussée, doch die
schläft, und die Tore des Marktfleckens sind verschlossen. Am nächsten Morgen, als sie geöffnet
werden, setzen der Inspektor und sein Bruder zwölf
Männer zur Überwachung der Tore ein. Umsonst.
Sade kann mit sich zufrieden sein. Wie andere Helden berühmt gewordener Ausbrüche wird er die Ereignisse jener Julinacht und des darauffolgenden
Tages genußvoll in einer kleinen Schrift festhalten,
die er *Geschichte meiner Haft* nennt. Darin erzählt er
auch von seiner weiteren Flucht bis zur Rhône und
in die Gegend von Avignon: »Ich verbarg mich in einer der Scheuern, welche die Bauern in der Nähe ihrer Dreschböden errichten. Zwei Bauern führten
mich dann in Richtung Montélimar. Nach etwa einer Meile änderten wir unsere Meinung, kehrten
um und gingen die Rhône entlang, um überzuset-
zen; es ließ sich aber kein Boot finden. Endlich, gegen Tagesanbruch, ging einer ins Vivarais hinüber... dort trieben wir dann einen Kahn auf, mit
dem ich für einen Louis flußabwärts nach Avignon
gebracht wurde.«
Das Ziel heißt Lacoste. Als Donatien das Schloß erreicht, ist er nicht wiederzuerkennen: erschöpft und

245

ausgehungert, ein wunderlicher Geist, ein Gespenst. Die Gothon, die schon seit einiger Zeit wußte, daß er in unmittelbarer Nähe ist, und um ihn zitterte, durchzuckt »ein furchtbarer Schreck«, als sie ihn auftauchen sieht. Zum Glück ist die treue und tüchtige Marie-Dorothée de Rousset an ihrer Seite, die nun ganz in ihrer Rolle als Haushälterin aufgehen kann.

Dieser Aufenthalt in Lacoste ist nur ein Intermezzo, aber ein Intermezzo in Freiheit. Zwischen zwei Inhaftierungen der belebende Duft freier Luft in diesem provençalischen Sommer – genug, um danach das Bewußtsein des Eingeschlossenseins zu verschärfen.

Marie-Dorothée kümmert sich um alles, auch um die Verwaltung. Gaufridy wird ins Schloß geladen; die Einwohner Lacostes, die Chauvin, Reinaud und alle anderen, haben ihren Herrn wieder. Donatien hat den seltsamen Eindruck, daß alle glücklich sind, ihn wiederzusehen, daß alle ihn lieben. Vielleicht ist es ja wirklich so, insbesondere bei den Frauen. Er vergißt keine von ihnen, nicht einmal die Dulcinea aus dem Gefängnis in Aix, der er eine Nachricht und etwas Geld zukommen läßt.

Nur die Marquise ist nicht da. Sie hat weder von der Reise nach Aix noch von der Aufhebung des Urteils, noch von dem Ausbruch und der Ankunft in Lacoste erfahren. Die Präsidentin hat es für besser gehalten, ihr diese Ereignisse, die sie selbst Tag für Tag verfolgt, zu verschweigen. Man weiß ja nie: ein Schnitzer, eine Ungeschicklichkeit... Als Madame de Sade endlich davon erfährt, explodiert sie vor Zorn, droht, alles stehen und liegen zu lassen, um ihren »guten Freund, den sie tausendfach verehrt«, wiederzusehen. Drohung erzeugt Gegendrohung: die Präsidentin »spuckt Feuer und Galle« und verkündet, sie sei bereit, die eigene Tochter einsperren zu lassen, falls sie nicht nachgebe. Nie zuvor hat die Spannung zwischen ihnen solche Ausmaße erreicht. In Paris steht eine Kraftprobe bevor.

In Lacoste erfreut sich der Marquis derweil an seinem Landbesitz, geht im Park spazieren, betrachtet die Bäume. Eines Tages, während er in Begleitung Marie-Dorothées und des Dorfpfarrers dahinschlendert, stürzt der Wächter Sambuc aus dem Wäldchen hervor. Er hat zweifellos einen über den Durst getrunken, aber seine Verstörung hat einen anderen, wichtigeren Grund. Er läuft auf seinen Herrn zu und beschwört ihn, sich so schnell wie möglich davonzumachen, weil sich »die Schenke mit verdächtigen Gestalten« fülle. Marie-Dorothée erkundigt sich im Dorf und erfährt, daß es sich nur um Seidenhändler handelt, die großen Lärm machen.

Diese kleine Szene ist charakteristisch für die Atmosphäre im Schloß. Man ist nervös, wachsam, achtet auf jede Kleinigkeit.

Jedenfalls entschließt sich Donatien, bei seinem Freund (und manchmal auch Komplizen), dem Domherrn Vidal in Oppède, Zuflucht zu suchen,

247

und versteckt sich dort in einer verlassenen Scheune auf freiem Feld. Da es aber der Scheune nach seinem Geschmack an Komfort fehlt und ihm die Vorsichtsmaßnahmen, die der Domherr ihm empfiehlt, übertrieben erscheinen, kehrt er nach einer Nacht ins Schloß zurück. Man bemüht sich, den Unmut über seine Unvorsichtigkeit nicht allzu deutlich zu zeigen, aber alle haben ein ungutes Gefühl.

Und im Morgengrauen des 26. August 1778 bestätigen sich ihre Befürchtungen: vier Dispensierte und sechs Brigadiere der Maréchaussée fallen ins Schloß ein. Die Gothon erwacht als erste, stürzt halbnackt ins Zimmer ihres Herrn und ruft: »Retten Sie sich!« Donatien flieht im Nachthemd und versteckt sich in einem Abstellraum. Die bewaffneten Männer stürmen die Treppe hinauf, verfolgen ihn, brechen die Tür des Abstellraums auf und nehmen ihn gefangen.

In diesem Augenblick tritt Inspektor Marais auf, der diesmal seiner unbändigen Wut freien Lauf läßt. Keinerlei Rücksicht mehr, kein Anschein von Respekt, kein Marquis mehr, keine Adelsprivilegien. Sade ist nur noch Delinquent, der der Polizei zuviel zugemutet hat, sie zu oft an der Nase herumgeführt hat. So behandelt man ihn auch. Man duzt ihn.

»Rede, rede doch, du Zwerg!« schleudert ihm Marais ins Gesicht, »du wirst den Rest deiner Tage hinter Gittern verbringen für das, was du in einem der finsteren Räume dort oben getan hast... wo Leiber *m**... wurden.« (Man hat nie erfahren, welches Wort dieses *m* einleitete; in dem Bericht, den die Präsidentin von Montreuil nach der Aussage von Marie-Dorothée de Rousset angefertigt hat, ist es nicht ausgeschrieben.)

Der Inspektor flucht tatsächlich und hat Schaum vor dem Mund. Sade schreibt an seine Frau *(Meine Verhaftung vom 26. August):* »...im eigenen Haus mit einer Wut, Verbissenheit, Brutalität und Unverschämtheit verhaftet zu werden, die man selbst dem letzten Schurken aus dem Bodensatz des Volkes gegenüber nicht an den Tag legen würde, weggeschleppt, gefesselt und geknebelt zu werden, mitten in der Provinz, in der meine Unschuld festgestellt und die Bestätigung darüber ausgestellt wurde!«

Sade übertreibt nicht; Marais hat ihn tatsächlich wie einen Verbrecher mit gebundenen Händen durch die Dörfer und Städte abgeführt. Und das genau in dem Augenblick, da Donatien glaubte, daß »alles vorbei ist«, da er um sich herum neue Zuneigung und Wärme aufsteigen fühlte.

Wovon er nicht spricht: daß eine seiner immer wiederkehrenden literarischen Phantasien darin besteht, ein solches Ausmaß des Verbrechens zu erreichen, daß ihn endlich alle für einen vollendeten *Schurken* halten (so drückt er sich selbst aus). Sein zukünftiges Werk vorausnehmend, behandelt man ihn bei dieser Gelegenheit dementsprechend.

---

* Der Buchstabe *m* im Original – für *mutiler* (verstümmeln)?

Zurück nach Vincennes. Nach dreizehn Tagen mühseliger Reise ist Sade wieder im Bergfried. Sein Gepäck legt beredtes Zeugnis ab von verlorener Eleganz: »ein grüner Überrock, eine weiße Jacke, Bundhosen aus Serge, schwarze Strümpfe, zwei Nachtmützen, ein Paar Pantoffeln, zwei Hemden, zwei Taschentücher, zwei Handtücher.« Wie in Hotels auch, weist man ihm nicht zum zweiten Mal das gleiche Zimmer zu. Statt der Zelle 11 bekommt er die Zelle 6, die bedeutend weniger komfortabel ist. Er ist zum *Monsieur Nr. 6* geworden, wie er sich selbst bezeichnen wird.

Der *Monsieur Nr. 6* wird nicht sehr rücksichtsvoll behandelt. Er erhält zwar ein wenig Wäsche und den Besuch eines Barbiers, aber auf seinen Reisekoffer muß er lange warten. Noch länger – drei Monate – muß er sich gedulden, bis man ihm Feder und Papier aushändigt und die Erlaubnis gibt, zweimal pro Woche für kurze Zeit an die frische Luft zu gehen. Als er, der Hunde und Katzen so sehr liebt, um diese Art von Trost bittet, bekommt er zu hören: »Tiere sind verboten.« Worauf er es sich nicht verkneifen kann zu erwidern: »Wenn Tiere verboten sind, müßten es Ratten und Mäuse ja wohl auch sein.« Eine traurige Lage, wie man sieht.

Der Trost kommt von außen, von Frauen vor allem. Natürlich in erster Linie von Renée-Pélagie, die, als sie von der neuen Inhaftierung erfährt, ihrem Kummer freien Lauf läßt: »Mein Gott! Welch ein Schlag für mich! In welchen Abgrund von Schmerz werde

ich wieder gestürzt! Wie soll ich mich befreien daraus? Wem vertrauen? Was glauben?... Die Minister
sind wahre Mauern...«

Dieser verzweifelte Brief ist aber nicht etwa an den
Marquis, sondern an Marie-Dorothée de Rousset
adressiert, die in der letzten Zeit in der Umgebung
des Marquis eine immer wichtigere Rolle gespielt
hat; seit seinem letzten Aufenthalt in Lacoste kann
sie als die eifrigste und vertrauteste Freundin gelten.
Die Marquise, die das weiß oder spürt, wendet sich
auf natürlichste Weise an sie, wieder einmal ohne
das geringste Vorurteil, obwohl die »heilige Rousset« eine auffällige Geschäftigkeit und Lebhaftigkeit für ihren Herrn an den Tag legt. Sie gelobt, ihn
aus seiner Klemme zu befreien: »Meine Geschütze
sind aufgefahren zum Angriff«, schreibt sie ihm. Sie
ist entschlossen, nach Paris zu kommen und zusammen mit der Familie alle notwendigen Schritte zu
unternehmen, um ihn freizubekommen.

Mehr noch: sie beginnt ein briefliches Liebesge-
plänkel, ein zärtliches Spiel von erotischer Geziertheit, das eine neue Art der Zuneigung zeigt und sich
von der schlichten Ergebenheit der vorhergehenden
Jahre unterscheidet. Eines Tages schreibt sie dem
Marquis, daß sie gerne die Ursache eines »Schau-
ders der Eifersucht« bei ihm wäre, und sagt: »Ich
rate Ihnen, in die Defensive zu gehen. Denn die
Häßlichen sind schlauer als die Hübschen. Sie haben mich immer nur zänkisch, endlos moralisierend
erlebt, haben mein Lachen nur aus der Ferne gese-

hen. Wenn Sie das Bild umdrehen, werden Sie eine sanftere Physiognomie wahrnehmen, die der Anmut nicht entbehrt.«

Ist es Zufall, daß Donatien ungefähr zur selben Zeit Marie-Dorothée gegenüber von seiner Tochter spricht, die inzwischen acht Jahre alt ist (und die er nie wirklich gekannt hat, da sie einer Gouvernante anvertraut worden ist, während die beiden Jungen in die Obhut der Familie Montreuil und unter die Fuchtel eines Dorfpfarrers kamen, der mit ihrer Erziehung betraut wurde)? Er schreibt: »Kurz gesagt: meine Tochter ist häßlich; Sie sagen es mir auf höfliche Art, aber ich sehe ja selbst, daß sie häßlich ist. Nun gut, Pech für sie. Wenn sie aber Geist und Tugend besitzt, wird ihr das besser anstehen als ein hübsches Gesicht.«

Gesichter haben den Marquis nie sehr beeindruckt; natürlich kommt es vor, daß ein »zum Malen« schönes Antlitz ihn entzückt, doch er weiß auch dem Häßlichen erotische Qualitäten abzugewinnen. Hier, in diesem Briefwechsel über die Tochter, geht es ihm aber wohl eher darum, der Rousset, die sich recht kokett zu ihrer angeblichen Häßlichkeit bekennt, die Antwort nicht schuldig zu bleiben. Das Häßliche gibt es nun einmal, also lieben wir die Häßlichen! Vielleicht versucht er auf diese Art, die Tochter, der er sich immer fern fühlen wird, im voraus zurückzugewinnen, jedenfalls macht er im gleichen Atemzug Marie-Dorothée den Hof.

Genau das will sie. In ihren oft sehr langen Briefen

spart sie nicht mit Ratschlägen und Warnungen, aber immer im Tonfall scheltender Zärtlichkeit. »Monsieur ist niemals zufrieden!« Monsieur ist ein »Rohling«, ein »Bündel Dornen«. Aber für Monsieur täte man alles.

Man fragt sich, was diese Korrespondenz widerspiegelt, wie weit die Beziehungen zwischen dem Marquis und der Moralistin gegangen sind. Gilbert Lély ist zwar der Ansicht, daß »das Liebesgetändel in gewissen Briefen der »Milli« Rousset und des Marquis kaum mehr ist als ein Hang zur Sentimentalität, wobei die Demoiselle ein bißchen Koketterie dazugibt, so wie man Rouge oder Schönheitspflästerchen auflegt« – aber zumindest einer der Briefe läßt Zweifel daran aufsteigen. Marie-Dorothée hat ihm am 24. April 1779 geschrieben, und zwar in provençalischen Sprache – die sie gut beherrscht –, wohl um gewisse Andeutungen (Erinnerungen?) zu verschleiern.

»Moun cher de Sade, délice de moun ame, mouoré de te pas veïré; couro pourra m'asséta sur teï génouil, te passa moun bras autour de toun couoï, te pountouna à moun aisé, te diré fouosse poulideï cause à l'oureillo, et si fassiès lou sourd, moun couer contro lou tieou té farié proun senti qu'aï une ame tendre et delicate et certainament té farié espandi la tioune...«

(»Mein lieber de Sade, Wonne meiner Seele, ich vergehe vor Sehnsucht, Dich zu sehen; mich verlangt danach, mich auf Deine Knie zu setzen, meinen Arm um Deinen Hals zu schlingen, Dich nach Belieben zu küssen, Dir Zärtlichkeiten ins Ohr zu flüstern, und solltest Du Dich taub stellen, wenn mein Herz nach Deinem schlägt, ließe ich Dich sogleich spüren, daß das meine empfindsam und zärtlich ist, und Du würdest mir gewiß das Deine ausschütten...«)

Sade ist ja in gewisser Weise ein provençalischer Troubadour. Milli Rousset hat das nicht vergessen: die Sprache, derer sie sich hier bedient, muß seinen Ohren weich und sinnlich geklungen haben. Mit dem, was sie sagt, spielt sie offensichtlich auf Vertraulichkeiten an. Unbefangen-freundliche Vertraulichkeiten? So sicher ist das nicht. Gezänk und Schelte (Marie-Dorothée selbst drückt sich so aus: »wir zanken uns, schelten einander«) zwischen den beiden Briefpartnern scheinen Ersatz für anderes zu sein. Die Rousset ist ganz offensichtlich verliebt und bezaubert. Über die Verhaltensweisen Sades, seinen Ruf, seine (Un-)Sitten und Affären ist sie aber genau informiert. Sie weiß, mit wem sie scherzt und tändelt.

Und sie weiß, für wen sie kämpft – denn es ist ein Kampf. Nicht nur, daß sie sich als Verwalterin um Lacoste kümmert, sie fährt auch nach Paris, setzt Himmel und Hölle in Bewegung und steht Mme de Sade tatkräftig zur Seite. (Das einzige, was den zitierten freizügigen Brief abschwächt, sind in französischer Sprache angefügte Bemerkungen, die eine loyale und offene Haltung der Marquise gegenüber bezeugen: »...Ihre zärtliche und treue Hälfte... Werden wir sie betrügen? Dafür sind wir beide zu feinfühlig...«)

Sie besucht die Präsidentin, da sie wie Sade fest davon überzeugt ist, daß diese den Schlüssel für das gegenwärtige Unglück des Marquis in der Hand hält. »Ich habe die Hohepriesterin besucht und werde sie auch weiterhin besuchen; ich bin nicht unzufrieden, aber wenn man versuchte, die Angelegenheit zu beschleunigen, würde das unweigerlich zu einem Fehlschlag führen: der Geist ist noch zu voreingenommen. Mit Freundlichkeit und guten Argumenten werden wir sie überzeugen; wir werden sie überzeugen, und unsere Haft wird schlimmstenfalls noch bis zum Frühling andauern.«

Dieses *Wir* ist das der Solidarität, und Donatien ist empfänglich für die Überzeugungskraft einer solchen Anwältin. Aber die Haft dauert an, und im Lauf der Jahre ändert sich seine Haltung der Rousset gegenüber vollständig; er klagt sie an, ihn betrogen, ihn mit Illusionen abgespeist zu haben, betrachtet sie schließlich als zur Meute seiner Verfolger gehörig und erniedrigt sie vom Rang einer *Heiligen* in den einer *Hure*.

Nach zwei Jahren vergeblichen Hoffens ist er mit seinen Kräften am Ende. Mit einer Erbitterung, die niemanden mehr schont, schleudert er in einem

255

Brief vom Dezember 1780 seiner Gattin entgegen: »Möge man Sie und Ihre abscheuliche Familie samt Ihrer niederträchtigen Dienerschaft in einen Sack stecken und auf den Grund des Wassers versenken! Und möge man mir anschließend die Neuigkeit schnellstens mitteilen – ich schwöre bei Gott, daß es der glücklichste Tag meines Lebens sein wird. Voilà, Madame, meine Wünsche, in die ich auch die H... Rousset von Kopf bis Fuß einschließe.«

Für Marie-Dorothée bleibt nur der Rückzug. Sie schreibt ihm immer seltener und fährt auch nicht mehr nach Paris. Sie vergräbt sich in Lacoste, wo sie über ein von Geistern bevölkertes Gut herrscht. Über ein verfallenes Schloß, wo, wie sie sagt, alles Risse bekommt und zu Bruch geht, wo Ziegel und Stuck »mit Getöse herabfallen«, wo der heftige Wind an ihren Fenstern rüttelt und sie im Bett »wie eine Feder« umwendet. Arme Milli Rousset! In diesem Dekor erliegt sie am 25. Januar 1784, erst vierzigjährig, der Tuberkulose. Sade hatte über sie gesagt, daß sie »von allen Weibchen, die zwischen den beiden Polen Atem holen, die liebenswerteste« gewesen sei und »am besten zu schreiben gewußt« habe.

Zur Geschichte des allmählichen Verfalls von Lacoste gehört noch ein anderer Todesfall: Gothon. Sie stirbt im Oktober 1781 an Kindbettfieber, nachdem sie einen Jungen zur Welt gebracht hat, den sie auf Kosten ihres Herrn taufen ließ. Der Herr wird eine derbe Grabrede auf sie verfassen, in der er die

Kraft ihres Temperaments und ihres Fleisches be-
singt: »der schönste Arsch, der den Schweizer Bergen entkommen ist«, heißt es da, und er fügt hinzu,
daß sogar der gestrenge Präsident de Montreuil
während eines Aufenthalts in der Provence »in einem müßigen Augenblick der Betrachtung dieses
gefeierten Gestirns nicht widerstehen konnte«.

Exit Gothon. Exit Rousset. Auch Anne-Prospère hat
die Bühne verlassen, wie man sich erinnert. Sade
sieht um sich her die Frauen, deren Bewunderung,
Zärtlichkeit oder Liebe er erweckt hat, fallen wie
Blätter im Herbst. Die Schatten von Lacoste verblassen, und die Haft nimmt kein Ende.
Vielleicht sollten wir uns nun näher mit den Auswirkungen der Haft beschäftigen. Zu Anfang ist da, neben Ungeduld und Leiden, auch Zorn; und dieser
Zorn ist ein Ventil. Der Marquis ist immer schon ein
begabter Pamphletist gewesen. Und was er in den
ersten Monaten seiner Haft über M. de Rougemont,
den Kommandanten von Vincennes, von sich gibt,
ist wirklich hörenswert. (Rougemont hat ihn erst
nach mehreren Monaten in seiner Zelle aufgesucht.) »Ein Schuft in Bundhose und Wams«,
schreibt er über ihn und nimmt jede Gelegenheit
wahr, um seine Schlamperei und Dummheit anzu-
prangern und ihn als »unbedeutenden, niederträchtigen, gehässigen Geizhals, Lumpen und Hahnrei«
hinzustellen, der zu allem fähig sei, der sogar die eigene Frau prostituiere, um an den Gefangenen Geld

zu verdienen. Er läßt Satiren und Epigramme kreisen, in denen er das Verhalten eines (talentvoll beschriebenen) Mannes brandmarkt, der zu den »dümmlichen, schwerfälligen Automaten gehört, die für jede Ablehnung nur die einzige absurde Begründung haben: *Das haben wir noch nie so gemacht, so etwas habe ich mein Lebtag noch nicht gesehen.*«

Sade hat seine Zielscheibe gut gewählt, denn M. de Rougemont stößt auf einhellige Ablehnung. Auch Mirabeau, der zur selben Zeit in Vincennes einsitzt, geht recht ungestüm mit ihm um. (Aber als Mirabeau Sade über den Weg läuft, faßt er ihn ja auch nicht gerade mit Samthandschuhen an.)

Für die Ausbrüche der adligen Herren gibt es Erklärungen. Die Gefängniswärter sind nicht immer sonderlich zuvorkommend, und wir wissen, daß D.A.F. es sehr übel nimmt, wenn man es ihm gegenüber an Respekt fehlen läßt. Eines Tages begeht ein Wärter laut Sades Aussage »eine ausgesprochene Unverschämtheit«, um ihn »verdrießlich zu stimmen«. Es folgt ein heftiges Streitgespräch, woraufhin Sade tatsächlich in Ohnmacht fällt. Rougemonts Versuch, zu schlichten und zu vermitteln, ist ungeschickt. Der Gefangene hat die Konsequenzen zu tragen: auf Anordnung des Ministers werden seine täglichen Ausgänge untersagt.

Derartige Vorkommnisse wiederholen sich, was zur stetigen Verschlechterung der Haftbedingungen führt. Sade reibt sich auf, wird bitter. Er beklagt sich unentwegt, verlangt Verbesserungen, fordert Hilfe von seiner Frau, seinen Briefpartnern. Aber nichts geschieht. *Behandelt man so den Marquis de Sade, den Rittmeister der Kavallerie?* ruft er aus. Wenn er allzu rebellisch wird, bestraft man ihn dadurch, daß sein Zimmer nicht mehr gesäubert wird oder der Barbier nicht mehr kommt.

Aber das strenge Regiment kann seinen rachsüchtigen Zorn nicht unterdrücken und auch seine Flüche nicht. Wenn es ihm nicht genügt, Rougemont zu verhöhnen, zielt er auf M. de Sartine, den abscheulichen *Dom Sartinos*, wie Sade ihn nennt (Sartine ist in Barcelona geboren). In ihm sieht er gern einen der wichtigsten Verantwortlichen für sein Unglück und sagt von ihm in einer seiner Schmähschriften, daß er »der linken Flanke des ehrwürdigen Vater Torquemada und einer Jüdin, die dieser in den Inquisitionsgefängnissen von Madrid verführt habe, entsprungen« sei. Tatsächlich bot Sartine, der ehemalige Generalleutnant der Polizei, beachtliche Angriffsflächen für Attacken: er versorgte den Hof mit schlüpfrigen Nachrichten, die er in der besseren Gesellschaft oder der Unterwelt von Paris sammelte, und hatte sich selbst zu einer bizarren, auf ihre Art »sadistischen« und fetischistischen Persönlichkeit aufgebaut, die Unruhe auslöste.

Roland Barthes hat sich leicht belustigt über Sartines Perückenfetischismus geäußert, den Fleury in seinen *Mémoires* folgendermaßen beschreibt: »Er war der bestfrisierte Mann Frankreichs, und er legte

Wert darauf. Man frisierte ihn morgens und abends; in seiner Bibliothek befanden sich Perücken aller Arten und Größen: eine Perücke fürs Négligé, eine andere für die Ratssitzung – für jede Gelegenheit… Man hat mir versichert, daß er, als er an der Spitze der Polizei stand, bei der Verhörung von Straftätern eine furchterregende, mit Schlangen besetzte Perücke aufsetzte, um Gewissensbisse aufkommen zu lassen; sie hatte sogar einen Namen, man nannte sie *die Unerbittliche.*«

Die Verwünschungen, Philippiken und Epigramme aus der Feder des Marquis haben zumindest die heilsame Funktion der inneren Entladung. Sie entlasten einen Organismus, der seiner Natur nach zum Ersticken, zur Verstopfung und Explosion neigt, wenn ihm die Freiheit fehlt. Ist aber die Zeit des Wütens abgelaufen, beugen sich Geist und Körper, sinken in sich zusammen. Genau das erfährt der Marquis in seiner Zelle. Er spürt, wie etwas in ihm immer schwächer wird, verfällt. Im Juli 1780 – vierzig Jahre alt ist er kurz zuvor geworden, hat »jenes charmante Alter« erreicht, in dem er, wie er immer versprochen hatte, »Satan und seinem Pomp abschwören wollte« – schreibt er an seine Frau, daß seine Haut allmählich »Leichenblässe« annähme. Er spricht von den kalten Fußbädern, die er benötige, die ihm aber eine Lungenschwäche verbiete, über seine Augen, für die man ihm Pulver verschrieben habe, seine Haare, die ausfielen, über andere, intimere Leiden…

Aber das schlimmste aller Übel ist für ihn wohl die erzwungene sexuelle Enthaltsamkeit. Zwar hat Sade das nie explizit ausgesprochen; es gibt aber einen außergewöhnlichen Brief an seine Frau – genannt *La manille et la vanille* –, von dem wir erst 1950 erfahren haben und der Aufschluß gibt über Sades Frustrationen und die Art, wie er Abhilfe schafft. *Manille* ist die Lust, die man sich mit den Händen* verschafft und mit der er – in einer Notlage wie der seinen – andere Formen der Lust ersetzen muß. Mit *vanille* spielt er wohl auf Vanilleschokolade an, die damals als anregend galt. Erregung und Entladung. Jenseits dieser Reime und Wortspiele enthält der Brief Enthüllungen, die zum Nachdenken anregen über gewisse sexuelle Probleme Sades und auch über die vertrauliche Art, wie er mit seiner Frau darüber spricht. Er bedient sich kaum verhüllender Metaphern – des *Bogens* für die Erektion, des *Pfeils* für die Ejakulation – wenn er schreibt: »Nicht, daß der Bogen nicht gespannt wäre, aber der Pfeil geht nicht los... Wenn er dann aber doch durch die Lüfte schießt, kommt es zu einem wahren epileptischen Anfall... Proben davon hast Du in Lacoste erlebt – es ist noch schlimmer geworden, urteile also selbst... Niemand auf dieser Welt empfindet das, was ich während solcher Krisen empfinde.« Und er fügt hinzu: »Ich wollte den Grund herausfinden für diese Ohnmachtsanfälle und glaube inzwischen,

* Franz.: *les mains*

daß die *extreme Dickflüssigkeit* daran schuld ist – es ist, als wollte man eine Creme durch den engen Hals eines Flacons austreten lassen. Diese Dickflüssigkeit bläht die Gefäße auf und zerreißt sie.«

Ist das eine medizinische Hypothese? Oder gehört es ins Reich der Phantasmen?

Jedenfalls stehen die Aussagen dieses Briefes im Zusammenhang mit den paroxystischen Krisen, die Sade in seinem literarischen Werk so oft beschworen hat, wenn er den Höhepunkt des Sexualaktes beschrieb. Auch von der Dicke des Spermas spricht er nicht selten in Übertreibungen (in *Justine* heißt es, mit Bezug auf Gernande: »Endlich bringe ich ihn zur Vernunft, indem ich ihn von der flüssigen Glut befreie, deren Hitze, Dicke und vor allem Übermaß ihn in einen so frenetischen Zustand versetzt hatten, daß ich glaubte, er würde seine letzten Züge tun; sieben oder acht Löffel hätten die Menge kaum zu fassen vermocht, und selbst der dickste Brei hätte kaum diese Konsistenz...«). Sollte man in diesen Paroxysmen die Ursache sehen für die zunehmende Wut, Gewalt und Grausamkeit Sades und somit eine rein klinische Sichtweise zur Erklärung des »sadistischen« Phänomens wählen? Ist der »Sadismus« eine Folge der Vereinigung von Lust und Schmerz in diesen befreienden »Krisen«, die so erschreckende Ausmaße annehmen können? Vielleicht. Aber darf man so weit gehen, alles, auch sein Werk, damit zu erklären? Einige Interpreten haben diesen Schluß gezogen, zum Beispiel Roger G. Lacombe, dessen Buch *Sade und seine Masken* mit der Bemerkung endet: »Der Häftling von Vincennes liefert uns in bildlicher Form die sicherlich tiefschürfendste Erklärung sowohl seines Sexualverhaltens als auch seiner literarischen Aktivität: der Bogen läßt sich spannen, aber der Pfeil geht nicht los.« In Wirklichkeit sind die Zusammenhänge komplexer. In seinen vertraulichen Briefen an die Marquise geht Sade − aufgrund der strengen Haftbedingungen − so weit, sie zur Komplizin zu machen, indem er bestimmte Bedürfnisse äußert. So bittet er beispielsweise um Etuis und Flacons, die er eigentümlicherweise *prestiges* nennt. (In den *Hundertzwanzig Tagen* heißt es: »Er murrte und grollte, kurz: er bot das abstoßende Bild des Lasters, das seine Leidenschaften befriedigt hat, und jener kurzsichtigen Unhöflichkeit, die sich, sobald das *Prestige* dahin ist, zu rächen sucht durch Verachtung des sinnlichen Kultes.«) Der onanistische Gebrauch dieser »Geräte« steht außer Frage; Sade gibt die gewünschten Dimensionen sehr genau an: »ein neun Zoll langes Etui, achteinhalb Zoll im Umfang, aus Rosen- oder Ebenholz, das sich drei Zoll unterhalb der Spitze aufschrauben läßt.« Und mit Bezug auf ein Portrait eines »schönen Jünglings« schreibt er: »Das Etui, zumindest das Etui, wenn Sie mich schon auf Illusionen beschränken!«

Diese präzisen Maßangaben für das Etui erinnern uns daran, daß Sade − vor allem, wenn er intensiver

263

von seinen sexuellen Obsessionen heimgesucht wird – zu einer besonderen Form der Zahlenmagie neigt. Seiner Frau gegenüber spricht er von *Zeichen*, die ihn stark beschäftigen (in ihren Briefen und anderswo), von chiffrierten Aussagen, die er glaubt, dieser oder jener Äußerung entnehmen zu können. Er ist entschieden zeichengläubig, und er wird ärgerlich, wenn man ihm auf dieses Gebiet nicht folgt oder einwirft, Zeichengläubige fielen einer Täuschung zum Opfer. Für ihn ist diese Arithmetik sehr aufregend, und er schätzt sie nicht zuletzt deshalb, weil sie ihm während seiner Gefangenschaft Gründe liefert, zu hoffen und geduldig zu sein: eine bestimmte Ziffernkombination kündigt ihm das Datum seiner möglichen Befreiung an oder den Zeitraum, den er noch durchhalten muß. Eine andere Kombination dagegen, die auf teuflische Weise zwischen die Zeilen eines Briefes der Marquise geraten ist – oder schlimmer noch: von der Montreuil eingegeben wurde –, ist für ihn ein Zeichen, mit dem er entmutigt werden soll.

Das Ganze kippt schnell um in fast wahnhafte Ideen. Als Beispiel zitieren wir eine Notiz, die sich auf einen Handel mit Rougemont bezieht: »Am 28. März ließ er sechs Kerzen für die Nacht von mir ausleihen; und am 6. April... weitere, ich verlieh aber nur vier. Am 6. Januar, genau neun Monate, nachdem er die Kerzen ausgeliehen hatte, erstattete man mir fünfundzwanzig statt der geborgten zehn Kerzen zurück, was eindeutig darauf hinwies, daß ich

25 Monate abzusitzen hatte, mir also noch neun Monate Haft verblieben.«

Diese seltsamen Launen verdienten nicht unsere Aufmerksamkeit, wenn sie nicht Ausdruck einer dauerhaften geistigen Orientierung wären. Die Rechnungen sind Teil der Erotik Sades, bei der immerzu gezählt, aufgezählt, verzeichnet und klassifiziert wird. Diese Besessenheit vom *System* oder *Protokoll* (notwendig zur »Fixierung der Lüste«) geht einher mit einer regelrechten Sexualisierung der Zahlen. (Wie man weiß, sind auch andere Persönlichkeiten dieser Neigung verfallen, zum Beispiel Fourier oder auch Loyola. Roland Barthes hat bei allen dreien das *System* als Prinzip der Abweichung, als die Imagination beherrschende Kraft festgestellt.) Vielleicht äußert sich in dieser Vorliebe für *Zeichen* ein krankhafter Rationalismus, vielleicht kann man sie aber auch als Suche nach dem Zufälligen – und im Extremfall nach dem Irrationalen – begreifen, angesichts der offenbaren Sicherheit eines Denkens, das halsstarrig an der materialistischen Vernunft festhält. Blanchot hat sie bei Sade so interpretiert, ohne jedoch aufzuzeigen, daß sie vieles mit dem stillen Wahn großer *Verrückter (fous)* des Surrealismus gemein hat, wie er sich etwa bei Brisset, dem Autor der *Logischen Grammatik* beobachten läßt: seine »Wissenschaft Gottes« ist in erster Linie eine bizarre Wissenschaft der Worte, eine Art Etymologie, welche die Zeichen beim Wort nimmt. Sade hat dieses Spiel mit Worten und Ziffern im

Sinne Brissets weit vor dessen Zeit betrieben. Er schreibt an seine Frau: »Wenn ich eine 16 bilden möchte – Ihnen zufolge ist ja *seize* (sechzehn) und *cesse* (Aufhören) dasselbe, und Sie maßen sich das Recht an, Sprache und Ideen in solcher Weise zu verderben –, wenn ich also eine 16 bilden möchte, nehme ich von den dreißig oder vierzig lächerlichen Ketten, die M. de S. hier besitzt, eine weg, und wir haben eine *cess*-ation (Beendigung). Er wünscht sich eine geöffnete Tür: bei einer 16 werde ich sie öffnen. Findet er es übertrieben höflich und dumm, wie ein Verrückter von drei Männern bedient zu werden: bei einer 16 werde ich diesen Unsinn abstellen *(cesser)*.«

Sicherlich ist es hier seine Frau, die sich vorübergehend als zeichengläubig erweist, aber man sieht auch, daß es ihm Vergnügen bereitet, ihre Spiele weiterzuführen.

Ein weiteres merkwürdiges Beispiel für die Lust an Zahlen bezieht sich auf eine Episode, die sich in der Phase der ersten Besuche der Marquise im Bergfried abspielt (die Erlaubnis, ihn zu besuchen, hat sie erst im Juli 1781 erhalten). Als Sade sie zum ersten Mal wiedersieht, als sie in Fleisch und Blut vor ihm steht, wird er von einem heftigen Eifersuchtsanfall gepackt. Vielleicht hängt es mit ihrem Aussehen, ihrer Kleidung zusammen. Briefe deuten darauf hin, daß er sie heftig tadelt wegen ihrer Aufmachung, die nicht nach seinem Geschmack ist; Locken, Haarknoten, Kleider, Korsagen entsprächen nicht der gebotenen »Schicklichkeit und Schlichtheit«.

Man könnte darüber lachen, wenn sich hinter diesem Syndrom des eifersüchtigen Ehemanns nicht etwas Beunruhigenderes, vielleicht sogar Pathologisches verbergen würde. Sade geht so weit, seiner Frau Unterwürfigkeit gegenüber ihrer schönen und recht freizügigen Freundin, Madame de Vilette, und eine Schwäche für den jungen Lefèvre vorzuwerfen. (Lefèvre war ein Sekretär der Marquise: ein hübscher kleiner provençalischer Bauer, der entschlossen war, Paris zu erobern.) Sade hat die Sekretäre seiner Frau – zum Beispiel auch Albaret, der sie nach Miolans begleitete – nie gemocht, aber in diesem Fall nimmt seine Eifersucht wahnhafte Züge an.

Was uns zu den Ziffern zurückführt. Er schreibt an Renée-Pélagie (zweifellos ist er an diesem Tag zur Zeichendeutung aufgelegt): »Ihr häßliches Rätsel ist entschlüsselt. Der Tag meiner Freiheit wird der 7. *Februar* 1782 oder 1784 sein... Das widerwärtige und schwachsinnige Wortspiel bezieht sich auf den Heiligen dieses Tages, welcher sich als St. Amand* entpuppt, und da man im Worte février (Februar) das Wort Fèvre** auffinden kann, haben Sie den Namen dieses Schurken mit den Ziffern 5 und 7*** verbunden. Und daraus folgt, in Ihrem ebenso plat-

* *Amant* = Liebhaber
** Anspielung auf Lefèvre
*** vermutlich Zahl der Buchstaben dieser Worte

267

ten wie einfältigen Wortspiel, daß meine Freilassung nach fünf Jahren (oder siebenundfünfzig Monaten) stattfindet, am Tage des St. Amand, einem 7. *Februar*, und daß Lefèvre, der mit der 5 und der 7 verbunden ist, Ihr Liebhaber ist.«

Man sieht, daß das Spiel mit den Zahlen zur erotischen Neurose werden kann. Vor allem dann, wenn es um genaue Maßangaben (Längen oder Umfänge) hinsichtlich der sexuellen Anatomie geht. Das Werk des Marquis ist ja gespickt mit Informationen dieser Art, die auch wegen ihrer Übertreibungen so auffallen.

In einem anderen Brief, der Antwort auf eine Mitteilung seiner Frau vom 5. (des Monats), schreibt D.A.F.: »Nun kennen wir die Ziffer, mit der wir ihn einordnen können, den hübschen Herrn da! es ist eine 7, und offensichtlich ist das auch sein Maß.«

Es ist bekannt, daß die Penisbesessenheit, vor allem, wenn es um den Penis eines Rivalen geht, eine der pathologischsten – und kastrierendsten – Formen der Eifersucht ist... In einem Wutanfall hat Sade eines Tages ein Bleistiftportrait Lefèvres, das Marie-Dorothée de Rousset gezeichnet hatte, dreizehnmal zerrissen und mit Blut bespritzt (es wurde 1948 vom Grafen Xavier de Sade in seinem Schloß in Condé-en-Brie entdeckt). Es ist mit Flüchen von seltener Heftigkeit und Derbheit beschmiert. Sie stehen den »Anmerkungen« Sades, die das oben erwähnte Schreiben der Marquise zieren, in nichts nach; immer wieder, in befremdlicher Wiederholungswut, taucht der Name Fèvre auf. Blut auf dem Papier, Obszönitäten – wie eine Unterschrift.

Es ist schon seltsam, dieses eifersüchtige Toben gegen eine Gattin, die ihre Rolle so gut ausfüllt, die so ergeben ist und der er in anderen Augenblicken auch wärmstens dankt für ihre nimmermüde Fürsorge. Ist er wirklich im Innersten getroffen, oder würdigt er sie nur unter dem Gesichtspunkt des *Anstands* (oder des gedemütigten Anstands)? Aber wir sahen ja, daß Sade in seinen Briefen aus Vincennes nicht darauf verzichtete, an ihre »erotische Komplizenschaft« zu appellieren, und auch nicht vor Passagen wie der folgenden zurückschreckte: »Ich küsse ihre Hinterbacken und werde, mag der Teufel mich holen, Ihnen zu Ehren Hand an mich legen. Sagen Sie es aber nicht der Präsidentin, als aufrechte Jansenistin mag sie es gar nicht, wenn eine Frau *molinisiert** wird... Sie aber sind aufgeklärt; Sie haben einen sehr schönen *Gegensinn*, haben Fühlung und Enge in diesem *Gegensinn* und Wärme im *Rectum*, weshalb ich mich auch bestens mit Ihnen verstehe.«

Die Marquise schätzte diese Art von Briefen ganz und gar nicht. Sie befürchtete zu Recht, daß ihr im Falle einer Entdeckung keine weiteren Briefe mehr zugestellt würden und daß sich die Lage des Gefangenen verschlechtern könnte. Aber so schlecht, wie die Dinge ohnehin schon standen...

* Nach dem span. Jesuiten Molina

269

Fazit? Eine Explosion von Widersprüchen in einem Bewußtsein, das sich wild gegen die Lebensbedingungen in der Haft auflehnt, sich an den Mauern, die es einschließen, den Kopf einrennt. Doch zugleich richtet sich Sade in der Existenzform der Gefangenschaft gewissermaßen häuslich ein. (Wie das im einzelnen gemeint ist, werden wir erläutern, wenn wir uns mit seiner »Schreibgebärde« im Gefängnis befassen.) Seine Zelle wird ihm zu einem zwar unerträglichen, aber vertrauten Ort, in dem gewisse Gesetzmäßigkeiten herrschen, denen er sich allmählich anpaßt. Als er nach Montélimar verlegt werden soll, wehrt er sich mit Händen und Füßen. Die Festung wechseln? Auf keinen Fall. Vincennes ist seine Festung, und hier bleibt er! Auch wenn er an bestimmten Tagen das Gefühl hat, den Höhepunkt der Schande und Qual erreicht zu haben, wie ein wahrhaft Irrer behandelt zu werden, dem man sein Essen durch eine Luke reicht, dem man Ausgang und frische Luft vorenthält, wenn er sich auch nur ein kleines bißchen rebellisch aufführt. Aber er ist nun einmal aufsässig und wird es bleiben. Er ist Gefangener und wird es gleichfalls bleiben; die Hoffnung auf Freiheit, auf die doch so viele *Zeichen* hinwiesen, wird immer geringer.

Die Zelle ist der Ort, an dem er alleiniger Herrscher über Vernunft und Unvernunft ist. Michel Foucault schreibt in seiner *Geschichte des Wahnsinns im klassischen Zeitalter:* »Es ist kein Zufall, daß sich der Sadismus, der als individuelles Phänomen den Namen eines Mannes trägt, aus der Internierung und in der Internierung entwickelte und daß das gesamte Werk Sades beherrscht wird von den Bildern der Festung und des Unterirdischen, der Zelle, des Klosters, der unerreichbaren Insel, die zusammen den natürlichen Ort des Vernunftwidrigen bilden.«

12

»SCHLÜSSELBRIEFE«

Dieses Kapitel ist nichts anderes als die Montage einiger wesentlicher Texte Sades aus der Zeit seiner Inhaftierung in Vincennes. Texte, deren bloße Wiedergabe genügt, um ihre Aussagekraft und Bedeutung hervortreten zu lassen. Sie sind entscheidend für das Verständnis des Menschen de Sade, seiner Persönlichkeit und seines Systems – für das, was man sein »Genie« nennen könnte. Und sie können ein ursprünglicheres Verständnis an die Stelle aller Diskurse über den Marquis und sein Werk setzen. Wir haben uns bemüht, die Kommentare auf ein Minimum zu reduzieren.

Die Texte – Auszüge aus Briefen an seine Frau – entstammen den Jahren 1782/83, also dem vierten und fünften Jahr seiner Haft in Vincennes. In dieser Zeit, unter dem Gewicht einer Gefangenschaft, deren Ende nicht absehbar ist, scheint Sade zu erstaunlicher Selbsterkenntnis zu gelangen.

Brief von Ende August 1782
»...Was mich nun *persönlich* betrifft, verspreche ich

Ihnen nichts. Das Biest ist zu alt, glauben Sie mir, und verzichten Sie darauf, es erziehen zu wollen... Gewisse Systeme sind zu zählebig – insbesondere, wenn man sie schon mit der Muttermilch eingesogen hat –, als das man ihnen jemals abschwören könnte. Gleiches gilt für die Gewohnheiten; wenn sie so innig mit der Physis eines Menschen verbunden sind, würden ihnen selbst zehntausend Jahre Gefängnis und fünfhundert Pfund Ketten nur noch mehr Kraft verleihen. Sie werden sicherlich erstaunt sein zu hören, daß ich *all jene Dinge* und die Erinnerung daran immer dann als Beistand anrufe, wenn ich das Bewußtsein meiner Situation betäuben will. Die Sitten sind unabhängig von uns, sie sind Ausdruck unserer Anlage, unserer Konstitution. Von uns hängt es nur ab zu vermeiden, daß unser Gift nach außen dringt, daß unsere Umgebung nicht nur nicht darunter leidet, sondern sich dieses Giftes nicht einmal bewußt wird... Dies also ist die Aufgabe jedes ehrenwerten Mannes, denn es ist nicht gesagt, daß man schon deshalb ein Schurke ist, weil man Einzigartigkeit in den Vergnügungen sucht. Verbergt sie in der Öffentlichkeit, vor allem vor euren Kindern, und weckt in eurer Frau nie den geringsten Zweifel; ihr gegenüber solltet ihr euren Pflichten *auf allen Gebieten* nachkommen. Das ist das Wesentliche, und das kann ich auch versprechen. Tugenden lassen sich nicht fabrizieren, und man ist nicht Herr darüber, in *jenen Dingen* die eine oder andere Neigung zu entwickeln, genausowenig wie man Herr ist darüber, aufrecht zu gehen, wenn man krumm geboren ist, diese oder jene Ansicht zum System zu erheben, dunkles Haar zu bekommen, wenn man rothaarig geboren ist. Das ist meine Philosophie schon seit jeher, und nie werde ich davon abkommen. – Allerdings war ich im Jahre 1777 noch so jung, daß das Übermaß an Unglück, das ich durchlebte, das Werk in die Wege hätte leiten können; meine Seele war noch nicht verhärtet, nun ist sie es, dafür haben Sie gesorgt, nun ist sie für gute Gefühle unzugänglich geworden. Ein ganz anderer Plan als der Ihre hätte Großes vollbringen können: Sie haben es nicht gewollt. Dafür danke ich Ihnen; ich ziehe es nämlich vor, aus meinem Kopf nur Ihre Ziffern vertreiben zu müssen, statt eine Unzahl von Dingen und Einzelheiten daraus zu verbannen, die für mich so köstlich sind und mein Unglück so gut zu lindern wissen, wenn ich meiner Phantasie freien Lauf lasse.«

Bei diesem Brief fällt auf, welchen Nachdruck Sade auf *jene Dinge* legt. Um welche Dinge handelt es sich? Das Unaussprechliche? Jedenfalls sind sie es, deren »Beistand er anruft«, die »sein Unglück lindern«. Das ist die Pädagogik des Gefängnisses, die barmherzige Hilfe der Phantasie. Was nicht bedeutet, daß für die Ausübung *jener Dinge* eine Rechtfertigung oder gar Entschuldigung nötig ist. Man ist nicht Herr darüber, aufrecht zu gehen, wenn man krumm geboren ist. Gibt Sade damit zu, sozusagen krumm geboren zu sein? Aber er führt auch aus, daß man in seinem Fall alles dafür getan hat, das genetische Erbe zu verschlimmern (»unsere Anlage, unsere Konstitution« – ein Refrain seiner Philosophie). Wie dem auch sei: schuld ist ohnehin seine Frau, schuld sind die anderen, alle anderen. Und er ist auf dem Weg einer – zweifellos irreversiblen – *Verhärtung*.

Brief vom (vermutlich) 25. Juni 1783
»Mir die *Bekenntnisse* Jean-Jacques' vorzuenthalten ist wieder eine dieser exzellenten Maßnahmen, zumal da man mir vorher Lukrez und die Dialoge Voltaires geschickt hat; das zeugt von großem Unterscheidungsvermögen, von tiefgreifender Urteilskraft der Direktoren. Man erweist mir die Ehre zu glauben, ein deistisches Werk könne schlechten Einfluß auf mich haben; wie gern sähe ich es, wenn es wirklich noch so wäre. Sie sind nicht sehr feinsinnig in der Auswahl Ihrer Heilmittel, meine Herren Direktoren! So mögen Sie denn erfahren, daß es der Standpunkt ist, der eine Sache zur guten oder schlechten macht. Man heilt das Fieber russischer Bauern mit Arsen; dem Magen einer schönen Dame bekäme solch ein Mittel deshalb noch lange nicht. Das zum Beweis, daß alles relativ ist. Setzen Sie dies also voraus, Messieurs, und beweisen Sie so viel gesunden Menschenverstand, mir das gewünschte Buch zu schicken, aus der Einsicht heraus, daß Rousseau für schwerfällige Betbrüder wie Sie zwar

275

ein gefährlicher Autor sein mag, für mich jedoch eine ausgezeichnete Lektüre ist. Mir ist Jean-Jacques das, was Ihnen eine Nachfolge Christi ist. Moral und Religion Rousseaus sind ernsthafte Angelegenheiten für mich, und ich lese ihn, wenn ich mich erbauen will. Wenn Sie nur nicht von mir verlangen, ein besserer Mensch zu werden. Das Gute ist ein mühsamer und unbequemer Zustand für mich, und ich will nichts weiter, als in meinem Pfuhl bleiben; mir behagt es dort. Sie bilden sich ein, Messieurs, Ihre *Eselsbrücke* müsse allen dienen und nützen, doch Sie sind im Unrecht, und ich werde es beweisen. Tausend Umstände gibt es, wo man ein Übel dulden sollte, um ein Laster zu vernichten. Zum Beispiel glauben Sie – darauf würde ich wetten –, Vortreffliches zu vollbringen, wenn Sie mir qualvollste Abstinenz auferlegen, was die *Sünde des Fleisches* betrifft. Nun wohl, Sie täuschen sich: Sie haben mir nur den Kopf erhitzt und Phantome entstehen lassen, denen ich nun Leben einhauchen muß. Es fing schon an, abzuklingen, und nun beginnt alles von neuem und noch ärger. Wenn man einen Topf zu lang aufs Feuer stellt, Sie wissen es wohl, läuft der Brei über.

Hätte ich den *Monsieur Nr. 6* zu heilen, hätte ich es anders angefangen. Anstatt ihn mit Kannibalen einzusperren, hätte ich ihn mit Mädchen eingeschlossen; ich hätte ihn mit einer so großen Zahl davon versorgt, daß mich der Teufel holen soll, wenn nach den sieben Jahren, die er dort verbracht hat, das Öl der Lampe nicht verbraucht wäre! Ist ein Pferd zu ungestüm, reitet man es scharf über ungepflügte Äcker, man sperrt es nicht in den Stall. So hätten Sie ihn auf den *rechten Weg* gebracht, welcher auch der *Weg der Ehre* heißt. Dann wäre Schluß gewesen mit den *philosophischen Ausflüchten*, mit diesen von der Natur mißbilligten Künsteleien (als ob der Natur etwas daran läge), mit den *gefährlichen Verfehlungen* einer zu feurigen Imagination, die dem Glück immer hinterherläuft, ohne es je zu finden, und schließlich an die Stelle der Realität Chimären setzt, *unredliche Umwege* an die Stelle redlicher Wollust... Der *Monsieur Nr. 6* wäre inmitten eines Serails zum *Freund der Frauen* geworden: er hätte erkannt und gespürt, daß nichts schöner, nichts *bedeutender* ist als das Geschlecht und daß es außerhalb des Geschlechts kein Heil gibt. Einzig damit beschäftigt, den Damen zu dienen und ihre anspruchsvollen Wünsche zu befriedigen, hätte der *Monsieur Nr. 6* die seinen geopfert. Die Gewohnheit, nur noch die schicklichen Wünsche zu empfinden, hätte seinen Geist daran gewöhnt, Neigungen zu unterdrücken, die Mißfallen erregen. All dies hätte letztendlich zu seiner Besänftigung geführt – genau so hätte ich ihn aus dem Schoß des Lasters heraus- und zur Tugend zurückgeführt! Denn, um es nochmals zu sagen, für ein äußerst lasterhaftes Herz kommt das geringere Laster schon einer Tugend gleich.«

Eine verwirrende Einsicht. Sades Beziehung zu Rousseau hätte nicht lebhafter, genauer und kürzer ausgedrückt werden können. Man will ihm die Werke Jean-Jacques' im Gefängnis verbieten: welch ein Hohn! Man hält sie für »gefährlich« – für ihn sind sie Erbauungsliteratur. Hätte man noch Zweifel daran, daß Sade ein hochentwickeltes intellektuelles Bewußtsein seiner selbst in Beziehung zu seiner Epoche und deren philosophischen Strömungen besaß, daß er deutlich wahrnahm, wie sehr er mit seinem Geist und seinem Verhalten ins Subversive vorstieß – hier müßten sie sich auflösen.

Und zum Thema des Geschlechts: es gibt nichts Schöneres, nicht Bedeutenderes als die Sexualität. Sie erlegen mir Abstinenz auf – wie Sie sich täuschen, meine Herren Direktoren, und welch trauriges Resultat. Hätten Sie mich mit Frauen eingesperrt in einem Serail, wäre ich ihr Freund geworden. Zu spät. Welche Vergeudung! Wieviel vertane Möglichkeiten, wieviel vertanes Glück! Sade hätte Don Juan werden können. So aber bleiben ihm nur Phantome, Chimären. Wieder eine der erstaunlichen Sadeschen Umkehrungen. Abschied von und Rückkehr zu sich selbst, in ein und derselben Geste. Adieu, Don Juan, und bonjour, Monsieur de Sade!

Brief von Anfang November 1783
»...Meiner Denkweise, sagen Sie, könne man nicht zustimmen. Was schert es mich? Verrückt ist der, der das Denken anderer annimmt! Meine Denk-

weise ist Frucht meiner Reflexionen, hängt mit meiner Existenz, meiner Konstitution zusammen. Ich bin nicht in der Lage, es zu ändern; und wäre ich's, täte ich's dennoch nicht. Diese Denkweise, die Sie tadeln, ist der einzige Trost in meinem Leben; sie lindert all meine Qualen hier im Gefängnis, sie bildet all meine Freude in dieser Welt, und ich hänge mehr an ihr als am Leben. Nicht meine Denkweise bringt mir Unglück, sondern die der andern. Der Vernünftige, der die Vorurteile der Narren verachtet, macht sich zwangsläufig die Narren zum Feind; darauf muß er gefaßt und darüber erhaben sein... Wenn also, wie Sie sagen, meine Prinzipien und Neigungen der Preis für meine Freiheit sind, können wir uns auf ewig Adieu sagen; eher würde ich tausend Leben und tausend Freiheiten opfern. Diese Prinzipien und Neigungen treibe ich bis zum Fanatismus, und dieser Fanatismus ist das Werk der Tyrannen, die mich verfolgen. Je länger sie ihre Schikanen fortsetzen, desto fester verwurzeln sich diese Prinzipien in meinem Herzen. Ich erkläre hiermit offen, daß man mir gar nicht von der Freiheit sprechen soll, wenn sie einzig auf Kosten jener Prinzipien zu haben ist.«

Ein mutiger Brief, in mancher Hinsicht sogar ein heroischer Brief. Sade ist bereit, alles zu opfern (das Leben, die Freiheit, »tausend Leben«, »tausend Freiheiten«), um die Fruchtbarkeit und Kohärenz seiner Denkweise zu bezeugen. Zeuge will er also

279

sein, Märtyrer, falls nötig. Bis hin zum Fanatismus. Um seiner »Prinzipien« und »Neigungen« willen ist er zum Äußersten bereit. Und trotz dieses Extremismus, dieses Fanatismus: der Gedanke an *Trost*. Ja, *Trost*. Aber er ist nicht mystischer, sondern hedonistischer Natur (»sie bildet all meine Freude in dieser Welt«).

Brief vom 23./24. November 1783
»...Ich respektiere die *Neigungen,* die *Launen:* sie mögen noch so wunderlich sein, ich finde sie alle respektabel. Einerseits, weil man nicht Herr ist über sie, andererseits, weil noch die außergewöhnlichste und bizarrste Neigung, wird sie nur ausreichend analysiert, immer auf das *Prinzip der Feinfühligkeit* zurückzuführen ist.«

Respekt wird also gefordert für die libidinöse Identität, Respekt für den Unterschied. Auch für die Identität der anderen – in einem System, das den anderen so radikal beseitigt? Jedenfalls: das *Prinzip der Feinfühligkeit* liegt allen Neigungen, selbst den schlimmsten Abweichungen zugrunde. Sade als König im Reich geglückter Formulierungen: »ausreichend *analysiert*« schreibt er, in fast modernem Sinn; vom *Prinzip der Feinfühligkeit* spricht er, wie Freud vom *Wunschprinzip* oder *Realitätsprinzip.*

Brief von Ende November 1783
»...Herrisch, zornig, aufbrausend, extrem in allem;

280

von einer, was die Sitten betrifft, anstößigen Phantasie, die im Leben nicht ihresgleichen hat – mit zwei Worten: me voilà. Noch einmal: tötet mich oder nehmt mich, wie ich bin, denn ändern werde ich mich nicht.«

Mit zwei Worten, in der Tat. Und kein Kommentar.

13

DER SCHRIFTSTELLER: DIALOG ZWISCHEN EINEM PRIESTER UND EINEM STERBENDEN*

Wie sieht nun Sades Beziehung zum Schreiben in jener Zeit aus? Viel geschrieben hat er schon immer, wie seine zahlreichen Briefe beweisen. Während der Haft in Vincennes verstärkt sich aber seine literarische Aktivität. Ein Motiv dafür ist sicher die Situation der Haft selbst, deren Ende nicht abzusehen ist: Langeweile, Leere, überspannte Phantasien, die im Schreiben Ablenkung und Ventil finden: das Schreiben wird zur befreienden Geste.

Sades intensive Lektüre in diesen Jahren könnte eine zweite Ursache sein. Seine zweifache Praxis des profanen und sakralen Schreibens hat als Grundlage eine große Belesenheit und ein umfangreiches Wissen. Die sakrale Schreibweise hängt zweifellos mit Sades Bildungsgang zusammen – die Kommentierung religiöser Texte war in jener Zeit selbstverständlicher Teil der Studien – und natürlich mit seinem Lebensweg: seit seiner Kindheit hatte Sade Frauen und Männer der Kirche um sich, ist mit ih-

---

* Im Original: *moribond* = im Sterben Liegender

nen verwandt oder befreundet. So verwundert es nicht, in einem Brief an seine Frau zu lesen: »Mein Gott, liebe Freundin, wie sehr mir doch die Predigten des Pater Massillon gefallen!« Die religiöse Rhetorik, die Kunst der Predigt, gehört zu seinen literarischen Mitteln, und er ist nicht unempfänglich für ihre Schönheit und ihre reichen Möglichkeiten.

Im Gegensatz dazu: das profane Schreiben. Es findet seinen stärksten, eindringlichsten Ausdruck im Briefwechsel zwischen Sade und seinem Diener Carteron, genannt La Jeunesse, der im Leben des Marquis in dieser Zeit eine wichtige Rolle spielt. Er ist Sades Sekretär und Kopist – insbesondere für die Theaterstücke – und verkörpert ganz und gar die Gestalt des belesenen Dieners, der mit viel gesundem Menschenverstand und volkstümlichem literarischen Talent ausgestattet ist. Davon zeugt die barocke, pikarische Art der Briefe, die dieser Figaro unter dem Pseudonym *Don Quiros* seinem Meister schreibt. Er macht sich lustig über alle möglichen Ereignisse aus seinem Leben oder dem Leben des Marquis, beschwört Erinnerungen an die gemeinsame Zeit in Lacoste herauf, und zwar auf so heroisch-komische Art, daß sich der Gedanke an Cervantes aufdrängt. Tatsächlich präsentiert sich La Jeunesse als Nachfolger seines »Cousins Don Quichotte«: er verwandelt den schmalen Lauf des Calavon in einen epischen Fluß, an dessen Ufern er sich mit den Zikaden Schlachten liefert, gewappnet mit Pappe, Papier und Tierfellen, auf dem Rücken »ei-

283

ner alten Ziege ohne Hörner sitzend, die unter den feindlichen Truppen größere Verwüstungen anrichtete als die Elefanten des Darius unter den Truppen des großen Alexander in der Schlacht bei Arbela...«; oder er stellt sich dar als Abenteurer, großer Seefahrer und »Entdecker von Inseln«.

Sade antwortet in ähnlicher Manier; man kann annehmen, daß er mit Vergnügen die Gelegenheit ergreift, sich in der schwungvollen, farbenprächtigen und drolligen Sprache zu üben, die einer anderen Seite seiner literarischen Persönlichkeit entspricht – wie die *Erzählungen und Schwänke* beweisen – und die Gegengewicht ist zu seiner rhetorischen und philosophischen Schreibweise.

»Wie es scheint, ist ein ganzer Bienenschwarm auf Ihrem Papier eingefallen«, schreibt La Jeunesse in einem der Briefe voller Bewunderung und fügt hinzu: »dabei haben Sie mir einmal gesagt, daß nur das niedere Volk des Schreibens mächtig sein sollte.« Wenn Sade wirklich so dachte, hat ihm *Don Quiros* eine prächtige Bestätigung seiner These geliefert, und man kann sich vorstellen, wie er sich über die brieflichen Possen dieses literarischen Talents aus dem Volk gefreut hat.

Er selbst antwortet nicht weniger talentiert. Die folgenden Zitate zeigen, daß er La Jeunesse mit dessen eigenen Waffen schlagen kann – und zeigen das Ausmaß seiner Fähigkeit (im Grunde ist es immer die Fähigkeit des Komödianten), von einem literarischen Genre ins andere zu springen.

»Martin Quiros«, schreibt er, »du wirst unverschämt, mein Sohn; wenn ich da wäre, würde ich dich schon durchbläuen... dir dein nichtsnutziges Toupet vom Kopf reißen, das du jedes Jahr mit den Schwanzhaaren aus allen Bidets in der Rue de Courthezon in Paris auffrischst; und was machst du dann, du alter Köter?... Nun halt aber die Klappe, bitte schön, es langweilt mich, vom Pöbel beschimpft zu werden. Ich halt's wie die Dogge, wenn eine ganze Meute von Kötern und Kläffern sie anbellt: ich heb' nur das Bein und piss' ihnen auf die Schnauze...«

»Wie, du alter, rotznasiger Affe, du mit Maulbeersaft beschmiertes Hundsgrasgesicht, du Rebstock aus dem Weinberg Noahs, du Gräte aus dem Rücken von Jonas' Wal... du ranzige Kerze, verrotteter Tragriemen vom Esel meiner Frau... du wagst es, mir zu sagen, du hättest keine Inseln entdeckt...«

So geht es seitenlang weiter. Eine Flut burlesker, rabelaisscher Brios. Natürlich handelt es sich bei diesem Briefwechsel nicht um Literatur im engeren Sinne. Dennoch beleuchtet er ein wesentliches Element der literarischen Persönlichkeit Sades; es nicht zu beachten hieße, sie einer ihrer originellsten Dimensionen zu berauben.

Sades eigentliche literarische Ambitionen gelten dem Theater, das damals das anerkannteste literarische Genre war. Jeder Schriftsteller, der diesen Namen zu Recht tragen wollte, mußte sich auf diesem Gebiet betätigen und Erfolg haben. Sade wird, ebenso wie Voltaire, bis zum Schluß davon überzeugt sein, daß es die Stücke sind, denen in seinem Werk der erste Rang gebührt. Allerdings: mag er auch das Theater im Blut haben – in der Feder hat er es nicht unbedingt. Die Komödien und Dramen, die er hinterlassen hat, sind keineswegs unvergänglich, auf jeden Fall vergänglicher als seine Romane).

Wie dem auch sei, er muß diesem Genre huldigen, und das tut er besonders intensiv während seiner Haft in Vincennes: *Jeanne Laisné*, eine Tragödie; *Die närrische Prüfung oder Der gutgläubige Ehemann*, ein kurzes Stück in freien Versen; *Der Pflichtvergessene*, eine Komödie; *Tankred*, ein dramatisches Gedicht. La Jeunesse kopiert das alles, schreibt es ins reine. Sade betrachtet dies als den ›edlen Teil‹ seines Werkes, als den, der einen Arbeitsplan verdient (welchen er der Marquise in einer »literarischen Anzeige« kundtut). Zu diesem Teil gehören auch historische Essays, französische Anekdoten, Gedichte und philosophische Schriften, mit denen er ganze Hefte füllen will (die er mit Nachdruck anfordert). Ein weiteres Programm, das fast alle Bereiche abdeckt, die man zur Literatur zählen muß. Das Kuriose dabei ist, daß nur der eigentlich »Sadesche« Anteil dieses Unternehmens die Zeiten überdauert. Dazu gehört eine der ersten großen Arbeiten des Marquis: der *Dialog zwischen einem Priester und einem Sterbenden*. Alles, was Sade zu jener Zeit literarisch beschäftigt, ist in das Werk eingegangen: dem Theater entlehnt ist die Form des Dialogs, dem Sakralen die Stimme des Priesters, dem Profanen die Aggressivität des Provokateurs.

Der Dialog beginnt mit einem Mißverständnis. Dem Priester, der dem Todkranken mit Vibrato in der Stimme vom »schicksalhaften Augenblick« spricht, vom »Schleier der Illusion«, der nun zerreißen werde, und der ihn zur Reue auffordert, antwortet der Sterbende: »Ja, mein Freund, ich bereue.« Aber in der Stimme dieses Mannes auf dem Sterbebett klingt Festigkeit und die kühle Ruhe der Perversität. Und wirklich, gleich präzisiert er, was er bereut, nämlich: die »Allmacht« der Natur in sich nicht ausreichend erkannt zu haben. Sie habe ihn so geschaffen, wie er war und immer noch ist: »Bisweilen habe ich mich der Natur widersetzt, dies bereue ich; von der Absurdität deiner Systeme verblendet, habe ich die ganze Gewalt meiner Wünsche bekämpft, welche ich doch einer weitaus göttlicheren Inspiration verdanke, auch dies bereue ich.« Und er fügt, um dieser sarkastischen Reue eine lyrische Färbung zu geben, hinzu: »Ich habe nur Blüten geerntet, während ich doch eine reiche Ernte an Frucht hätte machen können.«

Hier formuliert Sade die Einstellung, die sich schon in seinen jugendlichen Verfehlungen, insbesondere seit der Affäre Testard, manifestiert hat: die radikale atheistische Provokation (in dieser Phase noch untrennbar verbunden mit der sexuellen Libertinage). Bevor er sie in *Die Wahrheit* in Verse umsetzt oder nachdrücklich und wiederholt in der Mehrzahl sei-

287

ner Schriften diskutiert, setzt er sie in diesem Streit-gespräch ein, in dem jedes Wort darauf abzielt, den Gegner an der verwundbarsten Stelle zu treffen: die Gotteslästerung als Theaterreplik, noch bevor sie zum philosophischen Prinzip erhoben ist.

Der Priester ist bestürzt. Und genau das: die erklärte Absicht, diesen unglückseligen Priester zu schok-kieren, der ausgeprägte Sinn für Provokation, ist die dramatische Triebkraft des Dialogs.

Der Höhepunkt – nicht ohne Komik gestaltet – ist erreicht, als der Sterbende den »göttlichen Erlöser« hemmungslos beschimpft als »ordinärsten aller Be-trüger und geistlosesten aller Schwindler«, und der Priester, der solche Lästerungen nicht länger ertra-gen kann, ausruft: »Oh, ihr Götter, ihr hört ihn und laßt doch euren Donner nicht grollen!« (Man beach-tet den parodistischen Tragödienton.)

Unverkennbar greift Sade in seiner Argumentation auch auf Theorien und Erkenntnisse der »biologi-schen« Philosophie seiner Zeit zurück (sein gesam-tes späteres Werk wird ihren Stempel tragen). An den Theorien, die im *System der Natur* eines Baron von Holbach oder in der *Maschine Mensch* von La Mettrie entwickelt werden, interessiert Sade im we-sentlichen die Vorherrschaft der Physik im Wirken der Natur – die den Menschen zu dem macht, was er ist – und vor allem die Elektrizität als besondere Er-scheinungsform der Physik. (Dies erlaubt ihm, ra-sche Schlüsse zu ziehen. »Du baust auf und erfin-dest«, sagt der Sterbende zum Priester, »ich aber

zerstöre und vereinfache.« Eine schlagende Formulierung, die in gewissem Sinn den ganzen Sade re-
sümiert: zerstören und vereinfachen, mit ein und
derselben Geste. Hier aber dient sie vor allem dazu,
die Analyse abzukürzen.)

Die Elektrobiologie nimmt bei Sade eine charmante
Form an: die einer sanften, aber nicht zu unterdrük-
kenden Kraft, welche die animalischen Geister der
Wollust zum Wirbeln bringt und die Partikel der
erotischen Flüssigkeiten zusammenstoßen läßt. »Es
ist ein physikalischer Vorgang«, sagt der Sterbende,
»vielleicht so einfach wie das Wirken der Elektrizität, aber wir vermögen nicht, sie zu verstehen.
Warum sollte ich da weiterfragen?«

Hier kommt bei Sade ein eindeutiger und verein-
fachter Materialismus zum Ausdruck. Aber Sade
geht darüber hinaus; er legt ja dem Sterbenden neben dem materialistischen Glaubensbekenntnis
auch die unvermeidliche Schmähung dieses Gottes
in den Mund, an den er nicht glaubt. (Es sei noch
einmal daran erinnert, daß einige Kommentatoren,
wie etwa Klossowski, gerade in Sades Verweigerung, seinem Trotz, den Hinweis auf eine ambiva-
lente Beziehung zu diesem geschmähten Gott gesehen haben.) »Fanatismus und Dummheit« ist für
ihn die einzige Erklärung für diesen Kult, der auf einem Gewebe aus Chimären, Fabeln und Träume-
reien beruhe.

Der bedauernswerte Priester, der einen Augenblick
lang geglaubt hatte, sein Gesprächspartner sei nur

289

ein Häretiker, muß in ihm schließlich den überzeugten Atheisten erkennen, in dessen Augen nichts
Gnade findet. An diesem Punkt erklärt der Tod-
kranke (der über eine gesunde Dosis aggressiver
Energie verfügt), daß alle Religionsgründer »Betrü-
ger« seien, »über die der Philosoph sich schon immer lustig gemacht hat, denen das Gesindel geglaubt hat und die man um der Gerechtigkeit willen
hätte aufhängen sollen«. Christus sei der Schlimmste von allen gewesen. »Er war ein ungestümer Auf-
rührer, ein Verleumder, arglistig, libertin, ungeho-
belt, ein Possenreißer, boshaft und gefährlich, und
bewandert in der Kunst, dem Volk Sand in die Augen zu streuen; so konnte er nicht ungestraft bleiben
in Anbetracht der Zustände, die im damaligen
Reich in Jerusalem herrschten.« Und kaltblütig
trägt er die These vor, daß die Marter Jesu gerecht
und gerechtfertigt gewesen sei: »Es war also sehr
klug, sich seiner zu entledigen, und dies ist vielleicht
der einzige Fall, in der meine sonst so milden und
toleranten Maximen die Strenge der Themis guthei-
ßen können.«
Er ist schon eine ungewöhnliche Figur, dieser Sterbende, ist in einem schon nicht mehr glaubhaften
Maß ausgekocht. Er zögert nicht, sich als Mann äußerst »milder und toleranter Maximen« zu bezeichnen und im selben Atemzug eine einzige Person von
diesen Maximen auszunehmen: Jesus. Daß der Gesprächspartner seine Erregung nicht mehr meistern
kann, ist verständlich.

Im Bereich der Metaphysik ergeht es ihm nicht besser. Der Sterbende ist da noch radikaler als auf dem Gebiet der Religionsgeschichte; und er weiß, wovon er spricht, denn er hat den Tod zum Kompagnon. Ein keineswegs unsympathischer Kompagnon, und auch nicht bedrohlich in einem Weltbild, in dem alles relativ ist. Dies gibt dem Dialog bisweilen den Akzent eines bewegenden positivistischen Nihilismus: »Nichts geht zugrunde, mein Freund, nichts wird zerstört in dieser Welt; heute Mensch, morgen Wurm, übermorgen Fliege, heißt das nicht, auf immer existieren?« Bester Sade. (Als moderne Referenz böte sich da Cioran an, der einmal schrieb: »Jahrtausendelang waren wir nur Sterbliche; endlich sind wir aufgestiegen in den Rang von im Sterben Liegenden«, ein Aphorismus, in dem der Begriff des *im Sterben Liegenden (moribond)* – der von Sade bewußt gewählt wurde; er hätte ja auch von einem *Sterbenden (mourant)* bzw. *mit dem Tode Ringenden (agonisant)* sprechen können – eine ironische und skeptische Herabwürdigung erfährt, die für Cioran charakteristisch ist.)

Aber damit nicht genug. Als der Priester ihn fragt, welches System denn besser sein könne als das eines Gottes, der in einem zukünftigen Leben belohne und strafe, antwortet er: »Welches System, mein Freund? Das Nichts. Es hat mir nie davor gegraut, ich finde Trost darin, völlig natürlich erscheint es mir.«

Hier könnte der Dialog zu Ende sein. Aber Sade verzichtet nicht darauf, aus seinem Materialismus und seiner Neigung zum Nichts die Rechtfertigung des Verbrechens abzuleiten. Auffällig ist dabei, daß er es mit Vorsicht tut und angibt, das Verbrechen müsse von der Gerichtsbarkeit und den Gesetzen bestraft werden, deren Rolle es sei, uns »Zurückhaltung oder Schrecken« einzuflößen. Sogleich fügt er aber hinzu: »…ist es jedoch zu allem Unglück geschehen, sollte man sich dazu bekennen und sich nicht sinnlosen Gewissensbissen hingeben.« Noch spricht hier nicht der uneingeschränkte Bekehrungseifer, der uns in der »Gesellschaft der Freunde des Verbrechens« begegnet, aber der Weg dorthin ist frei. Der Sterbende führt weiter aus: »Möge Gott mich davor bewahren, solcherart zum Verbrechen aufzufordern! Man muß es meiden, so gut man kann, aber man sollte sich aus Vernunftgründen davon abkehren und nicht wegen falscher Ängste, die zu nichts führen und eine weniger starke Seele zerstören.« Aus den letzten Sätzen spricht die allem Aberglauben und auch dem *starken* Geist überlegene Vernunft. Die Bereitschaft Sades, sich auf die Seite der Moral und der guten Gefühle zu schlagen, mutet seltsam an: »Alle menschliche Moral liegt beschlossen in den Worten: ›die anderen ebenso glücklich machen, wie man es selbst gern wäre, und ihnen nie mehr Übel zufügen, als man selbst empfangen möchte‹«, läßt er seinen Stellvertreter sagen. Bedenkt man, daß es der Marquis ist, der sich da äußert, kann man ein Lachen kaum unterdrücken.

Aber vergessen wir nicht, daß hier ein Todgeweihter spricht. Im Einklang mit der Philanthrophie seiner Zeit gibt er sich nachsichtig und gesellig.

Geselligkeit ist das rechte Wort; es folgt nämlich eine Einladung, die profaner nicht sein könnte: »Mein Freund, die Lust war immer mein höchstes Gut; ich habe sie mein Leben lang verehrt, und in ihren Armen will ich meine letzten Züge tun; mein Ende naht, sechs Frauen, schöner als der Tag, befinden sich im Nebenzimmer, ich habe sie für diesen Augenblick aufgespart; nimm deinen Teil und trachte danach, wie ich es auch tun werde, an ihrem Busen alle nichtigen Sophismen des Aberglaubens und alle schwachsinnigen Irrtümer der Heuchelei zu vergessen.«

Und am Ende des Dialogs, der bisher nur eine Folge von Repliken war, steht eine szenische Anweisung, eine theatralische Anmerkung: »Der Sterbende läutete, die Frauen traten ein, und der Geistliche wurde in ihren Armen ein von der Natur verdorbener Mann, nachdem er nicht hatte erklären können, was die verdorbene Natur ist.«

Ein schöneres Fest hätte man sich als Finale wohl kaum vorstellen können: ein Fest, in dem die Verführung des Leibes und der Triumph des Geistes eins werden. Als Offiziantinnen: sechs Frauen, »schöner als der Tag«.

14

HINTER SCHLOSS UND RIEGEL II
Die Bastille

Am 29. Februar 1784, gegen neun Uhr abends, wird
der Marquis de Sade von Vincennes in die Bastille
verlegt. Der Teil der Festung, in dem er untergebracht wird, trägt den vielversprechenden Namen:
»Die zweite Freiheit.«
Er ist mit dieser Verlegung ganz und gar nicht ein-
verstanden. Er sieht darin nur Aggression, eine
Schikane mehr. Wie viele andere Gefangene auch
hatte er sich an sein Gefängnis gewöhnt, hatte dort
einen gewissen Halt gefunden, eine Linderung seiner Leiden durch Gewohnheiten.
Anfang März schreibt er an seine Frau: »Mich mit
Gewalt entführt zu sehen, ohne daß ich im geringsten darauf vorbereitet war, all dieser Geheimnis-
tuerei... diesem Enthusiasmus, diesem Eifer ausgesetzt zu sein, die schon in der ersten Aufregung
nach einer schlimmen Affäre kaum verzeihlich wären und nach zwölf Jahren Unglück ganz und gar
geistlos und lächerlich wirken. Und wohin werde ich
gebracht? In ein Gefängnis, in dem es mir tausendmal schlechter ergeht, in dem ich tausendmal be-

engter bin als an dem unglückseligen Orte, den ich verlassen habe...«

Es folgen die üblichen Anschuldigungen gegen alle, die seinen Untergang wollen, vor allem gegen die »niederträchtige Familie«, deren diabolisches Hirn immer noch die Präsidentin von Montreuil darstellt; und auch Madame de Sade selbst wird nicht verschont (sie habe Hilfestellung bei den letzten »Dolchstößen« geleistet). Ihre Mühen werden nicht anerkannt; sie opfert sich weiterhin auf, kann aber nicht verhindern – vielleicht ist dies gar die fatale Konsequenz der Aufopferung selbst –, daß Sades Gefühle ihr gegenüber immer bitterer werden.

Donatien ist allein, ausgeliefert. In seinem Brief vom 8. März 1784 steht die furchtbare Formulierung: »Ich bin nackt, Gott sei's gedankt, bald werde ich so nackt sein wie damals, als ich aus dem Schoß meiner Mutter kroch.« Der Grund für diese Blöße: während der überstürzten Verlegung hat man ihn nichts mitnehmen lassen. Er fordert von seiner Frau Hemden, Handtücher, Taschentücher, Hausschuhe, Mützen, Unterwäsche und, wenn möglich, einige Bücher an. Das hat ihn wohl am meisten getroffen: Bücher, Hefte, Schreibmaterial, alles muß wiederbeschafft, neu aufgebaut werden.

In Wahrheit war diese Verlegung nicht aus Willkür oder Schikane angeordnet worden. Es scheint einen geheimen Beschluß gegeben zu haben, die Festung von Vincennes anderen Zwecken zuzuführen und die durch *lettres de cachet* festgesetzten Häftlinge in

295

der Bastille unterzubringen. (Auch sie war übrigens dazu bestimmt zu verschwinden, noch bevor die Revolution sie beseitigte. Frankreich hatte entschieden Probleme mit seinen Festungen, diesen Symbolen einer wankenden Macht!) Und der Aufenthalt in der Bastille war auch in Wirklichkeit gar nicht so schrecklich. Wohl gab es dort unterirdische Verliese, aber es gab auch »elegant eingerichtete Zimmer«, und das Essen soll nicht schlecht gewesen sein. Die aufgrund königlicher Haftbefehle Internierten waren denn auch eher »Pensionäre«, wobei die »Pension« im allgemeinen von der Familie zu zahlen war: im Falle des Marquis achthundert Pfund pro Quartal.

Dennoch: er saß fest, und viele seiner Reaktionen lassen darauf schließen, daß es die Einschränkung der Bewegungsfreiheit war, die ihn in der Haft am meisten quälte. Er versichert, daß es ihm durchaus annehmbar erscheine, selbst sein Bett zu machen oder das Zimmer auszufegen, daß es aber unerträglich für ihn sei, nicht kommen und gehen zu können, sich nicht die Beine vertreten zu können, wann es ihm beliebe, oder genauer: wann die Notwendigkeit dies diktiere. »Wissen Sie, die körperliche Bewegung ist noch wichtiger als die Nahrung. Dabei bin ich in einem Raum, der halb so groß ist wie der vorige, in dem ich mich kaum umdrehen kann; Ausgänge sind selten: einige Minuten in einem engen Hof, wo man die Ausdünstungen der Wächter und der Küche einatmet... Ach, diese ›Spaziergänge‹, die man zählt, deren Dauer genau bemessen ist! Und dieser Leib, der an Umfang zunimmt, schwerfällig wird! Und diese Stimmungen, dieses Aufbegehren, diese flüssige Glut, die kein Ventil finden.«

Wir wissen: Wenn es etwas gibt, was der Marquis noch weniger ertragen kann als den Mangel an Freiheit, dann ist es der Mangel an Respekt. Wenn man ihm die nötige Achtung vorenthält, sieht er rot und rebelliert aufs heftigste. Das ist eine Konstante in seinem Verhalten als Häftling, vielleicht sogar eine Konstante seines Verhaltens überhaupt. Sie verdient auch deshalb Beachtung, weil sie eine reiche Quelle »polemischer« Handlungsweisen und Ausdrucksformen ist.

Ebenso wie die damit zusammenhängende, tiefsitzende Abneigung gegen alle Polizisten, insbesondere aber gegen die Vertreter der Sittenpolizei; ihnen wirft er – nicht ganz zu Unrecht – vor, das Laster zu verfolgen und gleichzeitig Gewinn daraus zu schlagen. Da ist zum Beispiel Le Noir, Lieutenant der Polizei, der Sades Überführung organisiert hat. Ihn macht der Marquis für alle »Widerwärtigkeiten und Unbequemlichkeiten«, die man ihm in der Bastille zumutet, verantwortlich. Er sieht ihn als finstere Gestalt, die ihre Opfer mit dem gleichen schrecklichen Haß verfolgt wie die »Sittenwächter« Marais und Sartine: »Es gibt in Europa einen Flekken Erde, wo ein schwarzer Mann jeden Tag dreitausend Schurken dingt, um herauszubekommen,

297

wie die Bürger dieses Fleckens (Leute, die sich als *sehr frei* bezeichnen) ihre Spermienflüssigkeit in Schwung bringen; und Verliese stehen bereit, Schafotte sind errichtet für all jene unter diesen *sehr freien* Leuten, die noch nicht begriffen haben, daß sie ein großes Verbrechen begehen, wenn sie die Schleuse nach rechts statt nach links öffnen...«

Mit den Verantwortlichen und Wächtern der Bastille, die er als Quälgeister niederster Herkunft bezeichnet, verfährt Sade noch derber als mit jenen in Vincennes. Was der Marquis am meisten haßt auf der Welt, sind die Pseudomarquis, und dazu gehört auch der Marquis de Launay (wieder ein Launay!), der Gouverneur der Bastille (den seine Stellung übrigens teuer zu stehen kommt: später wird man seinen Kopf auf eine Lanze gespießt herumtragen). Sade schreibt über ihn: »ein sogenannter *Marquis*, dessen Großvater Kammerdiener und dessen Großonkel Stallknecht in der Akademie in Vandeuil waren und der glaubt, seine Gefangenen, als sei er auf der Reitbahn seiner Familie, mit der Peitsche führen zu müssen.« (Wenn man daran denkt, welche Mühe Sade sich während der Revolution gibt, sich eine plebejische Herkunft auf den Leib zu schreiben und seine adlige Herkunft vergessen zu lassen, dann wirkt diese Bemerkung recht kurios.)

Neben dem Gouverneur der Festung stehen seine Adjutanten, z. B. der Major de Losme: »ein Halunke, aus der Leibwache gejagt wegen Betrugs und Feigheit, Sohn eines Gärtners aus Vitry in der Nähe von Paris, dessen Heldentaten darin bestanden, vor einigen Nachtstühlen in Versailles Wache gehalten und, wie es heißt, als erster Damiens* mit der Zange bearbeitet zu haben...« Noch pikanter, ja unwiderstehlich ist, was dann folgt: »ein entsetzlicher Lump, der mir, als er sich mir zu Beginn an den Hals warf, Praktiken anvertraute, die mich zum Schaudern brachten, *mich*, der ich doch glaubte, alles nur Erdenkliche auf diesem Gebiet erdacht zu haben.«

Den Adjutanten des Majors, M. Miray, beschreibt Sade als abstoßenden Komplizen, und auch der Chevalier Saint-Sauveur, königlicher Lieutenant, kommt nicht gut weg. Er steckt sie alle in denselben Sack und schreibt: »...Wenn der Sohn eines Gärtners aus Vitry, Losme, der Sohn eines Fährmanns aus Avignon, Miray, und der Sohn eines von Galeerensträflingen abstammenden Gerichtsvollziehers, Saint-Sauveur – alle drei kaum dem Schlamm und der Trunksucht entkommen – auf die Posten, an die ihre Niedertracht sie verpflanzt hat, nichts als die schändlichen Laster ihrer Herkunft mitgebracht haben, so stößt sie alles, ohne daß sie Wind davon bekämen, in den stinkenden Pfuhl zurück, zu dem die Natur sie verdammte; und ihre Visagen, die sie aus dem Erdboden strecken, ähneln meiner Ansicht nach abstoßenden und dreckigen Kröten, die einen Augenblick lang versuchen, ihrem Kot zu entkom-

* Damiens (1715–1757) war Diener bei Ludwig XV. Er verletzte diesen mit einem Dolch am 5. Januar 1757, wurde sofort verhaftet, gefoltert und als Königsmörder geviertelt

299

men, um dann nur um so schneller wieder in ihm zu versinken und mit ihm zu verschmelzen.«

Das ist nicht übel, ein talentiertes Pamphlet. Und für ihn ist es ein Abreagieren aufgestauter Aggressionen. Aber er faßt sich wieder und schließt mit einer eleganten Wendung: »O Launay, Losme und Miray, unwürdige Kameraden des liebenswürdigsten, geistvollsten und ehrenwertesten aller Menschen, betrachtet euch in diesem Gemälde, alle drei, und sagt mir dann, ob in ganz Paris ein Spiegel existiert, der euch wahrheitsgetreuer wiedergäbe!«

Der liebenswerteste und geistvollste aller Menschen ist der Chevalier du Puget, der im Dezember 1785 Saint-Sauveur abgelöst hat; zumindest er findet Gnade vor den Augen des Gefangenen, und diese Ausnahme beweist, daß Schmähungen bei Sade keine blind(wütig)e Regel sind. Behandelt man ihn »aufmerksam und mit Sorgfalt«, als Adligen unter Adligen, findet er die ganze Eleganz seiner Klasse wieder.

Insgesamt ist er also auch in der Bastille eher ein unbequemer und anmaßender Häftling als ein geselliger Grandseigneur. Launay und seine Helfer sind oft am Ende ihrer Geduld. In einem Bericht des Gouverneurs heißt es, daß Sade »äußerst schwierig und heftig« sei und auch boshaft, vor allem nach Besuchen seiner Frau (in diesem Zusammenhang gibt der Gouverneur an, daß man beständig Briefe abfange, die »voller Abscheulichkeiten über seine Frau, seine Familie und über uns« seien). Bei diesen

Besuchen kommt es des öfteren vor, daß der Marquis seine Gattin beschimpft. Ohnehin beschimpft
er alle Welt, greift noch den geringsten Anlaß auf.
Was tun?
Ja, was sollen sie tun? Die Polizeiberichte häufen
sich. In einem spricht Major Losme von der »Heftigkeit, mit der Sade seinen Ausgang gefordert« habe
(den man gestrichen hatte), und dem »unehrenhaf-
ten und drohenden Ton«, den er dabei angeschla-
gen habe. Ein andermal hebt er »mehrere Unver-
schämtheiten« des Häftlings hervor, wobei es wieder um einen gestrichenen Ausgang geht. Am 5.
Juni 1788 stellt er fest, Sade habe »zahlreiche Belei-
digungen« ausgestoßen, und nur der Gewehrlauf
eines Offiziers habe ihn in Zaum halten können.
Mehr und mehr betrachtet man Sade als gefährlichen Tobsüchtigen.
Unübersehbar zeigt die Haft ihre Wirkung. Und
man muß sich fragen, ob es Donatien gelingt, wenigstens das zu bewahren, was ihm in dieser unerträglichen Gefangenschaft das Wichtigste ist, nämlich die Fähigkeit, sich zu konzentrieren, zu imagi-
nieren, zu träumen oder auch nur zu schlafen. Ein
Brief aus der ersten Zeit seiner Haft in der Bastille,
geschrieben im März oder April 1784, ist herzzerrei-
ßend genug: »die Ketten schneiden wohl noch nicht
tief genug ins Fleisch«, heißt es da, denn nun hat
man ihm auch noch die letzte Möglichkeit genommen, seine Qual zu lindern: den Schlaf. Im Raum
genau über ihm befindet sich ein Mann, der von

301

Mitternacht bis acht Uhr morgens »galoppiert, um sich schlägt, zertrümmert, umstürzt, heult und andere Nettigkeiten mehr«. So sieht die »Zweite Freiheit« aus, im zweiten Stockwerk der Bastille.

Und doch kommt allmählich wieder Ordnung in Donatiens Leben. Das Zimmer ist eingerichtet, Vorhänge sind angebracht worden, Bücher sind eingetroffen. Die Marquise hat »neunzehn Hefte aus Papier« und ein Fläschchen Tinte mitgebracht, etwas später bringt sie »sechs große gespitzte Federn vom Hahn und einundzwanzig Hefte aus liniertem Papier«. Sie bringt Eibisch- und Mandelmilchpaste, Schokolade, Kleidungsstücke, Dokumente und literarische Werke. Nach und nach entsteht wieder eine Bibliothek. Viele Reiseberichte, von Bougainville bis Captain Cook. Die großen Klassiker und Philosophen. Die Romane von Marivaux, Fielding, Prevost und Laclos. Viele Theaterstücke, Werke aus dem Repertoire des Théâtre-Français oder des Théâtre-Italien. Literarische Nachschlagewerke. Genug, um mit der Arbeit anzufangen. Und Donatien macht sich an die Arbeit, höchstwahrscheinlich wie ein Berserker. Der gewaltige Roman *Aline und Valcour* entsteht. Erzählungen, geheime Werke. Und immer wieder, und immer noch: Theaterstücke (trotz der ständigen Konflikte mit dem Personal der Bastille gelingt es ihm, eine öffentliche Lesung seiner Tragödie *Jeanne Laisné oder Die Belagerung von Beauvais* im Beisein des Chevalier du Puget durchzusetzen). Er arbeitet auf allen Gebieten, zieht alle Regi-

ster. Das verlangt Kraft und Mut, auch Beharrlichkeit und Geduld. Donatien besitzt all diese Eigenschaften. Von seiner Zelle aus recherchiert er, verlangt, Dokumente einzusehen, die Welt zu befragen, ihre Geographie und Geschichte zu studieren,
genau wie jeder andere Schriftsteller auch, der seine
Dossiers vorbereitet und Notizen zusammenstellt.
Brieflich fordert er von seiner Frau präzise Auskünfte an über eine Straße, ein Gasthaus in Lissa-
bon, über Toledo und Madrid, zweifellos um dort
eine romaneske Intrige anzusiedeln. In dem Postskriptum zu diesem Brief stellt er Überlegungen zur
Literatur, zur Praxis des Romanschriftstellers an,
ganz wie ein Lesage, Richardson oder Marivaux: die
»großen Meister«, die er sich zum Vorbild nimmt,
wie er sagt.

Immer noch ist also seine Frau wichtigste Helferin
und Mittlerin zwischen ihm und der Außenwelt. Sie
hält ihn auch auf dem laufenden über private Ereignisse, über das Schicksal ihrer Kinder etwa: Der ältere Sohn tritt einem Militärkorps bei, der jüngere
wird mit fünfzehn Jahren in den Malteserorden aufgenommen; die Tochter dagegen ist eher »träge«,
widersetzt sich störrisch allen Studien. Todesfälle:
die Beauvoisin, Schauspielerin und Kurtisane,
Sades Jugendliebe, stirbt im Alter von vierzig Jahren. Auch La Jeunesse ist gestorben, nach langer
und qualvoller Krankheit. Von seiner Zelle aus sieht
Donatien Leben und Tod vorüberziehen, beobach-

tet, wie alles endet, verlöscht – und wie doch alles weitergeht. Aus der Starre und Abgeschiedenheit einer Festung heraus ist dies wahrscheinlich noch deutlicher sichtbar.

Renée-Pélagie ist ein Fixpunkt in der Existenz des Marquis; trotz seiner Zurückweisungen und Launen kommt sie zuverlässig und regelmäßig wieder, ist unermüdliche, unwandelbare Verbundene und Liebende. Am 30. Juli 1785 schreibt sie ihm: »Für mich gibt es auf dieser Welt nur ein wahrhaftes Glück: bei Dir zu sein und Dich zufrieden und glücklich zu wissen. Du wirst mich immer im Einklang sehen mit Deinen Wünschen, vorausgesetzt, sie schaden Dir nicht. Wir werden zusammen leben und zusammen sterben.« Und der Marquis begegnet ihr oft mit erstaunlicher Zärtlichkeit: vor einem Miniaturportrait, das sie ihm schickt, zerfließt er vor Rührung, spricht von »tausend sich beständig erneuernden Blüten am Dornenstrauch meines Lebens«. Dann wieder schickt er ihr böse Briefe, in denen er sie anklagt, zu der von ihm so gehaßten Familie de Montreuil zu gehören und mit ihr unter einer Decke zu stecken. (In einem Einakter stellt er seine Schwiegermutter unter dem Namen Mme Cordier als verbissene Feindin dar und läßt sie zum Folterknecht, einem ehemaligen Wächter aus dem Corps von Losme, sagen: »Ist dir die Kunst, Auseinandersetzungen anzustiften, Fallen zu stellen, unbekannt? Mein Schwiegersohn ist ein Adliger in seinen Gefühlen; wenn du ihm also unverschämt kommst, wird er dich zum Teufel wünschen – und schon ist er auf sein Zimmer verbannt, keine Ausgänge mehr.«)

Die Ausgänge sind nach wie vor ein heikles Thema. Sade hat stark zugenommen; seine Augenschmerzen sind schlimmer geworden; er läßt Ärzte kommen, sooft man es ihm erlaubt. Trotz der Schmerzen schreibt er weiter. Sein Arbeitsrhythmus ist beeindruckend, die Liste seiner Werke wird immer länger – so lang, daß er sogar einen *systematischen Katalog* aufstellen kann: fünfzehn Bände, nicht gerechnet die heimlichen Werke.

Wir sind im September 1788. Am Vorabend der Französischen Revolution ist Sade zu einem Mann geworden, der »allein kaum noch das Hemd wechseln« kann, so korpulent ist er, und der sich trotz Krankheit, Leiden, Verdruß und Zornesausbrüchen ganz dem Schreiben hingibt. Er hat es erreicht, daß man ihn auf »Die sechste Freiheit« verlegt hat, d. h. auf die sechste Etage der Bastille. Von dieser höheren Warte aus hat er einen besseren »Überblick« über den Aufruhr in den Straßen, dessen Lärm bald zu ihm dringen wird.

Seine Frau berichtet ihm vom Gären im Volk, von der Versammlung im Ballhaus. Die Ereignisse überstürzen sich. Am 2. Juli 1789 heißt es in einer kurzen Notiz im *Répertoire* der Bastille: »Der Comte de Sade hat wiederholt aus dem Fenster geschrien, daß man in der Bastille den Gefangenen den Hals abschneide und daß man sie befreien müsse.«

305

Die List eines Komödianten? Als wahrer Komödiant erscheint Sade jedenfalls in der detaillierten Version des Wärters Lossinote, laut der sich Sade »eines langen Rohrs aus Weißblech« bedient habe, »an dessen einem Ende ein Trichter befestigt war, damit er seine Exkremente bequemer in den Abfluß leeren konnte« – durch dieses Sprachrohr, »das er durch sein auf die Rue Saint-Antoine hinausgehendes Fenster gesteckt hat«, stößt er Schreie aus, verursacht einen Menschenauflauf, läßt Schimpfreden gegen den Gouverneur los, fordert die Bürger auf, ihm zu Hilfe zu kommen, brüllt, daß man ihm den Hals abschneiden wolle.

Die Version des Marquis de Launay ist trockener: Sade verstößt unentwegt gegen die Ordnung, ist nicht nur ein unbequemer, sondern – wegen dieser Ereignisse – nun auch ein gefährlicher Häftling; ihn noch länger dazubehalten sei unmöglich, man müsse ihn fortbringen, z. B. nach Charenton »oder ein anderes Haus gleicher Art«. De Launay begeht die Unvorsichtigkeit, dies schriftlich zu fixieren: für Sade wird dieser Brief später, im Frimaire des Jahres II, ein Beweisstück seiner bürgerlichen Gesinnung.

In der Zwischenzeit nehmen die Ereignisse die denkbar schlechteste Wendung für ihn. Er wird tatsächlich nach Charenton verlegt, zu den Irrsinnigen, und wieder einmal sieht er die dämonische Intervention seiner Widersacher am Werk: »Man ließ mich in das Kloster der Frères de la Charité de

Charenton bringen, wo diese Halunken von Montreuils mich neun Monate lang grausam schmachten ließen, inmitten der Verrückten und Epileptiker,
denen dieses Haus vorbehalten ist.«

Er, der seine Gewohnheiten als Häftling so ungern
wechselt und sich in seinen Gefängnissen verzweifelt an das kleine Stück Lebensraum klammert, in
dem er sich eingerichtet hat, muß erneut umziehen.
Ein Polizeiinspektor und ein Kommissar versiegeln
die Zelle, und sechs mit Pistolen bewaffnete Männer befördern ihn in eine Kutsche. Wieder einmal
muß er alles zurücklassen, seine Kleidung, seine
Unterwäsche, seine Bücher; »nackt wie ein Wurm«
wird er fortgeschafft.

Das geschieht am 4. Juli 1789, nur zehn Tage vor
dem historischen Datum der Befreiung und Einnahme der Bastille durch das Volk von Paris, das er
versucht hat, aufzuwiegeln.

15

DER SCHRIFTSTELLER:
DIE HUNDERTZWANZIG TAGE
VON SODOM

Eine Papierrolle, zwölf Meter und zehn Zentimeter
lang. Entrollt Sade sie vor sich selbst, wie Leporello
jene andere vor den Augen der fassungslosen Elvira
entrollt hat, um den Katalog der Eroberungen seines Herrn Don Giovanni zur Schau zu stellen? Natürlich ist Sades Katalog von etwas anderer Art; doch
es ist ebenfalls ein sehr langes Verzeichnis. Der
Marquis hat zwölf Zentimeter breite Blätter anein-
andergeklebt, um diese Rolle herzustellen, und hat
sie dann auf der einen Seite mit einer mikroskopisch
kleinen, völlig regelmäßigen Schrift bedeckt; zwanzig Abende, von sieben bis zehn Uhr, hat er in seiner
Zelle in der Bastille daran gesessen. Dasselbe dann
für die andere Seite. Am 28. November 1785 war das
Ganze fertig: ein ungeheurer Streifen, der unwill-
kürlich an einen modernen *comic strip* denken läßt,
dessen kräftige, schematisierte Linienführung die
aggressive oder phantastische Überspanntheit des
Inhalts unterstreicht.

Wenn das ein literarisches Werk ist, dann läßt es
sich mit keinem anderen vergleichen, dann *über-*

schreitet es alle. Der Autor war sich dessen völlig bewußt. Am Ende der Einleitung sagt er: »Und nun,
lieber Leser, bereite Herz und Geist vor für die un-
sittlichste Erzählung, die erfunden wurde, seit die
Welt besteht; du findest kein ähnliches Buch, weder
bei den Alten noch bei den Modernen. Stell dir vor,
daß jeder anständige Sinnengenuß – von jener När-
rin vorgeschrieben, von der du unaufhörlich
sprichst, ohne sie zu kennen, und der du den Namen
Natur gibst – daß jeder derartige Sinnengenuß, sage
ich mit Bedacht, aus diesem Bericht verbannt
wurde, und wenn du ihn doch zufällig antreffen solltest, wird er immer von irgendeinem Verbrechen begleitet oder mit irgendeiner Infamie gewürzt sein.
Zweifellos werden dir etliche der vielen Verirrungen, die du geschildert siehst, mißfallen, aber es
werden sich auch einige finden, die dich derart erhitzen werden, daß es dich den Samen kostet, und
das ist alles, was wir wollen. Wenn wir nicht alles gesagt und alles analysiert hätten, wie, glaubst du, hätten wir dann erraten können, was dir behagt? Es ist
an dir, auszuwählen und den Rest zu lassen; ein anderer wird es ebenso machen; und nach und nach
wird alles seinen Platz finden.«

Diese letzte Wendung »und nach und nach wird
alles seinen Platz finden« gibt zu denken: sie ist
Ausdruck der unerschütterlichen Gewißheit, daß
inmitten der größten sinnlichen und geistigen Verwirrung eine Ordnung am Werk ist. Und sie läßt
vermuten, daß Sade die Worte und Gedanken sei-

ner einleitenden Erklärung sehr reiflich überlegt und sehr bewußt formuliert hat.

Welchen Sinn hatte dieses Unternehmen ursprünglich, welche Absicht lag ihm zugrunde? Ein Werk, das jeden Rahmen sprengt – so sah es Sade, so sehen wir es heute. Eine pornographische Schrift war es wohl für die Generationen, die es heimlich lasen. Einen Kompromiß bot die sexologische, genauer: sexualpathologische Forschung zu Beginn unseres Jahrhunderts; sie drückte dem Werk lange Zeit ihren Stempel auf.

Die Geschichte jener Papierrolle ist die einer langen Irrfahrt. Als man Sade aus der Bastille nach Charenton überführte, nahm man ihm auch dieses Manuskript, das er später, nach Einnahme und Plünderung der Festung, nicht wiederbekam. Die Entrüstung und der Schmerz, die verzweifelte Wut, die er darüber empfand, die »blutigen Tränen«, die er vergoß, beweisen, wie wichtig das Manuskript für ihn war, wie sehr er spürte, welch enorme Arbeit da verlorengegangen war.

Das Manuskript wurde wiedergefunden, in demselben Raum, in dem der Marquis gefangengehalten worden war; es wurde von drei Generationen einer adligen Familie aufbewahrt und – wohl aus Furcht – verborgen. Zu Anfang dieses Jahrhunderts wurde es an einen Deutschen verkauft und 1904 von dem Berliner Psychiater Iwan Bloch, alias Eugen Dühren, in einer gänzlich entstellten Fassung veröffentlicht.

310

Schon damals verbreitete sich unter Spezialisten und Sammlern die Ansicht, dieses Werk sei ein Katalog für »Mediziner, Juristen und Anthropologen«, eine lange Auflistung sexualpathologischer Fälle, der *Psychopathia sexualis* Krafft-Ebings vergleichbar. Diese Sichtweise blieb lange Zeit bestehen und ließ um Sades Werk eine Geheimgesellschaft von »Wissensdurstigen« entstehen, entzog es aber zugleich der Literatur. Erst Maurice Heine gelang es 1931 bis 1935, die erste exakte Ausgabe zusammenzustellen. Mit den Surrealisten fand man dann zu neuen Lesarten (die übrigens nicht verbieten, das Buch weiterhin als ein außergewöhnliches *Dokument* zu betrachten).

Statt die *Hundertzwanzig Tage von Sodom* als Werk eines »unfreiwilligen« Gelehrten anzusehen, der die zahllosen psychopathologischen Varianten der menschlichen Sexualität rekonstruiert hat, wollen wir nun – wie die Surrealisten es taten – das Augenmerk richten auf die erstaunliche Kunstfertigkeit des Autors in der Beschreibung und Inszenierung dieser Varianten. Das Buch ist, um es ganz einfach zu sagen, eine Serie von glänzend in Szene gesetzten *Figuren*. So perfekt ist diese Inszenierung, daß man sich zu Recht fragen kann, ob die wahre Perversion Sades, seine intimste und beständigste, nicht der Exhibitionismus ist. Damit ließe sich das Paradox von Jean Paulhan aus der Welt schaffen, der sich in den vierziger Jahren darin gefiel – wobei sowohl Bataille als auch Blanchot ihm zustimmten –, Sade als

311

Masochisten hinzustellen: Justine, das war Sade, so wie Emma Bovary Flaubert war. Wir gestatten uns das Vergnügen zu behaupten: Sade war weder Sadist noch Masochist, sondern Exhibitionist. Seine Lust fand er darin, zu zeigen, sehen zu lassen, bis an die Grenzen des Möglichen. Und dazu sind ihm alle Mittel recht, die ihm die Literatur bietet (hier gesehen als eine Gesamtheit von Verfahren, die es erlauben, zu *sagen* und zu *beschreiben*). Die Literatur ist sicherlich die Kunst, welche die engsten verborgenen Beziehungen zu dieser Perversion unterhält; alle Schriftsteller sind in gewisser Weise und mehr oder minder Exhibitionisten. Aber bei Sade überschreitet das Bedürfnis zu zeigen, die Fähigkeit, »sehen zu lassen«, die Grenze des Üblichen und erreicht eine Maßlosigkeit, die zunächst einmal eine Maßlosigkeit der Sprache ist. Die Sprache hat die Möglichkeit, *vorzuführen* (im Gegensatz zur Malerei, der das Moment der Zeit, des Ablaufs fehlt); heutzutage ist wohl nur der Film in der Lage, sie darin zu überbieten. Es bedeutet dann auch nicht, das Werk Sades zu verunglimpfen, wenn man es aufgrund seiner exhibitionistischen und voyeuristischen Aspekte mit pornographischen Filmen vergleicht: hier wie dort gibt es die mechanische Wiederholung, die von den einen als langweilig oder unangenehm, von anderen aber als lustvoll empfunden wird. So können wir, ohne einen groben Anachronismus zu begehen, diesen erfahrenen Theatermann auch als Regisseur bezeichnen.

312

In jedem Fall ist das Buch – jenseits oder auch diesseits von Psychiatrie und Literatur – ein historisches Zeugnis, das sollte man nicht übersehen. Eine außergewöhnliche Bestandsaufnahme gesellschaftlicher Zustände am Vorabend der Französischen Revolution. Und Ausdruck von Sades persönlichem Protest gegen ein System der Unterdrückung. Daß diese in seinem Fall eine gewisse Berechtigung hat, hindert ihn nicht, sie mit äußerster Heftigkeit abzulehnen, und die Provokation der *Hundertzwanzig Tage* ist zweifellos ein besonders offensiver Ausdruck dieser Ablehnung. Dies hat Gilbert Lély hervorragend formuliert: »Warum sollte er in seiner Verzweiflung davor zurückschrecken, das einzige Schwert, das ihm in seiner finsteren Behausung zur Verfügung steht – die Zersetzung der moralischen Werte und der empfindlichsten Normen –, tief ins Herz des Menschen zu stoßen, um sich an einer Welt zu rächen, die ihn gefangenhält?«

Aber dieses Schwert zielt nicht nur auf das Herz des Individuums. Wir wollen die *Hundertzwanzig Tage* nicht reduzieren auf eine Anklageschrift gegen eine dekadente, verdorbene, unmoralische Gesellschaft – genau das waren nämlich weite Kreise der Aristokratie und der Bourgeoisie in der vorrevolutionären Zeit –, aber man sollte doch sehen, wie schonungslos Sade die herrschende Klasse darstellt, der er systematisch die Akteure seines Theaters der Verderbtheit entlehnt.

Der Anfang des Buches läßt keine Zweifel. Vier

313

»Blutsauger« werden vorgestellt, die eine lange und grauenvolle Orgie vorbereiten. Der historische Rahmen wird glänzend abgesteckt: »Die ungeheuren Kriege, die Ludwig XIV. im Verlauf seiner Regierung zu führen hatte und welche die Gelder des Staates und das Vermögen des Volkes erschöpften, boten dennoch einer enormen Anzahl von Blutsaugern die Gelegenheit, sich zu bereichern. Diese Blutegel lauerten beständig auf öffentliches Unglück, vermehrten es noch, anstatt es zu lindern, und zogen daraus den größtmöglichen Nutzen für sich selbst. Das Ende dieser im übrigen so glorreichen Regierung ist vielleicht eine der Epochen des französischen Reiches, in der die meisten jener obskuren Reichtümer gewonnen wurden, die ebenso obskure und heimliche Schwelgereien und Ausschweifungen hervorbringen.«

Natürlich ist es von nicht geringer Bedeutung, daß das Buch gerade auf diese Art und Weise beginnt, daß sofort der Zusammenhang zwischen Ausschweifung, Luxus und Geld hergestellt wird. Für ein Werk des Wahns und der Exzesse sind die ersten Zeilen außerordentlich luzide und kategorisch. Und Sade wird über die Gesellschaft am Ende der Regierungszeit Ludwigs XIV. und der folgenden Regentschaft hinaus auch ein Portrait der Gesellschaft seiner eigenen Zeit anfertigen: er kennt sie ja gut, hat jahrelang mitten in ihr gelebt, hat teilgehabt an ihren unbilligen Privilegien. Immer noch in der Einleitung steht folgende Beschreibung, die wie eine maskierte Selbstbeschreibung klingt: »Der Herzog von Blangis, mit achtzehn Jahren Herr über ein damals schon unermeßliches Vermögen, das er seither durch blutsaugerische Steuern stark vergrößert hat, erfuhr alle Unannehmlichkeiten, die um einen reichen jungen Mann herum, der sich nichts versagen muß, so zahlreich entstehen: fast immer wird in solchen Fällen das Maß der Kräfte zum Maß der Laster, und man versagt sich um so weniger, je leichter man sich alles verschaffen kann.«

Auf dieser »Theorie des Privilegs« basiert das ganze zynische System, demgemäß der Libertin bereit sein muß, der maximalen Befriedigung seiner Sinne alles und alle zu opfern. Aber Sade weiß sehr gut, daß dieser Zynismus zuerst der einer ganzen Gesellschaft ist, bevor er zu dem seinen wird. Das beweist er in jedem Moment – man könnte sogar sagen, daß sein Buch darauf angelegt ist, diesen Beweis zu führen. Und nicht selten finden sich – in einer Art demonstrativer Überspitzung – die Opfer der libertinen Gewalt in den mittellosen und unterdrückten Klassen, der »Klasse der Unglückseligen«, wie Sade sie nennt. Über den Präsidenten von Curval, eine abscheuliche Figur, heißt es: »Aus grausamer und entsetzlicher Raffinesse und zugleich aus leicht einsehbaren Gründen ließ er am liebsten die Klasse der Unglückseligen die Auswirkungen seiner perfiden Rage spüren.«

Betrachten wir uns die Galerie der Typen, die Sade in seiner *Schule der Ausschweifung* (so lautet der Un-

tertitel der *Hundertzwanzig Tage von Sodom*) präsentiert. Es genügt, die Szenen des Buches zu über-
fliegen, um sich von der Vielfalt dieser Figuren (die in
Wirklichkeit absolute Homogenität ist) einen Begriff
zu machen: »ein alter Kämmerer«, »ein berühmter
Advokat, ein reicher und sehr bekannter Mann«,
»ein alter Gutsverwalter«, »ein alter Bankier«, »ein
alter Präsident«, »ein alter Kommandant«, »ein Seigneur am Hofe«, »ein alter Finanzier«, »ein alter
Magistrat« etc.: Da sind sie versammelt, die Meister
der Schändlichkeit und Gemeinheit. Sie sind alle alt,
sie haben Zeit gehabt, ein Vermögen zusammenzu-
raffen, und Geld ist das Mittel, um ihre Launen und
Phantasien auszuleben. Sade kennt die Hauptak-
teure dieses Milieus. Und er zeigt mit dem Finger
auf sie. Sein Buch ist ebensosehr eine soziale Ty-
pologie der herrschenden Klasse wie ein Katalog
sexueller Perversionen. Um es vereinfachend zu sagen: Sade ist ein Vorläufer sowohl von Marx als auch
von Freud. Daß diese sozialen Typen karikiert werden, verstärkt nur noch den Realismus der Charak-
terisierungen. Als Gemälde einer Epoche kündet
Sades Werk auch Balzac oder Proust an.
Übrigens wird oft nicht genug betont, daß Sade
diese Welt in unbarmherzigem Licht zeigt und in
ihren entwürdigsten Formen. Sade schönt die Perversion der Sinne nicht, versucht keineswegs, sie mit
einem Nimbus oder schmückenden Dekor zu umgeben – ganz im Gegensatz zur Ansicht vieler, die
dem Surrealismus nahestanden und sich von der

libidinösen Euphorie mitreißen ließen. Über Curval schreibt er z. B.: »...völlig blasiert und abgestumpft, wie er war, blieben ihm nur noch die Verderbtheit und die Hemmungslosigkeit der Libertinage.« Oder: »Diese Verwirrung des Geistes, verstärkt noch durch den fast ununterbrochenen Rausch, in dem er sich so gern befand, gab ihm seit einigen Jahren ein schwachsinniges und abgestumpftes Aussehen, das, wie er vorgab, zu seinen größten Genüssen zählte.« Wenn es darum geht, die sexuelle Ausschweifung einer Gesellschaftsschicht hinter den verführeri- schen Kulissen ihrer Zeit darzustellen, dann sind wir wahrhaftig gut bedient!

Doch kommen wir zurück auf unsere vier Figuren: den Präsidenten von Curval, den Herzog von Blan- gis sowie dessen Bruder, den Bischof, und den Fi- nanzier Durcet. Auf die eine oder andere Weise sind sie alle monströs, sei es wegen ihrer körperlichen Dimension oder ihrer geistigen Verderbtheit. Sie verdanken ihr Vermögen der Unterschlagung, der Grausamkeit oder dem Mord; sie können sich alles erlauben. In diesem Fall erlauben sie sich die Laune, sich – geschützt vor allem und unbehelligt – in das Schloß Silling zurückzuziehen, in einen der entlegensten Winkel des Schwarzwalds, wo zwei- undvierzig Objekte der Wollust ihrer absoluten Ge- walt unterworfen sind. Da sind zuerst einmal ihre Ehefrauen – Constance, Adelaïde, Julie, Aline –, die zugleich auch ihre Töchter sind (d. h. die Tochter

317

des einen ist Ehefrau des andern; das inzestuöse Amalgam wird zum Prinzip erhoben). Dann ein Serail von Knaben und Mädchen, die ihren Eltern gewaltsam entrissen worden sind. Dann eine Gruppe von sexuell hervorragend ausgestatteten »Arschfikkern«. Dann abscheuliche sechzigjährige Anstandsdamen sowie Köchinnen und Dienerinnen. Und schließlich die »Geschichtenerzählerinnen«: die Duclos, die Champville, die Martaine und die Desgranges – Kupplerinnen, die mit allen Lastern und Schrecken vertraut sind und deren Rolle es ist, »Geschichten«, Szenen der Verderbtheit zu erzählen, detailliert darzulegen, die im Anschluß, als »praktische Übungen« sozusagen, bildlich nachgestellt und ausgeführt werden.

Diese Gestalten werden im allgemeinen nuancenlos beschrieben: die Jungen und Schönen sind »von außergewöhnlicher Jugend und Schönheit« (wie etwa die Gattinnen oder die jungen Burschen), die Alten der letzten Gruppen werden immer abstoßender und ekelerregender. All diese Figuren werden minutiös aufgezählt. Ihre Handlungen sind einem genauen Zeitplan (manchmal auf die Minute genau) unterworfen. Ebenso präzise sind die räumlichen Anordnungen. Daraus ergibt sich ein Handlungs- und Erzählprotokoll von absoluter Rigorosität, das aus diesem lüsternen, überorganisierten Rausch eine vollendete literarische Montage macht, ein Meisterwerk der Ordnung, was die »Fixierung der Vergnügungen« betrifft; und aus dem statischen

Abenteuer an abgeschlossenem Ort wird die Geschichte eines sich steigernden »sadistischen« Verbrechens, das mit der Eliminierung der meisten Teilnehmer endet: nur sehr wenige von ihnen werden mit dem Herzog und seinen Helfershelfern nach Paris zurückkehren.

Dieses Crescendo der Gewalt ist von großer Bedeutung; es folgt dem Rhythmus, in dem sich die beschriebenen »Leidenschaften« entwickeln: im »Veranstaltungskalender« werden sie als »einfache«, »doppelte«, »verbrecherische« und »mörderische« Leidenschaften klassifiziert. Es ist das eigentliche Kompositionsprinzip des Werkes, taucht es in ein großartiges düsteres Licht, das für die einen zur Welt des »schwarzen Surrealismus«, für andere zu der Nietzsches gehört.

Warum diese Progression der Niedertracht, der Grausamkeit und des Grauens? War sie absolut notwendig? Nimmt man heute das Buch zur Hand, so bekommt man das Gefühl, daß nach der langen Einleitung und dem ersten Teil, der als einziger ausgeführt ist, einfach ein endloser Katalog abgehackter Szenen folgt, in denen die Phantasie so entfesselt und maßlos ist, daß kein Raum mehr bleibt für eine literarische Bearbeitung. Es ist eine simple, atemlose Aneinanderreihung von Tableaus, deren Intensität sich steigert von der sexuellen Verirrung zum mörderischen Wahn bis zur inszenierten Folter. Hier trifft Sade wirklich (und, warum nicht: leider!) mit seinem verhängnisvollen Schicksal zusammen,

319

entspricht mehr und mehr dem grauenerregenden Bild, das sich mit seinem Namen verknüpft. Das ist schon der Fall bei den »Leidenschaften der zweiten Klasse, auch doppelte genannt«. Und erst recht bei den wohl für jeden Leser unerträglichen »einhundertfünfzig mörderischen Leidenschaften der vierten Klasse« des letzten Teils. Daß es sich dabei nur um Notizen handelt, um numerierte Entwürfe, sachlich und trocken, verstärkt noch den Eindruck, daß hier wahnhafte Bilder und lüsterner Furor in immer stärkere Beschleunigung geraten. Und man muß sich, gerade wenn man sein Leben und seine Arbeit kennt, fragen, was da mit Sade geschehen ist. Warum wird dieses in der Anlage meisterhafte erotische Werk, diese überlegte libertine Konstruktion, nach und nach zu einem Monument blutrünstigen Deliriums, zu einem Garten der Martern, der immer weniger einem Garten des Geschlechts und der Wünsche gleicht?

Das beginnt schon im ersten Teil mit der Perversion der Koprophagie, die in dem Werk häufig dargestellt wird. Selbst die eingefleischtesten Beweihräucherer Sades (an erster Stelle Gilbert Lély) haben sich an diesem Hindernis den Kopf eingestoßen oder es vorgezogen, der Frage aus dem Weg zu gehen, sie den Psychopathologen zu überlassen. In der Realität sind diese Verirrungen – wie man detaillierten Statistiken der Psychopathologie entnehmen kann – weitaus seltener als im Werk Sades. Zweifellos aus dem Grund, daß zuerst die Barriere des

Ekels überwunden werden muß, bevor es zur Tat kommt. In seinem Schreiben durchbricht Sade diese Barriere, und nicht selten mit freudigem Jubel.

Es ist sicher zulässig, dies als eine Konsequenz seines Systems zu sehen, das er entschieden und kaltblütig bis an die äußersten Grenzen treibt. In der Einleitung der *Hundertzwanzig Tage*, nach der schonungslosen Darstellung der vier alten, häßlichen Dienerinnen heißt es: »...der Präsident war nicht der einzige, dessen Geschmack depraviert war, auch seine drei Freunde, vornehmlich Durcet, waren ziemlich angekränkelt von dieser verruchten Vorliebe für den Kot und das Perverse, die mehr Reiz und Pikanterie an einem alten, widerwärtigen und schmutzigen Objekt findet als an dem, was die Natur aufs göttlichste geformt hat.«

Sade spürt wohl, daß hier eine Frage auftaucht, und er spricht sie an: »Zweifellos wäre es schwierig, diese Laune zu erklären, doch sie existiert bei vielen... es ist erwiesen, daß es das Schreckliche, Niedrige, Abstoßende ist, das uns gefällt, wenn wir steif sind, oder daß wir besser steif werden, wenn das Objekt verdorben ist.« Und er nennt auch den Grund: »Die Verirrungen der Natur bergen eine Würze in sich, die auf ein empfindliches Nervensystem mindestens ebenso stark wirkt wie die ausgesuchteste Schönheit... Schönheit ist die einfache, Häßlichkeit die außerordentliche Sache, und jede glühende Einbildungskraft zieht in der Lüsternheit zweifellos

321

das Außergewöhnliche dem Gewöhnlichen vor. Schönheit und Frische beeindrucken immer nur im gewöhnlichen Sinn; Häßlichkeit und Verkommenheit greifen tiefer ein, die Erschütterung ist stärker, die Erregung also lebhafter.« Wohlgemerkt: hier handelt es sich nicht um eine Ästhetik des Häßlichen – die durchaus vorstellbar wäre und für die es auch zahlreiche Beispiele gibt –, es geht ihm um Subversion, vielleicht sogar um eine völlige Verkehrung der libidinösen Normen, darum, jede innere Zensur abzuschaffen. Was ist da mit Sade geschehen? Und warum? Haben die Haftbedingungen das Freudsche Realitätsprinzip in tausend Stücke gesprengt? Wenn die Dämme des Ekels und des Widerwillens brechen, brechen auch alle andern. Wenig erstaunt es dann, daß der letzte Teil des Werkes zu einer langen Liste von Grausamkeiten und Foltern wird, die zunehmend toller und irrsinniger werden: die Ausbrüche eines überwältigenden, kaum zu unterdrückenden und sich ständig überbietenden Erfindungsreichtums. Hier stimmen Sade und »Sadismus« überein. Gemäß der inneren Logik des Systems endet das, was mit hemmungsloser Koprophagie beginnt, mit einem Blutbad – würde mit noch Schlimmerem enden, wenn es das gäbe.

Und doch: wir haben es mit einem großen Werk der Literatur zu tun. Vor allem wohl deshalb, weil es die Kraft der Literatur, *darzustellen*, zu *repräsentieren*,

und die Macht des Wortes bis zum äußersten frei-
setzt und einsetzt: die Rolle der Geschichtenerzählerinnen besteht darin, mit lauter Stimme und in allen
Details – die vier Libertins können von Details gar
nicht genug bekommen – das auszusprechen, was
schon geschehen ist, was sie schon erlebt haben und
was nun noch einmal ausgeführt werden soll. Es ist
die wesentlichste und wichtigste Rolle: nicht umsonst hat man die Geschichtenerzählerinnen auf
den Thron gesetzt.

Diese ständige Verdopplung der Handlung durch
das Wort, der Realität durch den Diskurs, der sie in
Wirklichkeit erst »hervorbringt«, ist der eigentliche
Motor der Erzählung. Hier sind wir wieder beim Exhibitionismus, und zwar bei einem Exhibitionismus
der Worte (wenn dieser paradoxe Begriff erlaubt ist).
Sade selbst wäre dieser Sichtweise wohl nicht abge-
neigt gewesen. In einer eigentümlichen (und selten
zitierten) Passage der Einleitung sagt er, daß das
sensibelste Organ des Libertins, das eigentliche Organ der Lust das Ohr sei: »Unter wirklichen Libertins ist es ausgemacht, daß die durch das Gehör-
organ vermittelten Sensationen diejenigen sind, die
am meisten gefallen und deren Eindrücke die lebhaftesten sind. Daher hatten unsere vier Schurken,
die wollten, daß die Wollust so stark und so tief wie
nur möglich in ihr Herz eindringe, zu diesem Zweck
etwas Außergewöhnliches erdacht: Nachdem sie
mit allem umgeben waren, was die Lüsternheit der
übrigen Sinne am besten befriedigen konnte, woll-

323

ten sie sich in dieser Umgebung detailliert von allen Formen der Wollust erzählen lassen, von all ihren Verirrungen, all ihren Abarten, kurz: von all dem, was man in der Sprache der Libertinage die Leidenschaft nennt.«

Erzählen. Sicherlich ist dies das Schlüsselwort. Das Erzählen spricht das Gehör an, und dieses ist, genau bedacht, der keuscheste aller Sinne. Wenn es eine Absolution für Sade gibt, dann ist es das. Die Bevorzugung des Gehörsinns ist die der Rede und somit der Fiktion.

Es gibt zahlreiche Hinweise, daß Sade in diesem »infamen« Buch beständig als Schriftsteller handelt, und zwar als äußerst gewissenhafter. Um sich davon zu überzeugen, genügt es, die Arbeitsnotizen am Ende der Einleitung und ganz am Ende des Buches zu lesen. Immerzu hebt er Stellen hervor, die noch deutlicher herausgearbeitet, Details, die verfeinert, Fehler, die korrigiert werden müssen, wobei er sich selbst in der Höflichkeitsform anredet und einen meisterhaft distanzierten, ermahnenden Ton anschlägt: »Auslassungen, die ich mir in der Einleitung zuschulden kommen ließ« – »Detaillieren Sie ein wenig die Brüste der Dienerinnen« – »Weichen Sie in keinem Fall von diesem Plan ab, alles ist darin mit größter Genauigkeit angeordnet« – »Schwächen Sie den ersten Teil stark ab« – »Vergessen Sie nicht, im Dezember die Szene einzufügen, in der die jungen Mädchen beim Souper aufwarten und mit dem Arsch den Likör in die Gläser der Freunde spritzen; Sie haben die Szene angekündigt und sie dann nie wieder erwähnt« – »Zusätzliche Foltern« – »Geben Sie dem Heft mit den Personen einen Plan des Schlosses bei, der jedes Zimmer verzeichnet, und notieren Sie am Rande des Blattes die Dinge, die in diesen Räumen stattfinden sollen.«

Kein Zweifel, Sade beherrscht sehr bewußt seine Techniken. Seinen Leser bedenkt er mit viel Aufmerksamkeit und Rücksicht; er möchte ihm nichts x-Beliebiges zu lesen geben. In der Einleitung heißt es: »... für unseren Leser, der nun, nachdem wir ihm eine genaue Beschreibung von allem gegeben haben, nichts weiter tun muß, als sich munter und sinnenfreudig dem Bericht anzuvertrauen, ohne daß noch etwas seinen Geist oder seine Erinnerung trüben würde.«

Noch eine letzte Hypothese zu diesem Werk ohne Vorläufer und Nachfolger: *Die Hundertzwanzig Tage von Sodom* als Meisterwerk der Ironie, an der Grenze – trotz der grausamen Teile – zur Komik.

Am zwanzigsten Tag der »einfachen Leidenschaften« gibt es eine eigenartige Stelle, die eigentlich alle »Sadisten« auswendig kennen sollten. Der schreckliche Bischof teilt dem scheußlichen Durcet hinter vorgehaltener Hand ein lüsternes Geheimnis mit, dieser gibt es weiter an den furchtbaren Curval, dieser wiederum, für uns immer noch unhörbar, an den entsetzlichen Herzog von Blangis – und der Leser wird das Geheimnis nie erfahren. Der Herzog beschränkt sich darauf zu sagen: »Ah, Teufel, darauf wäre ich nie gekommen!« Ein Hohlraum, eine Leerstelle, ein Mangel, ein Loch in der Mitte des Buches. Woraufhin Sade, der alles andere als ein allwissender Romancier sein will, schreibt: »Da die Herren sich nicht näher erklärten, ist es uns unmöglich zu wissen, was sie sagen wollten, und wüßten wir es, so täten wir doch gut daran, dies unter einem Schleier zu verbergen. Es gibt genug Dinge, die man nur andeuten soll, eine kluge Vorsicht fordert dies, man kann keuschen Ohren begegnen. Ich bin absolut davon überzeugt, daß der Leser uns dankbar ist für die Vorsicht, die wir walten lassen; je weiter er vordringen wird, um so mehr werden wir uns seines aufrichtigen Lobes würdig erweisen; dies können wir schon jetzt versichern. Schließlich muß jeder seine Seele retten; und verdiente nicht derjenige die schlimmste Strafe, sowohl in dieser Welt als auch in der andern, der maßlos alle geheimen Launen, Ekel und Schrecken ausplauderte, denen die Menschen im Feuer ihrer Phantasie ausgeliefert sind? Dies würde bedeuten, Geheimnisse zu lüften, die zum Glück der Menschheit verborgen bleiben sollten; dies hieße die allgemeine Korruption der Sitten zu entfesseln und die Brüder in Christus in alle Verirrungen zu stürzen, zu denen diese Schilderungen verlocken. Gott, der auf den Grund unserer Herzen sieht, der allmächtige Gott, der Himmel und Erde erschaffen hat und eines Tages Gericht halten wird über uns, er wird schon wissen, ob wir uns wünschen sollten, daß er uns solcher Verbrechen bezichtigt!«

16

SADE UND DIE REVOLUTION

An jenem historischen Tag, dem 14. Juli 1789, be-
findet sich Sade also in Charenton, »bei den Irren«.
Die Französische Revolution wird ihn befreien. Der
Sturm auf die Bastille ist für ihn mehr als nur ein
Symbol: die Männer, die auch für ihn Macht und
Unterdrückung repräsentieren, werden vom Volk
ausgelöscht. Manchmal auf bestialische Weise. Der
Gouverneur, der Marquis de Launay, wird nicht
einfach nur umgebracht: unter dem Jubel des Vol-
kes wird ihm ein Küchengehilfe den Kopf mit einem
Messer vom Rumpf trennen, und dieser Kopf wird,
auf eine Lanzenspitze gespießt, in den Pariser Stra-
ßen zur Schau gestellt.
Ausbruch der Geschichte und Ausbruch der Gewalt.
Aber weit weg für Sade in Charenton. Die *petits
pères**, die den ärztlichen Dienst im Hospiz versehen, sind daran gewöhnt, Wahnsinnige zu pflegen.
Sie wissen jedoch, daß Sades Wahn von besonderer
Art ist. Ein Bericht hat sie über die Umstände infor-

* religiöser Orden

miert, unter denen ihr »Pensionär« zum Häftling wurde: »Seit dem Jahr 1777 ist er auf Ersuchen seiner Familie seiner Freiheit beraubt, nachdem man gegen ihn einen Strafprozeß wegen Vergiftung und Sodomie angestrengt hatte – Verbrechen, von denen er freigesprochen wurde –; weitere Gründe, ihn zu internieren, waren die maßlosen Ausschweifungen, denen er sich hingab, sowie Geistesabwesenheiten, die ihn überkamen und die seine Familie fürchten ließen, daß er sie während eines dieser Exzesse endgültig entehren könne.«

Geistesabwesenheiten? Sade hat in Vincennes und in der Bastille nicht weniger als fünfzehn Bände geschrieben. Den Verlust dieser Arbeit wird er nie überwinden. Bitter klagt er seine Frau an, zum Zeitpunkt seiner Verlegung seine Manuskripte nicht gerettet zu haben, und das wird schließlich auch zur Trennung führen. Gewiß, man konnte nicht ahnen, daß die Bastille verwüstet würde. Aber Renée-Pélagie hätte versuchen können, dem Schlimmsten vorzubeugen, statt die Hände in den Schoß zu legen; so die Ansicht des Marquis. Sie hatte von ihm die Vollmacht, seine Sachen – nachdem die Siegel zu seinem Zimmer in der Bastille entfernt wären – abtransportieren zu lassen und an sicherem Ort unterzubringen. Zwischen dem 4. und 14. Juli hätte sie Vorkehrungen dieser Art treffen können. Doch nichts dergleichen geschah (hatte sie ihre Gründe?). Ein wahrhafter Dolchstoß.

Im Mai 1790, nach seiner Freilassung, schreibt

Sade an Gaufridy: »Während meiner Haft bin ich sehr tätig gewesen; stellen Sie sich vor, mein lieber Advokat, mein Werk war auf fünfzehn druckreife Bände angewachsen; als ich aus dem Gefängnis kam, blieb mir kaum ein Viertel dieser Manuskripte! Aus einer unverzeihlichen Nachlässigkeit heraus ließ Mme de Sade zu, daß die einen verlorengingen, man sich anderer bemächtigte; voilà, dreizehn verlorene Jahre! Drei Viertel dieser Werke waren in meinem Zimmer in der Bastille geblieben; man verlegte mich am 4. Juli nach Charenton; am 14. wird die Bastille gestürmt und auf den Kopf gestellt, meine Manuskripte, meine Bibliothek von sechshundert Bänden, Möbel im Wert von zweitausend Pfund, kostbare Portraits, alles wird zerfetzt, verbrannt, entwendet und geplündert, ohne daß ich davon auch nur einen Pfifferling wiedergefunden hätte, und alles wegen der Nachlässigkeit Mme de Sades. Sie hatte zehn Tage Zeit, um meine Sachen zu entfernen; sie konnte davon ausgehen, daß die Bastille, die man im Verlauf dieser zehn Tage mit Waffen, Pulver und Soldaten spickte, sich entweder zum *Angriff* oder zur *Verteidigung* rüstete. Warum beeilte sie sich dann nicht, meinen Besitz, meine Manuskripte fortzuschaffen...? Jene Manuskripte, über deren Verlust ich jetzt blutige Tränen vergieße...! Betten, Tische, Schränke kann man wiederfinden, Ideen nicht... Nein, lieber Freund, meine Verzweiflung ob dieses Verlustes vermag ich nicht auszudrücken: er läßt sich nicht wiedergutmachen...«

Unerträglich ist ihm auch die scheinbar ruhige Sorglosigkeit, mit der sich die Marquise ihrer Verantwortung entledigt und, wie er hört, in ein Kloster zurückgezogen hat. In einem anderen Brief an Gaufridy heißt es: »Während fünfzehn druckreife Bände meiner handschriftlichen Werke sich unter dem Siegel des Beauftragten der Bastille befanden, beliebte Mme de Sade zu dinieren, Toilette zu machen, die Beichte abzulegen und sich zur Ruhe zu begeben.« In seiner Erbitterung ist Sade seiner Gattin gegenüber äußerst aggressiv, aber seine Wut und sein Kummer sind verständlich. Unendlich viel steckt in diesen verlorenen Manuskripten: durchwachte Nächte, körperliche Leiden, schmerzende Augen, das Feuer der Phantasie, die Anstrengung, die Feder übers Papier zu führen, das eifersüchtig gehütete Geheimnis der langen Rolle, die Vollendung der Werke – »...Werke, die mir viel eingebracht hätten«, schreibt er an Gaufridy. Und: »...die mich trösteten... die meine Einsamkeit linderten, so daß ich mir sagte: ›Zumindest habe ich meine Zeit nicht vergeudet!‹«

Ja, blutige Tränen.

Während Donatien in Charenton einsitzt (»immer noch nackt – zum Glück war es warm –, immer noch unter Irren«, sagt er später), wird das Grollen der Revolution immer lauter. Zu ihm gelangt nur ein gedämpftes Echo. Aber seine Angehörigen draußen sehen, wie die Gewitterwolken sich auftürmen.

Die Marquise kann kaum einen klaren Gedanken fassen. Auch sie schreibt an Gaufridy: »Es herrscht dieselbe Verwirrung wie beim Turmbau zu Babel. Alle Welt möchte nun Herr sein... Diese geistige Anspannung, sich vor jeglicher Kompromittierung in acht zu nehmen, allen, denen man begegnet, zu mißtrauen, nicht mehr zu wissen, mit wem man unter demselben Dach lebt, sich Reden voller Gewalt anhören zu müssen! Selbst als Galeerensträfling wäre man besser dran: zumindest wüßte man, was zu tun ist.« Sie verläßt Paris zusammen mit ihrer Tochter und einer Kammerzofe, »um nicht von den Frauen des Volkes mitgeschleppt zu werden, die mit Gewalt alle Frauen aus ihren Häusern holen, um sie durch Regen und Kot marschieren zu lassen und gemeinsam den König aus Versailles zu entführen... Jeden Tag droht uns ein Blutbad. Selbst wenn sich Kirche und Adel allem fügen, man will immer noch mehr...« Sie hat Schreckliches gehört über die Ereignisse in Meaux, über Adlige, die gehängt worden sind, über andere Gewalttaten in der Provence, gerade auch in Mazan.

Um Gewalttaten handelt es sich zweifellos, aber für den Marquis sind sie die Morgenröte der Freiheit. Am 13. März 1790 nimmt die verfassunggebende Versammlung den Vorschlag M. de Castellanes bezüglich der königlichen Haftbriefe an: im Verlauf von sechs Wochen sollen alle Gefangenen freigelassen werden, die nicht verurteilt, angeklagt oder irrsinnig sind.

Diese Neuigkeit hat wohl, trotz der letzten Klausel, Aufruhr in der Familie Sade verursacht, denn die beiden Söhne des Marquis, Louis-Marie und Donatien-Claude-Armand, die er seit fünfzehn Jahren nicht mehr gesehen hat, besuchen ihren Vater in Charenton, um sie ihm mitzuteilen. Die Präsidentin von Montreuil ist skeptisch: »Ich wünsche ihm, daß er glücklich wird, aber ich bezweifle sehr, daß er dazu in der Lage ist.«

Am 2. April 1790 – einem Karfreitag! – öffnet die Französische Revolution dem Marquis die Gefängnistore. Er ist ohne einen Sou, hat auch keine Kleidungsstücke mehr, mit denen er sich sehen lassen könnte. Eine einfache Jacke aus schwarzem Ratiné. »Und keine *culotte*.« Sollte der Marquis wirklich ein *Sans-culotte* geworden sein?

Die Luft draußen ist rauh; Donatien hat Mühe, sich wieder daran zu gewöhnen. Er ist nicht mehr derselbe wie früher. Hier ein Portrait, das er in einem Brief an Gaufridy von sich selbst entwirft: »Ich habe dort meine Augen und meine Lunge verloren, ich bin dort aus Mangel an Bewegung so korpulent geworden, daß ich mich kaum mehr rühren kann; alle meine Empfindungen wurden dort ausgelöscht; zu nichts habe ich Lust, finde an nichts Gefallen; die Welt... erscheint mir nun so langweilig, so trist...! Bisweilen überkommt mich der Wunsch, einfach in der Versenkung zu verschwinden, doch ich gebe ihm nicht nach, damit ich nicht eines schönen Tages

sterbe, ohne daß jemand wüßte, was aus mir geworden ist.« (Anfang Mai 1790)

Zum Glück ist das Leben stärker. Donatien kommt
für einige Tage in der Rue du Bouloir bei M. de
Milly unter, einem Bevollmächtigten am Châtelet,
der sich in Paris um die Angelegenheiten des Marquis kümmert, und allmählich findet er wieder Gefallen an den konkreten Dingen des Lebens; sehr
schnell auch wieder an den Frauen. Eine Zeitlang
wohnt er bei einer »charmanten Dame voller Geist
und Temperament«, der Präsidentin de Fleurieu.
Und drei Monate später ist er liiert mit einer noch
nicht dreißigjährigen Schauspielerin, Marie-Constance Quesnet, die allein lebt mit ihrem Kind. Sie
wird die treue und ergebene Gefährtin seines letzten
Lebensabschnitts sein. Er nennt sie Sensible (die
Empfindsame).

Und seine Gattin? Es gelingt ihm nicht, ihr zu ver-
zeihen. Aber auch sie ist nicht sehr gut auf ihn zu
sprechen. Für den Gefangenen hat sie alle Geduld
der Welt aufgebracht, dem nunmehr freien Gatten
begegnet sie mißtrauisch und unruhig. Sie hat sich
nach all der politischen Aufregung tatsächlich ins
Kloster zurückgezogen, nach Sainte-Aure, und sie
weigert sich, ihren Mann, von dem sie sich trennen
möchte, zu empfangen.

Voller Enttäuschung und Zorn berichtet D.A.F. seinen Angehörigen und Freunden in der Provence
von diesem Verhalten: seiner Tante, der Äbtissin in
Cavaillon, und natürlich auch Gaufridy, der wieder

einmal Geld auftreiben soll, damit Donatien, nun auf sich gestellt, ein neues Leben beginnen kann. Denn eine Trennung der beiden Gatten wird auch finanzielle Folgen haben. Und der Entschluß der Marquise steht fest, wie sie Gaufridy wissen läßt. Nicht zuletzt wohl deshalb, weil die Anklagen ihres Mannes noch an Umfang zugenommen haben: inzwischen ist er überzeugt davon, daß sie auch Manuskripte, die er ihr bei ihren Besuchen in Vincennes oder der Bastille anvertraut hat, absichtlich verschwinden ließ. Das ist zuviel. Jeder Dialog ist unmöglich geworden. Die Trennung von Tisch und Bett wird verfügt, und im Herbst 1790 kommt es unter Aufsicht des aus der Provence angereisten Advokaten Reinaud zu einer schwierigen Liquidation, bei der viele verwickelte Interessen im Spiel sind. Rückgabe der Mitgift. Ende der Gütergemeinschaft. Das Ende eines merkwürdigen Bundes.

Die Zeiten haben sich geändert, in jeder Hinsicht. Der Marquis muß die Augen weit aufmachen angesichts dieser veränderten Welt, dieser veränderten Gesellschaft, die auf der Suche ist nach sich selbst. Das tut er auch: er schließt sich der revolutionären Bewegung an und legt dabei fast genausoviel Ungestüm an den Tag wie sein Erzfeind und provençalischer Landsmann Mirabeau. Illusionen macht er sich allerdings nicht; er weiß, daß er als Adliger vorsichtig sein muß. Schon in diesem Frühling des Jahres 1790 äußert er sich zu den Ereignissen, deren

Zeuge er ist, und zu den Widersprüchen, die ihn beschäftigen (in einem Brief an Reinaud vom 19. Mai):
»Ich bin erzürnt... meinen Herrscher in Ketten zu
sehen..., aber dem Ancien Régime trauere ich nicht
nach: es hat mich in zu großes Unglück gestürzt, als
daß ich Tränen darüber vergösse. Voilà, mein Glaubensbekenntnis, das ich furchtlos ablege.« In demselben Brief spielt er auf die »demokratischen Galgen« an, deren Gefahr er sich mit einer Reise in die
Provence nicht unnötig aussetzen möchte; man hat
ihm von heftigen Unruhen berichtet, die das Land
erschüttern.

Eine andere Bemerkung ist zweideutiger: »Ah,
schon vor langer Zeit sagte ich mir, daß diese schöne
und sanfte Nation, welche die Arschbacken des
Marschalls d'Ancre* auf dem Grill geröstet hat, nur
auf eine Gelegenheit wartet, um sich zu begeistern
und, immer zwischen Grausamkeit und Fanatismus
schwankend, ihr wahres Wesen zu zeigen.« Sade
stellt jedenfalls ein Anwachsen der Gewalt fest, und
im Postskriptum seines Briefes schreibt er äußerst
scharfsichtig und vorausschauend (wir sind erst im
Mai 1790): »Doch hier halte ich ein; man muß vorsichtig sein in den Briefen, denn niemals hat der
Despotismus so viele Siegel erbrochen, wie die Freiheit es tut.«

Diese – provisorische – Schlußfolgerung ist sicher-

* Marschall und Staatsmann (gest. 1617), Günstling der Maria
von Medici. Er fiel einer Verschwörung zum Opfer, von der der
junge Ludwig XIII. wußte

lich der Schlüssel zu einem gewissen Opportunismus, den Sade in der folgenden Periode an den Tag legt. Dennoch ist sein revolutionäres Engagement aufrichtig und in Anbetracht seiner Herkunft und bestimmter Charakterzüge durchaus bemerkenswert. Am 14. Juli 1790 nimmt er in strömendem Regen am »Fest der Föderation« teil. Im Januar 1791 wird er aufgefordert, »ohne Waffen, Knüppel oder Stöcke« zur Generalversammlung aktiver *citoyens* auf der Place Vendôme zu kommen. Im Juni desselben Jahres wird dieser Status des »aktiven Bürgers« mit einer Vorladung für die »Ernennung der Wähler« bestätigt. Am 10. August 1792* befindet er sich, »kochend vor Wut«, auf der Place du Carrousel.

Zwar wird Sades revolutionärer Elan so manches Mal gebrochen, vor allem durch Neuigkeiten aus der Provence (z. B. ist die Tante aus Villeneuve von den »Räubern« der Grafschaft ins Gefängnis geworfen worden), aber es liegt ihm daran, seine Teilnahme an diesem großartigen Unternehmen des französischen Volkes zu beweisen. Gelegenheit dazu bietet ihm die Flucht Ludwigs XVI. nach Varennes und dessen Rückkehr nach Paris. Am Tage der Rückkehr habe er es als seine Pflicht angesehen, einen »flammenden Brief« an den Herrscher zu richten und ihn persönlich in die Kutsche zu werfen, »als sie den Platz der Revolution überquerte«. So zumindest lautet seine Aussage, die er im nachhinein

---

* An diesem Tag wurden die Tuilerien erneut gestürmt und die königliche Familie verhaftet: die »Zweite Revolution«

gemacht hat. Gilbert Lély weigert sich, das zu glauben; zum einen, weil er diese Geste für wenig ehrenwert hält (der König wurde inmitten einer schweigenden Menge nach Paris zurückgebracht; Weisungen waren ausgegeben worden: »Wer dem König applaudiert, bekommt Stockhiebe; wer ihn beleidigt, wird gehenkt.«), zum andern, weil er annimmt, daß Sade sich mit dieser Aussage nur in ein günstiges Licht setzen und in der Endphase der Revolution jedem Verdacht der »Mäßigung« entgegentreten wollte. Wie dem auch sei; der Brief ist geschrieben und tatsächlich öffentlich verlesen und verbreitet worden. Heute ist er Teil der revolutionären Schriften Sades – unter dem Titel *Ansprache eines Bürgers von Paris an den König der Franzosen* (Juni 1791) –, und er ist einer näheren Betrachtung wert.

Was an dem Brief zuerst auffällt, ist die eigenartige Mischung der Tonarten: der Verfasser kann offenbar nicht umhin, dem König Respekt zu bezeugen, zieht ihn aber zugleich äußerst streng zur Rechenschaft. Der Instinkt des Adligen läßt ihn auf ritterliche Weise sagen: »Sire, wenn es auch nur ein einzelner Mann ist, der Euch schreibt, so mögt Ihr doch die von ihm geschilderten Gefühle als Ausdruck des Wunsches aller Franzosen betrachten. Jene, die Euch lieben und respektieren, werden zu Euch in der gleichen Sprache sprechen; mißtraut den andern, sie täuschen Euch, und mit dieser Täuschung bezwecken sie Euren Untergang.« Doch dann geht er zum Angriff über: »Was habt Ihr da getan, Sire?

Welche Tat Euch zuschulden kommen lassen? Wie habt Ihr Euch erlauben können, ein ganzes Volk auf schlimmste Weise irrezuführen...! Ihr, der Mächtigste... habt auf die verabscheuungswürdigen Listen der Schwachen zurückgegriffen, und die Seele eines französischen Ritters, in der wir nur Tugenden finden dürften, hat uns einzig die Laster der Sklaverei und Knechtschaft offenbart.« Am fesselndsten aber ist, wie Sade den Herrscher an sein eigenes Unglück erinnert und ihn dafür zur Verantwortung zieht: »Empfindet Ihr Eure Lage, in der so manch anderer sich glücklich schätzen würde, als unglückselig, so habt die Güte, einen Augenblick lang der ehemaligen Opfer Eures Despotismus zu gedenken, jener armseligen Individuen, welche eine einzige Eurer Unterschriften – die auch das Ergebnis einer Verführung oder Verwirrung des Geistes sein konnte – dem Schoß ihrer in Tränen aufgelösten Familien entriß und in den Verliesen jener schrecklichen Bastilles verschwinden ließ, mit denen Euer Reich gespickt war; ein gewaltiger Unterschied ist jedoch, daß das furchtbare Los dieser Unglücklichen, welches ich mit dem Euren vergleiche, fast immer das Ergebnis von Intrigen und Unrecht und im allgemeinen von unbegrenzter Dauer war; das Eure dagegen, das nur vorübergehend ist, hat zum Ziel, unserer Nation eines Tages ein dauerhaftes Glück zu bescheren.«

Soweit die recht persönliche *Ansprache an den König* (der Autor verrät sich mit der Wendung »Verwirrung des Geistes«). Was das vorübergehende Los des Königs oder das dauerhafte Glück der Nation betrifft, so war das letzte Wort noch nicht gesprochen. Zweifellos möchte Sade an dieses Glück glauben. Auffallend ist aber, daß er bis zum Höhepunkt der Revolution auf offenbar natürlichste Weise Einstellungen und Sichtweisen verändert, sich einmal als vorsichtiger, dann wieder als überzeugter *citoyen* präsentiert. Er selbst spricht in einem Brief an Gaufridy vom Dezember 1791 von der »Mobilität seiner Ansichten, die auf seine innerste Art zu denken Einfluß« habe und die von der täglichen Notwendigkeit diktiert sei, als Schriftsteller »einmal für die eine, dann wieder für die andere Partei zu arbeiten«. Er verabscheut und verurteilt die alten Mißbräuche, verteidigt aber den König und sähe in ihm gern den Kopf der Nation. Er ist zwar Revolutionär, aber ein Gegner der Jakobiner *(»antijacobite«)*. Er möchte nicht eine einzige Nationalversammlung, sondern zwei Kammern wie in England. Er tritt für ein absolut gemäßigtes und zentralistisches Programm ein und optiert für einen politischen Pluralismus (sein Denken »steht wahrlich hinter keiner der Parteien, ist vielmehr aus ihnen allen zusammengesetzt«). Ungewißheit und Zweifel. Und am Schluß des Briefes der Satz: »Was bin ich gegenwärtig? Aristokrat oder Demokrat? Bitte sagen Sie es mir, lieber Advokat, denn ich weiß es selbst nicht mehr.« Im Dezember 1791 ist diese Frage sicherlich angebracht und in jedem Fall ehrlicher als irgendeine Gewißheit.

Sade ist auch nicht der Mann politischer Gewißheiten; seine wahren Interessen liegen auf anderen Gebieten: kaum ist er in Freiheit, taucht auch schon der theatralische Dämon wieder auf, intakt. Die Leidenschaft kehrt zurück, nicht minder stark als vorher. Auf den Tag genau einen Monat nach seiner Freilassung aus Charenton spricht er bei Molé, einem der berühmtesten und gefeiertsten Schauspieler der Epoche vor – einem echten Publikumsliebling, der in der Comédie-Française gewöhnlich die Rolle des Marquis spielt – und überreicht ihm ein Manuskript. Wieder beginnt das Ballett der Besuche und Vorsprachen bei Schauspielern, das auch während der markantesten Ereignisse der Revolution nicht zum Stillstand kommen wird. Es ist irgendwie verführerisch und amüsant, dieses Bild eines Mannes, dem die Bühne alles bedeutet, der während der gesamten Revolutionswirren das Theater im Herzen trägt und unverwandt auf jenen roten Vorhang starrt, der sich eines Tages heben könnte, um den Blick freizugeben auf eines seiner Stücke.

An Ermutigungen mangelt es nicht. Am 3. August 1790 wird ein kurzes Stück, *Der Verführer,* vom Théâtre-Italien angenommen. Am 17. desselben Monats liest Sade den Schauspielern der Comédie-Française einen anderen kleinen Einakter vor, *Das Boudoir oder Der leichtgläubige Gatte;* zwar wird er abgelehnt, aber es fehlt nur eine Stimme zur Mehrheit, und es besteht Hoffnung auf eine zweite Lesung, wenn er Änderungen vornimmt. Im Septem-

ber wird das Stück *Der Misanthrop aus Liebe* angenommen (das allerdings nie zur Aufführung gelangt). Zwar wird *Der Pflichtvergessene*, eine kon-
ventionelle Komödie in Alexandrinern, im Februar
1791 zurückgewiesen, aber D.A.F. kann sich doch im
darauffolgenden Monat seinem Advokaten Reinaud
gegenüber damit brüsten, daß fünf seiner Stücke
von verschiedenen Pariser Bühnen angenommen
worden sind. Er ist jetzt äußerst aktiv und produktiv,
kann eine ganze Palette von Stücken anbieten (von
denen leider keines das Mittelmaß übersteigt). Einer seiner brennendsten Wünsche wird erfüllt, als
am 22. Oktober 1791 das Théâtre Molière in der
Rue Saint-Martin sein Prosastück in drei Akten, *Der
Graf Oxtiern oder Die Folgen der Libertinage*, aufführt. Nach einigen Änderungen wird es am 4. November noch einmal gespielt. Das Publikum ruft
den Autor auf die Bühne, applaudiert lebhaft. *Le
Moniteur* hebt »den Reiz und die Kraft« des Stückes
hervor, obwohl die Figur des schwedischen Grand-
seigneurs und eingefleischten Libertins Oxtiern von
»empörender Grausamkeit« sei.

Der Graf Oxtiern ist sicher eines der interessantesten
Stücke Sades; es hat schon etwas vom späteren »ro-
mantischen Drama«, es bringt jene Gewalt, die allen
Werken Sades eigen ist, auf die Bühne, und es
strahlt einen »schwedischen Reiz« aus, der schon in
der Erzählung *Ernestine, eine schwedische Novelle*
spürbar war, die Sade in der Bastille geschrieben
hat.

341

Im März 1792 wird im Théâtre-Italien eine Vorstellung des *Verführers* von einer jakobinischen Clique gestört, die den Abbruch dieses von einem Aristokraten verfaßten Stückes erzwingt. Pikantes Detail: in diesem Stück taucht zum ersten Mal die phrygische Mütze im Theater auf, jene Kappe aus roter Wolle mit nach vorn umgebogener Spitze: alle Patrioten setzen sie in der Pause auf. Damit zollt Sade dem großen revolutionären Schauspiel seinen Tribut. Alles in allem: Sade gelingt es in dieser Zeit der Wirren, die lang ersehnte Anerkennung als *homme de lettres* zu finden. Und er wird diese Identität in der Öffentlichkeit nicht mehr ablegen. Fortschritte sind nicht nur im theatralischen Bereich, sondern auch auf dem Gebiet des Romans zu verzeichnen. Die vier Bände von *Aline und Valcour* sind fertig zum Druck, und im Juni 1791 geht *Justine oder Vom Mißgeschick der Tugend* in Satz. Am 12. Juni schreibt Sade an Reinaud: ».. . Augenblicklich geht ein Roman von mir in Druck, aber er ist zu unmoralisch für einen so besonnenen, frommen und anständigen Mann, wie Sie es sind. Ich hatte Geld nötig, der Drucker wollte etwas *Gepfeffertes*, und er bekam es – selbst den Teufel könnte es noch verderben. Es trägt den Titel *Justine oder Vom Mißgeschick der Tugend*. Sollte es Ihnen zufällig in die Hände fallen, verbrennen Sie es, lesen Sie es bloß nicht. Ich distanziere mich davon. Aber bald schon werden Sie meinen *philosophischen Roman* in Händen halten, den ich Ihnen unverzüglich übersenden werde.«

Diese Aussage ist wichtig aus zweierlei Gründen: zum einen kündigt Sade ein literarisches Ereignis von größter Tragweite an, zum andern läßt er durchblicken, daß finanzielle Motive im Spiel sind. Man erinnert sich, daß er den Verlust seiner Manuskripte in der Bastille auch deshalb beklagt hat, weil ihm die Werke »viel eingebracht hätten«. Neu ist, daß ganz offensichtlich handfeste Forderungen von außen sein Schreiben beeinflussen können. Sade liefert, was der Drucker für sein Publikum will: etwas Gepfeffertes. Dieser Aspekt wirft ein neues Licht auf Sades Produktion. (Bei dem Drucker handelt es sich übrigens um Jacques Girouard, der im weiteren Verlauf der Revolution große Schwierigkeiten bekommt und schließlich guillotiniert wird.)

In dieser Existenz als Schriftsteller, auch davon spricht Sade in seinem Brief an Reinaud, hätte er sich keine bessere Frau an seiner Seite wünschen können als Marie-Constance Quesnet: »Hätte ich allein leben sollen, umgeben von zwei oder drei Lakaien, die mich ausgeplündert, vielleicht sogar umgebracht hätten? War es nicht unabdingbar, eine absolut verläßliche Person zwischen jene Spitzbuben und mich zu stellen? Soll ich etwa die Suppe abschöpfen oder das Geld für den Metzger abzählen, ich, vergraben in meinem Arbeitszimmer zwischen Molière, Destouches, Marivaux, Boissy, Regnard, die ich anschaue, schätze, bewundere und die ich doch nie erreichen werde? Und brauche ich nicht jemanden, dem ich alles brühwarm vorlesen kann?

343

Nun gut: meine Gefährtin erfüllt all diese Aufgaben; möge Gott sie mir erhalten...«

Marie-Constance scheint zum rechten Zeitpunkt in Sades Leben eingetreten zu sein; endlich einmal wirkt er glücklich.

Ein zerbrechliches Glück. Ein Adliger und Schriftsteller kann nicht sicher sein in dieser Zeit. Jeden Augenblick kann er in eine Falle oder einen Hinterhalt geraten. Sade hat wiederholt Gelegenheit, sich davon zu überzeugen. Er erfährt z. B., daß am 10. August, dem Tag, als er auf der Place du Carrousel seine patriotische Überzeugung kundgetan hat, Freunde und Angehörige von ihm niedergemetzelt worden sind. So kam etwa Stanislas de Clermont-Tonnerre, der Mann seiner Cousine trotz mutiger Gegenwehr unter schrecklichen Umständen ums Leben: er wurde mit Sichelhieben verletzt, aus dem Fenster gestürzt und schließlich in Anwesenheit seiner Frau von einer tobenden Horde regelrecht abgeschlachtet.

Auch im häuslichen und familiären Bereich bringt die Revolution Probleme mit sich: D.A.F. sorgt sich, daß seine Söhne als junge Adlige ihm Schwierigkeiten machen könnten. (Von seiner Tochter spricht er so gut wie gar nicht, er begnügt sich damit, sie wieder einmal als »häßlich« zu bezeichnen: sie sei »geistig und körperlich nicht mehr als eine ordentliche, dicke Bauersfrau«.)

Tatsächlich demissioniert Louis-Marie von seinem

Posten eines Lieutenant der Infanterie und verläßt Frankreich in Richtung Deutschland. Donatien-Claude-Armand desertiert. Sade sieht schon »das Schwert des Gesetzes« über sich schweben, das den Eltern aller Emigrierten droht, und er macht die Montreuils dafür verantwortlich, deren »idiotisches Verhalten« darauf abziele, seine Kinder ostentativ »dem Rang des Adels« zuzuordnen. Er fordert den Präsidenten von Montreuil und seine »ehrgeizige Hälfte« auf, die Emigration der jungen Leute zu verhindern, ansonsten werde er sie höchstpersönlich in der Generalversammlung denunzieren. (Eine rein rhetorische Drohung übrigens.)

Um Patriotismus und Ehre geht es ihm, und er macht seinen Söhnen, die auf den Abweg konterrevolutionärer Ehrlosigkeit geraten seien, eindringliche und beredte Vorhaltungen. Nichts komischer als dieser wahrhaft römische Ton verletzter Tugendhaftigkeit, den er anschlägt: er droht ihnen mit dem Bannstrahl, falls sie nicht gehorchen. Später, als das revolutionäre Gewitter seinen Höhepunkt erreicht und maßlose Staatstreue unerläßlich wird, treibt er die lyrische Beredsamkeit bis zu der Erklärung, er sei bereit, »weitere Kinder zu zeugen«, um den Abfall der seinen wiedergutzumachen (so der Schluß einer Petition, die er im Dezember 1793 dem Nationalkonvent vorzutragen gedenkt).

Auch die Neuigkeiten, die aus der Provence, aus Mazan, Saumane, Arles und Lacoste, eintreffen, sind alles andere als aufmunternd. Eines Morgens im April 1792 erfährt Sade, daß die Gemeinde in Lacoste die Zinnen seines Schlosses, Symbol adliger Privilegien, schleifen will. Er reagiert mit einem ungestümen Brief von brillanter republikanischer Eloquenz. Aber im September desselben Jahres kommt es noch schlimmer: man hat das Schloß geplündert. Gruppen feindseliger Einwohner Lacostes – Männer, Frauen und Kinder – sind zweimal eingefallen und haben alles verwüstet; sie haben Möbel mitgenommen oder aus dem Fenster geworfen, Mauern ein- und Türen herausgerissen. Nur die Fußböden und Dächer konnten dank des Eingreifens eines Bürgers aus Apt, Ange Raspail, vor der Zerstörung bewahrt werden. Eine Standpauke aus dem Rathaus verhindert das Schlimmste.

Doch als der Marquis die Neuigkeit erfährt, ist er am Boden zerstört. Sein Schloß geplündert – trotz seiner Huldigungen an Republik und Revolution! Die Notabeln Lacostes teilen ihm mit, daß fast alle herrschaftlichen Schlösser der Region dasselbe Schicksal ereilt hat – soll ihn das trösten? Er bittet Gaufridy, ihm Einzelheiten jener »unglaublichen Vorgänge« zu berichten, die ihm »den Dolch ins Herz« gestoßen haben.

Natürlich beschäftigt ihn auch sehr, wie die Geldfrage geregelt werden kann, was aus seinen Einkünften wird.

Was soll Gaufridy antworten? Auch seine Lage ist immer unsicherer geworden. Im Juli 1792 ereignet sich eine merkwürdige Episode: eine junge, recht

exaltierte Einwohnerin Lacostes, Tochter eines gewissen Soton, hat sich zu Pferd nach Paris aufge-
macht, um der Nationalversammlung ein gegen
Gaufridy und andere Bürger Lacostes gerichtetes
Schreiben zu übergeben (der Grund der Klage: man
habe »ihrer Mutter die Leitung der Schulen entzo-
gen«). Sade schreibt an Gaufridy, daß er sein Mög-
lichstes tue, um diese seltsame Amazone im Zaum
zu halten, die zu allem entschlossen scheine, die sogar »den Kopf Gaufridys« fordere, und daß er all seinen Einfluß gebrauche, um sie zur Vernunft zu bringen (unverkennbar ist dieser Brief zugleich eine diskrete Erpressung; Sade ergreift die Gelegenheit, um
auf seinen Beauftragten, die unentbehrliche Geld-
quelle, Druck auszuüben). Diese Episode ist charakteristisch für die Atmosphäre von Unsicherheit,
Mißtrauen und Verrat, die mit jedem Tag unerträg-
licher wird.

Trotz allem: Sade hält sich gut. Er hat keine Angst,
denn er engagiert sich ja weiterhin für die Revolution. Regelmäßig begibt er sich zum Ausschuß seiner Sektion an der Place Vendôme, die jetzt ›Section
des Piques‹ heißt, und nimmt an den Beratungen
teil. Er gehört der Nationalgarde an; am 1. Oktober
1792 wird er unter der Anrede »M. und lieber Kamerad« in eine ihrer Kompanien einberufen. Er in-
terveniert immer öfter in der Öffentlichkeit: mit
kleinen Schriften, Schmähschriften, mit dem Diskurs *Gedanken zu der Art und Weise, Gesetze zu be-
schließen*, der im November 1792 vor der General-

347

versammlung seiner Sektion verlesen wird, woraufhin man beschließt, ihn drucken und verbreiten zu lassen. Ein schöner politischer Text, der den Gedanken der Souveränität des Volkes bei der Erarbeitung von Gesetzen verteidigt und ein kühnes Konzept der Freiheit darlegt (wobei die Farbe Rot als Farbe der Freiheit auf eigenwillige Weise in Frage gestellt wird): »Die Aristokratie ist noch nicht so fern, wie man glauben möchte, ihre Dämpfe belasten weiterhin die Atmosphäre, die sie vor kurzem noch verdunkelt haben: zwar sind es nicht mehr dieselben Männer, die sie mit ihren Ausdünstungen vergiftet, aber jene, die sie einatmen, werden davon verseucht; und eure Kappe der Freiheit, welche dieselbe Farbe trägt wie die der Galeerensträflinge, könnte schon bald ebensolche Ketten maskieren.«

Sade begnügt sich aber nicht mit politischen Reden; er engagiert sich auch für weitaus konkretere Aufgaben im Bereich der Hospitäler und der öffentlichen Fürsorge; nach all seinen Internierungen scheint er wie geschaffen für diese Art von Solidarität. Er unterbreitet seinen Kollegen von der Sektion wichtige und konstruktive Beobachtungen zu diesem Thema, ist mit Besuchen und Ermittlungen beauftragt. Die Ironie der Geschichte will es, daß der Marquis de Sade zum Sprecher einer Kommission für *Wohltätigkeit und Gesundheit* wird; aber es gibt ihn wirklich, den »wohltätigen« Sade.

Und auch den großzügigen Sade gibt es: im April 1793 besucht der Ex-Präsident Montreuil seinen

Schwiegersohn in der Sektionsversammlung, deren Schriftführer der Marquis inzwischen geworden ist. Die beiden Männer haben sich seit fünfzehn Jahren nicht gesehen. Ihre Unterredung dauert eine Stunde. Offensichtlich ist Montreuil beunruhigt über die Entwicklung der Ereignisse und sieht in seinem Schwiegersohn einen möglichen Schutz. Donatien ist sicherlich zufrieden, daß seine Zeugnisse revolutionärer Gesinnung ihn in diese schmeichelhafte Lage versetzen. Aber, und das gilt es festzuhalten, er nutzt diese Lage nicht aus. Im Gegenteil: er läßt die Montreuils auf die Liste der Personen setzen, die geschont werden sollen.

Als er Gaufridy davon berichtet, bemerkt er: »Hätte ich nur ein Wort gesagt, wäre es ihnen schlecht ergangen. Ich habe geschwiegen: das ist meine Art, mich zu rächen.«

Festhalten sollte man hier auch, daß Sade jedesmal, wenn sich ihm die Gelegenheit bietet, gegen Gewalt und Denunziation angeht, daß er sich gegen die Todesstrafe ausspricht und sich für die Opfer von Ungerechtigkeiten in seinem Bereich einsetzt. Er, der Mann der Exzesse und der Grausamkeit, ist auf dem Gebiet konkreter politischer Verantwortlichkeit ein Verteidiger der Vernunft, des maßvollen und ehrenhaften Verhaltens, und dies zu einer Zeit, da eine solche Haltung reale Risiken mit sich bringt (wie man in der Folge sehen wird). Im August 1793 kämpft er bis zur Erschöpfung – man sieht ihn »Blut spucken« – in stürmischen Sitzungen der Sektion gegen Vorschläge, die er als »abscheulich« oder »unmenschlich« empfindet.

Bei all dem gelingt es ihm, sein Ansehen als energischer und entschlossener Revolutionär zu erhalten. Er wird sogar zum Richter ernannt, für Streitfälle, bei denen es um gefälschte Assignaten* geht. Eine Auszeichnung, über die er sich freut wie ein Kind, die er als eine der erstaunlichsten Wendungen seines Schicksals betrachtet. Kurz, er hat das Gefühl, mit jedem Tag mehr »in der Hierarchie aufzurükken«.

Einen Höhepunkt dieser Karriere erreicht er nach der Ermordung Marats. Er schreibt eine *Rede an die Manen Marats und Le Pelletiers***, ein Meisterwerk revolutionärer Theatralik. Der »Freund des Volkes« hat darin einen bedeutend angenehmeren Part als der unglückselige Le Pelletier de Saint-Fargeau, und man kann sich fragen, ob nicht eine geheime Affinität zwischen Sade und Marat besteht; gemeinsam ist ja beiden die Tendenz zur Transgression und Verrücktheit (im übrigen verleiht man Marat zu seiner Zeit das Prädikat »göttlich«, das später auch dem Marquis zugesprochen wird). In dieser Rede

---

* Staatliche Schuldverschreibungen, die von 1790–1797 in Umlauf waren
** Jean Paul Marat (1744–1793), einer der radikalsten Volksführer, Gegner der Girondisten, wurde von Charlotte Corday erstochen
Der Abgeordnete Louis-Michel Lepeletier de Saint-Fargeau wurde 1793 von einem Soldaten der Leibwache, Pierre de Paris, ermordet, weil er für den Tod des Königs gestimmt hatte

aber dominiert die Erhabenheit. Eine gewollt römische Erhabenheit: Marat wird gleichgesetzt mit
Brutus und Scaevola und in den Himmel gehoben:
»O Marat! wie haben doch deine herrlichen Handlungen dich diesem allgemeinen Gesetz enthoben
(gemeint ist der Egoismus)! Welches dir eigene Motiv entfernte dich vom Verkehr der Menschen, ließ
dich die Annehmlichkeiten des Lebens entbehren,
verbannte dich schon zu Lebzeiten in eine Art Grab?
Welch anderes, wenn nicht das, deine Mitmenschen
aufzuklären und das Glück deiner Brüder herbeizuführen...?« Besondere Blüten treibt diese Rhetorik,
wenn Sade die Mörderin des Helden stigmatisiert,
was aus seiner Feder besonders pikant ist: »Furcht-
sames und sanftes Geschlecht, wie ist es möglich,
daß eure zarten Hände den Dolch ergriffen, den die
Verführung geschärft hatte?« Und was dann folgt,
ist noch erstaunlicher (man kann sich den Spaß machen und es aus ureigener »Sadescher« Perspektive
lesen): »Der barbarische Mörder Marats, der jenen
androgynen Wesen gleicht, die man keinem Geschlecht zuordnen kann und die von der Hölle aus-
gespien wurden zur Verzweiflung beider Geschlech-
ter, gehört in Wahrheit keinem von beiden an.«
Das mußte gefallen, und man verlangte nach mehr.
Diese kraftvolle Rede erhielt wärmsten Applaus von
der Generalversammlung der ›Section des Piques‹,
und augenblicklich wurde verfügt, sie in Druck zu
geben und sie an den Konvent zu senden sowie an
alle Départements, an die Armeen, an die verant-

351

wortlichen Politiker in Paris, an die siebenundvier-
zig anderen Sektionen und an die Volksvereinigun-
gen.

Eine regelrechte Apotheose. Sade, dem die Pariser
Bühnen recht selten Erfolge bescherten, hatte hier
vielleicht eine Bühne gefunden, die seinen Fähig-
keiten entsprach. Man kann sich lebhaft vorstellen,
wie er mit vibrierender Stimme, unter Ovationen,
seinen Text auf der Place Vendôme verliest. Schauspieler ist er da, mehr denn je.

Und in den folgenden Wochen kann er seine Liebe
zur römischen Antike ungehindert ausleben: er
übernimmt die Aufgabe, die Straßen seines Arron-
dissements umzubenennen. Die Rue Neuve-des-
Mathurins wird zur Rue de Caton, die Rue des Capucins zur Rue de Regulus, die Rue de la Madeleine
heißt nun Rue de Cornelius, und die Rue de Sures-
nes wird zur Rue des Gracques. Lycurgus, Solon,
l'Homme libre (der freie Mensch), le Peuple souve-
rain (das souveräne Volk), les Champs de gloire (die
Felder der Ehre) werden in Straßennamen »verewigt«. Wer sagt, daß Schriftsteller nicht von Nutzen sind für die Republik?

Sade verfolgt seine Mission bis ans Ende. Am 15.
November 1793 – dem 25. Brumaire des Jahres II –
wird er als Vertreter der ›Section des Piques‹ im
Konvent auftreten und sich vor den »Repräsentan-
ten des französischen Volkes« für ein Projekt einsetzen, das er selbst entworfen hat: es ist dem Kult der
Tugend gewidmet.

17

DER SCHRIFTSTELLER: JUSTINE

Der Tugend aber stoßen Mißgeschicke zu. Zwei
Jahre zuvor, 1791, hatte der Marquis die furchtba-
ren Schicksalsschläge einer tugendhaften jungen
Person namens Justine dem Publikum vorgestellt.
Das Buch erschien ohne Angabe eines Autorenna-
mens. Als Herausgeber zeichneten die Librairies
Associés in Holland; in Wirklichkeit entstammte es
der Druckerei Girouard, Rue du Bout-du-Monde in
Paris. Es erreichte sechs Auflagen, hatte also Er-
folg.

Ein allegorischer Stich zierte den Buchdeckel: die
Tugend zwischen Ausschweifung und Irreligiosität,
drei Figuren in erstarrter Haltung. Die Widmung
galt Marie-Constance Quesnet – »an meine gute
Freundin« –, die der Autor mit folgenden Worten
anspricht: »Ja, Constance, Dir widme ich dieses
Werk, die Du Beispiel und Zierde Deines Geschlechts bist, vereinigst Du doch die empfindsam-
ste Seele mit dem schärfsten und aufgeklärtesten
Geist; nur Dir gebührt es, die sanften Tränen kennenzulernen, die uns die unglückliche Tugend ent-

lockt...« Wundern wir uns nicht über den rührseligen Ton dieser Zeilen; er war damals fast obligatorisch. In dieser Epoche erreichte eine Heuchelei ihren Höhepunkt, die seit zwei Jahrhunderten Tradition war in der Literatur: man verfaßte Plädoyers für die (so schön anzuschauende) Tugend, um das (so schreckliche) Laster beschreiben zu können. Dieser Heuchelei trägt auch Sade Rechnung. Allerdings doch auf recht eigenwillige Art: »Die Absicht dieses Romans (der weniger ein Roman ist, als man glauben möchte) ist zweifellos neuartig. Die Erhebung der Tugend über das Laster, die Belohnung des Guten, die Bestrafung des Bösen – das ist die übliche Entwicklung in allen Werken dieser Gattung; wer wäre dessen nicht längst überdrüssig! Hingegen das Laster als stets siegreich, die Tugend aber als Opfer ihrer eigenen Hingabe darzustellen, eine Unglückliche von einem Mißgeschick ins andere irren zu lassen... mit einem Wort: die kühnsten Schilderungen, die ungewöhnlichsten Situationen, die erschreckendsten Maximen, die kraftvollsten Pinselstriche zu wagen, um der alleinigen Absicht willen, eine der erhabensten Morallehren zu erteilen, die der Mensch je empfangen hat, das bedeutete – man wird mir zustimmen – einen bisher kaum beschrittenen Weg zu Ende zu gehen.«

Der Roman *Justine* ist hervorgegangen aus einer langen Novelle, *Die Mißgeschicke der Tugend*, die in fünfzehn Tagen, zwischen dem 23. Juni und dem

8. Juli 1787, in der Bastille entstanden war und die Sade ursprünglich in seine *Erzählungen und Schwänke* einbeziehen wollte. Aber im Jahr darauf entwickelte sich die in Stil und Inhalt eher maßvolle Novelle zu einem umfangreichen Werk voller anstößiger Situationen und obszöner Details. Das Ergebnis hemmungsloser libertiner Phantasien, maßloser romanesker Fabulierlust? In einer Ankündigung stellt der »Herausgeber« klar: »Um das Interesse des Lesers zu wecken, machten unsere Vorfahren anno dazumal Gebrauch von Zauberern, bösen Geistern und allen möglichen Fabelgestalten... Da es jedoch unglücklicherweise eine Klasse von Menschen gibt, bei denen der gefährliche Hang zur Libertinage zu Missetaten führt, wie sie von früheren Autoren den Menschenfressern und Riesen zugeschrieben und in düstersten Farben ausgemalt wurden, fragt man sich, warum man nicht die Natur der Fabel vorziehen sollte.«

Eine »Fabel«, ein Roman ist Justine zwar auch, aber eine von der Natur genährte und perfektionierte. Die Menschenfresser und Riesen gehören der Gesellschaft an. Die gesellschaftliche und sittliche Realität im Dienst schriftstellerischer Phantasie. Das könnte eine Definition des Romans sein – und seiner unbegrenzten Möglichkeiten. Sade ist sich dessen bewußt: im Jahr 1797 veröffentlicht er eine neue Version, die noch entfesselter, noch detailreicher ist (wobei die Spekulation des Buchhändlers in der wirren Zeit des Direktoriums sicherlich das Ihre

dazu beitrug): *Die Neue Justine, gefolgt von der Geschichte Juliettes, ihrer Schwester.*
Justine hat also drei Stadien durchlaufen: die klassische Kürze, die romaneske Reife und die barocke Überfülle.

Halten wir uns an die Justine der »romanesken Reife«, die, wie erwähnt, noch während der Haft in der Bastille geschrieben wurde. Man könnte auf den Gedanken kommen, daß die Herausgabe des Werks, das die »Mißgeschicke der Tugend« im Ancien Régime darstellt, im Jahr 1791 ein wenig anachronistisch anmutete, alte Dämonen beschwor, die die neue Epoche nicht mehr entstehen ließ. Aber das hieße, wichtige Aspekte der revolutionären Zeit zu verkennen, in der keineswegs alle früheren Dämonen gebannt waren.

Der Rahmen des Werks ist die Ungleichheit und Ungerechtigkeit des gesamten Jahrhunderts. In der ersten Fassung, der Novelle *Die Mißgeschicke der Tugend,* kündigt Sade – wie schon in der Einleitung zu den *Hundertzwanzig Tagen* – an, daß er beweisen wolle, daß es »in einem völlig verdorbenen Jahrhundert am besten sei, es wie alle zu machen.« Sade errichtet sein »System« auf Beobachtungen in einer real existierenden Gesellschaft, in der alle Mißbräuche erlaubt sind, und er muß nur deren eigener Logik folgen, um alle Entfesselungen des Unterdrückers gegen den Unterdrückten möglich zu machen.

Am Anfang des Buches – als die blutjunge Justine, Waise und mittellos, in die Hände des infamen Du Harpin fällt, eines Wucherers, wie er im Buche steht – schreibt er, daß in einem Land wie dem damaligen Frankreich »das Unglück schon einen ausreichenden Beweis gegen den Angeklagten« darstellte. Ein kurzer, aber bedeutender Satz, der Sades Konzept der »Opfer« erhellt: sie sind zuallererst Opfer einer unmenschlichen Gesellschaft, in der das Gesetz des Stärkeren und Mächtigeren herrscht.

Sade veranschaulicht das sehr konkret: Du Harpin – die Figur eines Geizigen, der Sade ein weitaus schrecklicheres Profil gibt als Molière –, der Thérèse-Justine unter unerhört brutalen Bedingungen in seine Dienste nimmt, weist ihr folgenden Zeitplan zu: »Es handelt sich darum, dreimal pro Woche diese aus sechs Zimmern bestehende Wohnung zu scheuern und zu säubern, unsere Betten zu machen, die Haustür zu öffnen, meine Perücke zu pudern, meine Frau zu frisieren, den Hund und den Papagei zu füttern, für die Küche Sorge zu tragen, die Küchengeräte sauberzuhalten, meiner Frau zu helfen, wenn sie uns einen Bissen zu essen macht, sich fünf oder sechs Stunden am Tag um die Wäsche zu kümmern und Strümpfe, Mützen und andere kleine Dinge des Haushalts zu fertigen.« Was das Gehalt und die Arbeitsbedingungen betrifft: »Sie bekommen drei Unzen Brot am Tag, Mädchen, eine halbe Flasche Flußwasser, alle achtzehn Monate ein altes Kleid meiner Frau und drei Taler Lohn am Ende

357

des Jahres, wenn wir mit Ihren Diensten zufrieden sind.«

Dies nur als Beispiel für die unterschiedlichen Formen zynischer Ausbeutung, die in *Justine* beschrieben werden und an denen die Epoche sehr reich war (es zeigt im übrigen, daß nicht alles in diesem Buch pornographische Darstellung ist).

Um so schlimmer, wenn diese Ausgebeuteten dann auch noch Opfer der Lüsternheit anderer werden; die sexuelle Gewalt aber stützt sich auf soziale und politische Gewalt. In diesem Sinn ist *Justine* durchdrungen von »Brechtscher Vernunft« – der Richter Azdak formuliert sie im *Kaukasischen Kreidekreis* –, die lautet: das Böse mit dem Bösen zu vergelten und Gewinn daraus zu ziehen bedeutet, Gutes zu tun in einer Gesellschaft, in der Ungleichheit herrscht. Ein verkehrtes Gutes, das die Form der Befriedigung aller Wünsche und Triebe annimmt und zugleich alle gerechten und ungerechten Gesetze mit Füßen tritt. Eluard proklamiert – wie auch andere Surrealisten – das gleiche, wenn er sagt: »Weil wir das Böse sind, in dem Sinne, wie Engels es verstand… tragen wir zum Untergang der Bourgeoisie bei, zum Untergang ihres Guten und Schönen.« (In unserem Fall der Untergang der Gesellschaft des Ancien Régime, ihres Guten und Schönen.) Und er fügt hinzu, daß dieser Wille zur Zerstörung »ebensowohl in den Werken von Sade, Marx oder Picasso spürbar ist wie in denen Rimbauds, Lautréamonts oder Freuds«.

Das Böse mit dem Bösen vergelten, »es in einem völlig verdorbenen Jahrhundert« machen wie alle. Warum sich genieren? Wenn sich doch die Großen der Welt alle Rechte und Vorrechte nehmen? In dem Werk *Die Vorteile des Lasters* – die Abenteuer Juliettes, der lasterhaften Schwester Justines – erzählt Sade, daß schon im alten China eine Kaiserin »ihre Fische mit den Hoden von Kindern der Armen gefüttert habe«. Und im gleichen Roman läßt er den schrecklichen Saint-Fond, der sich in Fragen der Allmacht auskennt, sagen: »Die Natur hat den Großen der Erde den Status von Gestirnen am Firmament verliehen; sie erhellen die Welt, aber steigen niemals in ihre Niederungen hinab. Mein Stolz ist so beschaffen, daß man mich nur auf Knien rutschend bedienen dürfte und daß ich mit dem gemeinen Pöbel, den man das Volk nennt, nur vermittels eines Interpreten sprechen wollte; alles, was nicht an meine Erhabenheit heranreicht, verabscheue ich.« Und zu den »Ordnungsprinzipien« dieses Systems der Tyrannei, die Saint-Fond nach seinem Gusto aufstellt, gehört auch das folgende: »Alles, was gemeinhin Verbrechen der Libertinage heißt, als da sind Mord, Ausschweifung, Inzucht, Vergewaltigung, Sodomie und Ehebruch, werden nur in der Kaste der Sklaven bestraft.« (Höre, wer Ohren hat zu hören!) Wogegen der folgende Artikel Belohnungen vorsieht: »für alle Erfinder neuer Lüsternheiten« nämlich, insbesondere »für alle Autoren zynischer Bücher«.

Sade zögert auch nicht, Gedanken auszusprechen,

die später zu faschistischen Praktiken wurden. In *Justine* erklärt M. Dubourg, »einer der reichsten Finanziers der Hauptstadt«, daß man damit beginnen müsse, überflüssige Komplikationen in der Gesellschaft abzuschaffen: »Die Bastarde, Waisen und mißgestalteten Kinder sollten schon bei ihrer Geburt zum Tod verurteilt werden.«

Wohlgemerkt: es handelt sich hier um eine *Figur*. Die Figur des absolut Bösen, als Teil einer Gesellschaft, die unter dem Gesichtspunkt des absolut Bösen gesehen und gezeigt wird.

Dies zum gesellschaftlichen Hintergrund des Werkes. Literarisch gesehen ist das Buch konzipiert als Verkettung von Ereignissen, von romanesken Episoden, die die junge Heldin von einem Schrecken in den nächsten, noch schlimmeren, stürzen. Daß der Roman zwei Waisen zu Heldinnen wählt, entspricht der verlogenen Rührseligkeit der Epoche und gibt eine effektvolle Grundlage ab für all die Manifestationen der Unterdrückung, Brutalität und geilen Grausamkeit, denen der Leib Justines ausgesetzt wird: vom Wucherer gelangt sie zum Vergewaltiger, vom Vergewaltiger zum wahnsinnigen Arzt, von diesem zum Giftmischer, danach gerät sie an libertine und mörderische Mönche, folternde Geldfälscher und schließlich an Raubmörder, und alle sind sie bereit, an der zarten Person ihre schlimmsten Instinkte auszutoben. Ganz zu schweigen von den Aristokraten – dem jungen Grafen de Bressac und seinen Fleischerhunden, Gernande mit seinen Aderlässen –, die ihre Verbrechen hervorragend zu organisieren wissen.

Hier kommen wieder einmal die Liebhaber von Comics, die »unter die Haut gehen«, auf ihre Kosten. Um so mehr, als Justine ihre Mißgeschicke selbst, in der ersten Person, erzählt; Adressatin ist ihre Schwester Juliette, die den entgegengesetzten Weg gewählt hat, sich einer Rente von »dreißigtausend Pfund« versichert hat, »wunderschönen Schmuck, zwei oder drei Häuser, sowohl in der Stadt als auch auf dem Lande« besitzt sowie »Herz, Vermögen und Vertrauen des M. de Corville, eines Staatsrats, der höchstes Ansehen genießt und kurz vor dem Eintritt ins Ministerium steht«. All dies, nachdem sie schon eine glänzende Partie gemacht hat, durch Heirat zur Mme de Lorsange geworden ist und dafür gesorgt hat, daß die Lebenszeit ihres Mannes ein wenig verkürzt wurde. Mme de Lorsange hätte von nun an nur noch »die anständige Frau spielen müssen, dennoch *gab* sie sich für zweihundert Louisdor *hin* und war käuflich für fünfhundert Louisdor im Monat«. Eine weitere Facette des Sittengemäldes.

Eine bemerkenswerte Qualität des Buches – und Ausdruck der Originalität des Romanciers Sade – ist die Darstellung von Figuren, die »außergewöhnliche Taten« begehen (wozu auch die erotischen Heldentaten gehören) inmitten eines gesellschaftlichen Dekors, das eines Balzac würdig ist. Nichts und niemand fehlt. Da ist der verdorbene Adel, der korrupte

Klerus – repräsentiert von den vier geilen Mönchen der Abtei Sainte-Marie-des-Bois, da ist – mit dem Arzt Rodin – das freie Handwerk, das vom Weg abgekommen ist, da ist die Welt der Wegelagerer und Banditen. Eine hübsche Sammlung sittlich verrohter und entarteter Gestalten, die veranschaulicht, daß alle Schichten der Gesellschaft vom Krebsgeschwür erfaßt sind. Einem Krebsgeschwür, das von einem kranken Körper, der bestehenden Ordnung bzw. Unordnung, hervorgebracht wird.

»Hier unten«, sagt M. Dubourg zu der unschuldigen Justine, »schätzt man nur das, was einträglich ist oder Genuß verschafft.« Indem Sade sich entscheidet, das zu schildern, und diese Schilderungen des »Genusses« bis ins Extrem treibt, berücksichtigt er die Bedürfnisse und die Neugier seiner Leser. Man sollte jedoch seinen Verleumdern, die in Sades Werk nur Wiederholung und Monotonie sehen, unbedingt entgegenhalten, daß Sade auch in Schilderungen dieser Art eine vielseitige Kultur und literarische Kunstfertigkeit einbringt. Kultur in dem Sinn, daß seine Darstellungen nicht nur auf der Beobachtung allgemeiner Sitten basieren, sondern darüber hinaus eine Art anthropologischer Reflexion erkennen lassen, die zum Ziel hat, menschliches Verhalten zu klassifizieren. Und dies keineswegs aus einer begrenzten sexologischen Sicht, wie man nicht müde wurde, hervorzuheben, sondern auch aus ethnologischer, aus historischer und geo-

graphischer Perspektive. Sade ist auf diesem Gebiet
sehr gut unterrichtet und jederzeit in der Lage, die
Verirrungen der Pariser Libertins in Bezug zu setzen
zu Sitten im alten China (ein Beispiel sahen wir
schon, aber er beruft sich u. a. auch auf den Kaiser
Kie, »einen der größten Halunken, den China je auf
dem Thron gesehen hat«) oder auch zu jenen der
Kelten, deren Geschichte er aus den Werken eines
Peloutier kennt. So erhält der Roman eine anthro-
pologische Dimension, die dazu beiträgt, daß selbst
die extremsten sexuellen Verirrungen eine gewisse
archaische Tiefe gewinnen, da sie Teil sind der
Gesamtheit des menschlichen Abenteuers. In der
Neuen Justine von 1 797 und in *Juliette* ist das besonders spürbar: der Horizont erweitert sich, die Abenteuer der beiden Heldinnen ereignen sich in den unterschiedlichsten Ländern, Landschaften, König-
reichen und Provinzen; die Erfahrungen der Mädchen werden mit denen der Welt konfrontiert.
Was nun die literarische Kunstfertigkeit angeht: es
ist bekannt, daß die Darstellung extremer erotischer
Situationen besonders schwer ist. Auch Sade weiß
das und hat darüber nachgedacht. Er läßt Justine,
die Mme de Lorsange ihre Erlebnisse erzählt, sagen: »Ich schwäche die Ausdrücke ab, verstehen Sie,
Madame, und auch die Schilderungen; sie sind leider von so obszöner Art, daß unter ihrer *Nacktheit*
sowohl Ihr Feingefühl als auch meine Schüchternheit leiden würden.«
Dennoch erzählt Justine alle Details. Sade entschei-

363

det sich also gewissermaßen für die *Nacktheit*, und es gilt, sie so gut wie möglich darzustellen. Dazu bedient er sich aller Mittel, die ihm zur Verfügung stehen. Nicht zuletzt der des Theaters. Ob es sich um die Darstellung einer schauerlichen Szene handelt, mit Halsketten aus menschlichen Knochen, mit Seilen, Betstühlen, Kruzifixen, schwarzen Kerzen, Särgen, Masken, Wandbehängen und Wachsfiguren (der Bandit Roland, der sich in einer im Erdinnern verborgenen Höhle an Justine austobt), oder um die Wiedergabe aller Einzelheiten einer komplizierten erotischen Maschinerie mit ihren Federn, Feilen, Spritzen, Kolben – man erkennt den Regisseur, der mit größter Sorgfalt seine Aufnahmen, Effekte und Rhythmen komponiert. Und das Material ist unendlich und äußerst komplex.

Das linguistische Material gehört zweifellos der Epoche an. Dennoch wäre eine Studie über Sades Sprache bei der erotischen Beschreibung lohnend; sie steht noch aus. Sicher, die Bilder und Figuren wirken oft ein wenig leblos, erstarrt, bemüht, wie Simone de Beauvoir leicht gequält bemerkte, aber das metaphorische Geflecht, das Sade um sie herum webt, ist faszinierender, als man weithin glaubt. Ein Beispiel unter Tausenden (es geht hier um Cœur-de-Fer, der, assistiert von der Dubois, zum Sturmangriff auf Thérèse-Justine übergeht): »Er begab sich in die Hände der Dubois, die er in denselben Zustand der Unordnung versetzt hatte wie mich, und sobald ich mich in der von ihm gewünschten

Stellung befand, mit den Armen am Boden abge-
stützt, so daß ich einem Tier glich, löschte die Dubois sein Feuer, indem sie sein monströses Glied direkt bis an die Peristylien des einen wie des andern
Altars der Natur heranführte, derart, daß sie bei jedem Stoß mit dem Ding in der Hand gegen diese
Partien schlug, so wie ehemals der Rammbock gegen die Tore einer belagerten Stadt.« Bessere Schilderungen sind in diesem Genre kaum denkbar. Der
Satz beginnt »bestialisch« in Ton und Thema, um
dann mit einer Kaskade von Metaphern zu enden,
die charakteristisch sind für die Rhetorik dieses
Genres (Feuer, Peristylien, Altar, Rammbock, bela-
gerte Stadt). Nicht selten kommt gerade bei den Beschreibungen der größten Grausamkeit der Meta-
pher eine ästhetische Funktion zu. So heißt es etwa:
»Bald lassen die immer lauter werdenden Schreie
des Opfers auf seine Schmerzen schließen. Ich über-
lasse es Ihnen, um welche Gewalt es sich dabei handelte: das Blut spritzte nach allen Seiten wie ein feiner, von heftigem Wind zerstreuter Sprühregen.«
Blut. Sprühregen. Heftiger Wind.
Das ist die Sprache Sades. Aber indem er so spricht,
zeigt er, stellt er zur Schau: diese metaphorischen
Schleier, die »abschwächen« sollen, entblößen in
Wahrheit – und enthüllen in gewisser Weise auch
die Mittel der Sprache. Natürlich bedient sich Sade
bei derartigen Darstellungen nicht nur blumiger
Umschreibungen und Metaphern, sondern auch
sehr direkter, derber Ausdrücke, die die Dinge beim

Namen nennen. Das volkstümliche »*foutre!*«[*], revolutionäres Symbol für die Sprache der befreiten Straße, kommt in seinem Werk im Überfluß vor. Es wäre allerdings verkehrt zu glauben, daß diese Derbheit im Widerspruch stünde zu ausgefeilten Spitzfindigkeiten, humoristischen Wendungen und grammatikalischer Raffinesse, die Sades Werk ebenfalls im Überfluß bietet.

Hat man zu seiner Zeit die Qualitäten dieses Werks wahrgenommen? Im September 1792 hieß es in einem Artikel zu *Justine:* »Alles, was die zuchtloseste Phantasie an Anstößigem, Affektiertem und Abstoßendem erschaffen kann, findet sich zuhauf in diesem bizarren Roman, dessen Titel empfindsame und ehrbare Gemüter anziehen und in die Irre führen könnte… Ist die Phantasie, die solch ein monströses Werk hervorgebracht hat, auch gänzlich sittenlos, so muß man doch zugeben, daß es, in seinem Genre, ein reiches und brillantes Werk ist. Die erstaunlichsten Vorfälle, die einzigartigsten Beschreibungen, an nichts wird gespart; und wenn der Autor seinen Geist dazu benutzen wollte, die einzigen, die wahren Prinzipien der sozialen Ordnung und der Natur zu verbreiten, so zweifeln wir nicht daran, daß ihm dies aufs vortrefflichste gelänge. Aber seine *Justine* ist weit davon entfernt, diesem lobenswerten Zweck zu dienen, dem sich jeder Schriftsteller ver-

[*] »Teufel!« Auch: »Ficker« oder bei Sade »Samen«

schreiben sollte... Es fällt schwer, das Buch nicht immer wieder vor Abscheu und Empörung aus der Hand zu legen. Junge Menschen, Ihr, die Euer Zartgefühl noch nicht von der Libertinage abgestumpft ist, flieht dieses für Herz und Sinne gefährliche Buch! Ihr reifen Männer aber, die Ihr durch Erfahrung und Ruhe nach durchlebter Leidenschaft jenseits aller Gefahren seid, lest es, um zu sehen, welche Ausmaße die Raserei menschlicher Phantasie annehmen kann; werft es aber gleich nach der Lektüre ins Feuer: diesen Rat werdet Ihr Euch selbst geben, falls Ihr die Kraft haben solltet, es bis zum Ende zu lesen.« Stigmatisierung also, aber auch Hommage.

Einige Jahre später veröffentlichte Restif de la Bretonne seine Antwort auf dieses Werk des »Sezierers aus der Bastille«, seine *Anti-Justine*. Im Vorwort rief er aus: »Niemand war empörter über dieses schmutzige Werk des infamen de Sade als ich; dieser Schurke stellt die Freuden der Liebe bei den Männern nur dar, wenn sie begleitet sind von Folter oder gar Tod der Frauen. Mein Ziel war es, ein köstlicheres Buch als das seine zu schaffen...« Was Sade von Restif hielt, hat er schon vor diesem Buch gesagt: er sei ein »Autor mit seichtem und plattem Stil«. Und später, in seinen *Gedanken zum Roman*, führt er aus: »...Schreibst Du, wie jener R. ...*nur das, was alle Welt schon kennt*, dann ist es nicht der Mühe wert, die Feder zu ergreifen; niemand zwingt Dich, dieses Metier auszuüben.«

18

SADE UND DIE REVOLUTION II

Der Stand des *homme de lettres* schützt nicht vor allem, ebensowenig der des aktiven Bürgers. Es gibt Verstrickungen, aus denen man nicht entkommt. Sades Schicksal ab Dezember 1793 ist ein hervorragendes Beispiel dafür; man könnte kaum exemplarischer zeigen, wie grundlegend sich in einer Zeit wie dieser, da die Terreur herrschte, die Lage wenden und einen, der eben noch den Status des erklärten Revolutionärs genoß, zum Verdächtigen stempeln kann.

Dabei hat Sade alles getan, um der Revolution seine Treue zu beweisen, hat sich ihr, wie er selbst sagt, »bis an den Hals, mit Herz und Verstand verschrieben«. In der ›Section des Piques‹ hat er sich als eifriger und disziplinierter Mitstreiter hervorgetan. In vieler Augen war er der »Soldat Louis Sade«, der, wenn die Reihe an ihn kam, Wache stand wie die anderen auch. Nachdem er alles restlos abgelegt hatte, was ihn zum Adligen, zum Aristokraten machte, und zwar sowohl äußerlich, als auch was die innere Einstellung betraf, nahm er ohne mit der

Wimper zu zucken an den Exekutionen von Ludwig XVI. und Marie-Antoinette teil.

Marie-Antoinettes Tod schien ihn indes doch ein wenig zu berühren: zwar wird er von dem »Tag, da die Österreicherin ihrer gerechten Strafe zugeführt wurde«, sprechen, aber in seinen Aufzeichnungen notiert er zweifelsohne mit einer gewissen Anteilnahme die Worte, die die Königin in der Conciergerie gesprochen haben soll (und die so sehr an Sades eigenes Schicksal erinnern): »Die wilden Tiere, unter die ich geraten bin, erfinden täglich neue Demütigungen, die mein Schicksal immer schrecklicher machen; sie träufeln Tropfen um Tropfen das Gift des Unglücks in mein Herz, zählen mit Entzücken meine Seufzer und tränken sich, bevor sie sich an meinem Blut mästen, an meinen Tränen.«

Über die Septembermorde schrieb er: »Zehntausend Gefangene haben im Lauf des 5. September den Tod gefunden. Nichts reicht an das Grauen der Massaker heran, die hier begangen wurden«, aber er fügt, da der Brief möglicherweise kontrolliert wurde, hinzu: »doch sie waren gerecht.«

Kurz und gut, er hat vieles hingenommen, vieles gedeckt und zeigte sich insgesamt als entschiedener, überzeugter Anhänger der Revolution.

Dieser citoyen Sade, dieser Louis Sade ist dreiundfünfzig Jahre alt. In einer Meldebescheinigung seiner Sektion wird sein Äußeres wie folgt beschrieben: »Größe fünf Fuß zwei Daumen, graues Haar, rundes, volles Gesicht, bloße Stirn, blaue Augen, kurze

Nase, mittelgroßer Mund, rundes Kinn.« Die Freiheit, das Tätigsein haben ihm wahrscheinlich etwas
von seiner körperlichen Beweglichkeit wiedergegeben. Alles deutet darauf hin, daß er, der all seine
Entscheidungen äußerst umsichtig getroffen hatte,
die weitere Entwicklung der Dinge mit heiterer Gelassenheit abwarten konnte (soweit das überhaupt
möglich ist in so einer Zeit).

Doch dann, am 18. Frimaire des Jahres II, also am 8.
Dezember 1793, nimmt alles eine völlig unerwartete
Wendung, und für M. de Sade beginnt erneut der
Weg durch die Gefängnisse. Ein Stück Papier, mehr
war dazu nicht nötig: Ein knapper Aktenvermerk,
daß er im Jahr 1791 so unvorsichtig gewesen war,
sich bei Capitaine Brissac für den Dienst in der königlichen Wache, den ›Wachen des Capet‹, zu be-
werben. Er wird sich damit verteidigen, daß er aus
patriotischen Gründen dieser Wache habe beitreten
wollen und ja ohnehin abgelehnt worden sei. Doch
der Vermerk liegt vor. Jetzt, gegen Ende des Jahres
1793, reicht das vollkommen, um einen Mann den
Kopf zu kosten. Der Bürger Sade aus der ›Section
des Piques‹ erfährt am 8. Dezember, daß die Polizei
der Stadt Paris einen Haftbefehl wegen Verrats gegen ihn erlassen hat. Er hat nicht die Zeit, sich in Sicherheit zu bringen. Umgehend wird er unter Mit-
hilfe des Revolutionskomitees seiner eigenen Sektion im Haus seiner Gefährtin, der »Bürgerin Quesnet«, in der Rue Neuve-des-Mathurins festgenom-
men, wo er gerade die Druckfahnen seines Romans

Aline und Valcour korrigiert. Man überführt ihn in das Madelonnettes-Gefängnis.

Wieder einmal werden seine Personalien aufgenommen, wird eine Personenbeschreibung angefertigt, die bis auf ein Detail mit der vorigen übereinstimmt: seine Haare werden diesmal als »graublond« eingetragen, nicht einfach als »grau«. Hat sich der Marquis noch immer etwas Jugendlichkeit bewahrt? Nun ist er jedenfalls wieder eingesperrt. Lange hat man ihn nicht in Freiheit leben lassen.

Das »Madelonnettes« – ein recht charmanter Name – war ein ehemaliges Kloster, in dem zuerst gefallene Mädchen und Prostituierte interniert wurden und das man nun als Gefängnis nutzte. Eigentlich keine unpassende und unangenehme Umgebung für D.A.F., ist man versucht zu denken. Doch die Haftbedingungen waren alles andere als angenehm. Und er legt entrüstet Einspruch ein. Unverzüglich richtet er einen Hilferuf an seine Kameraden von der ›Section des Piques‹ und verlangt ein Mindestmaß an Aufklärung und Unterstützung: »Bürger, man verhaftet mich, ohne mir die Gründe für meine Festnahme zu entdecken; ich werfe mich in die Arme meiner Mitbürger, voll Hoffnung, daß sie, denen meine patriotische Gesinnung wohlbekannt ist, mich nicht in den Eisen schmachten lassen werden; ich war zehn Jahre lang ein Opfer der Tyrannen; ich liebte die Revolution als meine Befreierin – wäre es möglich, daß das Volk, das mir vor drei Jahren meine Ketten abnahm, sie mir heute wieder an-

371

legt? ...« Und er fügt hinzu, daß er, sollte er schuldig sein, bestraft werden wolle; sei er es aber nicht – und davon ist er überzeugt –, verlange er seine augenblickliche Entlassung.

Doch in der herrschenden politischen Großwetterlage haben derlei Argumente wenig Chancen, Gehör zu finden. Es ist die Zeit allgemeiner Verdächtigung, Denunziation, Angst. Die Arme seiner Bürger-Kameraden, in die »Louis Sade« sich flüchtet, drohen ihn zu ersticken. Die Tränen, die Umarmungen, die Küsse nach Sades Lobrede auf Marat verwandeln sich in Arroganz und Gehässigkeit. Man entsinnt sich wieder eines unauslöschlichen Makels, nämlich der adligen Herkunft des Verdächtigen; und bei längerem Nachdenken wird man sich noch manch anderer Dinge entsinnen. Er macht die bittere und für ihn unbegreifliche Erfahrung, plötzlich fallengelassen zu werden, was, wie er weiß, ein gefundenes Fressen ist für die, die von jeher seine Gegner waren: »Die Schmerzen des wahren Patrioten sind Freuden für die Feinde der Revolution«, verkündet er.

Das hilft ihm aber nichts. Eine polizeiliche Maßnahme folgt der anderen. Nachdem seine Privaträume durchsucht und versiegelt worden sind, wird er in das Gefängnis in der Rue Vaugirard überführt und eine Woche lang mit Schwerkranken zusammengesperrt; dann kommt er in die Maison Saint-Lazare, ein ehemaliges Aussätzigenheim, das in der Folge als Krankenhaus, dann als Umerziehungs-

heim genutzt wurde und nun Revolutionsgefängnis
ist. Gefängnisse sind Mangelware in Paris.

Während des Ancien Régime war es möglich, daß
sich die Beweise für einen königlichen Geheimbe-
fehl in Nichts auflösten, und sei es auf gnädigsten
Befehl der Hoheit. Nun geschieht das Gegenteil: es
wimmelt nur so von Begründungen und Beweisen,
jedenfalls scheinbar. Für den Bericht, den der Über-
wachungsausschuß der ›Section des Piques‹ auszu-
füllen hat, sind mehrere Spalten vorgesehen, in die
Einzelheiten über die Person des Verdächtigen,
über seinen Stand, seinen Wohnort, über Ort und
Dauer der Haft, »seinen Beruf vor und seit der Revolution«, »seine Beziehungen und Verhältnisse« ein-
zutragen sind. Am übelsten ist die sechste Spalte.
Hier ist zu vermerken: »die Einstellung und die politischen Meinungen, die er in den Monaten Juli und
Oktober 1789; am 10. August; während der Flucht
und beim Tod des Tyrannen; am 31. Mai und während der kriegerischen Wirren zeigte; und ob er Eingaben und Erlasse unterzeichnet hat, die der Freiheit schädlich sind.«
Bürokratische und polizeiliche Ermittlungen also,
deren eigentlicher Zweck es ist, aufzudecken und
aufzuklären, die aber in Wirklichkeit dazu benutzt
werden, den zu vernichten, der vernichtet werden
soll.
In Sades Fall ist das leicht. Mit einem Satz ist alles
gesagt: »Seit er zur Sektion gehört, seit dem 10. August, hat er nichts anderes getan, als den Patrioten

373

zu spielen, doch damit konnte er niemanden täuschen.« So viel zur Brüderlichkeit, die in der Sektion herrschte. Wenn man präzisere Vorwürfe brauchte, waren da: eine Eingabe, in der Sade die größten Vorbehalte gegen einen Erlaß des Konvents äußerte, der die Rekrutierung einer sechstausend Mann starken Armee für Paris vorsah (Sade bezeichnet das Dekret in seinem Text als »unpolitisch, ungerecht und gefährlich«), und eine Stellungnahme zugunsten von Roland* (genauer: gegen eine Verurteilung Rolands ohne handfeste Beweise). Damals geradezu klassische Anklagepunkte.

Seltsamer war ein anderer Vorwurf gegen den armen D.A.F.: nämlich daß er sich stets auf die Vorbilder der griechischen und römischen Antike beziehe. Und dabei hat er sie so gern als Grundlage für seine revolutionäre Rhetorik verwendet! Nun richtet man genau das gegen ihn: »Grundsätzlicher Feind republikanischer Gesellschaften, zieht in seinen Privatgesprächen ständig Beispiele aus der griechischen und römischen Geschichte heran, um zu beweisen, daß es unmöglich ist, in Frankreich eine demokratische Regierung einzurichten.« Man liest richtig: in seinen Privatgesprächen. Unser guter Marquis, von Zeit zu Zeit einfach etwas *zu* intellektuell, hat wohl mehr als einen mit seiner zur Schau gestellten historischen Bildung in Harnisch gebracht.

* Jean-Marie Roland de la Platière, von 1792–93 Innenminister, floh nach dem Sturz der Girondisten und beging nach der Hinrichtung seiner Ehefrau Selbstmord

Was aber der schlimmste aller Vorwürfe ist: der Marquis ist ein Adliger. Das gerät nicht in Vergessenheit. Und daß ihm selbst als Häftling die Vorteile seines Standes zugute kamen: »Um seinen Patriotismus zu beweisen, brüstet er sich, während des Ancien Régime in die Bastille gesperrt worden zu sein, dabei hätte er zweifellos eine viel härtere Strafe erdulden müssen, hätte er nicht der Adelskaste angehört.« Das ist nicht von der Hand zu weisen. Viel wesentlicher ist jedoch, daß von diesem Zeitpunkt an Sades Lebenswandel wieder Beachtung findet, daß der fatale Ruf des Marquis wieder im Mittelpunkt der Aufmerksamkeit steht, oder, schlichter gesagt, daß seine wahre Identität entschleiert ist. Das zeigt auch eine Schmähschrift, die einem gewissen Dulaure zugeschrieben wird. Sade gehöre zu den »Verbrechern mit Schloß, Kutsche und roten Sporen«; seine Untaten seien »abscheulicher gewesen als die aller Adligen seiner Zeit«, und die Grausamkeiten, die er in seinem Leben begangen habe, seien vergleichbar mit denen des Gilles de Rais. Sade ist *erkannt*, könnte man sagen; in dem Bericht des Überwachungsausschusses wird er als »sehr unmoralischer, sehr verdächtiger und der Gesellschaft unwürdiger Mensch« bezeichnet.

Was tun unter diesen Umständen? Aus dem Gefängnis heraus müht sich Sade, Punkt für Punkt auf die Anklagen einzugehen; er spielt das Spiel mit, zu dem er gezwungen wird. Das bedeutet: er übernimmt die Sprache der Zeit. In seinem detaillierten

Bericht legt er ein Glaubensbekenntnis nach dem anderen ab, beschwört seine staatsbürgerliche Gesinnung, seinen Patriotismus, gar Sansculottismus, rechtfertigt das Gesuch, das er einst an Brissac gerichtet hat, erläutert die Gründe für die Gefängnisaufenthalte in Vincennes, der Bastille und in Charenton. Er schildert nachdrücklich die Verfolgungen, denen er ausgesetzt war, legt Rechenschaft ab über die Emigration seiner Kinder, gegen die er sich mit Entschiedenheit gewandt habe, und schließlich weist er darauf hin, daß er mit seiner Familie gebrochen habe, um mit einer »hervorragenden Bürgerin« eine Lebens- und Gedankengemeinschaft einzugehen: der Bürgerin Quesnet, deren Sohn er »im Geiste des Patriotismus« erziehe.

Kurz gesagt: viele Worte, um eine Einstellung zu bezeugen, die er »den lautersten Bürgersinn« nennt. Da er aber genau weiß, daß in den Augen der neuen Gesellschaft ein früherer Adliger nie vollkommen unschuldig sein kann, ja sogar grundsätzlich schuldig bleibt, richtet er ein ganzes Beweisgebäude auf, um seinen Stand vergessen zu machen, und schließt: »Ich bin nie adlig gewesen, und ich kann das beweisen, wann immer man es von mir verlangt.«

Was nun die Fragen nach seinen Taten und seiner Einstellung während der Revolutionstage anbelangt, so zieht er sich recht überzeugend aus der Affäre: Er führt seine Situation als Gefangener und Zeuge in der Bastille kurz vor dem Ausbruch

der Revolution an, weiterhin den Umstand, daß
er am 10. August in Waffen auf der Place du Carrousel zugegen gewesen sei, und schließlich seinen
republikanischen Eifer bei der Rückkehr des Königs
aus Varennes (der Brief, den er ihm in die Karosse
geworfen hat). Und der Schluß könnte kaum ge-
schickter formuliert sein: »Ich verdanke ihr (der Revolution) alles, schon zuvor liebte ich ihr Denksy-
stem, nun liebe ich sie aus Dankbarkeit; dies sind
die Gefühle, die mich in jeder ihrer verschiedenen
Phasen beseelt haben: die Liebe zur Freiheit, der
Haß auf die Tyrannen; darin bestand stets mein
nationaler Sinn.«
Doch ganz zum Schluß folgt noch ein Satz, der eine
andere Tonart anschlägt – und das verdient hervorgehoben zu werden, denn es verweist auf Sades eigentlichen Charakter und auf seinen Mut, der angesichts all dieser Beteuerungen von Bürgersinn
aus dem Blick geraten könnte: »Sade, denke an die
Ketten, die die Despoten dir angelegt haben, und
stirb lieber tausendmal, als unter einer Regierung
zu existieren, die sie wieder aufleben lassen will.«
Eine Mahnung an sich selbst (eingegraben in seinem Herzen, wie er sagt), die nachdenklich macht.
Sie ist klarsichtig, sie ist immer noch aktuell, und
nicht zuletzt ist sie recht kühn. Aber was bleibt ihm
zu hoffen in dieser unerbittlichen Zeit? Robespierre,
Saint-Just und auch Couthon zeigen keinerlei Neigung zur Nachgiebigkeit.
Im März 1794 wird Sade aus dem Gefängnis Saint-

377

Lazare, wo er mit mehreren auf Bewährung festgesetzten Verdächtigen einsaß, in das von dem Bürger
Coignard geleitete Sanatorium Picpus eingeliefert,
ein ehemaliges Kloster nahe der Barrière du Trône.
Diese Sanatorien waren damals äußerst begehrt
und für ihre Betreiber sehr lohnend. Vermutlich verdankt es D.A.F. dieser Übersiedlung, daß er mit hei-
ler Haut davongekommen ist. Denn als Adliger, als
Verdächtiger, als Vater von emigrierten Kindern,
der selbst irrtümlich als Emigrierter eingetragen
war (obwohl er im Mai 1793 in einem der Verwal-
tungsbereiche von der Liste gestrichen wurde, hielt
sich das Gerücht hartnäckig), hat er wenig Chancen,
der Verurteilung als »Feind des Volkes« zu entgehen, und dies bedeutet den Tod, nunmehr die einzige Strafe, die das Revolutionstribunal verhängt.
Am 24. Juli 1794, dem 6. Thermidor des Jahres II,
befindet sich der Name des vormaligen Marquis de
Sade auf der Liste von Fouquier-Tinville, dem öffentlichen Ankläger des Revolutionstribunals. Die
Anklageschrift ist von der ›Section des Piques‹ verfaßt und dem Revolutionstribunal durch den
Schreiber des Komitees für das öffentliche Wohl zu-
gestellt worden. Sie trägt den Titel: *Aldonze Sade,
Ex-Adliger und Graf, Schriftsteller und Offizier der
Kavallerie, beschuldigt der Verschwörung gegen die
Republik.*
An jenem Tag stehen achtundzwanzig Namen auf
Fouquier-Tinvilles Liste. Achtundzwanzig Ange-
klagte, gegen die ein gemeinsamer Urteilsspruch er-

geht. Der Teil, der Sade betrifft, könnte nicht deutlicher sein: »Sade, Ex-Comte, 1792 Hauptmann der Wachen des Capet, hat mit den Feinden der Republik geheime Verbindungen unterhalten. Er hat ohne Unterlaß die republikanische Regierung bekämpft, indem er in seiner Sektion behauptete, diese Regierung sei unhaltbar. Er hat sich als Parteigänger des Föderalismus erwiesen und als Verteidiger des Verräters Roland. Schließlich scheint es, daß seine Beweise des Patriotismus ihm zu nichts anderem dienen sollten als dazu, seine Komplizenschaft mit der Verschwörung des Tyrannen zu verschleiern, dessen schändlicher Handlanger er war.«

Dieses lange unbekannt gebliebene Dokument befindet sich in der Sammlung der Anklageschriften von Antoine-Quentin Fouquier-Tinville.

Ein solches Urteil verhieß die Guillotine. Donatien kannte sie nur zu gut, da sie, seitdem sie zur Barrière du Trône verlegt worden war, nur wenige Meter vom Picpus entfernt stand.

Am 9. Thermidor sollten die achtundzwanzig Angeklagten aufs Schafott gebracht werden. Aber fünf von ihnen kamen der Aufforderung des Gerichtsdieners nicht nach, da sie sich nicht in den Gefängnissen befanden, in denen sie hätten sein müssen. Sade war einer dieser fünf. Was ihn also rettete, war das Durcheinander in den während der Jahre der Terreur vollkommen überfüllten Gefängnissen, sein Aufenthalt im Picpus und die Umsicht von Marie-Constance Quesnet, die alles getan hatte, um ihn

379

dort in Vergessenheit geraten zu lassen. Seine dreiundzwanzig Mitangeklagten wurden hingerichtet.
Ihre Fahrt zum Schafott – der letzte Zug der Hen-
kerskarren – wäre fast noch aufgehalten und sie gerettet worden, da in den Straßen von Paris schon das
Gerücht von Robespierres Sturz umging; doch nach
kurzem Zögern setzten die Henker auf Befehl von
Hanriot und seinen Gendarmen die Fahrt fort bis zu
ihrem Ziel.
Am Tag darauf wurden Robespierre und seine Anhänger guillotiniert. Und schon einen Monat später
vollführten die Bürger der ›Section des Piques‹ wieder eine prompte Kehrtwendung und bescheinigten
dem Bürger Sade, daß er stets mit »Eifer und Klug-
heit« gehandelt habe und alle »Anlagen eines guten
Patrioten« in sich trage. Auf dieser Grundlage erhielt er, nach einem weiteren knappen Jahr im Gefängnis, am 24. Vendémiaire des Jahres II, also dem
15. Oktober 1794, vom Sicherheits- und Überwa-
chungskomitee des Konvents seine Freiheit wieder.
Er erklärte: »Meine *nationale* Einsperrung, *die
Guillotine vor Augen,* hat mir hundertmal mehr
Schmerzen zugefügt als alle nur erdenklichen Ba-
stillen.«

Wir sehen: Die Rendezvous des Marquis de Sade
mit der Geschichte sind bemerkenswert. Noch zehn
Tage vor dem 14. Juli 1789 sitzt er in der Bastille, am
Vorabend des 9. Thermidor steht er auf der Liste des
Revolutionstribunals. Rendezvous, die Sade zu sei-

380

nem Glück verpaßte. Wußte er überhaupt, daß er nur mit knapper Not entkommen war? Sicher ist, daß er wie alle seine Zeitgenossen intensiv das Gefühl der Erleichterung, des Aufatmens genoß, das auf die Terreur folgte. Ein neuer Rausch der Freiheit, wenn man will, der sich vor allem in den Briefen an Gaufridy ausdrückt.

An ihn wendet er sich auch mit dem Wunsch, seine Geschäfte in der Provence zu regeln und an Geld zu kommen – sein Geld, das er mit beinahe komischer Verzweiflung einfordert. Aber der arme Notar hat eine Zeitlang genug damit zu tun gehabt, seine eigene Haut zu retten, seine und die seines Sohnes. Beide waren des »Föderalismus« verdächtigt worden und hatten fliehen müssen. In seinem Versteck in der Vaucluse hatte er anderes zu tun, als sich um die Geldprobleme seines Briefpartners zu kümmern. Jetzt allerdings stehen die Dinge wieder besser, man atmet auf, man umarmt sich – brieflich. Nichtsdestoweniger bestürmt Sade in den folgenden Monaten Gaufridy und Audibert, den Bauern von Lacoste, unablässig mit Bitten. Beharrlich, flehentlich, verärgert und manchmal herablassend. Die Revolution ist tot, der Grandseigneur lebt.

Wir wird er sein Leben nun einrichten? Zunächst einmal als guter Bürger, das ist die erste Pflicht in dieser Zeit. Da die die ›Section des Piques‹ ihn wieder brüderlich behandelt und mit seinen Diensten rechnet, spielt er das republikanische Spielchen mit, pflichtbewußt und zuverlässig wie zuvor.

381

Aber Bürger und Kamerad zu sein reicht nicht zum Leben. Vor allem nicht in diesem Winter 1795, der sich mit grimmiger Kälte ankündigt. Und mit allgemeiner Hungersnot; Frankreichs Lage gibt wenig Anlaß zur Zuversicht. Sade hofft, daß ihn seine schriftstellerische Tätigkeit aus der Affäre ziehen wird. Neben den unsicheren Einkünften aus Lacoste und seinen Ländereien in der Provence hat er sonst keine weiteren Mittel, um seinen Unterhalt zu bestreiten.

Im August 1795 hält er endlich den Roman *Aline und Valcour* in Händen: acht kleine Bände. Dies ist der Schlußpunkt einer langen Geschichte voller Höhen und Tiefen. Eine erste Fassung wurde in der Bastille geschrieben, dann wurde das Werk überarbeitet und in Druck gegeben, war aber kurz vor der Veröffentlichung zurückgehalten worden, vor allem wegen der Exekution des Druckers Girouard. Nun endlich war es fertig und konnte ausgeliefert werden, dieses Buch, das von seinem Autor als *Roman philosophique* bezeichnet wird, über das er voll Stolz sagen kann: »geschrieben in der Bastille, ein Jahr vor der Französischen Revolution«, und das ihn viel Anstrengung und durchwachte Nächte gekostet hat. Es läßt sich nicht in die Reihe seiner »pornographischen Romane« einfügen, und zweifellos ist auch das ein Grund, warum es uns heute weniger interessiert. Trotzdem nimmt es einen eigenständigen Platz in der französischen Romanliteratur des 18. Jahrhunderts ein.

Verständlich, daß sich Sade nun verstärkt als *homme de lettres* und Schriftsteller betrachtet, um so mehr, als er auch die anderen Bereiche seiner literarischen Produktion nicht vernachlässigt. Ebenfalls 1795 erscheint *Die Philosophie im Boudoir*, ausgegeben als »ein posthumes Werk des Autors von *Justine*«: hier taucht, in aller Heimlichkeit und in Hochform, die Sadesche Literatur wieder auf. Und schließlich das Theater, die nie erloschene glühende Begeisterung für die Bühne: im Juni desselben Jahres wird *Das Boudoir oder Der vertrauensselige Gatte* aufgeführt.

Sade könnte also durchaus glücklich sein – wenn nicht die sonstigen Lebensumstände so schwierig wären. Er hat wirklich nicht die rechten Voraussetzungen für seine Arbeit. Die Temperatur läßt »seine Tinte gefrieren« und zwingt ihn, »sie im Wasserbad zu wärmen«. Eigentlich ein geringer Ärger, aber auch nur eine Facette der allgemeinen materiellen Notlage. Seine Gefährtin und er haben immer größere Mühe, durchzukommen: keine Heizung, kein Holz, fünfundzwanzig Francs pro Tag für Nahrungsmittel.

Trotzdem: an der Seite von Marie-Constance Quesnet ist nun Sades eigentlicher Platz, sie ist seine Familie, an der er hängt. Seine Söhne haben ihr Leben in geordnete Bahnen gebracht: der eine ist nach Frankreich zurückgekehrt, um sich der Botanik und dem Kupferstich zu widmen, der andere ist auf Malta. Genaugenommen waren die beiden nie wirklich »emigriert«, aber sie haben dem Marquis dermaßen viele Probleme und Sorgen bereitet, daß er keine Lust hat, Verbindung mit ihnen aufzunehmen. Sollen sie ihr eigenes Leben führen! Im März 1796 mieten Donatien und Marie-Constance ein kleines Landhaus in Clichy-la-Garenne: hier würde er vielleicht den nötigen Frieden zum Arbeiten und Schreiben finden. Hin und wieder spielt Sade auch mit dem Gedanken, seinen Lebensabend in der Provence zu verbringen, in Saumane. Aber kaum ergibt sich die Möglichkeit dazu, besinnt er sich eines anderen: bevor er sich zur Ruhe setze, habe er »noch für vier Jahre in Paris zu tun«. Während der ungewissen Regierungszeit des Directoire (Sade erwägt beunruhigt die Möglichkeit einer »*Militärregierung*, mit der man uns angst machen will und die unter einem hübscheren Namen alle Schrecken der *Revolutionsregierung* wiederholen könnte«), beschäftigt ihn neben der Literatur vor allem die Sorge um die ungeregelten Geschäfte in der Provence. Nach langwierigen, mühsamen Familienstreitigkeiten, teils süßsauren, teils heftigen schriftlichen Diskussionen um Fragen der Güterverwaltung wird eine vorläufige Lösung gefunden: im Oktober 1796 werden die beweglichen und unbeweglichen Güter von Lacoste an Jean-Stanislas Rovère verkauft, einen opportunistischen Politiker, Mitglied des ›Conseil des Anciens‹, der in Wirklichkeit Royère hieß, sich aber darin gefiel, die Unterlänge des Y wegzulassen, um so den Eindruck zu erwecken, er gehöre zu der berühmten Familie italienischer Herkunft.

Der Schluß einer langen Geschichte. Und Schluß mit dem Schloß.

Wieder gibt es einen bissigen Briefwechsel, diesmal zwischen der Familie und Rovère, bei dem Liebenswürdigkeiten ausgetauscht werden wie diese (Rovère über Sade): »...Das widerlichste, abscheulichste und infamste Wesen, das ich kenne... Wenn er etwas von Ihnen will, gibt er sich lieblich und geschmeidig; er ist nichts als ein feiger Tiger, wenn er sich unterlegen glaubt...«

Nun wacht auch Mme de Sade auf und greift ein; sie erinnert daran, was ihre Familie während der Revolution hat durchmachen müssen, um ihre Anteile und die ihrer Kinder zu retten.

Donatien beschließt, die Sache aus der Nähe in Augenschein zu nehmen. Im Mai 1797 fährt er gemeinsam mit Marie-Constance in die Provence; es ist seine letzte Reise, sein letzter Aufenthalt dort. Man sieht ihn in Apt, in Lacoste, Bonnieux, Mazan, in Saumane, Arles, Cabanes. Er versucht, die verwickelten Fäden seiner komplizierten Geschäfte zu entwirren, sieht sich von allen Seiten »bestohlen«, legt sich mit dem Sohn Gaufridys an, dessen Anmaßungen er nicht mehr erträgt, muß aber zugleich eingestehen, daß der alte Notar und seine Familie Marie-Constance mit größter Freundlichkeit aufnehmen.

Sein heikelstes Problem aber, das er weiterhin mit

sich herumschleppt, ist die Eintragung seines Namens auf der Liste der vauclusischen Emigranten (obwohl er 1793 dessen Streichung von der Liste des Départements Bouche-du-Rhône durchgesetzt hat). Immer neue Schritte werden gegen ihn unternommen und schließlich sogar seine Güter beschlagnahmt. Auch das gehört zu dem immer noch bürokratischen nachrevolutionären Morgen.

Das Schreiben könnte eine Hoffnung sein. Aber da kaum Honorare hereinkommen – sein Schrei »Geld! Geld!« tönt unablässig durch seine Briefe – ändert sich kaum etwas an den Lebensbedingungen: es kommt so weit, daß *Sensible* (wie er Marie-Constance nennt) ihren Salat mit Nelkenöl essen muß oder zum Abendbrot nichts als ein Glas Zukkerwasser bekommt. Kann man wirklich auf Bücher seine Hoffnung setzen?

1797 wird *Die Neue Justine, gefolgt von der Geschichte Juliettes, ihrer Schwester* veröffentlicht – eines der Bücher, in denen Sades *Manier,* seine Hartnäckigkeit, einen eingeschlagenen Weg zu verfolgen, und auch seine schöpferische Kraft besonders deutlich zum Ausdruck kommen. Ruhm bringt es ihm nicht ein. Schon deshalb, weil er sich darauf versteift hat, die Vaterschaft an dem Werk rundheraus zu leugnen. Im April 1798, als das *Journal de Paris* eine andere mögliche Autorschaft widerlegt und schreibt: »Jeder weiß, daß *Justine* von einem gewissen M. de Sade stammt, dem die Revolution des 14. Juli die Tore der Bastille geöffnet hat«, sieht er

386

rot, macht von seinem Recht auf Gegendarstellung Gebrauch und droht, »den ersten, der glaubt, ihn als Verfasser dieses schlechten Buches« nennen zu dürfen, vor Gericht zu schleifen.

Aber es hilft wenig. Man schreibt weiterhin über Buch und Autor, und zwar alles andere als freundlich. Die Zeitung *L'Ami des Lois* in der Ausgabe vom 29. August 1799: »Man behauptet, Sade sei tot. Allein schon der Name dieses schändlichen Schriftstellers strömt Leichengestank aus, der die Tugend vernichtet und Schrecken einflößt: Er ist der Autor von *Justine oder Vom Mißgeschick der Tugend.* Das lasterhafteste Herz, der verkommenste Geist, die obszönste Phantasie könnten nichts ersinnen, was den Verstand, die Scham, die Menschlichkeit mehr beleidigte...«

Kategorisch entgegnet der vorzeitig Beerdigte dem Gründer der Zeitschrift, Poultier (den er für »den schurkischsten aller Journalisten« hält): »Ich weiß nicht, Bürger, warum es Poultier gefallen hat, mich umzubringen und gleichzeitig zum Autor von *Justine* zu erklären. Nur seine Gewohnheit, zu morden und zu verleumden, können ihn zu derart widerlichen Lügen verführt haben. Ich darf Sie höflichst bitten, in Ihrer Zeitschrift sowohl den Beweis meiner Existenz als auch die förmliche Leugnung meiner Autorschaft an dem widerlichen Buch *Justine* zu veröffentlichen.«

Wesentlich heftiger wird sein Tonfall, als eine Schmähschrift mit dem Titel *Tribunal d'Apollon* erscheint, in der mehrere Autoren mit äußerster Grobheit verbal mißhandelt und die Angriffe auf Sade wiederholt werden. Diesmal explodiert er und läßt seinem polemischen Talent die Zügel schießen (seine Entgegnung erscheint in der Septembernummer von *L'Ami des Lois*): »Nein, ich bin nicht tot, und ich sollte dir den unzweideutigen Beweis meiner Existenz mit einem kräftigen Stecken auf die dekorierten Schultern prügeln. Ich würde es gewiß auch tun, wäre nicht die Angst, mir bei der Annäherung an deinen übelriechenden Kadaver die Pest zu holen. Recht bedacht, ist Verachtung die einzige Waffe, die einem anständigen Mann bleibt, um sich gegen die Dummheiten eines Tölpels deiner Sorte zu wehren. Es stimmt nicht, daß ich der Autor von *Justine* bin; vielleicht würde ich mir die Mühe machen, es einem anderen als ausgerechnet einem Strohkopf wie dir zu beweisen, aber was dir aus dem Maul stinkt, ist so blöde, daß ein Gegenbeweis eine größere Entehrung wäre als die Beschuldigung selbst. Ein vernunftbegabtes Wesen, das von Kötern deiner Art angebellt wird, spuckt nur auf sie und geht seines Weges. Belle, soviel du willst, blöke, heule, keltere dein Gift; da du wie eine Kröte unfähig bist, es weiter zu werfen als auf deine eigene Nase, wird es stets auf dich zurückfallen, und du wirst dich nur immer selber mit dem beschmieren, womit du die anderen besudeln willst.«

Ein hübscher Stich mit der Feder, der Sade Antworten und Gegenantworten beschert. Bei den Zeitungen war das damals äußerst beliebt, und außerdem brauchen die Geister Betätigung. Auf jeden Fall zeigt es, daß Sade schreiben kann. Übrigens vernachlässigt er keines der Gebiete, auf denen er etwas leisten möchte. Er setzt sich erneut dafür ein, seine geliebte *Jeanne Laisné*, die er für geeignet hält, mit ihrer »Energie« die republikanischen Gemüter »anzuheizen«, für die Bühne prüfen zu lassen. Er erlebt die erfolgreiche Wiederaufnahme von *Oxtiern* im Théâtre de la Société dramatique zu Versailles.

Aber die Lebensbedingungen werden zunehmend härter, für ihn und Marie-Constance. Gemeinsam müssen sie wieder nach Paris ziehen. Er spricht von seinem »Elend«, berichtet, daß er sich von dicken Bohnen nähre, ja: am Hungertuch nage, jammert, daß er wieder einmal tiefste »Erniedrigung« erfahren habe. Marie-Constance muß ihre Kleider versetzen. Werden sie bald auf öffentliche Unterstützung angewiesen sein? Oder sich eine Kugel durch den Kopf jagen?

Eine Verbesserung dieser Misere, die zum Jahresbeginn 1800 noch so aussichtslos scheint, wird sich im folgenden Jahr anbahnen: Die fälschliche Eintragung in die Liste der Emigranten wird endgültig gelöscht, die Beschlagnahmung der Güter wird – dank einer Amnestie im Januar 1801 – aufgehoben. Aber inzwischen hat sich im Bereich der Literatur die Lage zugespitzt. Polemik folgt auf Polemik, Schmähschrift auf Schmähschrift, und in allen wird Sade festgenagelt, identifiziert, bloßgestellt. Im

Herbst 1800 erscheint seine Novellensammlung *Die Verbrechen der Liebe,* der ein Essay mit dem Titel *Gedanken zum Roman* vorangestellt ist. Umgehend veröffentlicht ein gewisser Villeterque im *Journal des Arts* einen äußerst feindseligen Artikel über dieses Werk und den Essay (die von Rechts wegen unbestreitbar Wertschätzung verdienten). Sade reagiert ebenfalls sofort, auf seine Art: er versucht, dem »Schmierfinken« das Maul zu stopfen. »Als Journalist«, führt er aus, »wird ein gebildeter Mann bezeichnet, der imstande ist, vernünftig über ein Werk zu urteilen, es zu analysieren und seine Meinung dem Publikum verständlich darzutun... wer jedoch drauflos schreibt und das drucken läßt, wer übel nachredet, lügt, verleumdet und davon lebt, so einer, sage ich, ist nichts als ein *Schmierfink,* und so einer ist Villeterque.«

Aber er kann es drehen und wenden, wie er will: seine – immer lästiger werdende – Berühmtheit verdankt er den Romanen, deren Autorschaft er so beredt und hartnäckig verleugnet, und sein Ruf als Schriftsteller ist von ihnen geprägt (»...daß dieses *widerliche* Werk von einem Mann stammt, dem man ein noch *schrecklicheres* zuschreibt«, sagte Villeterque in seinem Artikel). Am 18. August 1800 beschlagnahmt die Polizei in einer Buchbinderei eine komplette Auflage von *Justine,* in die erst vierzehnjährige Arbeiterinnen die obszönen Stiche einlegten.

19

DER SCHRIFTSTELLER:
DIE PHILOSOPHIE IM BOUDOIR

Eine junge Frau voller erotischer Unternehmungslust, Mme de Saint-Ange, bekennt, sie habe sich
während der zwölf Jahre ihrer Ehe »von mehr als
zehn- oder zwölftausend Personen ficken lassen«.
Sie macht ihrem Bruder, dem Chevalier de Mirvel,
der die sexuellen Freuden ebensosehr liebt wie sie,
den Vorschlag, gemeinsam mit ihr und Dolmancé,
einem zutiefst verderbten und verbrecherischen Libertin, an der »Erziehung« einer unschuldigen
Fünfzehnjährigen, Eugénie de Mistival, mitzuwir-
ken. Eugénie mit ihrem langen, kastanienbraunen
Haar, dem zarten weißen Teint, den ebenholz-
schwarzen Augen, ihrem sehr kleinen Mund und
ihren makellosen Zähnen (ohne von anderen Vor-
zügen zu reden, die von musterhafter Feinheit und
zugleich Fülle sind) – Eugénie ist dermaßen
schön, daß der Autor von vornherein erklärt, ihre
Schönheit gehe »über die Macht seines Pinsels«.
Unschuldig wird Eugénie nicht mehr lange sein. Im
Verlauf weniger Lektionen macht sie so geschwinde
Fortschritte, daß sie am Ende des Buches frohlok-

kend ausrufen wird: »Da habe ich nun Inzest, Ehebruch und Sodomie begangen, ich, ein Mädchen,
das heute erst entjungfert wurde!«
Sie war sicherlich äußerst begabt. Doch vor allem
hatte sie gründliche Lehrer. Sieben Sitzungen mit
ihnen haben dieses Ergebnis gezeitigt. Oder sieben
Dialoge – fünf recht lange und zwei kurze als Über-
leitungen –, denn so ist der Aufbau des Buchs, der
den Bühnenautor ebenso wie den Romancier mit
seinem Sittengemälde zum Zuge kommen läßt.
Eine Art Meisterwerk: Vollkommene Einheit im
Aufbau, vollkommene Einfachheit der Mittel und
ein stupendes Ergebnis.
Neben den genannten treten nur noch zwei Personen auf: Augustin, ein junger, kräftiger Gärtner, der
außergewöhnlich gut gebaut ist (wie übrigens alle
Teilnehmer an diesem Fest), und die unglückselige
Mutter von Eugénie, die am Ende eingeladen wird,
um die Leistungen ihrer Tochter und das Scheitern
ihrer eigenen Erziehungsmethoden in Augenschein
zu nehmen, und die von dem kleinen libertinen Zir-
kel den schlimmsten Mißhandlungen unterworfen
wird.
Das ist das Werk. Recht kurz, sehr viel weniger wort-
reich als die anderen und mit leichter Hand ausgeführt. Es verdient seinen Titel durchaus, denn das
Geschehen spielt sich in einem *Boudoir* ab – dem
Lieblingsschauplatz der Raffinierten jenes Jahrhunderts –, und immer geht es um *Philosophie*.
Dolmancé weist schon zu Anfang darauf hin, daß

alle »Demonstrationen«, die ausgeführt werden, »von den theoretischen Schriften« verlangt würden. Und Sade gibt sich jede erdenkliche Mühe, die »platten Moralisten«, die »flachen Einfältigen« und »Dummköpfe jeder Art« von seinem Buch fernzuhalten. »Einzig dem genialen Menschen gebührt die Ehre, alle Fesseln der Unwissenheit und Dummheit zu sprengen«, läßt er Mme de Saint-Ange zu ihrem geliebten Dolmancé sagen und die Einladung aussprechen: »Vögeln Sie mich, Sie sind reizend!«

Das Prinzip des Buchs ist die Umkehrung eines Genres. In einer Zeit, da die larmoyante Erbauungsliteratur blüht, muß die Idee einer Erziehung zur Ausschweifung, also einer Anti-Erziehung, besonders reizvoll sein. Der Untertitel des Buches lautet *Die lasterhaften Lehrmeister* und enthält ein ganzes Programm. Das Jahrhundert kann ja die Subversion gut leiden, man denke nur an Laclos. Doch das deutlichste Beispiel hat Sade selbst mit seiner Figur Juliette geliefert. Sie, die das Scheitern und die bitteren Enttäuschungen ihrer Schwester auf dem Pfad der Tugend konstatiert, findet die »Gebrauchsanweisung« für Erfolg und Glück: Als sie sich um die Aufnahme in die »Gesellschaft der Freunde des Verbrechens« bewirbt, liest sie im Artikel 7 der *Anweisungen* für weibliche Mitglieder, die Bewerberin müsse »Atheistin, grausam, gottlos, libertin, sodomitisch, tribadisch, rachsüchtig, jähzornig, heuchlerisch und falsch sein«. Und Mme de

393

Saint-Ange verspricht, keine Mühe zu scheuen, um Eugénie auf diesen Weg zu bringen: »Es ist doch klar, daß ich an nichts sparen werde, um sie zu pervertieren, um alle falschen Moralprinzipien, mit denen man sie vielleicht schon abgestumpft hat, herabzusetzen und über den Haufen zu werfen...« Der Satz, der als Motto dazu gegeben wird: »Die Mutter wird der Tochter die Lektüre verschreiben« (pré-scrira), parodiert die Forderung eines revolutionären Pamphlets (proscrira – die Lektüre verbieten) und verdeutlicht das Programm. So also lautet der Vorsatz.

Wo in der damaligen literarischen Produktion Sades soll man dieses provozierende kleine Werk einordnen? Von den Büchern, die er in jener Zeit veröffentlicht, verdienen mehrere unsere Aufmerksamkeit.

Aline und Valcour ist ein ehrgeiziger, breit angelegter Roman, der zwar ein wenig in verwickelte Familiengeschichten ausufert, aber interessante Einblicke gibt in die Empfindsamkeit, Reizbarkeit und Verrücktheit der Gefühle und Verhaltensweisen jener Zeit. Er hat, zumindest anfangs, autobiographische Züge und ist alles in allem ein Sittengemälde. Der Teil des Romans, der Sainvilles Reise um die Welt auf der Suche nach seiner Gattin Léonore, der Schwester von Aline, beschreibt, ist ein eigenständiges zweites Buch und typisch für die damals sehr beliebte Form des ethnographischen Reiseromans.

394

Die Inseln des Captain Cook werden bereist; das Menschenfresser-Reich Butua, das nach den Vorschriften des Portugiesen Sarmiento regiert wird, ist ein Musterbeispiel für institutionalisierte Grausamkeit; die Insel Tamoé hingegen, wo der Weise Zamé herrscht, geradezu ein sozialistisches Paradies. In diesem Genre der ethno-geographischen Nachbildung ist Sade nicht weniger zu Hause als Diderot – ein Beweis für die Vielfalt und Geschmeidigkeit seines Talents.

Die Verbrechen der Liebe entsprechen dem eigentlichen Sadeschen Schreiben viel eher; sie sind ein Beispiel für gewagte, aber nicht skandalträchtige, man könnte sagen: beherrschte Erzählungen. Die *Gedanken zum Roman*, die ihnen vorausgehen, bieten ein genaues Bild der Reflexionen Sades zu diesem Thema. Die Geschichte der Erzählkunst kennt er gut, von den Troubadours über Cervantes bis zu seinen Zeitgenossen, die er in eine klare Hierarchie bringt: Restif kann er nicht leiden – überhaupt nicht! – Laclos verschweigt er vollkommen, aber Prévost und Rousseau, Richardson und Fielding bewundert er und fühlt sich selber dieser »Modernität« zugehörig: scharfsinnig reflektiert er über die Kategorien des Phantastischen und des Wahrscheinlichen, schreibt über die Notwendigkeit, Laster und Verbrechen stets »in den Farben der Hölle« zu schildern, und analysiert die Mittel, die man einsetzen muß, um vom Leser, wenn nötig, »Tränen zu erhalten«. Mit einem Wort, er zeigt sich als Romancier, der sich der Möglichkeiten, Mittel und Ziele seiner Kunst vollkommen bewußt ist.

Soviel zur Theorie der Literatur. In der Praxis aber – in diesem Fall in der *Philosophie im Boudoir* – regiert nicht die Pädagogik der Kunst, sondern einzig die der Perversion. Es ist ein ausgesprochen verführerisches Werk – Sade scheint, in verdichteter Form und mit elegantem Zynismus, viel von sich selbst darin eingebracht zu haben. Gäbe es nicht die grausamen Ausschreitungen im siebten Dialog – man könnte sagen, hier habe er um jeden Preis seine auf die Spitze getriebene, typisch »Sadesche« Signatur hinterlassen wollen –, dann wäre in diesem Werk die Einbindung des *Pornogramms* in den literarischen Stoff gelungen und so für jeden aufgeklärten Leser ohne weiteres genießbar.

Einer der großen Vorzüge der *Philosophie im Boudoir* ist die Klarheit. Sade greift hier – im Gegensatz zu vielen anderen seiner Schriften – zu kurzen, verblüffenden Formeln, die seine Absicht sofort deutlich machen. Zum Beispiel erklärt er den »Anstand« zu einem »gotischen Brauch, um den man sich heute recht wenig schert«, meint, die Tugend wandele auf »schlammigen Pfaden« (was an René Chars Ausspruch zu »Sade: die endlich vom Schlamm des Himmels befreite Liebe« denken läßt), er kritisiert die »Vermehrungsgesinnung« (die die Sexualität an die Notwendigkeit der Fortpflanzung knüpft) und schreibt: »Ein hübsches Mädchen soll sich nur darum kümmern, zu *ficken*, und nie darum, zu *zeu-gen*. Wir werden alles übergehen, was mit dem ba-nalen Mechanismus der Vermehrung zu tun hat, um uns einzig und allein den Genüssen der Ausschwei-fung zu widmen...«

Lange vor Freud proklamiert er also die Autonomie der Sexualität! Kategorisch tritt er für den Genuß, gegen alle Schuldgefühle ein: »Ihr habt zu ihr ge-sagt, ficken sei eine Sünde, dabei ist doch ficken die köstlichste Handlung im Leben.« In diesem Sinn reiht sich Sade wirklich in die *Befreier der Liebe* ein, um den schönen Titel des Buches von Sarane Alex-andrian zu zitieren.

Womöglich noch interessanter ist die literarische Form, die er für die erotischen Beschreibungen wählt. In sehr lebendigen Dialogen kommentieren die Figuren, sagen, was sie tun. Und sie sagen es mit den nötigen Worten. In dieser Hinsicht ist das Vor-gehen von Dolmancé und Mme de Saint-Ange, als sie im dritten Dialog die junge Eugénie die *Wörter* und die *Dinge* aufnehmen lassen, von zündender pädagogischer Offenheit. Hier wirft der Schriftstel-ler, der sich so oft mit der Rhetorik seiner Zeit be-lädt, diese Last ab. Und mehr noch. Wenn es zu Ex-zessen kommt, sind der Romancier und der Thea-termann zur Stelle, um uns klarzumachen, daß es eben *Exzesse* sind, die den Gesetzen der Fabel un-terliegen. Dabei kommt Sades Humor voll zur Gel-tung (und es ist zu bedauern, daß viele Kommenta-toren für diesen Humor so völlig unsensibel gewe-

397

sen sind). Als zum Beispiel der junge Gärtner Augustin dank der äußerst angenehmen Behandlung, die man ihm angedeihen läßt, in Ekstase vergeht und quer durch das Zimmer unglaubliche Beweise seines Genusses verschießt, bemerkt Dolmancé: »Ich habe eine solche Entladung noch nie gesehen, und sie sagen, Madame, er habe Sie erst heute nacht noch gefickt?« Worauf Saint-Ange entgegnet: »Neun- oder zehnmal, glaube ich, wir haben es längst aufgegeben, mitzuzählen.«

Man könnte sich fragen, ob nicht selbst in den wüstesten Passagen gegen Ende des Buches die Inszenierung gewisser Extravaganzen von Humor gesteuert wird. Als Eugénie sich verzückt über ihre Mutter hermacht und sie fast zu Tode bringt, ruft sie: »Tot! Tot! Was! Sollte ich diesen Sommer Trauer tragen müssen, die ich mir doch so schöne Kleider habe machen lassen!« Dieser schwarze Humor liegt so offensichtlich zutage, daß die Grausamkeit, selbst in ihren schlimmsten Formen, relativiert wird.

Zu Ende des fünften Dialogs gibt es übrigens eine Passage, in der Sade einen literarischen Kunstgriff anwendet, auf den wir schon bei den *Hundertzwanzig Tagen* aufmerksam gemacht haben: den Kunstgriff, eine »Phantasie«, eine »Verworfenheit« zu beschwören, die weiter gehe als alle anderen, doch ohne sie zu nennen (man spricht nur mit gesenkter Stimme davon, und Eugénie entgegnet angewidert: »Ihr habt recht, das ist fürchterlich.«): Eine Lücke im Text, eine Leerstelle, die wohl mehr ist als nur ein lustiger Einfall, die einiges über Sades Verhältnis zum Akt des Benennens aussagt.

Einer der bemerkenswertesten Aspekte in der *Philosophie im Boudoir* liegt in der Unterscheidung zwischen dem, was in der Raserei der Sinne getan, und dem, was *kaltblütig* betrachtet wird. Auch hier zeigt sich eine Konstante in Sades Sehweise und Denken: die Veränderung eines Objekts, je nachdem, ob es in seiner bloßen Realität oder in der Spannung der Erregung erscheint. In den *Hundertzwanzig Tagen* sagt er das besonders deutlich: »Ein Gegenstand, der im Grunde keinen anderen Wert hat als den, den unsere Geilheit ihm verleiht, zeigt sich in seiner wahren Natur, wenn die Geilheit erloschen ist.« Eine scharfsichtige Erkenntnis, die ja nicht nur die Sexualität betrifft, sondern auch die Liebe: der Anteil von *Illusion*, der in beiden enthalten ist, könnte nicht besser benannt werden.

In der *Philosophie im Boudoir* kreist alles um dieses Prinzip der erotischen Illusion, dessen Funktion explizit formuliert wird. Besser als jeder andere hat Sade den Mechanismus von Erregung und Entspannung begriffen, der das orgiastische Erleben bestimmt.

Mme de Saint-Ange möchte beispielsweise, daß Dolmancé, während er erregt wird, einen Vortrag hält, und legt ihm ans Herz, trotz der Manipulationen Eugénies, dieser etwas übereifrigen Schülerin, den Orgasmus tunlichst zu vermeiden: »... der Fluß dieses Samens würde, da er die Tätigkeit Ihrer seelischen Kräfte vermindert, die Hitze Ihres Vortrags dämpfen.«

Manche Dinge möchte sie nur kühlen Kopfes hören und erzählt bekommen: »Wenn Sie geil sind, erzählen Sie gern Schauergeschichten und stellen vielleicht die zügellosen Auswüchse Ihrer entbrannten Phantasie als Wahrheit dar.«

Und Dolmancé selbst erlebt bewundernd, daß Eugénie, von seinem Vortrag erotisiert, *vom Kopf her* einen Orgasmus bekommt: »Schauen Sie, Madame, schauen Sie, sehen Sie sich bloß einmal dieses zügellose Geschöpf an, sie entlädt sich *vom Kopf her*, ohne berührt zu werden...«

Eine Art allgemeiner Theorie der Illusion, der Macht der Phantasie wird hier formuliert. Auf diesem Gebiet hat sich Sade sehr weit vorgewagt, und vielleicht finden wir hier einen der wesentlichsten Schlüssel zum Verständnis seines erotischen Extremismus, dem »Schrankenlosen« seines Schreibens: die Literatur als Mittel, kühlen Kopfes den Rausch der Phantasie und der Sinne zu erleben.

Aber Mme de Saint-Ange täuscht sich, wenn sie glaubt, Dolmancé könne, wenn er von der Erregung überwältigt wird, nicht mehr »kaltblütig räsonieren«. In keinem anderen Buch erläutert Sade durch den Mund eines Libertins so präzise sein Thema: die Ausschweifung und den Vorstoß. Sehr klar faßt Dolmancé die gesamte Sadesche Praxis zusammen, wenn er im dritten Dialog erklärt, daß seiner Meinung nach die wesentlichsten libertinen Verirrungen in drei »Vorlieben« bestünden: *der Sodomie, den gotteslästerlichen Vorstellungen und der Neigung zur Grausamkeit.* Hier befinden wir uns auf genuin Sadeschem Territorium. Jedem seine eigenen erotischen Vorlieben. Er erinnert uns an die seinen, an die, die er in den Affären seiner Jugend ausgelebt hat. Und er sagt selbst, daß jene Phantasien, die darin bestehen, »mit den geheiligten Gegenständen der Dummen sein Spiel zu treiben«, nur »sehr junge Gemüter erhitzen« können. Aber die Gotteslästerung biete die Möglichkeit, mit gewagten Bildern und Worten zu spielen, und es sei »wesentlich, im Rausch der Sinne starke oder schmutzige Worte auszusprechen«. (Er argumentiert so geschickt, daß sogar die schlimmsten Äußerungen, die man in seinem Werk liest, hier plötzlich eine Rechtfertigung erfahren.) Verstoß sei Verstoß, und es sei unnötig, über Vorlieben oder besondere Formen der Überschreitung zu streiten: Sie müssen wissen, Mademoiselle Eugénie, daß selbst die Koprophilie eine Phantasie ist wie alle anderen auch, und »unendlich viele Männer, vor allem etwas ältere, geben sich ihr mit Wonne hin.«

Soweit die theoretischen Lektionen: das sodomitische Vergnügen, die Blasphemie und die Neigung zur Grausamkeit als Gegenstand einer exzellenten kleinen Abhandlung.

Da diese Lektionen von den verschiedensten historischen und anthropologischen Betrachtungen begleitet werden, müssen sie schließlich auf eine Gesellschaftstheorie hinauslaufen. Und so ist *Die Philosophie im Boudoir* nicht nur ein literarisches Werk, sondern letzten Endes auch ein politisches. Darin besteht nicht sein geringster Reiz. Und das erlaubt auch, dieses Buch der Zeit zuzuordnen, in der es veröffentlicht wurde. Nicht nur, weil es im fünften Dialog ein berühmtes revolutionäres Pamphlet enthält – *Franzosen, noch eine Anstrengung, wenn ihr Republikaner sein wollt* –, das es aus dem kompositorischen Gleichgewicht bringt und zugleich beträchtlich bereichert, sondern weil es sich stets auf Realitäten bezieht, die von der Revolution geschaffen oder ans Licht gebracht worden sind.

Zum Beispiel äußert sich Dolmancé über das Ideal der *Wohltätigkeit*: Es sei schädlich, da es »den Armen an Unterstützungen« gewöhne, »die seine Energie untergraben«. Es sei doch besser, diese Energie wachsen zu lassen, bis sie explodiert! »Wenn das Individuum, in das Elend geboren, sich dieser Unterstützungen beraubt sieht, wird es all seinen Mut und alle Mittel, die die Natur ihm verliehen hat, einsetzen, um sich aus dem Zustand, in den es geboren ist, zu befreien«. Zynismus oder revolutionärer Gedanke? Andernorts ist die Rede von »grausamen, willkürlichen, herrischen Gesetzen, die ... jedes Jahr Millionen von Menschen umbringen können« und deren Druck heftigen Gegendruck legitimiert. An einigen Stellen im Text entsteht sogar eine Art sozialistischer Diskurs, der merkwürdig avantgardistisch anmutet. So heißt es über ein utopisches China – in dem »Armenhäuser völlig unbekannt« sind: »Hier arbeiten alle, hier sind alle glücklich; nichts beschränkt die Energie des Armen, und jeder kann mit Nero sagen: *Quid est pauper?*«

Wenn es eine Sadesche Utopie gibt, die in Beziehung steht zu den Hoffnungen, die von der Französischen Revolution geweckt wurden, dann drückt sie sich in dem Pamphlet *Franzosen, noch eine Anstrengung* am allerbesten aus. Sade behauptet hier, daß die beiden einzig wahren revolutionären Tugenden der Mut und die Freiheit seien. In der Zeit, da dieser Text erscheint, beinhaltet eine solche Äußerung ebensoviel Verachtung gegenüber dem früheren Despotismus wie gegenüber den Ausschreitungen der Revolutionsmacht. Sade verteidigt die Ansicht, daß politische Freiheit und die Freiheit des einzelnen eins sind, und sagt: »Wir sollten uns nicht damit zufriedengeben, die Szepter zu brechen; wir sollten die Götzen auf ewig zu Staub zermahlen.« Das entspricht seinen früheren Aussagen, und es überrascht nicht, daß das philosophische Instrument für diese Befreiung der Atheismus ist, den er so scharf und so systematisch wie nie zuvor zu einer Theorie entwikkelt. Er unterzieht die Religion, den Glauben an Christus einer radikalen Kritik und vergißt auch nicht den »Deismus« à la Robespierre, dem er nicht den geringsten Ablaß gewährt. Er bekämpft aber nicht nur die religiöse Unterdrückung, sondern erbarmungslos alle Vorurteile, die den Menschen, wie er ihn sieht und haben will, sich selbst entfremden und mit Schuldgefühlen beladen. Es ist kein Zufall, daß unmittelbar auf das Kapitel über die Religion eines über die Sitten folgt, in dem er die Notwendigkeit proklamiert, der Freiheit der Gedanken und der Meinungsäußerung die Freiheit des *Handelns* zuzugesellen. Natürlich denkt er dabei an sexuelles Handeln; man muß ihm aber zugestehen, daß er an dieser Stelle beträchtliche Anstrengungen unternimmt, es in den Rahmen einer Freiheit zu stellen, die gesellschaftlichen Regeln gehorcht und nicht dem Despotismus des Ich, den er in anderen Schriften verteidigt hat (diesen »so wollüstigen Despotismus der zügellosen Leidenschaften«, den man keineswegs »mit dem absurden politischen Despotismus verwechseln« dürfe – ein Satz, den Aragon mit Vorliebe zitierte).

Andere Überlegungen dieses Textes, und nicht die unwesentlichsten, beziehen sich auf strafrechtliche Gewaltanwendung, vor allem auf die Todesstrafe.: Wenn es darum geht zu strafen, so Sade, »verlange ich weder Massaker noch Verbannungen«; aus den Prinzipien, die er aufstelle, ergebe sich »die Notwendigkeit, milde Gesetze zu erlassen und vor allem, die gräßliche Todesstrafe für immer abzuschaffen, denn ein Gesetz, das sich gegen das Menschenleben richtet, ist unanwendbar, ungerecht und unannehmbar«. Man kann sich den Widerhall eines solchen Satzes im Jahr 1795 vorstellen.

Viele seltsame Bemerkungen enthält dieses Pamphlet, die manchmal bestürzen, oft überraschen. Die republikanische Utopie kommt nicht ohne kühne Gedanken aus. So wird z. B. Diebstahl nicht als »schweres Verbrechen« gewertet, da seine Folge ja in einem »Ausgleich des Reichtums« bestehen könne. Und die Frauen könnten allen gemeinsam gehören. Sade gebraucht hier den seltsamen Terminus *vulgivagues*, etwa *gemeingehörig*: »Es ist gewiß, daß die Frauen im Naturzustand *gemeingehörig* geboren werden, das heißt, sie genießen dieselben Vorteile wie andere weibliche Tiere auch und gehören wie diese ohne Ausnahme allen männlichen Tieren.« (In weniger galanten Worten sagt er übrigens – wenn auch durch den reizenden Mund von Mme de Saint-Ange –, daß »das Schicksal der Frau dem der Hündin, der Wölfin gleicht: sie muß allen gehören, die sie begehren«.) Aber auch bei diesem Punkt erklärt er, wie eine einsichtige Gesellschaft all dies harmonisch ordnen könnte. Fourier mit seiner »Neuen Welt der Liebe« ist da nicht mehr fern. Warum sollte nicht das Schlimmste sich mit dem Besten verbinden lassen?

Ohne Widersprüche ist dieser Text nicht. Aber wenn Sade sich widerspricht – genauer: »sich widerlegt«, wie er sagt, denn er sieht es, weiß es, unterstreicht es –, dann immer mit dem Willen, voranzukommen, die Schwierigkeiten, auf die er trifft, zu überwinden. Alles in allem praktiziert er Dialektik. Mit Strenge, aber auch mit Phantasie. Und darin liegt der beson-

405

dere Charme der *Philosophie im Boudoir* und ihrer unmoralischen Lehren. Eine große Lektion in erotischer Dialektik.

20

CHARENTON

Der Moment ist gekommen, da Sade wegen seiner Bücher eingesperrt wird. Er war lange wegen seines Lebenswandels in Haft, wegen seiner Zügellosigkeit, wegen der Familienskandale, die er verursacht hatte, wegen der politischen Haltung, die ihn verdächtig machte: nun ist er erstmals unzweideutig wegen seiner Schriften eingekerkert.

Am 6. März 1801 dringt die Polizei in die Räume des Verlegers Nicolas Massé ein, wo Sade sich aus geschäftlichen Gründen aufhält, durchsucht die Räume, beschlagnahmt verschiedene literarische und politische Manuskripte – von denen einige später tatsächlich vernichtet werden, zum Beispiel Sades *Entspannungen des Libertins oder Die neuntägige Andacht auf Kythera* – und konfisziert vom Autor korrigierte und mit Anmerkungen versehene Bücher. Bücher, die den Schuldigen nun eindeutig decouvrieren: die *Neue Justine* und der letzte Band von *Juliette.*

Weitere Haussuchungen folgen. Bei einem Freund. Bei Marie-Constance, in Saint-Ouen, wo – ein belastender Umstand – die Wände des kleinen Kabinetts mit gewagten Gipsfiguren und einer erotischen Tapete dekoriert sind. Der Marquis wird zur Polizeipräfektur geführt und zwei Tage und Nächte eingesperrt. Hier trifft er auf einen neuen Gesprächspartner, einen neuen Zuchtmeister, der ihm im Verhör nichts erspart: Kommissar Moutard. (Die Regierung des Konsulats beginnt für Ordnung zu sorgen. Fouchés polizeilicher Überwachungsstaat kündigt sich an.) Sade muß zugeben, daß das Manuskript *Juliette* von seiner Hand stammt, aber er behauptet, es nur kopiert zu haben. Umsonst. Er wird in das Gefängnis Sainte-Pélagie gebracht, das ebenfalls – Ironie der Geschichte – ein Kloster für gefallene Mädchen gewesen war und nun politisches Gefängnis ist. Denn die Inhaftierung hat politische und bürokratische Gründe. Man wünscht, daß in dieser Sache, die Lärm, gar Skandal verursachen könnte, schneller Prozeß gemacht werde. Ein einziger Beweis, der allerdings alle Welt erzittern läßt und überzeugt, reicht aus: »der widerliche Roman *Justine*« und »das noch schauderhaftere Werk *Juliette*.«

Lange glaubte man, daß es für diese Inhaftierung einen anderen Grund, einen wirklich politischen Grund gegeben habe: Sades vermeintliche Autorschaft an dem scharfen Pamphlet *Zoloé und seine zwei Handlanger*, das Bonaparte, Joséphine, Tallien, Mme Tallien und Visconti attackierte und in der wirren Übergangszeit zwischen dem Direktorium und dem Konsulat anonym verbreitet wurde.

Ob es dieser Verdacht war, der Sade den rachsüchtigen Haß des Ersten Konsuls eingetragen hat? Napoleon hat Sade jedenfalls nie leiden können und ließ ihn später, auf Beschluß seiner Ratgeber, in Haft halten. Und in den *Denkwürdigkeiten von Sanct-Hélena*, den Erinnerungen des Grafen Las Cases, ist zu lesen: »Napoléon sagte, daß er als Kaiser sich einmal das abscheulichste Buch, das je die entartetste Einbildungskraft erzeugt, habe vorlegen lassen; es war ein Roman, der, selbst zur Zeit des Convents, die öffentliche Moral so stark erregt hatte, daß sein Autor eingekerkert wurde und es bis zum heutigen Tage geblieben ist.« (Gilbert Lély hat übrigens gezeigt, daß Sades Autorschaft an *Zoloé* durch nichts bewiesen werden kann.)

Sade ist jedenfalls wieder in Haft. Und wieder versucht er, alles abzuleugnen – in ihrer Schamlosigkeit und Heftigkeit haben diese Versuche fast etwas Großartiges. In einem Brief an den Justizminister schreibt er: »Citoyen Ministre ... man klagt mich an, der Autor des widerlichen Romans *Justine* zu sein. Die Anklage ist falsch, das schwöre ich Ihnen im Namen von allem, was mir heilig ist.«

Vielleicht ist es schon aufgefallen, daß das inkriminierte Buch nie anders als das *widerliche* Buch genannt wird – ein regelrechtes Leitmotiv, zwangsläufiges Echo der öffentlichen Meinung, die nun auch schon der Autor selbst ganz natürlich übernommen hat. Und einmal mehr beklagt Sade in seinem Brief das Mißverständnis, dem er zum Opfer gefallen sei, und macht vehement sein Recht geltend, entweder befreit oder verurteilt zu werden.

Weder das eine noch das andere geschieht. Seine Internierung nimmt mehr und mehr den Charakter einer psychiatrischen Verwahrung an. Vor allem ab dem Tag, da man den Verdacht schöpft, seine »unzüchtige Demenz« halte an. Er scheint Anlaß für diesen Verdacht gegeben zu haben, als man einige »junge Wirrköpfe«, die für die Unruhen im Théâtre-Français verantwortlich waren, in Sainte-Pélagie unklugerweise in der Nähe von Sades Zelle unterbrachte. Man verlegt ihn daraufhin, im März 1803, in das Zuchthaus Bicêtre und einen Monat später in das Hospiz Saint-Maurice von Charenton.

In Bicêtre trifft und beobachtet ihn der junge Charles Nodier, der das folgende berühmte Portrait des Marquis hinterlassen hat: »Einer der Herren stand zu sehr früher Stunde auf, da ihm bekannt war, daß er verlegt werden sollte. Ich bemerkte an ihm zunächst nicht mehr als eine enorme Beleibtheit, die seine Bewegungen dermaßen hinderte, daß man Reste von Eleganz nur noch in seinen Gesten und seiner Sprache finden konnte. Dennoch hatten seine matten Augen etwas unbeschreiblich Strahlendes und Feines bewahrt, das von Zeit zu Zeit aufleuchtete wie ein Funke auf einem verglimmenden Stück Kohle.«

In Charenton ereignet sich etwas Ungewöhnliches. Der Direktor, M. de Coulmier, scheint ein feiner, kultivierter und umgänglicher Mann zu sein, der bald Sympathie, ja Freundschaft für seinen Schütz- ling entwickelt, und für Sade bricht ein Lebensab- schnitt an, der, wenngleich der letzte, bei weitem nicht der negativste ist. Sicher, D.A.F. ist von der Welt abgeschieden und eingesperrt, doch nach und nach knüpft er zahlreiche neue Kontakte und nimmt seine schöpferische Tätigkeit wieder auf, vor allem als Theatermann. Und das hält seine Glut am Leuchten, diesen »Funken auf einem verglimmen- den Stück Kohle«, von dem Nodier spricht. Sades *Journal*, sein Tagebuch über die Zeit in Charenton, aus dem Georges Daumas 1970 die Hefte der Jahre 1807, 1808 und 1814 veröffentlichte, ist ein wertvol- les Dokument seiner Lebensweise in dieser Umge- bung. Und zugleich der Beweis, daß er nie müde wurde zu schreiben, aufzuzeichnen, zu kommentie- ren und zu beobachten.

Charenton, zunächst eine Außenabteilung von Bi- cêtre und der Salpétrière, war eine unabhängige Einrichtung geworden, die vor allem vermutliche oder tatsächliche Geisteskranke aufnahm, im we- sentlichen ehemalige Militärs und Invalide, aber auch andere psychisch Kranke aus bürgerlichen Kreisen oder »von Stand«. Nach dem Bericht des Dr. L.-J. Ramon, der hier seine erste Stellung innehatte, führte M. de Coulmier das Haus mit Engagement und Autorität, aber »sein Despotismus hatte nichts Düsteres oder Hartes«, und er wurde »von allen sei- nen Untergebenen, Angestellten und Schützlingen

411

geliebt«. Dennoch sollte man sich kein zu rosiges Bild von einem solchen Hospiz machen. Ein Bericht des ehemaligen Kavallerieoffiziers Hippolyte de Colins, der mit einer Inspektion des Sanatoriums beauftragt war, läßt erkennen, daß recht harte Behandlungsformen üblich waren. Schon die geringste Ordnungswidrigkeit, der kleinste im Wahn entschlüpfte Fluch, wurde mit furchtbaren Strafduschen, »Sturzbäder« genannt, und Dunkelhaft in kalten, feuchten, verdreckten Zellen mit einfachen Strohlagern geahndet. Und die Schreckensherrschaft grober, brutaler Pfleger war an der Tagesordnung. Man ist versucht, diese Praktiken als furchtbar »sadistisch« zu bezeichnen, aber das würde einen neuen Rückfall in Mißverständnisse und Wortverdrehungen bedeuten. Wichtiger ist der Hinweis, daß die Zustände in Charenton der allgemein üblichen Behandlung dieses Typus von Krankem/Gefangenem entsprachen, wovon ein Blick in die Geschichte der Psychiatrie überzeugt.

Das ruft uns wieder ins Gedächtnis, daß es ja wirklich die Diagnose von »Demenz« war (daß sie »erotisch« genannt wurde, milderte die Sache nicht, verschlimmerte sie vielleicht gar noch), die Sade hierhergebracht hatte. Aber ihm blieb es erspart, die düsteren Seiten des Hospizes kennenzulernen; er genoß Privilegien und damit – ja, warum nicht – die angenehmen Seiten des Sanatoriums. Dank des Wohlwollens von M. de Coulmier, das dieser von Anfang an zeigt.

Beispielsweise gestattet er Marie-Constance, sich im Hospiz niederzulassen, was sie, zärtlich und zuvorkommend wie gewohnt, auch tut. (Als D.A.F. ihr einmal vorhielt, sie vergesse seine Neigungen – und was wollte er nicht alles mit diesem Wort sagen! – gab sie ihm die pikante Antwort: »Sie haben Unrecht, mir vorzuwerfen, ich vergäße Ihre Neigungen; eine jedenfalls werde ich ganz bestimmt nie vergessen, die nämlich, die Sie für mich hegen.«)

Man weist Sade eine angenehme Wohnung zu, mit einer kleinen Bibliothek, die auf den Garten hinaus geht – der am Ufer der Marne liegt, in der eine kleine Insel die Möglichkeit für Promenaden gibt –, mit alten Vorhängen an den Wänden, einem bequemen Bett, einem gepolsterten Lehnsessel und vor allem mit einem Schreibtisch, den Sade gewünscht und erhalten hat, einem Schreibtisch aus Eichenholz mit acht Schubladen, von einem Tischler eigens für ihn gefertigt.

Die privilegierte Behandlung, die de Coulmier diesem Insassen angedeihen läßt, nimmt bisweilen auch kuriose Formen an. So sieht man den Marquis im April 1805 dazu ermächtigt, das »heilige Brot auszuteilen« und am Ostersonntag »in der Pfarrkirche von Charenton die Kollekte durchzuführen«! Sollte der Teufel sich zum Heiligen gewandelt haben? Oder hatte M. de Coulmier die Absicht, seinen Schützling in spektakulärer Weise auf den Pfad gesellschaftlicher Pflichterfüllung zurückzuleiten? Sein Versuch ist jedenfalls so gewagt und so wenig

413

erwünscht, daß Coulmier vom Polizeipräfekten Dubois zur Ordnung gerufen wird, der seinerseits wohl einen Tadel vom Minister Fouché hat einstecken müssen. Man teilt dem Direktor von Charenton ziemlich trocken mit, das »Individuum«, welches sich in seiner Obhut befinde, sei genügsam dafür bekannt, »Abscheu einzuflößen« und »die öffentliche Ordnung zu stören«, so daß man keine besondere Rücksicht zu nehmen habe. Der Brief schließt mit dem präzisen Hinweis: »Ihre außerordentliche Zuvorkommenheit gegenüber dem Sieur de Sade ist um so geeigneter, mich zu verwundern, als Sie sich mehr als einmal über sein Verhalten und vor allem seinen Ungehorsam beklagt haben.«

Das stimmte. Man wird sich entsinnen, daß die Aufsässigkeit einer von Sades dauerhaftesten – und nobelsten – Charakterzügen war (in den offiziellen Beschwerden, mit denen seine Internierung in Charenton begründet wurde, spricht man neben »toller Unzucht« auch von dem »jeder Unterwerfung feindlich gesonnenen Charakter«). Offenbar hat auch Coulmier Anlaß gehabt, sich darüber zu beklagen. Aber er sieht über die Ungelegenheiten und Probleme, die Sades widerborstige Wesensart bereitet, hinweg und bleibt ihm gegenüber offen und freundlich. Eine interessante Persönlichkeit.

Man sieht, Sades Los könnte schwerer sein. Er darf Besuch empfangen. Zwei Einwohner von Mazan machen ihm ihre Aufwartung, bringen ihm einige Flaschen ihres Weines und essen mit ihm zu Abend.

Auch seine Söhne besuchen ihn; Louis-Marie im Oktober 1807, Donatien-Claude-Armand im November. Gemeinsame Diners. Spaziergänge. Gelegenheit, über Familiengeschäfte und die nicht enden wollenden Probleme mit der Verwaltung der provençalischen Güter zu sprechen. Auch über Verheiratungen und Erbschaftsdinge. Donatien-Claude-Armand möchte eine Mademoiselle de Sade d'Eyguières heiraten und kommt, um die Zustimmung des Vaters zu diesem sehr günstigen »Arrangement« einzuholen. Auch Louis-Marie möchte heiraten – eine junge Dame, der fünftausend Livres Pension zustehen.

Das alles könnte den Marquis zufrieden stimmen, doch er hat zuzeiten den äußerst lebhaften Eindruck, man wolle ihn kaltstellen und ihm Ermächtigungen abringen, ohne sich dabei für ihn und vor allem für seine Freiheit einzusetzen (Zahlenkombinationen, seine hartnäckige Marotte, bringen ihn zu der Überzeugung, man würde ihn am 2. Juni 1809 freilassen, seinem 69. Geburtstag). Daher seine Stimmungsumschwünge, sein Mißtrauen, die Vermutung von »Perfidien« aller Art; daher stellt er endlos Bedingungen, ist aufsässig, führt erbitterte Diskussionen.

Glücklicherweise werden auch die Freundschaften mit Frauen wieder zahlreicher. Zweifellos hat der alte Marquis selbst in dieser Umgebung sein verborgenes Feuer, das ihm im Lauf seines Lebens so viel Zuneigung beschert hat, nicht ganz verloren. Mademoiselle de Saint-Aubin, eine berühmte Sängerin, bringt ihm zwei küchenfertige weiße Truthähne mit: eine symbolische Geste von bemerkenswerter Phantasie und Eleganz. Die Sängerin gehört zu der weiblichen Welt, die an den Festen und Schauspielen von Charenton teilnimmt und Anteil nimmt, bei denen Sade, wie wir sehen werden, eine große Rolle spielt.

Obwohl er der Freiheit beraubt ist und trotz der heimlichen Gerüchte über das Leiden der zahlreichen Patienten, die in die dunklen Bereiche des Hauses verbannt sind, kann sich Sade also in einen recht angenehmen Lebens- und Empfindungskreis versetzt fühlen. Dies wirkt sich auch auf seine Arbeit aus. Zu Beginn des Jahres 1806 schreibt er die *Histoire d'Emilie* ins reine, die er in einen breit angelegten Band mit dem Titel *Les Journées de Florbelle ou la Nature dévoilée (Die Tage von Florbelle oder Die entschleierte Natur)* einfügen wird. Zehn Bände sind geplant, Beweis genug, daß der Patient noch viel Energie, Ehrgeiz und Perspektiven hat.

Doch der Polizeiminister schläft nicht. Eine Durchsuchung seines Zimmers im Juni 1807 endet mit der Beschlagnahme der Manuskripte. Sie werden als »empörende Lektüre« bezeichnet, die aus »einer Abfolge von Widerlichkeiten, Lästerungen und Ruchlosigkeiten« bestehe. Dieser Sade ist wirklich unverbesserlich. Unheilbar vielleicht sogar. Ein unheilbares Genie, ja. (Die beschlagnahmten Manuskripte werden kurz nach seinem Tod verbrannt, und wir werden die *Journées de Florbelle* nie lesen können – dabei ist der Titel so vielversprechend.) Trost findet der Marquis bei der Theaterarbeit, seiner bewährten Zuflucht. Immer noch versucht er wie besessen, seine Stücke nach draußen zu bringen. Besondere Freude macht es ihm, wenn er selber als Schauspieler auftreten kann: im April 1808 interpretiert er während eines Konzerts, das im Hospiz gegeben wird, eine Szene mit Gesangseinlage aus dem *Déserteur* von Mercier und wird lebhaft beklatscht.

Dennoch gibt es spürbare, manchmal schmerzliche Unannehmlichkeiten. Vor allem, was sein Schreiben betrifft. Denn gewissen hohen Herren läßt es offensichtlich keine Ruhe, daß man Sade die rein materielle Möglichkeit zum Schreiben gibt. 1810 legt der Innenminister, M. de Montalivet, ein Graf des Kaiserreiches, beunruhigt durch gewisse Informationen, die ihm über das Leben im Hospiz zugetragen wurden, in einem Erlaß fest, der Inhaftierte solle von allen anderen getrennt verwahrt werden und »man solle die größte Sorge tragen, ihm jeglichen Gebrauch von Stiften, Tinte, Feder und Papier zu untersagen«. Sade erhebt Einspruch, verteidigt jeden Fußbreit Boden und setzt schließlich bei M. de Coulmier durch, daß »man ihm alles wiedergebe, was ihm letzthin genommen wurde, sowohl an Papier als auch an Federn«. Ist dieser Entzug von Schreibgerät das letzte Mittel, Sade zum Verstummen zu bringen, ihn zu *heilen?*

417

Zu diesen Problemen kommen Trauerfälle. Sein älterer Sohn, Louis-Marie, Leutnant im 2. Bataillon des Regiments Isembourg, wird im Juni 1809 in Italien bei Mercugliano aus dem Hinterhalt von neapolitanischen Aufrührern getötet. Donatien-Claude-Armand wird das Oberhaupt des Hauses de Sade. Mme de Sade stirbt, gealtert, erblindet, fett, im Juli 1810 auf dem Schloß Echauffour, dem Erbe ihrer Eltern, auf das sie sich mit ihrer Tochter zurückgezogen hat. Sie wird neben ihrer Mutter begraben; die Inschrift auf dem Grabstein lautet: »Beide waren so tugendhaft wie wohltätig.« Mit ihrem Tod sterben auch die Schatten und Phantome der Erinnerung, verlöschen ihre Geheimnisse, ihr Kummer, ihre Anklagen und Verletztheiten, Verbitterungen, Zwielichtigkeiten, ihre ungelösten Rätsel. Sade sieht, wie seine Familie, sein Leben, seine Vergangenheit Stück für Stück von ihm abfallen.

Die schlimmste Bedrohung dieses alles in allem doch sehr behüteten Lebens bestünde aber darin, an einen anderen Ort verlegt zu werden. Ein Gerücht ist dem Gefangenen zu Ohren gekommen: da man angesichts der zu großen Freizügigkeit, welche er im Hospiz genießt, Ärger befürchtet, wolle man ihn für den Rest seines Lebens in eine Festung wie den Turm von Ham oder den Mont-Saint-Michel sperren.

Es ist kein Gerücht, die Bedrohung ist konkret. Ende 1808 ist die Überführung nach Ham so gut wie beschlossen, höchstens einen Aufschub will man ihm noch gewähren. (Der alte Marquis gilt also nach wie vor als gefährlich.) Zu seinem großen Glück setzt man sich für ihn ein, vor allem eine junge Frau, die ihm damals eine unerwartete und starke Zuneigung entgegenbringt: Delphine de Sorans-Talaru, eine entfernte Cousine, Tochter einer älteren Cousine seiner Mutter. Sie war die Witwe des auf furchtbare Weise massakrierten Comte de Clermont-Tonnerre und hat während der Revolution Schreckliches erlebt, aber sie war fröhlich geblieben, lebhaft, kokett, sprühend und offenbar nicht unempfindlich für die seltsame Ausstrahlung des alten Mannes. Sie besucht ihn, hilft ihm, wo sie kann.

Er selber verteidigt sich erbittert. Und da es nun die kaiserliche Bürokratie ist, die ihn verfolgt, legt er beim Kaiser direkt Beschwerde ein, verlangt schriftlich von ihm die Freiheit »für einen Mann, der seit neun Jahren in drei verschiedenen Gefängnissen das jämmerlichste Leben führt..., siebzigjährig, fast blind, von Gicht sowie Brust- und Magenschmerzen geplagt.« Wenigstens gestattet man ihm, in Charenton zu bleiben.

Das Hospiz bedeutet für D.A.F. nicht nur eine gewisse Sicherheit; es ist auch, dank M. de Coulmier, der Ort der Renaissance einer »Illusion«, der Illusion der Theater und Feste. Angefangen hat das Ganze mit einem Geburtstagsfest für M. de Coulmier, für das Sade ein kleines theatralisches Divertissement verfaßt hatte. Danach entwickelten sich die Dinge schnell weiter und nahmen Form an. Der Direktor schätzte diese Spiele, auch weil er annahm, daß sie die Atmosphäre seines Hauses verbessern und vielleicht einen heilsamen Einfluß auf den Geist der Kranken ausüben konnten. In seinem Bericht vom 2. September 1808 teilt er der vorgesetzten Behörde mit, er sei »de Sade viel Dank schuldig«; er schätze sich glücklich, in seinem Hospiz »einen Mann zu haben, der fähig ist, die Verwirrten für die Bühne auszubilden, und der sie mit diesem Heilmittel kurieren will«.

Man muß de Coulmier – und natürlich auch Sade – große Hellsicht und therapeutischen Wagemut zugestehen; sie nehmen moderne Therapieformen vorweg, in denen Theater-Elemente, die Ausdrucksmöglichkeiten von Wort und Geste, eingesetzt werden. Peter Weiss hat ein berühmtes Stück über dieses Unternehmen Sades geschrieben und in die Darstellung des therapeutischen Versuchs als fiktives Projekt die Inszenierung der »Verfolgung und Ermordung des Jean-Paul Marat« eingebaut. Er hat erkannt, daß Sade damals eine besonders schöpferische Phase durchlebte und daß es nicht abwegig war, sie mit einem für Sade wichtigen historischen Ereignis zu verbinden. Theater als Geschichte und Geschichte als Theater – beides Formen der Befreiung des leidenden Menschen, beide trügerisch und spektakulär.

D.A.F. wird die treibende Kraft hinter den Auffüh-

420

rungen. Der Chefarzt des Hospizes, Antoine-Atha-
nase Royer-Collard, seit 1806 Nachfolger von Dr.
Gastaldy, schreibt dazu: »M. de Sade ist der Direktor des Theaters. Er wählt die Stücke aus, verteilt die
Rollen und leitet die Proben. Er tritt als Lehrer der
Schauspieler und Schauspielerinnen an und bildet
sie in der großen Bühnenkunst aus. Ihm stehen immer etliche Eintrittskarten für die öffentlichen Aufführungen zur Verfügung, bei welchen er, von seinen Assistenten umgeben, einen Teil des Publikums
persönlich willkommen heißt; auch versäumt er nie,
zum Geburtstag des Direktors ein allegorisches
Stück oder wenigstens einige Strophen zu seinem
Ruhm zu verfassen.«

Man merkt, daß dem Chefarzt diese Komplizenschaft zwischen Sade und Coulmier nicht recht gefällt. Sie geht ihm zu weit, und er verbirgt nicht, wie
beunruhigend leichtsinnig es ihm erscheint, einem
solchen Mann so viel Wohlwollen zu schenken:
»Dieser Mann ist nicht irre. Sein Wahn ist der Wahn
des Lasters, und dieser kann in einem Hause, das
der medizinischen Behandlung des Irrsinns gewidmet ist, nicht unterdrückt werden. Wer von solchem
Wahn befallen ist, muß in strengste Verwahrung genommen werden, sei es, um die anderen vor seiner
Raserei zu schützen, sei es, um ihn selbst von allem
fernzuhalten, was seine abscheuliche Leidenschaft
erregen oder befriedigen könnte.« Und er beklagt
das Los der »Kranken, die diesem furchtbaren
Mann tagtäglich begegnen« und ständig »dem Ein-

druck seiner bodenlosen Verderbtheit« ausgesetzt sind.

Auch Hippolyte de Colins, der die Lage inspiziert, bereitet die entgegenkommende Haltung des Direktors gegenüber seinem Häftling Schwierigkeiten: »Das erste, was sich meinen Blicken bietet, ist seine intime Freundschaft mit einem Ungeheuer, das nur Abscheu einflößen kann und das die Regierung zu lebenslanger Haft verurteilt hat, um die Gesellschaft von ihm zu befreien.« Da es sich um »den Autor des widerlichen Romans *Justine*« handele, könne man nur mit Erstaunen bemerken, daß »er im Haus frei umhergeht, über Feder, Tinte und Papier verfügt« – das läßt den Herren keine Ruhe –, daß er Ausgang erhält, daß er »mit einer Frau, die seine Tochter sein soll, wie es heißt«, zusammenlebt und daß – der Gipfel! – »mehrere andere freie Frauen und Pensionäre die Zimmer neben dem seinen bewohnen«.

In diesem Konflikt behauptet sich de Coulmier. Er scheut sich nicht, den Patienten zum Gast und den Gast zum Zeremonienmeister regelrechter Festlichkeiten zu machen, die weit über das Hospiz hinaus bekannt werden. Im Frühjahr 1810 läßt der Marquis sogar einer Gesellschaftsdame der Königin von Holland einige Billets zukommen. Gemeinsam mit de Coulmier plant er die Feste und Aufführungen und stellt Listen mit möglichen Gästen zusammen. Der Theatersaal, der unter dem Aufenthaltsraum der geisteskranken Frauen eingerichtet

wurde, ist mit Orchestergraben, Bänken und Stüh-
len im Parterre und einem Logenbalkon bestens
ausgestattet. Die Akteure waren teils Patienten, teils
professionelle Theaterleute wie jener Trenitz, ein
bekannter Choreograph, der im Hause behandelt
wurde und dermaßen in seinem Spiel aufging, daß
er jedesmal, wenn er das Kostüm ausziehen und sich
abschminken sollte, schwere Anfälle erlitt; teils waren es auch Angestellte, Pfleger und Sekretäre, oder
Leute von außerhalb, z. B. Einwohner des Dorfes
Charenton. Ein kompletter Theaterbetrieb mit großer Ausstrahlung also, der die ganze Umgebung be-
reicherte und auch immer mehr Pariser anlockte.

So sammelt sich nach und nach um den Marquis
und sein Theater ein Publikum, ein Liebhaberkreis.
Und eine Vielzahl von Gerüchten, schmeichelhaften
und beunruhigenden, beginnt sich um die Aufführungen zu ranken, die von Konzerten, Bällen und
Abendgesellschaften umrahmt werden und denen
man hin und wieder nachsagte, sie seien recht frei-
zügig. Theaterleute aller Art kommen nach Charenton, Tänzer und Tänzerinnen aus der Oper, stel-
lungslose Schauspieler, manchmal auch Bühnen-
stars wie Mademoiselle de Saint-Aubin (diejenige,
die Sade die Truthähne mitbringt) und eine ihrer
Freundinnen, Mademoiselle Flore, die gerade in
den Variétés debütiert hat.

Diese berichtet in ihren Memoiren über das Theater
in Charenton, wobei sie ihre Bewunderung, vielleicht gar Zuneigung für den Meister nicht verheh-

423

len kann, den sie folgendermaßen beschreibt: »Er hatte einen wohlgestalten, etwas länglichen Kopf, eine leicht gebogene, feingeschnittene Nase, geblähte Nüstern, einen schmalen Mund mit kräftiger Unterlippe. Seine Mundwinkel waren in einem herablassenden Lächeln heruntergezogen. Seine Augen, klein, aber leuchtend, lagen unter starken Wülsten und wurden von dichten Brauen beschattet; seine faltigen Lider bedeckten seine Augenwinkel wie bei einer Katze; seine kahle Stirn war hoch und oval, sein Haar leicht gelockt, sorgfältig gepudert und im Stil von Ludwig XV. toupiert, und es war, obwohl er schon zweiundsiebzig Jahre alt war, sein eigenes Haar. Sein Wuchs war schlank und hoch, seine Haltung edel. Er hatte ausgezeichnete Manieren und viel Esprit.«

Ein schönes Portrait. Das letzte vielleicht. Neben diesem immer noch stattlichen Greis wirkte M. de Coulmier wohl ein wenig wie eine Karikatur; er war klein, hatte einen großen Kopf und langen Rumpf; mit den Worten Mademoiselle Flores: er war eine Art »Zwerg von vier Fuß Höhe mit kurzen x-Beinen«. Zweifellos bildeten er und der Marquis ein interessantes und originelles Gespann. Das für Beobachter wie Hippolyte de Colins immer verdächtiger wurde, nicht zuletzt wegen der in einem Hospiz doch sehr ungewöhnlichen Vorgänge. Ein Theater im Sanatorium, das alle möglichen Illusionen, alle »Zärtlichkeiten und Situationen« erlaubte! »Man läßt die Hysteriker und Nymphomaninnen tanzen!«

Dazu kam, daß D.A.F. ein geradezu genialer Mittler sein konnte. Mit seinem verrückten und wirklich seltenen Humor zögerte er nicht, kirchliche Würdenträger für seine Sache zu gewinnen. So wurde der Kardinal Maury, Erzbischof von Paris, im Oktober 1812 zu einer glänzenden Inszenierung von Marivaux' *Falschen Vertraulichkeiten* geladen und im Anschluß an die Aufführung in Couplets besungen, die der Regisseur für ihn verfaßt hatte. Eine Art Heiligsprechung beim Fest. Konnte man Geschickteres tun, vor allem, wenn man Marquis de Sade hieß? Und immer noch, selbst in dieser letzten Zeit seines Lebens, vollendet und veröffentlicht er Bücher. 1813 kommt bei dem Verlagsbuchhändler Béchet *Die Marquise de Gange* heraus, ein Buch, in dessen Mittelpunkt das Schicksal einer Frau steht, die unter dem Namen »La belle Provençale« am Hofe Ludwigs XIV. brillierte, und das Sades Talent als Gesellschafts- und Geschichtsportraitist in Erinnerung bringt. Geschickt vereint er darin drei Themen, die ihm am Herzen liegen: die unglückliche Tugend, das Leben in der Provence, der vergangene Prunk der Monarchie.

Der bevorzugte Gegenstand seiner Studien und Schriften während dieser letzten Jahre ist übrigens die Geschichte: er beendet die Werke *Adelaïde de Brunswick, Prinzessin von Sachsen* und die *Geheime Geschichte der Isabella von Bayern, Königin von Frankreich.* Es sind recht überladene Schriften, beschwert mit historischem Ballast, in denen sich

425

Sades Talent nicht von seiner besten Seite zeigt. Aber der Marquis beweist damit, daß seine Leidenschaft zu schreiben, sein Vergnügen am Chronistendasein und seine Energie noch keineswegs erschöpft sind.

Auch seine anderen Leidenschaften sind keineswegs erloschen. Trotz seines hohen Alters nutzt er die relative Freiheit im Hospiz, seinen libertinen Neigungen nachzugehen. Sein *Journal* gibt darüber recht genau Auskunft; in ihm fallen vor allem einige rätselhafte Zeichen ins Auge, die möglicherweise sexuelle Erlebnisse bedeuten, so das erotische Symbol Ø, mit dem er wohl körperliche Annäherungen oder Annäherungsversuche verzeichnet. (Bis zum Ende wird Sade weder die Zahlenspiele aufgeben noch die Geheimzeichen, mit denen er Buch führt. Damit ist er nicht origineller als etwa Stendhal oder der alternde Victor Hugo, aber sehr genau und gewissenhaft.) Das erstaunlichste Ereignis ist das erotische Verhältnis, wenn nicht gar Liebesverhältnis – ohne jeden Zweifel das letzte seines Lebens – mit einem sehr jungen Mädchen, der sechzehnjährigen Madeleine Leclerc, deren Mutter im Hospiz arbeitete. Ihr selber oblagen kleinere Näh- und Wascharbeiten. Ab Herbst 1812 besucht sie ihn regelmäßig: laut seinem *Journal* insgesamt sechsundneunzig Mal, von denen mehr als die Hälfte mit dem genannten Zeichen markiert sind. Es ist bewegend, sich vorzustellen, daß diese liebevolle und verwegene kleine Demoiselle für den alten Unhold entbrannt ist und ihm ihre Zärtlichkeit und ihr erstes Wissen zu Füßen legt. Wie es scheint, sah Marie-Constance Quesnet das nicht sonderlich gern, aber sie ließ ihn gewähren. Er fühlte sich zum Lehrmeister des Mädchens berufen, brachte ihr Lesen und Schreiben, Singen und Theaterspielen bei und gab ihr sogar den berühmten erotischen Roman *Der Karthäuserpförtner* zu lesen. Er wachte zimperlich, geradezu eifersüchtig über ihre Erziehung, versuchte zu verhindern, daß sie allzuoft zu den Festen und Bällen ging, zu denen man sie lud, und legte großen Wert auf Zuverlässigkeit und Pünktlichkeit. Madeleine Leclerc wußte ihn bald zu nehmen, haushaltete mit ihrer Freizügigkeit, ihrer Hitze oder Kälte, dosierte die Dauer ihrer Besuche, plauderte über dieses und jenes.

Unter dem Datum des 23. Oktober 1814 kann man im *Journal* lesen: »Sie kam eine Viertelstunde nach Mittag und blieb bis um zwei Uhr, blieb die ganze Zeit kalt, und als ich es ihr vorwarf, sagte sie mir, das Haus sei daran schuld und draußen sei sie ganz anders... Sie räsonierte vortrefflich über die Mätressen und Liebhaber, welche die Gunstbezeugungen, die sie erhielten, ausplauderten, und beteuerte mir, niemals die geringste Indiskretion dieser Art begangen zu haben.«

Diskret mochte sie sein, aber auch sehr wendig. So sehr, daß die Beziehung darunter litt. An anderer

427

Stelle im *Journal* schreibt Sade: »Sie haben dies Kind… zu einer jener Spioninnen gemacht, die man den Gefangenen zugesellt, um ihnen ihre Geheimnisse zu entlocken. Sehen Sie sich ihre Kälte an, ihren Leichtsinn im Vergnügen und in der Konversation: Sie werden darin ständig Beweise für meine Behauptung finden; so handelt sie aber erst seit ihren Besuchen bei mir; in ihrer Kindheit war viel mehr Wahrhaftigkeit und Offenheit in ihr.«

Dennoch hörten die Besuche nicht auf, im Gegenteil.

Wahrscheinlich war diese Liaison einer der letzten Lichtblicke im Leben des Marquis. Die Dinge um ihn herum veränderten sich, Menschen gingen vorüber, die Seiten der Geschichte wurden weitergeblättert. Im Frühjahr 1814 dankte Napoleon ab, und Ludwig XVIII. feierte seinen Einzug in Paris. M. de Coulmier räumte seinen Platz und überließ seinem Nachfolger, M. Roulhac du Maupas, die Sorge für die Kranken. Damit ging eine Epoche zu Ende. Der neue Direktor war Dr. Royer-Collard verbunden und nicht geneigt, seinem beunruhigenden Schützling gegenüber dieselbe Offenheit zu zeigen wie de Coulmier. Sades große, zu große Freiheit machte ihm Sorgen, dessen häufige Spaziergänge und vor allem die Schriften des Marquis, obwohl er in *Der geheimnisvolle Turm*, einer kurzen komischen Oper – deren zahlreiche Abschriften der unermüdliche Bühnenautor überall herumliegen ließ – nichts entdecken konnte, was »das Zeichen der Perversion und Entartung« trug, »das man hier wie bei vielen anderen Werken des Autors erwarten konnte«.

Gab es noch irgend etwas, das man dem Marquis ernstlich vorwerfen konnte? Marie-Constance Quesnet, die unermüdlich für seine Freilassung eintrat, gab man die Antwort: das beste wäre, wenn er ein Zeugnis seiner guten Lebensführung und Sitten vorweisen könnte.

EPILOG

Das Paradoxe an Sade ist, daß er einen Großteil seines Werkes darauf verwandte, die »Wonnen der Grausamkeit« auszumalen und das Verbrechen zu rechtfertigen, und sich gleichzeitig als entschiedener Gegner der historischen Gewalt auswies. Und dies nicht nur zum Zeitpunkt seiner Revolutionserfahrung. Von seinem die Landschaften des Lubéron überragenden Schloß in Lacoste aus beschwor er schon in seiner Jugend die Massaker, die im 16. Jahrhundert in dieser Region der Provence die Waadtländer dezimiert hatten – also nicht nur in Mérindol oder Cabrières, wo die Raserei des diktatorischen Barons von Maynier d'Oppède ihren Höhepunkt erreichte. In einem *Le portefeuille d'un homme de lettres (Die Brieftasche eines Schriftstellers)* betitelten Buchprojekt schreibt er: »...Die Grausamkeiten vervielfachen sich, nehmen tausend verschiedene Formen an. Frauen werden an Bäume gebunden und mit Heugabeln zerrissen, einige von ihnen in demselben Augenblick erstochen, da sie gegen ihren Willen die entsetzlichen Begierden dieser Ungeheuer befriedigen. Anderen öffnet man den Bauch, entreißt ihnen die Leibesfrucht und zerschmettert diese auf den Felsvorsprüngen neben ihnen; sie sind blutüberströmt. Die piemontesischen Soldaten entreißen die besser gestalteten Kinder den Händen ihrer Mütter, werfen sie sich einander zu und fangen sie mit ihren Lanzenspitzen auf. Einige dieser Unglücklichen ergreifen in ihrer Verzweiflung die Waffen, mit denen man sie bedroht, und bohren sie sich eigenhändig ins Herz... Und all dies im Namen eines Friedensgottes...« Es ist offensichtlich, daß Sade hier die Gelegenheit ergreift, das zu erörtern, was wir seine antireligiöse oder atheistische Propaganda nennen könnten; das mindert jedoch nicht den überzeugten Abscheu gegenüber dieser Gewalt. In der Begleitnote zu einer anderen Jugendschrift – seinem Gedicht *Die Wahrheit* – führt er aus: »Auf mehr als fünfzig Millionen Menschenleben schätzt man die von Religionskriegen und -massakern verursachten Verluste. Ist ein einziger darunter, der auch nur den Tod eines Vogels rechtfertigen könnte? Und sollte die Philosophie sich nicht bis an die Zähne bewaffnen, um einen Gott aus der Welt zu schaffen, in dessen Namen so viele Wesen abgeschlachtet werden, die weit mehr wert sind als er...«

Indem er die Sache der Revolution zu der seinen macht, bleibt er der Logik dieser Schmähung treu. Versuchen wir uns seinen damaligen Standpunkt klarzumachen. Wir haben gesehen, daß er sich vor-

431

wiegend aus persönlichen Gründen gegen die alte Ordnung auflehnt. Während der Monarchie war er mehr als dreizehn Jahre in Festungshaft. Zwar war diese Inhaftierung die Folge seiner Affären und deren Bestrafung durch öffentliches Recht, aber er hat sie als Folge königlicher Willkür und familiärer Intrigen empfunden. Für ihn ist die Revolution die Befreierin – buchstäblich, denn noch zehn Tage vor dem 14. Juli 1789 sitzt er gefangen in der Bastille –, und er schließt sich ihr ungestüm an.

Ist er dabei aufrichtig? Oder ein »Heuchler« (Michelet)? Ein Opportunist? In jedem Fall macht er sich um sie verdient. Aber er läßt sich nicht blenden. Er hört während dieser ganzen Zeit nicht auf, sich wesentliche, bohrende Fragen zu stellen nach Sinn und Ziel der Ereignisse, die er durchlebt – auch nicht während seiner Zeit als aktiver *citoyen* in der ›Section des Piques‹, als überzeugter Verfechter der Revolution an ihrer Basis also, der nach der Ermordung Marats sogar aus freien Stücken eine Lobrede auf diesen hält.

Schon im Jahr 1790 stellt er sich die Frage, ob er nicht Gefahr läuft, am »demokratischen Galgen« zu enden. Einem seiner Briefpartner schreibt er, daß er »die früheren Mißbräuche verabscheue«, daß er sich an gewissen Tagen aber auch sehr »antijakobinisch« fühle, und er schließt: »Was bin ich gegenwärtig? Aristokrat oder Demokrat? Bitte sagen Sie es mir, denn ich weiß es selbst nicht mehr.« Dieser Zweifel wird von der Realität überholt: Sade wird

Ende 1793 als »Verdächtiger« erneut inhaftiert, und aus den »Mitbrüdern« in der ›Section des Piques‹ werden Denunzianten.

Fest steht, daß Sade die Widersprüche der Revolution am eigenen Leib und auf sehr persönliche Weise erfahren hat. Der Brief, den er aus dem Madelonettes-Gefängnis an seine Kameraden richtet, spiegelt seine Empfindungen: »... ich war zehn Jahre lang ein Opfer der Tyrannen; ich liebte die Revolution als meine Befreierin – wäre es möglich, daß das Volk, das mir vor drei Jahren meine Ketten abnahm, sie mir heute wieder anlegt? Nein, *citoyens*, das könnt ihr nicht dulden...« Diese Position vertritt er noch betonter und mutiger in seiner Erwiderung auf die Anklagen, die vom ›Comité de Sureté Générale‹ gegen ihn erhoben wurden: »Sade, denke an die Ketten, die die Despoten dir angelegt haben, und stirb lieber tausendmal, als unter einer Regierung zu existieren, die sie wieder aufleben lassen will.«

Er entging dem Tod durch Zufall, aufgrund der Verwirrung und der Überfüllung der Gefängnisse am Vorabend des 9. Thermidor. Als diese Drohung vorüber war, engagierte er sich weiter für die Revolution, schrieb das berühmte Pamphlet *Franzosen, noch eine Anstrengung*, das 1975 Eingang fand in *Die Philosophie im Boudoir* und eine seiner ruhmreichsten Schriften ist. Darin fordert er neben der Gewissens- und Meinungsfreiheit auch die Freiheit des Handelns und ruft das französische Volk auf, wahrhaft »republikanisch« zu werden, zu lernen,

433

die revolutionäre Macht zu beherrschen und zu steuern. Und in diesem Zusammenhang fordert er auch die Abschaffung der Todesstrafe, die in der Zeit der Terreur zum System erhoben worden ist. Er wählt dafür Worte, die des Erinnerns wert sind: »Von jenen obersten Grundsätzen leitet sich, man begreift es wohl, die Notwendigkeit ab, milde Gesetze zu erlassen und vor allem, die gräßliche Todesstrafe für immer abzuschaffen, denn ein Gesetz, das sich gegen das Menschenleben richtet, ist unanwendbar, ungerecht und unannehmbar.

Dies sind wichtige Aspekte der politischen Haltung Sades, und wenn man seine Epoche betrachtet, die mit einer Fülle von Beispielen eines realen »Sadismus« aufwartet, sieht man, daß sich dieser weit häufiger außerhalb Sades als in ihm selbst abgespielt hat. Was das Ancien Régime betrifft, so hat man die Qual der Wahl: dessen »Sadismus« beginnt mit der Vierteilung Damiens, der Ludwig XV. mit einem Dolch eine Kratzwunde beigebracht hatte und zu jener schrecklichen Folter verurteilt wurde, die eine der abscheulichsten Schandflecken in der neueren französischen Geschichte ist und sowohl die Macht selbst als auch ihre Diener – Minister, Parlamentsmitglieder und Richter – belastete, und endet mit den unterschiedlichsten vom Adel verübten Erpressungen und Veruntreuungen. Man könnte an das Beispiel des Comte de Charolais erinnern, der der Onkel und Vormund des Prinzen de Condé, Sades Spielgefährten aus der Kinderzeit, war. Dieser

Comte hatte eine seiner Geliebten verbrennen lassen; einen Diener, dessen Frau ihm nicht zu Willen war, ermordet, und eines Tages mehrere »Dachdekker mit der Muskete vom Dach geschossen, um seine Geschicklichkeit unter Beweis zu stellen und sich an ihrer Agonie zu weiden.« Erzählt wird auch, daß in Aix-en-Provence, in einer Nacht des Jahres 1750, eine Gruppe beschwipster Adliger nebst Damen sich die Zeit damit vertrieb, einen auf dem Weg aufgelesenen Bauern zu verurteilen und am nächsten Baum aufzuhängen, aus reinem Vergnügen. Soviel zur ›besseren Gesellschaft‹ des aufgeklärten Zeitalters.

Leider stand die Revolution, wie man weiß, dem in nichts nach. Von den Massakern im September 1792 bis hin zu den Ertränkungen, die Carrier in Nantes durchführen ließ, haben sich zahlreiche Szenen »jenseits aller Normen« abgespielt, die mühelos mit denen in Sades Romanen konkurrieren können. Zwar entsprechen nicht alle finsteren Details, die man aus jener Zeit kennt, der Wahrheit, so ist z. B. die Geschichte der Mademoiselle Sombreuil, die in ihrer Zelle dazu gezwungen worden sein soll, ein Glas mit dem Blut ihres Vaters zu leeren, zweifellos entstellt, andere aber sind verbürgt, etwa die Geschichte der Prinzessin Lamballe, die verstümmelt und in Stücke gerissen wurde, bevor ihr Schädel, auf eine Lanze gespießt, als Drohung für Marie-Antoinette zur Schau gestellt wurde. »Die Mörder«, schreibt Michelet, »machten sich daran, den Leib zu verstümmeln, sei es, um Schmach und Verhöhnung noch zu verstärken, sei es aus Furcht, das Publikum könne auf Dauer Mitleid bekommen. Ein Mann namens Grison schlug ihr das Haupt ab; ein anderer war so nichtswürdig, sie an jenem Ort zu entstellen, den wir alle respektieren sollten (denn wir sind alle aus ihm hervorgegangen)… Es war eine entsetzliche Szene, sie so davonziehen zu sehen… mitten auf der breiten Siegesstraße Saint-Antoine, mit ihren abscheulichen, auf Lanzen gespießten Trophäen.«

Was die Guillotine betrifft, so hat der Marquis Gelegenheit gehabt, ihre Funktionsweise aus nächster Nähe zu studieren, so daß er ihre Leistung zu würdigen wußte. Er schreibt in einem seiner Briefe an Gaufridy aus dem Jahr 1794, zur Zeit seiner Inhaftierung im Sanatorium Picpus, nur wenige Meter entfernt von der Barrière du Trône, wo die »Louisette« neuerdings stand: »Ein irdisches Paradies: ein schönes Haus, ausgesuchte Gesellschaft, liebenswürdige Frauen, bis plötzlich der Exekutionsplatz unter unseren Fenstern aufgebaut und mitten in unserem Garten der Friedhof der Guillotinierten eingerichtet wird. In fünfunddreißig Tagen haben wir, lieber Freund, achtzehnhundert Menschen dort begraben, wovon ein Drittel unserem unseligen Hause entstammt…« War dieses unter seinen Fenstern dargebotene Schauspiel wirklich so verschieden von den Folterungen, den Hinrichtungen auf dem Schafott, die den Massen unter dem Ancien Régime geboten wurden und die – man vergißt dies

436

nur allzuleicht – als normales Objekt der Volksneu-
gier, wenn nicht gar als Unterhaltung galten? Die
»republikanische« Effizienz erreichte jedoch, was
quantitative Ausbeute und Geschwindigkeit des
Blutflusses angeht, noch ganz andere Ausmaße. Ba-
beuf schrieb in einem Brief an seine Frau: »Die
Martern aller Art, Vierteilung, Folter, Scheiterhaufen, Auspeitschungen, Galgen, überall sich vermeh-
rende Henker, haben uns schlechte Sitten gelehrt.
Statt daß die Herren uns zivilisierten, machten sie
uns zu Barbaren, denn sie selbst waren Barbaren.«
Verglichen damit kann man Sade geradezu als Un-
schuldslamm bezeichnen. In einem Brief an seine
Frau, dreizehn Jahre vor dem oben erwähnten an
Gaufridy, schreibt er: »Ja, ich bin ein Libertin, ich
gebe es zu: alles, was man ersinnen kann auf diesem
Gebiet, habe ich ersonnen, aber ich habe nicht alles
getan, was ich ersonnen habe, und werde es gewiß
auch nie tun. Ich bin ein Libertin, aber *kein Verbrecher oder gar Mörder.*« Zur Beurkundung.
»Was ich ersonnen habe…« Jetzt, zu Ende dieses
Jahrhunderts – für das Apollinaire nicht ohne
Scharfblick vorausgesagt hat, Sade würde es »be-
herrschen« – zeichnet sich ab, daß der Marquis de
Sade mehr und mehr als Schriftsteller gesehen wird.
Am Eingang des Schlosses von Mazan in der Vaucluse (das heute als Altersheim dient) wurde vor einiger Zeit eine Gedenktafel angebracht – meines
Wissens die einzige, die ihm jemals gewidmet
wurde. Auf ihr steht: *Château des Marquis de Sade,*

437

Mitherr von Mazan, Schriftsteller, 1740–1814. Eine in ihrer Nüchternheit schöne Formulierung – und ergreifend: Fünfundsechzig Jahre zuvor hatte der Große Larousse (in seiner Ausgabe von 1923, zu Beginn des Surrealismus) den Marquis de Sade auf folgende kategorische Weise präsentiert: »Seine Werke, ihrer krankhaften Obszönität wegen berühmt, haben literarisch betrachtet keinerlei Wert.«

Die Aufmerksamkeit für Person und Werk des Marquis, das Urteil, das man über sie fällte, war extremen Schwankungen unterworfen – durchaus vergleichbar mit den Erscheinungsformen der manisch-depressiven Psychose: von kraftloser Schamhaftigkeit wechselte man zu jubelnder Euphorie. Gestern noch sprach ein Nodier nur mit leiser Stimme und quasi hinter vorgehaltener Hand vom Marquis, und Janin überhäufte ihn mit tollen Verleumdungen. Heute vernimmt ein Gilbert Lély im Werk Sades vorwiegend »kulminierende Gesänge« und »orpheussche Akzente« und läßt sich von Wogen bedingungsloser Bewunderung fortreißen (die, so muß man gleich hinzufügen, ihre Basis in unersetzlichen Studien hat). Wohin also sich wenden? Sollte man, wie Jean-Jacques Pauvert es tut, den Widerspruch auflösen, indem man in Sade gleichzeitig den hochrangigen Schriftsteller und den eindeutigen »sexuellen Delinquenten« sieht?

Wir haben hier in der Tat nur ein *Portrait* des Marquis de Sade zeichnen wollen. Die Idee eines Portraits schien uns ganz und gar übereinzustimmen mit dem ihm eigenen Genie, hat er doch oft von seinen Pinseln gesprochen (etwa um zuzugeben, daß er »ein wenig dick auftrage«), und von junger Schönheit pflegte er, bevor er sie der härtesten Behandlung unterwarf, mit Vorliebe zu sagen, daß sie »zum Malen gemacht« sei.

Eine Person zu malen, von der, wie man weiß, kein einziges echtes Bildnis existiert, ist sicher ein seltsames Unterfangen. Man Ray, der das Profil von Sades Gesicht aus der Steinsubstanz der Festungen formte, die ihn einst gefangenhielten, hat die Mythenbildung nur noch verschlimmert. Aber es ist uns ein Bild nach van Loo überliefert, das ihn darstellt, und wir haben ein Portrait seines Vaters, das von den Zügen des Sohnes eine Vorstellung geben kann. Dies nur, um daran zu erinnern, daß de Sade ein *Mensch* war. Weder ein Ungeheuer noch ein Verrückter und ebensowenig ein Unberührbarer oder ein Heiliger. Vor allem weder Phantom noch Statue. Sondern ein tief in seiner Epoche verwurzelter Mensch, selbst wenn er diese in seiner Maßlosigkeit auf erstaunliche Weise überstieg.

BIBLIOGRAPHIE

Das Werk des Marquis de Sade in deutscher Sprache
Auswahl lieferbarer Titel

Les Infortunes de la vertu (Urfassung des Romans *Justine*,
geschrieben 1787):
Das Mißgeschick der Tugend, dt. von Katarina Hock, Merlin Verlag, Gifkendorf, 1. Auflage 1963

Justine ou les Malheurs de la vertu (Erste zu Lebzeiten –
1791 – des Autors veröffentlichte Fassung der *Justine*):
Justine oder Das Unglück der Tugend, dt. von Katarina
Hock, Merlin Verlag, Gifkendorf, 1. Auflage 1967

*La Nouvelle Justine ou les Malheurs de la vertu, suivi de
l'Histoire de Juliette, sa sœur, ou les Prospérités du vice*
(1797):
Justine und Juliette. Band 1 einer auf zehn Bände angelegten, erstmals vollständigen Ausgabe der letzten Fassung
des Romans, herausgegeben, übersetzt und mit Anmerkungen versehen von Stefan Zweifel und Michael Pfister.
Mit 12 Illustrationen. Matthes & Seitz, München 1990

Aline et Valcour ou le roman philosophique (1795):
Aline und Valcour oder Der philosophische Roman, dt. von
Hannelore Wichmann, Merlin Verlag, Gifkendorf,
1. Auflage 1963

La Philosophie dans le boudoir (1795):
*Die Philosophie im Boudoir oder Die Lasterhaften Lehrmei-
ster*, Dialoge, zur Erziehung junger Damen bestimmt, dt.

441

von Rolf Busch, Merlin Verlag, Gifkendorf, 1. Auflage
1965

Les crimes de l'amour (1800):
Verbrechen der Liebe. Vier Erzählungen, dt. von Katarina
Hock und Manfred Unruh, Merlin Verlag, Gifkendorf,
1. Auflage 1963

La marquise de Gange (1813):
Die Marquise de Gange, dt. von Luwig Mau und Ute Erb,
Merlin Verlag, Gifkendorf, 1. Auflage 1967

Les Cent Vingt Journées de Sodome (posthum erschienen,
1908):
*Die Hundertzwanzig Tage von Sodom oder Die Schule der
Ausschweifung*, dt. von Karl von Haverland, Harenberg,
Dortmund, 1. Auflage 1979

Kurze Schriften, Briefe und Dokumente, herausgegeben
und mit einer biographischen Einleitung versehen von K.
H. Kramberg, Merlin Verlag, Gifkendorf, 1. Auflage 1968

*Erzählungen und Schwänke eines provençalischen Trou-
badours oder Der Französische Boccaccio*. Mit 7 Illustrationen von Janosch. Dt. von Gisela Ahrens, Katarina Hock
und Manfred Unruh, Merlin Verlag, Gifkendorf, 1. Auflage 1963

Schriften aus der Revolutionszeit 1788–1795, herausgegeben von Georg Rudolf Lind, Insel Verlag, Frankfurt,
1. Auflage 1969

Der Mensch ist böse. Ein erotisch-philosophisches Lesebuch.
Herausgegeben von Michael Farin und Hans-Ulrich Seifert. Mit einer Bibliographie der Literatur von und zu
Sade in deutscher Sprache. Wilhelm Heyne Verlag, München 1990

442

Der Greis in Charenton. Letzte Aufzeichnungen und Kalkulationen. Tagebücher aus den Jahren 1807, 1808 und 1814. Mit Texten von Georges Daumas, Marion Luckow und Hans-Ulrich Seifert, sowie zeitgenössischen Berichten. edition belleville, München 1990

Bibliographie des Autors

Grundlegende Biographien:

Gilbert Lély, *Vie du marquis de Sade,* chez Jean-Jacques Pauvert aux Editions Garnier frères, 1982. Dt.: Leben und Werk des Marquis de Sade, Rauch Verlag, 1. Auflage 1961 (Teilausgabe)
Jean-Jacques Pauvert, *Sade vivant,* t I: Une innocence sauvage, 1740–1777, Robert Laffont, 1986

Zu den Deutungen des Sadeschen Werks:

Claude Duchet, *L'Image de Sade à l'époque romantique,* in *Le Marquis de Sade,* Colloque d'Aix-en-Provence, février 1966, Armand Colin, 1968.
Raymond Jean, *Sade et les Surréalistes,* a.a.O.

Einige berühmte Referenzen:

Apollinaire, Préface à l'œuvre du marquis de Sade pour »Les Maîtres de l'amour«, in *Les Diables amoureux,* Gallimard, 1966.
René Char, *Sade, l'amour enfin sauvé de la boue du ciel...,* in *Le Marteau sans maître,* Œuvres complètes, »Pléiade«.
Alexandrian, *Les Libérateurs de l'amour,* collect. »Points-essais«, Ed. du Seuil, 1977.

Zur »Modernität« Sades:

Maurice Blanchot, *Lautréamont et Sade*, collect. »Arguments«, Ed. de Minuit, 1963.
Roland Barthes, *Sade, Fourier, Loyola*, collect. »Tel Quel«, Ed. du Seuil, 1971, dt. Suhrkamp Verlag, Frankfurt 1974.
Philippe Sollers, *Sade dans le texte*, in *Logiques*, collect. »Tel Quel«, Ed. du Seuil, 1968.
Lucette Finas, *L'Increvable féminin*, in *La Toise et le Vertige*, Des Femmes, 1986.
Isabelle Vissière, *Procès de femmes au temps des philosophes*, Des Femmes, 1985.
Chantal Thomas, »Sade«, in *L'œil de la lettre*, collect. »Traces«, Payot, 1978.

Über Sade und Lacoste:

André Bouër, »Lacoste laboratoire du sadisme«, in *Marquis de Sade*, Colloque d'Aix, Armand Colin, 1966.
Michel Vovelle, »Sade seigneur de village«, in *De la cave au grenier*, Serge Fleury éd., 1980.
Henri Fauville, *Lacoste, Sade en Provence*, Edisud, 1984.
Gabriel Audisio, présentation de l'*Histoire de l'exécution de Cabrières et de Mérindol et d'autres lieux de Provence*, de Jacques Aubéry, Edisud, 1982.

Zum Thema »Libertinage«:

Roger G. Lacombe, *Sade et ses masques*, Payot, 1974.
Marcel Henaff, *Sade, l'invention du corps libertin*, collect. »Croisées«, P.U.F. 1978.
Claude Reichler, *L'Age libertin*, collect. »Critique«, Ed. de Minuit, 1987.
Paulette Gabaudan, *De quelques clichés sur les libertins,*

Estudios Franceses 2, Universidad de Salamanca, 1986.
Michel Foucault, *Surveiller et Punir*, »Bibliothèque des
Histoires«, Gallimard, 1975, dt.: *Überwachen und Strafen.
Die Geburt des Gefängnisses.* Suhrkamp Verlag, Frankfurt
1976.

Theaterstücke:

Peter Weiss, *Marat-Sade*, Le Seuil, 1965, dt.: *Die Verfolgung und Ermordung Jean Paul Marats, dargestellt durch
die Schauspielgruppe des Hospizes zu Charenton unter An-
leitung des Herrn de Sade.* Drama in zwei Akten. Suhrkamp Verlag, Frankfurt 1964.
Yukio Mishima, *Madame de Sade*, version française d'André Pieyre de Mandiargues, »Du monde entier«, Gallimard, 1976, dt. Suhrkamp Verlag, Frankfurt 1976.

Dossiers (Auswahl):

Approches de Sade, Les Cahiers du Sud, n° 285, 1947
(Masson, Klossowski, Belaval, Tortel)
Le Marquis de Sade, Colloque d'Aix-en-Provence, février
1966, déjà cité, Armand Colin, 1968.
Sade, Obliques, n° 12–13, 1977 (Bataille, Barthes, Benoît,
Blanchot, Bourgeade, Breton, Faye, Finas, Guyotat,
Heine, Klossowski, Labisse, Lély, Mandiargues, Masson,
Paulhan, Paz, Robbe-Grillet, Sade, Sollers, etc.)
N'y allez pas sans lumière, Libération, 23 mai 1986.

INHALT

Splitter
Herausgegeben von Michael Farin

Marquis de Sade
Der Greis in Charenton
Letzte Aufzeichnungen und Kalkulationen
Splitter Bd. 11

Die lakonischen Notizen Sades aus den Jahren
1807, 1808 und 1814 verzeichnen den Alltag im
Irrenhaus: den fehlenden Wein, die Besuche des
Sohnes, ein letztes erotisches Abenteuer, die Thea-
teraufführungen und die Zauberei mit Zahlen.
Zeitgenössische Texte zur Heilanstalt Charenton
und Einschätzungen aus heutiger Sicht dokumen-
tieren zudem die Welt seiner letzten Tage.

Jules Janin
Der Marquis de Sade
und andere Anschuldigungen
Splitter Bd. 5

Nachdruck des ersten Buches über Sade: Leipzig
1835, vermehrt um die bei der Übersetzung aus dem
Französischen abhanden gekommenen Textstellen.
Sowie deutschsprachige Texte zu Sade bis 1850. Mit
einem Vorwort von Ernst Ulitzsch.

edition belleville
Hormayrstraße 15 · 8000 München 50